Kommentar

zur

Verfassung des Freistaats Preußen

vom 30. November 1920.

Nebst dem
Landtagswahlgesetz, der Geschäftsordnung des Landtages,
dem Gesetz über die Wahlen zum Staatsrat
und anderen Nebengesetzen.

Erläutert von

Dr. Fritz Stier-Somlo
ord. Professor des öffentlichen Rechts
an der Universität Köln.

Berlin und Leipzig 1921.

Vereinigung wissenschaftlicher Verleger
Walter de Gruyter & Co.
vormals G. J. Göschen'sche Verlagshandlung – J. Guttentag, Verlagsbuchhandlung – Georg Reimer – Karl J. Trübner – Veit & Comp.

Roßberg'sche Buchdruckerei, Leipzig.

Inhaltsverzeichnis.

Das Gesetz über die Wahlen zum Staatsrate vom 16. Dezember 1920 ist auf S. 162 ff. abgedruckt.

Abkürzungsverzeichnis.

(Zahlen ohne weiteren Zusatz weisen auf die betreffende Seite hin, Art. mit Zahlen auf die Bestimmungen der Verfassung des Freistaats Preußen. Bei Anführung von mehrbändigen Werken, Zeitschriften usw. bezeichnet die fettgedruckte Zahl den Band, die dahinterstehende die Seitenzahl.)

a. a. O. = am angeführten Orte.
AbgH. = Abgeordnetenhaus.
Abs. = Absatz.
a. E. = am Ende.
ALR. = Allgemeines Landrecht für die preußischen Staaten.
AG. = Ausführungsgesetz.
a. M. = anderer Meinung.
AmtlNachr. = Amtliche Nachrichten.
Anm. = Anmerkung.
a.preußVerfUrk. = (alte) Verfassungsurkunde Preußens vom 31. Januar 1850.
ArchöffR. = Archiv des öffentlichen Rechts (Zeitschrift).
Art. = Artikel.
a.RVerf. = (alte) Reichsverfassung vom 16. April 1871.
AusfAnw. = Ausführungsanweisung.
AusfBest. = Ausführungsbestimmung.
AusschBer. = Bericht des 12. (Verfassungs-) Ausschusses über den Entwurf einer Verfassung für Preußen. Drucksachen der verfassunggebenden preußischen Landesversammlung 1919/20 Nr. 3120 A.
AusschProt. = Wörtliche Niederschrift der Verhandlungen des 12. (Verfassungs-) Ausschusses über den Entwurf einer Verfassung für Preußen. Drucksachen der verfassunggebenden preußischen Landesversammlung 1919/20 Nr. 3120 B.
BadVerf. = Die badische Verfassung vom 21. März 1919.
BayrVerf. = Die Verfassungsurkunde des Freistaats Bayern vom 14. August 1919.
Ber. = Beratung, z. B. erste, zweite oder dritte, sei es des Ausschusses, sei es der Vollversammlung des jeweils bezeichneten Parlaments, ohne besonderen Zusatz der verfassunggebenden preußischen Landesversammlung 1919/20.
BGBl. = Bundesgesetzblatt des Norddeutschen Bundes.
Dd. = Deutsche Demokratische Partei.
DHann. = Deutschhannoversche Partei.
DJZ. = Deutsche Juristen-Zeitung.
Dn. = Deutschnationale Volkspartei.

Drucks. = Drucksache, ohne besonderen Zusatz: der verfassunggebenden preußischen Landesversammlung 1919/20.
DVp. = Deutsche Volkspartei.
EG. = Einführungsgesetz.
Entw. = Entwurf, falls ohne Zusatz: Entwurf einer Verfassung für Preußen vom 25. Februar 1920, Drucksachen der verfassunggebenden preußischen Landesversammlung 1919/20 Nr. 2000.
Erl. = Erlaß.
Erltg. = Erläuterung.
G. = Gesetz.
GewO. = Gewerbeordnung.
GS. = Gesetzsammlung Seite.
GVG. = Gerichtsverfassungsgesetz.
HerrH. = Herrenhaus.
JMBl. = Justizministerialblatt.
JW. = Juristische Wochenschrift.
KG. = Kammergericht.
Komm. = Kommentar.
LandesV. = Landesversammlung.
m. E. = meines Erachtens.
Min. = Minister.
ObTrib. = ehemals preußisches Obertribunal.
OldVerf. = Verfassung für den Freistaat Oldenburg vom 12. Juni 1919.
OVG. = Entscheidungen des Oberverwaltungsgerichts, mit dem Zusatz iStS. = in Steuersachen.
RGBlS. = Reichs-Gesetzblatt Seite.
RGiStS. = Entscheidungen des Reichsgerichts in Strafsachen.
RGiZS. = Entscheidungen des Reichsgerichts in Zivilsachen.
RMGerO. = Reichsmilitärgerichtsordnung.
RMilG. = Reichsmilitärgesetz.
RMilStGB. = Reichsmilitärstrafgesetzbuch.
RVA. = Reichsversicherungsamt.
RVerf. = Reichsverfassung vom 11. August 1919.
S. = Seite, auch Satz.
SächsVerf. = Die Verfassung des Freistaats Sachsen vom 1. November 1920.
Sd. = Sozialdemokratische Partei.
Sp. = Spalte.
StenBer. = Stenographische Berichte, ohne Zusatz: der verfassunggebenden preußischen Nationalversammlung 1919/20.
StGB. = Strafgesetzbuch.
StPO. = Strafprozeßordnung.
ThürVerf. = Vorläufige Verfassung des Landes Thüringen vom 12. Mai 1920.
USd. = Unabhängige Sozialdemokratische Partei.
VerfAussch. = ohne Zusatz: Verfassungsausschuß der verfassunggebenden preußischen Landesversammlung 1919/20.
VerfgPrLandesV. = verfassunggebende preußische Landesversammlung.
VerfUrk. = ohne Zusatz: Verfassung des Freistaats Preußen vom 30. November 1920.

VO. = Verordnung.
VollBer. = Beratung in der Vollversammlung eines Parlaments, ohne besonderen Zusatz: der verfassunggebenden preußischen Landesversammlung 1919/20 in erster, zweiter oder dritter Lesung.
Z. = Zentrumspartei.
WürttVerf. = Die Verfassungsurkunde des freien Volksstaats Württemberg vom 20. Mai 1919.
z. B. = zum Beispiel.
ZPO. = Zivilprozeßordnung.
Zust.Beschl. = Zusammenstellungen der Beschlüsse des 12. (Verfassungs-) Ausschusses zu dem Entwurf einer Verfassung für Preußen. Drucksachen der verfassunggebenden preußischen Landesversammlung 1919/20 Nr. 3120 C.

Zur geschichtlichen und allgemeinen Einführung.

I. Mit dem für Deutschland unglücklichen Ausgange des Weltkriegs, aber nicht nur infolge der Revolution des November 1918, ist in Preußen die Monarchie gestürzt worden. Es ist die Tragik dieses Staates seit dem Beginne des 19. Jahrhunderts, daß bedeutende und weitausschauende Verwaltungsreformpläne seiner größten und besten Staatsmänner nicht oder nicht voll zur Entfaltung und Durchführung kamen und daß auf dem Gebiete des Verfassungswesens eine unheilvolle Einsichtslosigkeit das Werk verhinderte, Volk und König gemeinsam zu einer den jeweiligen staatlich-politischen Verhältnissen und den geistigen Strömungen angepaßten Neuordnung gelangen zu lassen. Eine das Königtum umgebende gesellschaftlich mächtige Schicht, romantische Staatsauffassung, Mangel an Verständnis für die Bedeutung der in geistiger und wirtschaftlicher Hinsicht gewachsenen Bürgers und Arbeiters, für die freiheitlichen und sozialen Ideen des 19. Jahrhunderts, für die Gedankenwelt einer auf demokratische Vorstellungen aufgebauten Zeit in den Hauptkulturstaaten, haben eine Neugestaltung in europäisch-kulturellem Sinne hintangehalten. Zwar Macht und Reichtum, aber nicht politische Höherentwicklung im Sinne eines gerechten, durch seine Besten geführten Volksstaates ist erstrebt, manches Gute und Große auf dem Gebiete der Wissenschaft und Kunst, des Handels, Gewerbes und Verkehrs, der Erziehung und Bildung erreicht worden — aber kein p o l i t i s c h e s G e m e i n w e s e n hoher Gattung und Stufe, in dem die absolutistische Zeit ganz überwunden, das bitter notwendige Gleichgewicht zwischen Regierenden und Regierten hergestellt, jene aus dem Volk und mit dessen Willen und Zustimmung genommen worden wären, um im Sinne ebendieses Volks zu wirken, Frieden und Gerechtigkeit, Wohlstand und sozialen Ausgleich herbeizuführen. Das Unglück begann schon, als der Selbstverwaltungsbau des F r e i h e r r n v o m S t e i n ein Bruchstück und im wesentlichen nur auf die Städte (und auch hier später stark verkümmert) beschränkt zu bleiben verurteilt war, die Parole des F ü r s t e n v o n H a r d e n b e r g: „demokratische Grundsätze in einer monarchischen Regierung" nicht zur Geltung kam. „Er hatte Dynastie und Volk näherbringen und vereint in den Kampf führen wollen gegen die Privilegierten. Aber der Träger der Krone und sein Nachfolger hatten dies Bündnis entsetzt von sich gewiesen und die Hand ergriffen, die ihnen die Junker, die Nachkommen der einst dem Großen Kurfürsten noch so gefährlichen, selbstherrlichen und selbstsüchtigen

Ritter, hinstreckten. Der absolute Monarch und die jetzt angeblich zuverlässigsten Stützen des Thrones gegen die vermeintlichen Revolutionäre, Herrscher und Adel gegen die Masse des Volkes: so war die Konstellation beim Tode Hardenbergs, so sollte sie nun vorerst auch bleiben."[1]) Reaktion und Restauration nach den Freiheitskriegen, deutsche Einheit bekämpfende, deutsche Wissenschaft bedrängende Zeit der Karlsbader Beschlüsse: kläglich, matt, beschränkt. Die politische Gedankenwelt der Zeit von 1823, da eine Spur von Provinzialautonomie einsickerte, bis zum Vereinigten Landtag 1847, der, nach vergeblichen Versuchen, die elementarsten Rechte eines Parlaments zu erreichen, am 26. Juni jenes Jahres vom König geschlossen und nach nochmaliger Zusammenberufung am 17. Januar 1848 sowie kurzer Tätigkeit erlosch. Erst die Revolution zwang den König zur Proklamation betr. die künftige Staatsverfassung vom 18. März 1848; diese sollte zwischen Krone und Volk vereinbart werden (VO. über einige Grundlagen der künftigen Verfassung vom 6. April 1848 [GS. 87] und das Wahlgesetz vom 8. April 1848 [GS. 89]). Die auf Grund des letzteren gewählte Nationalversammlung wurde am 22. Mai 1848 nach Berlin einberufen. In dieser bekam allmählich die Partei der Linken die Übermacht; sie erklärte den Grundsatz der Volkssouveränität mit allen seinen Folgerungen als maßgebend und legte demgemäß der Nationalversammlung, als der Vertretung des souveränen Volks, das alleinige Recht der Feststellung der Verfassung bei. „Das Programm des linken Zentrums forderte die konstitutionelle Monarchie mit demokratischer

---

[1]) Vgl. Paul Haake, Der preußische Verfassungskampf vor hundert Jahren, 1921 S. 109 ff.; ferner dessen Aufsatzreihe „König Friedrich Wilhelm III., Hardenberg und die preußische Verfassungsfrage" in den „Forschungen zur brandenburgischen und preußischen Geschichte" Bd. 26, 28, 29, 30, 32 in den Jahren 1913—1919. In dem Werke desselben Geschichtsforschers: „Johann Peter Friedrich Ancillon und Kronprinz Friedrich Wilhelm IV. in Preußen", 1920, schildert ein besonderes Kapitel die beiden Männer im Kampf um das Verfassungsversprechen vom 22. Mai 1815. Auch Friedrich Meinecke (Neue Rundschau, Augustheft 1920) meint jetzt in einer Studie „Wilhelm von Humboldt und der deutsche Staat": „Humboldt forderte mit den in seinem Verfassungsplan dem Zentralparlament gewährten Rechten vielleicht schon mehr, als König Friedrich Wilhelm III. je zugestanden haben würde." Vgl. auch Heinrich von Treitschke, Der erste Verfassungskampf in Preußen (1815—1823), Preuß. Jahrb. Bd. 29; Alfred Stern, Zur Geschichte der preußischen Verfassungsfrage (1807—1815), Historische Zeitschrift Bd. 48. Wieder abgedruckt in: Alfred Stern, Abhandlungen und Aktenstücke zur Geschichte der preußischen Reformzeit (1807—1815), Leipzig 1885. — Derselbe, Die preuß. Verfassungsfrage und die Rundreise von Altenstein, Klewiz, Beyme, Dtsche. Zeitschr. f. Geschichtswissensch. Bd. 9. — Paul Bailleu, Kronprinz Friedrich Wilhelm im Ständekampf 1820, Historische Zeitschr. Bd. 87. — Ernst Müsebeck, Die märkische Ritterschaft und die preußische Verfassungsfrage von 1814—1820, Deutsche Rundschau Bd. 174. — Carl Wilhelm v. Lancizolle, Über Königtum und Landstände in Preußen 1846; Derselbe, Rechtsquellen für die gegenwärtige landständische Verfassung in Preußen, 1847.

Grundlage und nur ein aufschiebendes Veto für die Krone; dasjenige des rechten Zentrums stellte den Satz auf, daß die Krone nicht das Recht habe, die Nationalversammlung aufzulösen, und daß der ersteren nur ein aufschiebendes Veto einzuräumen sei; das Programm der Rechten endlich betonte die Notwendigkeit der erblichen konstitutionellen Monarchie, erklärte das Wahlgesetz vom 8. April als den Rechtsboden der Nationalversammlung und forderte die gemeinschaftliche Ausübung der Souveränitätsrechte durch König und Volk."[1]) Am 5. Dezember 1848 löste der König die Nationalversammlung auf, oktroyierte gleichzeitig die Verfassungsurkunde vom selben Datum, die erst nach längerer Zeit die Zustimmung der sog. Revisionskammern fand und mit der Tagesangabe vom 31. Januar 1850 das Grundgesetz des preußischen Staates wurde.[2]) Seine Verfassungsform war die konstitutionelle beschränkte Monarchie, die dem Übergewicht des Königs über alle anderen Faktoren der Staatsgewalt die rechtliche Unterlage bot. Finsterste Reaktion kennzeichnet die 1850er Jahre; die Fortbildung des Verfassungswerks, oft gefordert, ist nie hinausgelangt über das für eine tatsächlich halbabsolutisch regierende Monarchie, die sich der Hilfe eines geistig und moralisch hochstehenden, in Pflichtgefühl und anständiger Gesinnung unübertrefflichen, aber in politischer Hinsicht rückständigen Beamtentums bedienen konnte. Die mit der vollen Ausbildung des Zollvereins beginnende glänzende wirtschaftliche, durch Bismarcks Genie und Tat weltpolitisch bedeutsame Entwicklung und der durch diese beiden Faktoren im neu geeinten Deutschen Reich ermöglichte herrliche Aufstieg ließ die verfassungsrechtlichen Mängel grundsätzlicher und spezieller Art in Preußen etwas in den Hintergrund treten. Erst als mit dem Tode des weisen Königs Wilhelm I. und der Thronbesteigung des König Wilhelm II. die Schatten der innen- und außenpolitischen Zustände den Glanz der vorhergehenden Zeit verdüsterten; als es immer klarer wurde, daß die Verfassung weder dem Rechte des mündig gewordenen Bürgers noch dem des politisch und geistig aufgestiegenen Arbeiters Genüge leistete; als es nicht einmal in den Stürmen des Weltkriegs möglich war, die ostelbische Gesamtstruktur des Staates und das plutokratische, sinnlos gewordene Dreiklassenwahlrecht zu ändern, da war es den Einsichtigen klar geworden, daß Preußen mit dieser Verfassung um so weniger weiterbestehen konnte, als auch auf dem Gebiete der Verwaltung ein überaltertes, von sozialen Vorurteilen durchsetztes System allen Bestrebungen grundlegender Refrom beharrlich widerstand. Wer ehrlich und weitblickend bessern wollte, galt, wie einstens Stein und Hardenberg, wie Humboldt und Schön, als Revolutionär; so mußte, da der Welt das müde Schauspiel einer nur

---

[1]) Arndt, PreußVerfUrk., 7. Aufl. (1911) S. 21 ff.; s. auch Anschütz, PreußVerfUrk. 1 (1912) 11—28; Schwartz, PreußVerfUrk., 2. Aufl. (1898), S. 6 ff.

[2]) Die Einzelheiten der verfassungsgeschichtlichen Entwicklung vgl. in den in der vorletzten Anmerkung angeführten Werken und in der von diesen angezogenen sehr umfangreichen Literatur. In diesem Buche ist nur darauf zu verweisen.

durch den unmittelbarsten Zwang getriebenen, zunächst nur im Reich das parlamentarische System einleitenden Regierung geboten wurde, auch hier das traurige „Zu spät!" ertönen. So durchbrach eine radikale Revolution die Mauern eines festgefügt scheinenden Staatsgebäudes, das mit rechtzeitigen zeitgemäßen Verbesserungen noch lange unter der Führung der Tüchtigsten und der formellen Leitung durch das Königtum hätte weiterbestehen können.

II. Es ist müßig, zu streiten, ob ohne den verlorenen Weltkrieg der Umsturz der Monarchie und der Verfassung auch und ob sie so, wie geschehen, gekommen wäre. Beigetragen hat er zu dem Ereignis gewiß in wesentlichem Maße. Aber es kennt weder die Geschichte, noch den Geist der Massen, noch die Macht der schon seit 1848 auch in Deutschland aufgekommenen Ideen — die der demokratischen Grundeinstellung der hauptsächlichen Kulturstaaten und der Bedeutung der sozialen und sozialistischen Bewegungen, der wirtschaftlichen und ethischen Strömungen entsprachen —, wer da meint, es würde sich ein Volk, wie das preußisch-deutsche, es würde sich ein entromantisiertes, allen Einwirkungen politischer Ideen der Welt offenes und reif gewordenes Bürger- und Arbeitertum mit dem kärglichen Anteil an Staatsregierung und Staatsverwaltung, mit dem wohlwollend patriarchalischen System eines militaristisch-bureaukratisch-halbabsolutistischen Systems auf die Dauer abgefunden haben.

Zu spät kam auch die Osterbotschaft 1917 und auch die vom 11. Juli 1917, die Gesetzentwürfe in Aussicht stellten, die, im November dem Landtage vorgelegt, für das Abgeordnetenhaus das allgemeine, gleiche, unmittelbare und geheime Wahlrecht einführen, das Herrenhaus durch Vertreter von Landwirtschaft, Handel, Industrie, Handwerk, Selbstverwaltungskörpern, Hochschulen und Kirchengemeinschaften zu einem berufsständischen Parlamente gestalten wollte. Bevor der Landtag diese Entwürfe verabschiedet hatte, brach die Revolution aus. Als der Staatssekretär Scheidemann am 9. November 1918 die deutsche Republik von einem Fenster des Reichstagsgebäudes aus verkündete und damit das Signal zur Entthronung aller deutschen Fürsten gab, als die Reichshauptstadt ohne Schwertstreich kapitulierte und nirgends in Deutschland sich auch nur eine Hand zugunsten der Monarchien tatkräftig erhob, vollzog sich ein geschichtlich notwendiges Ereignis, bei dem, in Ermanglung einer rechtzeitigen Erweiterung der Volksrechte, einer großzügigen Reform in Verfassung und Verwaltung, die naheliegende nächstradikale Stufe einer parlamentarischen Monarchie übersprungen wurde.[1])

Bei der engsten Verknüpfung der reichsdeutschen und der preußischen politischen Verhältnisse, bei der persönlichen Identität von Kaiser und König berührten alle Ereignisse nach dem Ausbruch der Revolution die Schicksale des Reichs wie Preußens meist in gleichem Maße und gleich-

[1]) In den Erläuterungen dieses Werks zu Art 1 S. 34 ff. wird in Verbindung mit der Erörterung des Wesens der preußischen Monarchie und der rechtlichen Stellung des Königs auf die inneren Gründe der Umwälzung aufmerksam gemacht.

zeitig. Deshalb wird über die politische Geschichte des November und Dezember 1918, der Jahre 1919 und 1920 hier nur insoweit in knappsten Zügen berichtet, als sie verfassungsrechtlichen Charakters ist und sich von der des Reichs kennzeichnend abhebt.[1]) Dabei wird die ungelöste Verbindung des Schicksals von Reich und Preußen eine meist untrennbare Problematik hinsichtlich grundlegender Fragen wenigstens andeutungsweise erkennbar machen,[2]) so bei der Gliederung des Gesamtstaates nach neuen Grundsätzen; Beibehaltung Preußens in seinem bisherigen durch den Friedensvertrag von Versailles verkleinerten Bestande oder Abtrennung von Teilen und Schaffung selbständiger Länder; Beschränkung der Gesetzkompetenz und Verwaltung Preußens durch das Reich; Einfluß des letzteren auf die Verfassungsgestaltung Preußens; Vertretung der Länder und preußischen Provinzen im Reichsrat, der letzteren im Staatsrat; Wahlrecht, parlamentarische Regierungsweise, Ministerverantwortlichkeit, Staatsgerichtshof, Grundrechte und Grundpflichten.

III. Die revolutionäre preußische Regierung übernimmt am 12. November 1918 „im Auftrag des Vollzugsrats des Arbeiter- und Soldatenrats" die Staatsleitung, fordert sämtliche preußische Behörden und Beamte auf, ihre amtliche Tätigkeit fortzusetzen, um auch ihrerseits im Interesse des Vaterlandes zur Erhaltung der Ordnung und Sicherheit beizutragen, wogegen ihre gesetzlichen Ansprüche unverkürzt gewahrt bleiben sollen (GSS. 187) und erläßt am 13. November 1918 folgenden in der GSS. 187 bis 189 veröffentlichten:

Aufruf an das preußische Volk.

Preußen ist wie das Deutsche Reich und die anderen Bundesstaaten durch den Volkswillen zum freien Staat geworden.

Aufgabe der neuen preußischen Landesregierung ist, das alte, von Grund auf reaktionäre Preußen so rasch wie möglich in einen völlig demokratischen Bestandteil der einheitlichen Volksrepublik zu verwandeln.

Über die zukünftigen Staatseinrichtungen Preußens, seine Be-

---

[1]) Deshalb sei verwiesen für die Vorgänge vom Herbst 1918 bis zur Annahme der Reichsverfassung auf Stier-Somlo, Die Verfassung des Deutschen Reichs vom 11. August 1911. Ein systematischer Überblick, 2. Aufl. (1920), S. 1—74, und die dort verarbeitete reiche Literatur; Derselbe, Die rechtliche Natur und politische Eigenart des Deutschen Reiches, Handbuch der Politik, 3. Aufl., 3 (1921) 1 ff.; Giese, Taschenausgabe der Reichsverfassung, 2. Aufl. (1920), S. 1—62, ebenfalls mit viel Schrifttum; Ernst Scheiding, Das erste Jahr der deutschen Revolution, 1920 S. 5—79; Oeschey, Vom Umsturz zur Verfassung, 1920 S. 53—59; „Die Revolution in Deutschland", Aufsätze im Handbuch der Politik, 3. Aufl., 3 (1921) 255—297, von Hänisch, Kuttner, Cohen, Bovensiepen, Moldenhauer, Pachnicke, Sitzler.

[2]) Eine eingehendere Betrachtung gehört in ein preußisches, nicht nur die Verfassungsurkunde umfassendes Verfassungsrecht. Auch im vorliegenden Werke sind die verbindenden Linien zwischen Reichs- und preußischer Verfassung nach Möglichkeit hergestellt, in den obigen Zeilen nur berührt.

ziehungen zum Reich, zu den anderen deutschen Staaten und zum Ausland wird eine verfassunggebende Versammlung entscheiden; ihre Wahl erfolgt auf Grundlage des gleichen Wahlrechts für alle Männer und Frauen nach dem Verhältniswahlsystem.

Bis zum Zusammentritt dieser verfassunggebenden Versammlung hat eine vorläufige Regierung, die getragen ist vom Vertrauen der Arbeiter- und Soldatenräte, die Geschäfte übernommen. Sie sieht ihre erste Aufgabe darin, im engen Zusammenhang mit der neuen Reichsleitung für die Ordnung und Sicherheit im Lande und für die Volksernährung zu sorgen. Sie ist dabei angewiesen auf das Verständnis und den guten Willen der Bevölkerung im allgemeinen und insbesondere auf die gewissenhafte Mitarbeit aller Beamten des Staates und der Selbstverwaltungskörperschaften. Alle Beamten, die sich der neuen Regierung zur Verfügung stellen, sind ausdrücklich in ihren Rechten bestätigt und auf ihre Pflichten hingewiesen worden.

Von den zahlreichen Aufgaben, vor die sich das neue, freie Preußen jetzt und in der Zukunft gestellt sieht, seien nur diese hervorgehoben:

Durchführung der uneingeschränkten Koalitionsfreiheit für alle Staatsarbeiter und Beamten. Gründliche Reform der Besoldungs- und Lohnverhältnisse der Arbeiter und Beamten, einschließlich der Pensionäre und Altpensionäre, und bis zur endgültigen Regelung die Gewährung ausreichender Teuerungszulagen.

Ausbau aller Bildungsinstitute, insbesondere der Volksschule. Schaffung der Einheitsschule. Befreiung der Schule von jeglicher kirchlichen Bevormundung. Trennung von Staat und Kirche.

Demokratisierung aller Verwaltungskörperschaften. Beseitigung der Gutsbezirke. Völlig gleiches Wahlrecht beider Geschlechter für alle Gemeindevertretungen in Stadt und Land. Entsprechende demokratische Umgestaltung der Kreis- und Provinzialverwaltungskörper.

Raschester Ausbau und Entwicklung aller Verkehrsmittel, insbesondere der Eisenbahnen und Kanäle.

Hebung und Modernisierung von Industrie und Landwirtschaft. Vergesellschaftung der dazu geeigneten industriellen und landwirtschaftlichen Großbetriebe.

Umgestaltung der Rechtspflege und des Strafvollzugs im Geiste der Demokratie und des Sozialismus.

Reform des gesamten Steuerwesens nach den Grundsätzen strengster sozialer Gerechtigkeit.

Die Staatsregierung arbeitet zunächst ohne Volksvertretung. Das Abgeordnetenhaus wird aufgelöst, das Herrenhaus beseitigt.[1]) Die Folgerungen aus der Entfernung der Monarchie werden zunächst gezogen durch die Beschlagnahme des preußischen Kronfideikommißvermögens und

---

[1]) VO. vom 15. November 1918 (GS. 191).

des Vermögens des preußischen Königshauses,[1]) die Beseitigung des persönlichen Gerichtsstandes der Mitglieder des letzteren bei dem mit dem Kammergericht verbundenen Geheimen Justizrat.[2]) Die entstandenen Schwierigkeiten im Behördenorganismus und im Verhältnis des Volks zu ihm werden zu beheben unternommen. Es wird[3]) bestimmt: Die Zuständigkeiten, die nach den bisherigen Bestimmungen von der Krone und vom Parlament ausgeübt wurden, sind auf die preußische Regierung übergegangen, die nach der Bekanntmachung vom 12. November 1918 die Staatsleitung übernommen hat (vgl. oben S. 13). Die Zuständigkeit aller übrigen Zentralbehörden sowie der Provinzial- und Lokalbehörden bleibt unberührt. Sie führen fortan eine den veränderten Verhältnissen angepaßte Bezeichnung, d. h. sie sind nicht mehr „königlich". Die bestehenden Gesetze und Verordnungen, soweit sie nicht ausdrücklich durch die Regierung aufgehoben sind, bleiben in Kraft und sind von jedermann zu beachten, wie auch jedermann im ungestörten Genusse der ihm dadurch gewährten Rechte verbleibt. Danach besteht für alle Staatsangehörigen die Verpflichtung zur Entrichtung der bisherigen Steuern und Abgaben unverändert fort. Die Unabhängigkeit der Gerichte darf nicht angetastet werden. Der Arbeiter- und Soldatenrat darf nicht anordnen, daß die Urteile der Gerichte ihm zur Genehmigung vorzulegen sind, während eine noch notwendige Auseinandersetzung wenigstens hinsichtlich der Entschädigung der Mitglieder der Arbeiter-, Soldaten- und Beamtenräte grundsätzlich vorgenommen wird.

Nach Überwindung der Hemmnisse, die der Schaffung einer Volksvertretung entgegenstehen, wird am 21. Dezember 1918 eine VO. über die Wahlen zur verfassunggebenden preußischen Landesversammlung[4]) erlassen; die Wahlen werden am 26. Januar 1919 vorgenommen. Die verfassunggebende Landesversammlung tritt am 5. März 1919 in Berlin zusammen.[5]) Noch bevor sie ihre Tätigkeit beginnt, bemüht sich die preußische Regierung um Einlösung eines Teils der in dem Aufruf vom 13. November 1918 gegebenen Zusagen — manche, wie die Durchführung

---

[1]) Bekanntmachungen vom 13. und 30. November 1918 (GSS. 189 u. 193), später AusfBest. hierzu vom 18. Juni 1919 (GSS. 95).

[2]) VO. vom 30. November 1918 (GSS. 185). Erst später folgten die VO. über Familiengüter vom 10. März 1919 (GSS. 39), jetzt in der Fassung vom 30. Dezember 1920 (GS. 1921 S. 77), die ZwangsauflösungsVO. vom 19. November 1920 (GSS. 463), das G. über die Aufhebung der Standesvorrechte des Adels und die Auflösung der Hausvermögen vom 23. Juni 1920 (GSS. 367); vgl. auch Entw. eines G. über die Vermögensauseinandersetzung zwischen dem preußischen Staate und dem preußischen Königshause nebst Begründung (Drucks. Nr. 1722).

[3]) Durch zwei VO. vom 14. und zwei vom 16. November 1918 (GSS. 189, 190, 191, 192).

[4]) GSS. 201, mit Ergänzungen der VO. vom 28. Dezember 1918, 9., 20., 21. Januar 1919 (GSS. 1918 S. 205, 1919 S. 1, 9, 11).

[5]) VO. vom 18. Februar 1919 (GSS. 31).

der unbeschränkten Koalitionsfreiheit, völlig gleiches Wahlrecht beider Geschlechter für alle Gemeindevertretungen in Stadt und Land sollte bald die RVerf. (Art. 159, 17 Abs. 2) bringen —; so auf dem Gebiete des Rechts der Gemeinden und Gemeindeverbände, insbesondere um für diese das allgemeine, unmittelbare, geheime Wahlrecht nach den Grundsätzen der Verhältniswahl durchzuführen,[1]) und des Beamtenrechts, indem sie die lang ersehnte Berufung in Disziplinarsachen einführt und aus der neuen Lage die übrigens auch dem bisherigen Rechte nicht fremde Folgerung hinsichtlich der einstweiligen Versetzung der unmittelbaren, nicht zuletzt der sog. politischen Beamten in den Ruhestand zieht,[2]) vergißt sie auch die Gewährung von Straffreiheit und Strafmilderung in Disziplinarsachen nicht.[3]) Spuren von sozialpolitischer Rechtsetzung finden sich: bei der Neuwahl der Bergwerkssicherheitsmänner und Arbeiterausschußmitglieder werden für wahlberechtigt und wählbar erklärt alle mindestens zwanzig Jahre alten männlichen und weiblichen Arbeiter des Betriebs, die sich im Besitze der bürgerlichen Ehrenrechte befinden,[4]) auch der inneren Kolonisation sind bemerkenswerte Rechtssätze gewidmet.[5])

IV. Die dringendste Aufgabe der verfassunggebenden Landesversammlung ist die Schaffung einer Notverfassung. Sie ergeht als G. zur vorläufigen Ordnung der Staatsgewalt in Preußen vom 20. März 1919 (GS. 53).

1. Die gesetzgeberische und vollziehende Staatsgewalt hat nicht das Volk, nicht der Arbeiter- und Soldatenrat, sondern die Landesversammlung inne; sie besitzt

a) alle Rechte, die bisher nach der VerfUrk. vom 31. Januar 1850 den Kammern zustanden,

b) das Recht, die künftige Verfassung der Republik Preußen als

---

[1]) VO. über die anderweite Regelung des Gemeindewahlrechts vom 24. und 31. Januar 1919 (GS. 13 u. 15); VO., betr. die Zusammensetzung der Kreistage und einige weitere Änderungen der Kreisordnungen, vom 18. Februar 1919 (GS. 23); hier findet sich auch (§ 12) die wichtige Vorschrift, daß der Landrat vom Staatsministerium ernannt wird; Befähigungsvoraussetzungen werden nicht mehr aufgestellt! Vgl. auch die VO. über die Bildung einer vorläufigen Provinzialversammlung für die Provinz Ostpreußen vom 17. Januar 1919 (GS. 8).

[2]) VO., betr. die Zuständigkeit des Disziplinarhofs zur Entscheidung über die Berufung in Disziplinarsachen, vom 18. Februar 1919 (GS. 29); VO. vom 26. Februar 1919 (GS. 33 u. 56). Die neue Regierung denkt sogar an die Versorgung der Hofbeamten und ihrer Hinterbliebenen! VO. vom 10. März 1919 (GS. 45).

[3]) VO. vom 16. Februar 1919 (GS. 27).

[4]) VO. vom 4. Januar 1919 (GS. 7).

[5]) VO., betr. das gesetzliche Vorkaufsrecht an land- und forstwirtschaftlichen Besitzungen, vom 23. Dezember 1918 (GS. 3) und VO. wegen Abänderung des G., betr. die Beförderung deutscher Ansiedlungen in den Provinzen Westpreußen und Posen, vom 26. April 1886/20. März 1908, vom 12. März 1919 (GS. 51).

Gliedstaats des Deutschen Reichs festzustellen und Gesetze, die keinen Aufschub dulden, zu erlassen.[1])

c) Die Landesversammlung verhandelt öffentlich; wahrheitsgetreue Berichte sind verantwortungsfrei; sie hat die Legitimationsprüfung ihrer Mitglieder, das Recht zur Geschäftsordnung, zur Wahl des Präsidenten, Vizepräsidenten und Schriftführer, zur Beschlußfassung nach absoluter Stimmenmehrheit — die Beschlußfähigkeit ist vorhanden bei Anwesenheit der Mehrzahl der gesetzlichen Anzahl der Mitglieder —; die Befugnis zur Einsetzung von Untersuchungsausschüssen, denen sämtliche Staatsbehörden Auskunft zu geben verpflichtet sind.

2. Die Mitglieder der Landesversammlung bedürfen, wenn sie Beamte sind, keines Urlaubs zum Eintritt in diese Volksvertretung; sie sind Vertreter des gesamten Volkes und an Aufträge und Instruktionen nicht gebunden; sie haben Verantwortungsfreiheit, Immunität und das Recht auf Entschädigung.[2])

3. Der Präsident der Landesversammlung beruft die Staatsregierung.

4. Diese ist eine kollegiale Behörde und besteht aus sämtlichen Staatsministern. Den Vorsitz führt der Ministerpräsident. Er gibt bei Stimmengleichheit den Ausschlag.

Die Befugnisse der Staatsregierung sind weit gefaßt.

a) Ihr steht die Ausübung der vollziehenden Gewalt zu.

b) Sämtliche Staatsbehörden sind ihr unterstellt.

c) Sie hat alle Befugnisse, die nach den Gesetzen und Verordnungen dem König zustanden, das landesherrliche Kirchenregiment gehört hierzu nicht; es wird vorläufig von drei von der Staatsregierung zu bestimmende Staatsminister evangelischen Glaubens ausgeübt.

d) Sie hat ein Notverordnungsrecht.[3])

5. Von den Verpflichtungen des Staatsministeriums ist nur die Pflicht zur Verkündung der Verfassung und der Gesetze hervorgehoben, alle anderen sind solche der Staatsminister.

a) Jeder bedarf zu seiner Amtsführung des Vertrauens der verfassunggebenden Landesversammlung und ist ihr für seine Amtsführung verantwortlich. Jeder Minister muß zurücktreten, wenn ihm die Landesversammlung das Vertrauen durch einen ausdrücklichen Beschluß entzieht. Die parlamentarische Regierungsweise war damit festgelegt.

b) Die Staatsminister (und ihre Beauftragten) haben das Recht, den Verhandlungen der verfassunggebenden Landesversammlung beizuwohnen und jederzeit das Wort zu ergreifen, auch wenn sie nicht Abgeordnete waren; daß sie dies auch werden konnten, ergab der neue Rechtszustand. Dagegen sind sie verpflichtet, auf Verlangen der verfassunggebenden

---

[1]) Welche das sind, konnte schließlich nur sie selbst bestimmen.

[2]) §§ 1, 2 in Verbindung mit Art. 21, 22 Abs. 1, 27—32 a.RVerf.

[3]) §§ 3, 4, 5, 7 Abs. 1, 10.

Landesversammlung zu erscheinen und Auskunft zu erteilen oder den Grund anzugeben, warum eine Auskunft nicht erteilt werden kann.[1])

6. Die bisherigen Gesetze und Verordnungen bleiben in Kraft, insoweit ihnen dieses G. vom 20. März 1919 nicht entgegensteht. Dasselbe gilt von den bisher von der Staatsregierung erlassenen und verkündeten Verordnungen. Ein Verzeichnis dieser Verordnungen ist der Landesversammlung binnen einem Monat nach Verkündung dieses Gesetzes (22. März 1919) vorzulegen. Eine Verordnung ist außer Kraft zu setzen, wenn oder insoweit die Landesversammlung dies beschließt.[2])

V. Es beginnt die Geschichte der neuen preußischen Verfassung.

1. Unter dem 25. Februar 1920 (Drucks. Nr. 2000) legte das Staatsministerium den Entwurf einer Verfassung für Preußen vor. Er zerfiel in neun Abschnitte. Der I. („Der Staat") bestand aus dem einzigen Satze: „Preußen ist eine Republik und Glied des Deutschen Reiches" (§ 1). Der II. („Die Staatsgewalt") erklärt das Volk zum Träger der Staatsgewalt, das seinen Willen durch den Landtag kundgibt. Das Staatsministerium führt namens des Volks die Regierung (§§ 2—4). Im III. Abschnitt wird „Der Landtag" rechtlich geregelt, im durch die RVerf. gebotenen Rahmen, in wesentlicher Anlehnung an bisheriges Verfassungsrecht, doch mit einigen Neuerungen[3]) (§§ 5—24), im IV. Abschnitt „Das Staatsministerium", dessen Ernennung dem Präsidenten des Landtags zugedacht war, unter Anlehnung an die Notverfassung (§§ 25—39). Abschnitt V bringt einige, in den vorhergehenden Teilen noch nicht gegebene Rechtssätze über „Die Gesetzgebung" (§§ 40 bis 43), Abschnitt VI („Finanzwesen") teils etatrechtliche Grundsätze, teils die Vorschläge über eine vollständig neue Einrichtung, den Finanzrat (§§ 44—57). Abschnitt VII formuliert das Recht der Selbstverwaltung und verspricht ihren Ausbau (§§ 58, 59). Der VIII. Abschnitt wiederholt grundlegende, schon in der RVerf. enthaltene Rechte für „Die Staatsbeamten" (§ 60, auch § 67 Satz 2), indes Abschnitt IX mit „Übergangs- und Schlußbestimmungen" von zum Teil großer Tragweite abschließt.

2. Die erste Beratung in der Vollversammlung (abgekürzt: VollVer.) beginnt am 26. April 1920 (138. Sitzung) und endet am 28. April (140. Sitzung) mit der Überweisung an den Verfassungsausschuß.[4]) Allgemeinpolitische Erörterungen, durchzittert von den Ereignissen der Staatsumwälzung, die äußerst bedrängte Lage des preußisch-deutschen Volks infolge des Versailler Friedensvertrages, die Unsicherheit aller wirtschaftlichen, sozialen und staatlichen Verhältnisse im Innern, die Gefahren von außen, all dies übte seinen Einfluß aus. Betont werden der Geist der Volkssouveränität, das Bekenntnis einerseits zum deutschen Einheitsstaat, andererseits zum Recht

[1]) § 7 Abs. 2, § 8.

[2]) § 9.

[3]) Sie werden bei der Darstellung des geltenden Rechts mitberücksichtigt.

[4]) StenBer. Sp. 11002—11040, 11109—11146.

Preußens auf ein Sonderdasein. Die Demokratie als Grundforderung klingt am vernehmlichsten, daneben: Abwehr der Diktatur des Proletariats. Das Verhältnis von Reich und Preußen wird nach den politischen Grundanschauungen und Glaubenslehren der Parteien verschieden gedacht; Sorge um die beste Lösung beherrscht die Gemüter. Sozialismus und bürgerliche Gedankenwelt, Staatsinteresse und ein davon von manchen als verschieden gewertetes Volksinteresse stoßen aufeinander. Die Rechtsstellung des Staatsministeriums im Sinne der parlamentarischen Regierungsweise zu gestalten, begegnet geringen Widerstand; die Zuneigung rechtsstehender Parteien zum Königtum flammt auf und wird durch die Mehrheit gedämpft. Die Stellung des Landtags und seines Präsidenten, die Rolle des Finanzrats beschäftigt die Köpfe. Preußen oder Deutschland, Staat oder Provinzen, starre Zentralisation oder dynamische Dezentralisation und Erweiterung des Selbstverwaltungsrechts, insbesondere der Provinzen — das sind die Parolen und Schlagworte.

3. Der Verfassungsausschuß trat am 16. Juni 1920 in die Beratung des Verfassungsentwurfs ein. Die erste Sitzung behandelte die Geschäftseinteilung (zwei Lesungen mit Vorbehalt einer dritten), die zweite Sitzung behandelte den Gesetzentwurf über die Bestellung von Mitgliedern des Reichsrats durch die Provinzialverwaltungen (Drucks. Nr. 2183) in Verbindung mit Abschnitt VII des VerfEntwurfs (Bericht auf Drucks. Nr. 2538) — er wurde nicht Gesetz —, um dann in der dritten Sitzung die Beratung des VerfEntw. selbst in Angriff zu nehmen. Die erste Lesung endete am 10. Juli. Die zweite begann am 24. September und dauerte bis zum 27., die dritte vom 29. September bis 8. Oktober 1920.[1]) Die Gestalt, in der der Entw. aus den Ausschußberatungen herauskam, war für die endgültige Fassung meist entscheidend. Wesentliche Änderungen gegenüber dem Entwurf sind zu verzeichnen. Der Gedanke der Volkssouveränität wird schärfer betont und in Einzelvorschriften ausgeprägt, Stimmberechtigung, Volksentscheid neu und grundsätzlich geregelt. Der Lehre von der Teilung der Staatsgewalten (Gesetzgebung, Rechtsprechung, Verwaltung) wird ihr Tribut gezollt, die Stellung des Landtags als dem mittelbaren Äußerungsorgan des Volkswillens ausgebaut, Staatsgerichtshof, Ministerverantwortlichkeit, Verfassungsänderung genauer bestimmt. Ein Staatspräsident wird abgelehnt, die Ministerernennung dem Landtage, nicht dessen Präsidenten, übertragen, die Landtagsauflösung in origineller Weise geregelt. Der Finanzrat wird zum Staatsrat ausgebaut, der zur Vertretung der Provinzen bei Gesetzgebung und Verwaltung des Staats gebildet wird, nicht den Charakter

[1]) Bericht des 12. (Verfassungs-) Ausschusses, Drucks. Nr. 3120A (Sp. 1—20), abgekürzt: AusschBer. — Wörtliche Niederschrift der Verhandlungen (Drucks. Nr. 3120B (Sp. 1—318), abgekürzt: AusschProt. — Zusammenstellungen der Beschlüsse des 12. (Verfassungs-) Ausschusses zu dem Entw. einer Verf. für Preußen, Drucks. Nr. 3120C (S. 1—50). — Vergleichende Darstellung des Entwurfes mit den Beschlüssen des Ausschusses in drei Lesungen, Drucks. Nr. 3120D (S. 1—39).

einer Ersten Kammer erhält, sondern eine ähnliche Aufgabe erhält wie der Reichsrat gegenüber dem Reichstag in der RVerf., in seiner Eigenart noch des Ausbaues bedürftig. Das Staatsministerium erhält eine derjenigen in der Notverfassung ähnliche, doch im einzelnen mannigfach unterschiedene und gegliederte Stellung. Das Etatsrecht erfährt Abschwächungen, teils durch Ermächtigungen, die dem Staatsministerium für den Fall der nicht rechtzeitigen Feststellung des Haushaltsplans gegeben werden, teils durch die Sonderrolle, die dem Finanzwesen der ertragswirtschaftlichen Staatsunternehmungen eingeräumt worden ist. Die Selbstverwaltung der Provinzen wurde erweitert, die Einzelheiten einem besonderen Autonomiegesetz vorbehalten.

4. Die zweite Vollberatung der Landesversammlung (abgekürzt: 2. VollBer.) begann am 28. Oktober 1920 (170. Sitzung), wurde am 29. und 30. Oktober, 4. und 5. November fortgesetzt und beendet (171. bis 174. Sitzung).[1]) Der Kampf der Parteien und politischen Grundanschauungen, soweit er im Ausschuß noch nicht endgültig ausgefochten schien, flammte hier wieder auf: um den Staatspräsidenten, den Staatsrat und seine Ausgestaltung je nach der ihm von den einzelnen und Gruppen zugedachten Aufgabe; das in seinem Umfang unversehrte oder das in Länder aufgeteilte Preußen; Unitarismus und Partikularismus, Selbstverwaltung der Provinzen und Etatrecht standen im Vordergrunde der Erörterung.[2])

5. In der dritten Beratung der Vollversammlung (abgekürzt: 3. VollBer.) waren nur meist hoffnungslose Anträge wiederholt und politische Allgemeinerörterungen am 26. und 30. November gepflogen worden (180., 184. und 185. Sitzung). Ist das Gesamtbild der Verf., wie es der Ausschuß formte, aus der zweiten Vollberatung noch hin und wieder verändert worden, so nur ganz unwesentlich in der dritten.[3]) Die Verfassung ist am 30. November 1920 mit 280 gegen 60 Stimmen angenommen worden. Sie trägt bei ihrer Verkündung am 30. Dezember 1920 jenes Datum (GS. 543 Nr. 54).

VI. Die neue preußVerfUrk. zerfällt in elf Abschnitte: I. Der Staat (Art. 1). II. Die Staatsgewalt (Art. 2—8). III. Der Landtag (Art. 9 bis 30). IV. Der Staatsrat (Art. 31—43). V. Das Staatsministerium (Art. 44—59). VI. Die Gesetzgebung (Art. 60—62). VII. Das Finanzwesen (Art. 63—69). VIII. Die Selbstverwaltung (Art. 70—75). IX. Die Religionsgesellschaften (Art. 76). X. Die Staatsbeamten (Art. 77—80). XI. Übergangs- und Schlußbestimmungen (Art. 81—88). In diesen äußeren Rahmen ist ein, bei allem überlieferten konstitutionellen und

---

[1]) StenBer. Sp. 13228—13290, 13293—13363, 13368—13439, 13444 bis 13497, 13509—13623.

[2]) Zusammenstellung des Entwurfs mit den Beschlüssen der zweiten Vollberatung (Drucks. Nr. 3280) S. 1—18.

[3]) StenBer. Sp. 13981—14088, 14237—14281, 14288—14319. — Zusammenstellung des Entwurfs mit den Beschlüssen der dritten Beratung (Drucks. Nr. 3425); der Art. 1—61 (Drucks. Nr. 3425A), der Art. 63—69 (Drucks. Nr. 3125B).

parlamentarischen Verfassungsrecht des In- und Auslandes, in manchen Punkten eigenartiges, neues, weite Perspektiven eröffnendes Grundgesetz geschaffen worden. Auf seinen Inhalt hier einzugehen, entspricht nicht den Zwecken dieser kurzen Einführung; es ist nicht nur wegen der dem Plane nach eingehenden Erläuterung der einzelnen Artikel, sondern auch deshalb unnötig und unangebracht, weil den Hauptabschnitten längere systematische Zusammenfassungen vorausgeschickt sind, deren Wiederholung an dieser Stelle allein in Betracht kommen würde und deshalb zu unterbleiben hat. Dagegen bedarf es hier noch des Hinweises auf einige wichtige Besonderheiten des vollbrachten Verfassungswerks.

1. Es trägt alle Kennzeichen einer auch in dem Verhältnis von Reich und Ländern gewandelten Zeit. Die RVerf. hat an manchen (in dem Kommentar unten S. 25, 26 und sonst) näher dargelegten Beziehungen durch zwingende Vorschriften den Rahmen abgesteckt, den zu überschreiten die preuß. Landesverfassung ebensowenig in der Lage war, wie zu einer Abweichung von dem innerhalb dieses Rahmens ihr vorgeschriebenen Grundgehalt; das gilt besonders für die parlamentarische Regierungsweise, Wahlrecht, Verantwortungsfreiheit und Immunität der Abgeordneten. In vielen Punkten ist ferner die RVerf. Vorbild zu „entsprechender" Ordnung gewesen. In der Gestaltung der Grundrechte und Grundpflichten aller Deutschen und aller Beamten hat sie auch für die preußischen Deutschen und die preußischen Beamten Recht geschaffen. Dessen Wiederholung ist unnötig gewesen, ist aber in einzelnen Fällen doch erfolgt. Die staatsrechtliche Wertung dieser Erscheinung ist eine Frage für sich.

2. Die preußVerfUrk. ist aber unvollständig in zahlreichen Beziehungen. Sie hat neue Einrichtungen vorgesehen, deren Überführung in die Wirklichkeit noch bevorsteht, so den Staatsrat, den Staatsgerichtshof. In einer sehr beträchtlichen Zahl von Fällen ist je ein Sondergesetz vorgesehen, das dem Verfassungsartikel erst Realität, Farbe und Fülle zu geben bestimmt ist. Es ist hier an solche Gesetze gedacht, deren Inhalt in die VerfUrk. hätte aufgenommen können, wenn Zeit und politische Umstände dies gestattet oder das Bedenken nicht obgewaltet hätte, den Umfang des Grundgesetzes allzusehr auszudehnen und zu belasten, z. B. hinsichtlich der Selbstverwaltung der Provinzen, kirchen- und schulrechtlicher Grundsätze usw. Daneben sind Gesetze vorbehalten, die erfahrungs- und zweckmäßigerweise nicht in eine Verfassungsurkunde gehören, wie Wahlgesetze für den Landtag, die Provinziallandtage und Kreistage, Beamtengesetze. So ist die Verfassung auch in dem Umkreis der von ihr angefaßten Rechtsprobleme nicht erschöpfend. Eine Anzahl dieser vorbehaltenen Gesetze ist bereits ergangen: das LandeswahlG. vom 3. Dezember 1920 (GSS. 559) nebst Wahlordnung vom 10. Dezember 1920 (GSS. 571), das G., betr. die Wahlen zu Provinziallandtagen und zu den Kreistagen, vom 3. Dezember 1920 (GS. 1921 S. 1) nebst Wahlordnung vom 31. Dezember 1920 (GS. 1921 S. 8), G. über die Wahlen zum Staatsrat vom 16. Dezember 1920 (GS. 1921 S. 90). Weitere müssen bald folgen, um das Funktionieren der Staatseinrichtungen zu ermöglichen.

3. Aber auch wenn all die in der VerfUrk. vorgesehenen Einzelgesetze erlassen sein werden, wird noch reicher verfassungsrechtlicher Stoff vorhanden sein, der herkömmlicherweise außerhalb der VerfUrk. bleibt, deren Zweck nur in der Aufstellung des Grundrisses des Staatsgebäudes besteht. Es ist in diesem Werke an anderer Stelle dargelegt worden, welchen weiteren Umkreis das gesamte Verfassungsrecht eines Staates als dessen Verfassungsurkunde besitzt.

VII. Deshalb ist zum Schlusse noch auf die Aufgabe kurz einzugehen, den sich dieser Kommentar gestellt hat. Er will ein Erläuterungswerk der Verfassungsurkunde sein, will also nicht das gesamte Verfassungsrecht der Republik Preußen zur Darstellung bringen. Dieses Unternehmen behält sich der Verfasser für eine andere Stelle vor (vgl. auch unten S. 26, 27). Soweit daher preußisches Verfassungsrecht sich außerhalb der VerfUrk. vom 30. November 1920 befindet, soll es in diesem Werke keine Erörterung finden. Freilich nur grundsätzlich nicht; denn es soll nach dem Vorhaben des Verfassers die Kommentarform kein Hindernis sein für eine möglichst systematische Darstellung sowohl innerhalb der Erläuterungen zu den Verfassungsartikeln als auch in den den Hauptabschnitten vorausgeschickten Erörterungen. Es war überdies des inneren Zusammenhangs wegen auf das nicht in der VerfUrk. geregelte Recht einzugehen (z. B. Wahlgesetz, Geschäftsordnung, Autonomie Oberschlesiens). Dort wo sich Verbindungsfäden zur RVerf. zeigten, mußten sie aufgenommen und mit dem preuß. Verfassungsrecht verknüpft werden. Die Erläuterungen zu den einzelnen Artikeln konnten wegen der vielfachen systematischen Zusammenfassungen entlastet werden.

Die gesetzgeberischen Vorgänge sind und zwar insoweit mit möglichster Vollständigkeit (wenn auch mit vielfachen stilistischen und sachlichen Zusammenziehungen) herangezogen und verwertet, als es notwendig schien, um Unterlagen für die rechtlichen Darlegungen und Schlußfolgerungen zu gewinnen und jedem eine Nachprüfung, ob Wille des Gesetzgebers und Sinn der Vorschrift richtig erfaßt worden sind, zu ermöglichen. Gerade bei einem Grundgesetz von großer Tragweite kann nicht sorgfältig genug aus dem vielfach verwirrenden Gestrüpp der Gesetzesmaterialen das für wesentlich Gehaltene herausgeholt, das Zerstreute an systematisch geeigneter Stelle zusammengebracht und für die geistige Arbeit anderer Schriftsteller, auch der Gerichte und Verwaltungsbehörden, bereitgestellt werden. Damit ist natürlich nicht gesagt, daß dieser gesetzgeberische Stoff für die wissenschaftliche Stellungnahme immer als bindend angesehen werden soll und daß er der freien Forschung Fesseln anlegen dürfte. Das vorliegende Werk zeigt, daß sich der Verfasser das Recht selbständiger Untersuchung und Auffassung nicht verschränken ließ, in der Überzeugung, dadurch Staat und Vaterland im Ausbau der Verfassung am besten nützen zu können.

Wer sich aus einem Rechtsstoff einzelne begrenzte Gebiete herausschält, wird die Pflicht zur Forschung in allen Einzelteilen haben. Wer aber jede einzige Vorschrift eines Gesamtwerkes wie der Verfassung zu behandeln genötigt ist, darf sich darauf beschränken, hauptsächlich dort eindringlicher und ursprünglicher Darstellung sich zu befleißigen, wo sachlich neuer Rechtsstoff dazu herausfordert. Das ist auch hier geschehen. Wo altes Verfassungsrechtsgut übernommen worden ist, dessen wissenschaftliche wie praktisch-politische Behandlung zum wesentlichen Teile bereits erschöpft ist, war es geboten, auf die vorliegenden Ergebnisse nicht künstliche neue Problemstellungen zu häufen. Aber stets mußte versucht werden, die Rechtslage klar festzustellen, Altes mit Neuem nach Kraft und Möglichkeit zu einem Ganzen zu runden.

Verfassung des Freistaats Preußen.

Vom 30. November 1920 (GSS. 543).

Zur Überschrift vgl. 1. VollBer. StenBer. Sp. 11 004 ff.; AusschProt. Sp. 2 bis 6, 247; 2. VollBer. StenBer. Sp. 13 232 ff.

Vorspruch.

Das preußische Volk hat sich durch die verfassunggebende Landesversammlung folgende Verfassung gegeben, die hiermit verkündet wird:

1. **Geschichtliche Vorbilder.** Dieser auf Antrag (Nr. 3204) des Abg. Dr. Berndt, Stettin (Dd.) angenommene Vorspruch entspricht der Überlieferung. Die a.preußVerfUrk. war mit folgenden Sätzen eingeleitet:

Wir Friedrich Wilhelm, von Gottes Gnaden, König von Preußen usw. usw. tun kund und fügen zu wissen, daß Wir, nachdem die von Uns unterm 5. Dezember 1848 vorbehaltlich der Revision im ordentlichen Wege der Gesetzgebung verkündigte und von beiden Kammern Unseres Königreichs anerkannte Verfassung des preußischen Staats der darin angeordneten Revision unterworfen ist, die Verfassung in Übereinstimmung mit beiden Kammern endgültig festgelegt haben.

Wir verkünden demnach dieselbe als Staatsgrundgesetz, wie folgt: . . .

Diese Einleitungsformel bekundete das Ende der bis zum 5. Dezember 1848 in Preußen in Wirksamkeit gewesenen absoluten Monarchie, hielt aber den Grundsatz des Gottesgnadentums aufrecht in dem Sinne, „daß die königliche Macht nicht auf Übertragung des Volks beruht, sondern selbständig und ursprünglich ist und daß sich der Monarch nur Gott, seinem Gewissen und der Geschichte verantwortlich fühle" (s. Daniel, Die Kurialienformel von Gottes Gnaden, 1902; Anschütz, Komm. zur VerfUrk. S. 61—66; Bornhak, Preuß. Staatsrecht **1** 131 ff. § 22; Schulze, Preuß. Staatsrecht **1** 164 Anm. 1; v. Rönne-Zorn **1** 204 ff.; Chr. [v. Stockmar] in Aegidis Zeitschrift für deutsches Staatsrecht **1** 172; Arndt, Reichsverordnungsrecht S. 63 ff.; Derselbe, VerfUrk., 7. Aufl. [1911], S. 54; Hubrich in den Forschungen zur Brandenburgischen Geschichte 1908 S. 421; Stahl, Philosophie des Rechts, 2. Aufl., **2** [Abt. II] § 71; Schwartz, VerfUrk., 2. Aufl., S. 43). Die Formel nimmt Bezug auf die Verfassungsrevision und verkündet die Verfassung als Staatsgrundgesetz nach erfolgter Übereinstimmung beider Kammern, sie führt die konstitutionelle Ära in Preußen ein.

2. **Bedeutung des Vorspruchs** der neuen VerfUrk. Er legt in Verbindung mit der Überschrift „Verfassung des Freistaats Preußen" und Art. 1 Abs. 1 (vgl. unten S. 27 ff.) die Staatsform (Republik) fest und deutet die Volkssouveränität an; das preußische Volk hat sich diese Verfassung gegeben, die verfassunggebende Landesversammlung ist nur ihr Organ. Damit ist aber auch negativ der Ausschluß jeder anderen Staatsgewalt, insbesondere auch der des Reichs, zum Ausdruck gekommen. Es greift zwar in den Verfassungsbau der Länder ein, indem es die republikanische Verfassung und das dem Reichstagswahlrecht entsprechende Wahlrecht vorschreibt und die parlamentarische Regierungsweise verbürgt, auch das Recht der Landtagsabgeordneten teilweise regelt (Art. 17, 36—39 RVerf.); aber es beläßt den Ländern die Staatsgewalt (Stier-Somlo, RVerf., 2. Aufl., S. 82 ff.), ohne die sie sich keine Staatsverfassung geben könnten. Das preußische Volk, nicht das deutsche Volk (durch die preußische verfassunggebende Landesversammlung, nicht durch den Deutschen Reichstag), hat sich die Verfassung gegeben. Sie ist „Staatsgrundgesetz" in einem doppelten Sinne. Sie stellt einmal allgemeine, leitende und wichtige Grundsätze des preußischen Staatsrechts auf, fügt die Grundorganisation des Staates in gesetzgeberische Form, handelt von Staat, Staatsgewalt, obersten Organen (Landtag, Staatsministerium, Staatsrat) und von der Staatsfunktion der Gesetzgebung, während die der Rechtsprechung und Verwaltung teils in der RVerf. (Art. 102 ff., 5, 15 Abs. 2 und 3), teils in Grundsätzen außerhalb der VerfUrkunden ihre Grundlage haben; s. jedoch auch Art. 7 und 8. Die Regelungen über Finanzwesen (Art. 63 ff.), Selbstverwaltung (Art. 70 ff.), Religionsgesellschaften (Art. 76), Staatsbeamte (Art. 77 ff.) haben besondere aus der geschichtlich gewordenen Lage sich ergebende Beweggründe und Veranlassungen. Sodann kommt die gegenüber dem einfachen Gesetze erkennbare höhere Wirksamkeit der Verfassung dadurch zum Ausdruck, daß ihre Abänderung an erschwerende Formen gebunden ist (Art. 30). Vgl. v. Herrnritt, Die Staatsform als Gegenstand der Verfassungsgesetzgebung und Verfassungsänderung 1901, besonders S. 30 ff., 46 ff. Während nach der a.preußVerfUrk. die Abänderung nur bezüglich der Formen, nicht der Faktoren der Gesetzgebung (König und Landtag) eine Besonderheit aufwies und deshalb (Anschütz, Komm. zur VerfUrk. S. 66; Arndt DJZ. 4 447) gesagt werden konnte, daß die Verfassung nicht über der gesetzgebenden Gewalt, sondern zu ihrer Verfügung steht, daß sie nur „ein Gesetz wie ein anderes" sei, so trifft das für die neue VerfUrk. deshalb nicht zu, weil Verfassungsänderungen auch durch unmittelbare Mitwirkung des Volks zustande kommen können (Art. 6), so daß es sich nicht nur um dieselben Gesetzgebungsfaktoren, wie beim einfachen Gesetze, zu handeln braucht. Das Volk als solches steht infolge seiner Souveränität (Art. 2 Abs. 1) höher als die „gesetzgebende Gewalt" des Landtags. Das ist ein wesentlicher Unterschied gegen früher.

Übrigens haben solche Vorsprüche (Einleitungsformeln, Präambeln) auch die Deutsche Bundesakte 1815, die Wiener Schlußakte 1820, die RVerf. 1849, 1871, 1919.

3. Die VerfUrk. ist nicht die einzige Quelle des preußischen Staats-(verfassungs)rechts.

A. Von der Einwirkung der RVerf. in Art. 17, 36—39 war bereits die Rede (vgl. oben S. 21, 25). Aber auch die „Grundrechte und Grundpflichten" derselben (Art. 109—165), ferner Art. 168 (Preußische Stimmabgabe im Reichsrat nebst Gesetz über die Wahlen zum Staatsrat vom 16. Dezember 1920), die Bestimmungen über die Umgruppierung der Länder (Art. 167), Staatsleistungen an Religionsgesellschaften (Art. 173), Bekenntnisschulen (Art. 174), Rechtsnachfolge in Staatseinrichtungen (Art. 179), auch die im wesentlichen bereits durchgeführten Art. 169, 171 (Zölle, Verbrauchssteuern, Eisenbahnen, Wasserstraßen, Seezeichen) gehören mit ihrer für die Länder negativen Ordnung hierher. Es sind aber ferner für das preußische Staatsrecht noch wichtig die Bestimmung über das Reichsgebiet (Art. 2), die Bindung an allgemein anerkannte Regeln des Völkerrechts (Art. 4), die Ausübung der Reichs- und Landesstaatsgewalt (Art. 5), die Vorschriften über die ausschließliche und konkurrierende, die Bedarfsgesetzgebungs- und Grundsatzkompetenz (Art. 6—11), die vorläufige Landeskompetenz (Art. 12), der Grundsatz „Reichsrecht bricht Landrecht" und die Entscheidung eines obersten Reichsgerichtshofs im Zweifelfalle (Art. 13) nebst G. vom 8. April 1920 (RGBlS. 510) über die Zuständigkeit des Reichsgerichts; dessen erste Entscheidungen dieser Art vom 29. November 1920 (RGBlS. 2016); die Ausführung der Reichsgesetze grundsätzlich durch die Landesbehörden (Art. 14), Reichsaufsicht (Art. 15), Umgruppierung der Länder (Art. 18), Verfassungsstreitigkeiten im Lande (Art. 19), Anhörung der Regierungsvertreter der Länder (Art. 33 Abs. 3), Reichsexekution (Art. 48), Reichsrat (Art. 60—67, 69, 72, 74, 76 Abs. 2, 77 S. 2), Reichsverwaltung (Art. 78 Abs. 2—4, 79 S. 2), das Finanz- und Steuerwesen (insbesondere Art. 83, 84, 85 Abs. 4, 5) usw.

B. Für das preußische Staats- (Verfassungs-)recht sind noch von Bedeutung solche Reichsgesetze, die a) Reichs- und Landesstaatsrecht in unlöslicher Verbindung schaffen, z. B. das Reichs- und Staatsangehörigkeitsgesetz vom 22. Juli 1913 (RGBlS. 583), b) in Ausführung der für alle Deutschen, also auch für alle Landesangehörigen, geltenden Grundrechte und Grundpflichten ergehen oder als solche zu gelten haben, z. B. das Gesetz über die Freizügigkeit vom 1. November 1867 (BGBlS. 55) zu Art. 6 Nr. 3 und Art. 40 RVerf., die GewO. zum letzterwähnten Gesetz und zu Art. 151 Abs. 3 RVerf.

C. Zum preußischen Staats- (Verfassungs-)recht gehört aber noch die Lehre von den Rechtsquellen (das geschriebene Recht: Gesetz, Verordnung, Staatsvertrag, Satzung; das ungeschriebene Recht: Gewohnheitsrecht, Verfassungsgrundsatz); von den Organen des Staats (Landtag, Staatsministerium, Staatsrat) in geschichtlicher und systematischer Darstellung; von dem Behördenorganismus (Staatsämter) und dem Beamtentum (Staatsdienst), unter Beachtung der historischen Entwicklung und Heranziehung aller hierüber außerhalb der VerfUrk., insbesondere in bisherigen und neuen Sondergesetzen und in der RVerf. enthaltenen Rechtssätzen; von dem Staatsgebiet und den Landesangehörigen, ihren Grundrechten und Grundpflichten; von der früheren und jetzigen Rechtslage der bevorrechtigten Klassen; von den dem Landesverband eingegliederten Körperschaften (Kommunalrecht); von den Staatsfunktionen (Gesetzgebung, Rechtsprechung, Verwaltung). Dabei ist im einzelnen besonderer Prüfung bedürftig, ob selbst die in der VerfUrk. geregelten Stoffe dort erschöpfend behandelt sind oder ihre Ergänzung durch außerhalb ihrer gegebene Normen empfangen; so gehören z. B. zur Darstellung des „Rechtes des Landtages" (abgesehen von der geschichtlichen Entwicklung und allgemeinen staatsrechtlichen Grundgedanken) Zusammensetzung, Geschäftsgang und Geschäftsformen des Landtags, die teils in der VerfUrk., teils in der RVerf. (Art. 17), teils im Landtagswahlgesetz, teils in der Geschäftsordnung niedergelegt sind; die Befugnisse der einzelnen Landtagsmitglieder sind teils in der VerfUrk., teils in der RVerf. (Art. 36—39), teils in Sondergesetzen über ihre Entschädigung vom 21. März 1919 und 31. März 1920 (GSS. 55 bzw. 89) enthalten usw.

Diese Ausführungen beanspruchen keine erschöpfende Behandlung der Frage des Verhältnisses von VerfUrk. und Verfassungsrecht, sollen vielmehr nur die begrenzte Aufgabe dieses Werks und die Tatsache deutlich machen, daß das Verfassungsrecht einen weiteren wissenschaftlichen und gesetzgeberischen Umkreis als die VerfUrk. umfaßt, in dieser daher nur ein, wenn auch der wichtigste Teil des preußischen Landesverfassungsrechts enthalten ist. Vgl. mein Verfassungsrecht des Freistaats Preußen, Bonn 1921.

Abschnitt I.

Der Staat.

Staatsform. Gebietsänderungen. Landesfarben. Geschäfts- und Verhandlungssprache.

Artikel 1.

(1) Preußen ist eine Republik und Glied des Deutschen Reichs.

(2) Die nach der Reichsverfassung erforderliche Zustimmung Preußens zu Gebietsänderungen erfolgt durch Gesetz.

(3) Die Landesfarben sind schwarz-weiß.

(4) Die Geschäfts- und Verhandlungssprache im öffentlichen Dienste ist die deutsche Sprache.

Entw. § 1. — 1. VollBer. StenBer. Sp. 10969—10976, 11109—11146. — AusschBer. 1, 2. — AusschProt. 2—16. — 2. VollBer. StenBer. 13293 f. — 3. VollBer. StenBer. 14050.

Inhaltsübersicht.

1. **Zur Entstehungsgeschichte und Allgemeines.** Der Artikel, der im Entw. nur den jetzigen ersten Absatz enthielt, legt im Anschluß an die RVerf. Art. 17 die **Staatsform** fest, betont die **Zugehörigkeit des Landes zum Deutschen Reiche,** verlangt **Gesetzesform** für die Zustimmung zu **Gebietsänderungen,** beläßt es bei den bisherigen **Landesfarben** und erklärt Deutsch als **Geschäfts- und Verhandlungssprache** im öffentlichen Dienst. Der zweite Absatz erhielt die jetzige Fassung in der zweiten Lesung des Ausschusses, der dritte kam durch die 2., der vierte Absatz durch die 3. VollVer. ins Gesetz. Durch diese Entwicklung erhielt der Art., im Gegensatz zu seiner ursprünglichen, zwei wichtigste Grundsätze mit anschaulicher Knappheit und Bestimmtheit aussprechenden Gestalt, einen etwas bunten Inhalt.

Zu Abs. 1.

2. Preußen als Republik.

a) Der erste Absatz, der im Entw. allein die ganze Vorschrift ausmachte, zerfällt in zwei Teile. Der eine betrifft die Staatsform, der andere das Verhältnis dieses Landes zum Reich. Der Gegensatz zur Monarchie ist absichtlich scharf herausgestellt. Der Kampf um den Ausdruck „Republik" kam im Ausschuß erster Lesung deutlich zum Austrag. Dort begründete zunächst der Berichterstatter Abg. Dr. Berndt (unter Zustimmung des Dn. Abg. Dr. v. Kries) den Antrag, an Stelle des Wortes „Republik" „Freistaat" zu setzen in Übereinstimmung mit der RVerf. Art. 17 Abs. 1 S. 1: „Jedes Land muß eine freistaatliche Verfassung haben." Die Verfassungsurkunden aller anderen deutschen Bundesstaaten sprächen ebenfalls nur von „Freistaaten" (was übrigens nicht zutrifft; z. B. heißt es in der badischen VerfUrk. „Baden ist eine demokratische Republik"). Der Ausdruck „Freistaat" sei als Verdeutschung vorzuziehen. Art. 1 RVerf. habe die Fassung: „Das Deutsche Reich ist eine Republik" wohl auch nur erhalten wegen der Wirkung nach außen, um es dem Auslande möglichst deutlich zu machen. Demgegenüber erhob der Abg. Dr. Rosenfeld (USd.) erhebliche Bedenken. „Freistaat" sei keine Übersetzung und kein Ersatz für „Republik". Auch ein Königreich könne als Freistaat bezeichnet werden. Nach Auffassung der Monarchisten schließe das Wort „Freistaat" die monarchische Form ein. Das Fremdwort „Republik", für das er keine wirklich gute Übersetzung kenne, sei schon vollständig in den deutschen Sprachschatz übergegangen. Abg. Scholich (Sd.) tritt dem bei; der Ausdruck „Republik" sei volkstümlich; das Wort „Freistaat", auch wenn es dasselbe besagen sollte wie „Republik", sei für das Volk doch etwas Neues. Abg. Dr. Preuß (Dd.) wies auf die Verhandlungen in Weimar hin, wo auch im ursprünglichen Entw. überall „Freistaat" gestanden habe. Auf eine unmittelbare Anfrage im VerfAussch. habe er namens der Reichsregierung erklären können, daß sie „Freistaat" als durchaus synonym mit Republik betrachte. Es sei auch richtig, daß das Wort Republik im Art. 1 RVerf. zum Teil auf internationalen (d. h. wohl außenpolitischen) Erwägungen beruhe. Das hänge damit zusammen, daß man für das Ganze den Namen „Reich" beibehielt und nun gesagt wurde, in der internationalen französischen Sprache würde das immer mit „empire", englisch mit „empire" übersetzt, das würde die Zweideutigkeit „Kaiserreich" enthalten; man habe deshalb Gewicht darauf gelegt, an die Spitze das international bekannte Wort „Republik" zu setzen, damit dann „République Allemande" usw. gesagt werden könne. Das treffe ja für Preußen nicht zu; aber nachdem nun einmal im Entw. „Republik" gestanden habe, so könnten, wenn der VerfAussch. jetzt dafür „Freistaat" setze, immerhin Zweifel entstehen. Abg. Dr. Hötzsch (Dn.) meint, daß der Ausdruck „Freistaat" durch den Gebrauch von anderthalb Jahren dem Volke geläufig geworden sei. Das Bedenken treffe nicht zu, als wenn in dem Ausdruck „Freistaat" eine gewisse reservatio der Verfassunggeber läge, deren republikanische Überzeugungen nicht ganz echt seien; denn die Verdeutschung „Freistaat" sei in Anlehnung an die englische Terminologie erfolgt, wo mit „free state" ausdrücklich das Bekenntnis zur Republik ausgesprochen sei. Darüber, daß die Ausdrücke „Freistaat" und „Republik" sich nicht deckten, war mit diesem Redner der Abg. Dr. Rosenfeld einverstanden. Eine vollkommene Identität der Begriffe liege nicht vor. Daß man sie gleich auslegen könne, sei doch nur eine Möglichkeit und keine zwingende Notwendigkeit. Das Wort „Freistaat" sei in Deutschland nicht schon allgemein geworden. Abg. Heilmann (Sd.) stimmte der Auffassung von Dr. Hötzsch zu, daß die Ausdrücke „Republik" und „Freistaat" ihrer Herkunft nach nicht das gleiche bedeuten, daß man aber bemüht sei, sie gleichbedeutend zu machen. Beide Ausdrücke in der Verfassung anzuwenden, sei unbedenklich. Aber heute könne man auf das Wort „Republik" noch nicht verzichten.

b) Die Literatur zur RVerf. Art. 1 und 17 läßt keinen Zweifel, daß eine „freistaatliche" Verfassung eine „republikanische" bedeutet. Vgl.

Arndt S. 35; Giese, 2. Aufl., S. 67, 106, 107; Poetzsch S. 31, 48; Stier-Somlo, 2. Aufl., S. 73; Zöphel S. 21, 39. Ausgeschlossen ist in der RVerf. wie in der preuß. Verfassung die Monarchie, aber auch die „Aristokratie", bei der bevorzugte Klassen oder Stände die Staatsgewalt besitzen, sowie deren Abarten: die Oligarchie (Herrschaft der Wenigen), die eine starke Neigung hat, entweder in die Plutokratie, d. h. in die Herrschaft der nur materialistisch Gesinnten und des Geldbeutels, oder in die Ochlokratie oder Demagogie, das ist die Pöbelherrschaft, überzugehen (Stier-Somlo, Politik, 5. Aufl., 1921, 7. Kap.). Daß es sich in Preußen auch nicht um eine Räterepublik handelt, ist nicht nur ausdrücklich ausgesprochen worden (AusschProt. S. 6), sondern ergibt sich auch daraus, daß Art. 1 Abs. 2 und Art. 17 Abs. 1 S. 2 der Reichsverfassung die Demokratie verbürgt; in jenem Satz ist ausgesprochen, daß die Staatsgewalt vom Volke ausgeht, in diesem, daß die Volksvertretung jedes Landes in allgemeiner, gleicher, unmittelbarer und geheimer Wahl von allen reichsdeutschen Männern und Frauen nach den Grundsätzen der Verhältniswahl gewählt werden muß.

3. Der **Ausschluß der Monarchie** ist mit Rücksicht auch auf ihre bisherige Geltung in Preußen verfassungsrechtlich von erheblichster Bedeutung. Deshalb sei hier das Wesentlichste über die staatsrechtliche Stellung der preußischen Monarchie, schon zum Zwecke der besseren Klarmachung des neuen Verfassungsrechtzustandes gegensätzlicher Art, herausgestellt (I), bei der Frage der vermögensrechtlichen Stellung des Hohenzollernhauses auf die finanzielle Auseinandersetzung hingewiesen (II), auf die während der Ausschußberatung behandelte Frage der Ausschließung der Hohenzollern für alle Zeiten und Einziehung ihrer Familiengüter zum Eigentum der preußischen Republik (III) eingegangen. Schließlich ist auch von der Aufhebung der Vorrechte des bisherigen Königshauses zu handeln (IV).

I. **Das Wesen der preußischen Monarchie und die persönliche Rechtsstellung des Königs.**[1])

1. In den deutschen Einzelstaaten und auch in Brandenburg-Preußen waren drei Entwicklungsstufen der Monarchie zu erkennen.

a) Die erste war die patrimonial-ständische. Die patrimoniale Grund- und Rechtsauffassung bestand darin, daß das Staatsgebiet mit allem, was sich auf ihm befindet, als privatrechtliches Eigentum des Landesherrn gedacht wird. Die Folge waren Teilungen, Wiedervereinigungen, nochmalige Teilungen des Gebiets, die die Bildung einer festen, einheitlichen Staatsgewalt sehr erschwerten. So kam Albrecht Achilles (1470—1486), der infolge von Todesfällen das gesamte fränkisch-brandenburgische Gebiet wieder in

---

[1]) Schrifttum: Anschütz, VerfUrk. (1912) S. 1 ff.; Bornhak, Preuß. Staatsrecht **1** 1—63, 126—137; Giese, Preuß. Rechtsgeschichte 1920 S. 13 ff., 56 ff., 166 ff.; Schulze, H., Preuß. Staatsrecht, 2. Aufl., **1** (1888) 23—129, 149—170; Stier-Somlo, Preuß. Staatsrecht **1** 53—106; **2** 78—88; v. Rönne-Zorn, Preuß. Staatsrecht **1** 38 ff., 58 ff., 204 ff.

seiner Hand vereinigte, zum Erlaß des Hausgesetzes vom 24. Februar 1473, der sog. Dispositio Achillea. Ihr Wesen liegt in der Aufgabe der patrimonial-privatrechtlichen Staatsgrundlage und im Übergang zur modernen staatsrechtlichen Auffassung. Die Achillea besagt: a) die Mark Brandenburg ist einheitlich und unteilbar in der Hand eines Landesherrn; b) die fränkischen Besitzungen des Hohenzollernhauses werden von der Mark getrennt und können in zwei Teile geteilt werden (Land zu Franken, Land auf dem Gebirg und im Vogtland); c) mehr als drei regierende Herren darf es in den Hohenzollernschen Erblanden (zu denen die schwäbischen Besitzungen nicht mehr gehörten) nicht geben; d) privatrechtliche Veräußerungen von Teilen des Landes sind grundsätzlich verboten. — Wann ist die Monarchie ständisch gewesen? Als die maßgebenden gesellschaftlichen Schichten — Adel oder Ritterschaft, Geistlichkeit und Städte — in Körperschaften zusammengeschlossen in rechtlichen Formen eine den Herrscher beschränkende Macht ausübten. Die Geschichte dieser Standschaft in Brandenburg-Preußen kann hier nicht erzählt werden. Nur erinnert sei an den Kampf Friedrichs I. (1415—1440) mit dem märkischen Adel (die Quitzows), Friedrichs II. (1440—1470) mit den Städten. Unter Joachim II. (1535—1571) wächst die ständische Gewalt bedeutsam und findet geprägten Ausdruck durch das Versprechen des Kurfürsten, keine wichtige Staatshandlung vornehmen zu wollen ohne Rat und Bewilligung der gemeinen Landstände. Die von ihnen bewilligten Steuern sollten sie selbst verwalten, und aus ihren „Kästen" sollte dem Kurfürsten das bewilligte Geld bar ausgezahlt werden. Erst der Große Kurfürst (1640—1688) bricht die Kraft der ständischen Gewalt. — Die beiden Begriffe des Ständischen und des Patrimonialen zur Bezeichnung einer Stufe des monarchischen Staats sind zu verbinden. Denn das ständische Wesen fällt zeitlich mit dem patrimonialen vielfach zusammen, auch ist der sonst schon abgeklungene patrimoniale Grundgedanke noch später im eigentlichen Ständestaat aufgetaucht. So wurde es unter Joachim Friedrich (1598—1608) notwendig, den Unteilbarkeitsgrundsatz der Achillea neu festzustellen. Die Begriffe „Landesvater", „Landesmutter", die üblichen monarchischen Äußerungen „mein Land", „mein Volk", „meine Untertanen" haben sich bis an die Schwelle der Republik als Nachwirkungen der patrimonialen Vorstellung erhalten.

b) Die zweite Entwicklungsstufe der Monarchie war die absolutistische. Sie ist schon unter Joachim I. (1535—1571) mit innerster Überzeugung, doch ohne Erfolg vertreten worden. Erst der Große Kurfürst wird Sieger über die Stände. Von ihm geht die aufsteigende Linie bis zu Friedrich dem Großen (1740—1786), neigt sich aber dann abwärts unter seinen Nachfolgern bis zu Friedrich Wilhelm III. (1797—1840). Durch die Macht und die Einmischung der Stände in die Staatsgeschäfte hatte der Ständestaat das Gemeinwesen gespalten und zum Dualismus geführt, in dem sich Fürst und Stände gegenüberstanden; nicht als zwei Organe eines über ihnen stehenden Ganzen, des Staats, sondern als zwei Vertragsteile, aus deren Vergleich der Staatswille entstanden, die miteinander um Rechte und Pflichten feilschten und markteten, mehr an sich, als an das Gemeinwesen dachten. Alte Privilegien und Sonderbündelei, Kampf gegen eine einheitliche zentrale Regierung kennzeichneten, neben anderen Untugenden, den Ständestaat. Mögen für den absoluten Staat persönliche und dynastische Interessen wesentlich mitbestimmend gewesen sein: das Wesentliche war doch, aus der Zersplitterung des Staatswesens herauszukommen, den einheitlichen, in diesem Sinne monistischen, vom Mittelpunkt aus regierten geschlossenen Staat zu schaffen. Das erreichten die Fürsten der absolutistischen Zeit durch Brechung der ständischen Gewalten. So bekamen sie alle Kräfte des Staates in die Hand und herrschten in einer Zeit, die von einer modernen Volksvertretung noch keine bestimmten Vorstellungen besaß, allein mit ihren Beamten und schufen die den damaligen Grundansichten durchaus entsprechende Staats- und Verfassungsform. Die Stände erhielten sich noch weiter, bis ins 19. Jahrhundert hinein, aber sie waren staatsrechtlich ihrer Macht entkleidet.

c) Die dritte Stufe des deutschen monarchischen Staats war die konstitutionelle. Die Deutsche Bundesakte vom 8. Juni 1815 Art. 13 erklärte: „In allen Bundesstaaten wird eine landständische Verfassung stattfinden." War hier nur eine alte feudal-ständische Verfassung oder eine modern-repräsentative zugesagt? Es mochte zweifelhaft sein, und die reaktionäre innere Staatenpolitik im Deutschen Bunde neigte natürlich zur feudal-ständischen. Tatsächlich hat sich aber eine solche nur in den beiden mecklenburgischen Großherzogtümern zu halten vermocht. Der landesgesetzliche Erbvergleich vom 18. April 1855 blieb bis zum Sturz der Monarchie in Geltung; es gab eine „gemeine Landschaft", die aus den Deputierten der ständischen Magistrate und aus der Ritterschaft zusammengesetzt war, während die bäuerliche Bevölkerung nicht vertreten, sondern einfach Objekt der gemeinen Landschaft war. In allen anderen deutschen Staaten hat sich die Idee der durch eine National- (Volks-) Vertretung beschränkten Monarchie, wenn auch vielfach erst nach schweren politischen Kämpfen, durchgesetzt, in Preußen seit der sog. oktroyierten Verfassung vom 5. Dezember 1848 und der bis in unsere jüngsten Tage geltenden vom 31. Januar 1850. Sie ist die Grundlage der Rechte auch für die Volksvertretung gewesen, die, ein oberstes Organ — nicht Träger — der Staatsgewalt, den Monarchen beschränkt, im übrigen ihre Befugnisse zu eigenem Rechte besitzt. Die Behörden und Beamten sind auch nicht Träger, sondern ausübende, dem Fürsten nachgeordnete Organe der Staatsgewalt gewesen.

2. Das Wesen der monarchischen Staatsgewalt in Preußen.

a) Es lag darin, daß der Monarch auch im konstitutionellen Staatswesen alle Rechte der Staatsgewalt, deren Träger er war, in seiner Person vereinigte. Inhaltlich deckte sich monarchische Gewalt und Staatsgewalt in Preußen. Der Innehabung nach war die Staatsgewalt einzig und allein beim König. Sein Herrschaftsrecht umfaßte alle Zweige der Staatsgewalt. In seinem Namen vollzog sich jede obrigkeitliche Handlung. Der König von Preußen war die personifizierte Staatsgewalt. Es blieb bei dem Satze des § 1 Teil I Tit. 13 ALR.: „Alle Rechte und Pflichten des Staates gegen seine Bürger und Schutzverwandten vereinigen sich in dem Oberhaupte desselben." Im Zweifel sprach die Vermutung für das Recht des Monarchen. Er war staatsrechtlich zu allem befugt, wenn ihn Verfassung oder Gesetz nicht beschränkten. Streng verpönt war das entgegengesetzte Dogma der Volkssouveränität (das z. B. in Belgien und Italien gilt), wonach die umgekehrte Vermutung bestand: Das Volk hat alle staatsrechtlichen Befugnisse, soweit nicht die Verfassung es durch Verleihung von Rechten an den König beschränkt.

b) Von der Innehabung der höchsten Gewalt war jedoch ihre Ausübung zu unterscheiden. Der König war beschränkt

aa) hinsichtlich der Gesetzgebung. Er kann sie nicht allein ausüben, sondern immer nur mit der Volksvertretung zusammen; er bedarf ihrer Zustimmung, wie diese der seinigen. Nur beide gemeinsam haben die Legislative, wenn auch dem König ein Veto zusteht (Art. 62 a.preußVerfUrk.);

bb) der König durfte die Rechtspflege nicht selbst handhaben, auch keinen Einfluß auf sie ausüben. Zwar sprachen die Gerichte Recht in seinem Namen, aber sie blieben durchaus unabhängig. Die richterliche Gewalt wurde also im Namen des Königs durch unabhängige, keiner anderen Autorität als der des Gesetzes unterworfene Gerichte ausgeübt (Art. 86 Abs. 1 a.preußVerfUrk.).

c) Der König war in der Verwaltung an die Mitwirkung der Staatsämter gebunden. Er regierte zwar, mußte sich aber der verfassungsmäßigen Organe bedienen. Nach Art. 45 a.preußVerfUrk. stand zwar ihm allein die vollziehende Gewalt zu. Er ernannte und entließ die Minister. Aber nach Art. 44 daselbst bedurften alle Regierungsakte des Königs zu ihrer Gültigkeit der Gegenzeichnung eines Ministers, der dadurch die Verantwortlichkeit übernahm. Beschränkt war aber der König von Preußen in der Verwaltung auch durch die Gesetze nach zwei Richtungen: einmal bestand, soweit die Aufrechterhaltung gesetzlicher Organisationen in Frage war, eine Pflicht des Monarchen, Beamte zu ernennen und walten zu lassen; sodann galt der Satz von der Gebundenheit der materiellen Verwaltung an das Gesetz auch für den König. Er konnte nicht wie ein absoluter Herrscher nach Willkür über den Staat und die Kräfte des Volks verfügen. Besondere Beschränkungen lagen im Etatrecht: alle Einnahmen und Ausgaben des Staats mußten für jedes Jahr im voraus veranschlagt und auf den Staatshaushaltsplan gebracht werden, der jährlich durch ein Gesetz festgestellt wurde (Art. 99). Steuern und Abgaben für die Staatskasse durften nur, soweit sie in den Staatshaushaltsplan aufgenommen oder durch besonderes Gesetz angeordnet sind, erhoben werden (Art. 100). Die Aufnahme von Anleihen und Übernahme von Garantien zu Lasten des Staates erforderte ein Gesetz (Art. 103). Zu Etatüberschreitungen ist die nachträgliche Genehmigung der Kammern erforderlich gewesen (Art. 104).

3. Diese Rechtsstellung des Königs von Preußen ist durch die Aufrichtung des Kaiserreichs zwar an manchen wichtigen Punkten (auswärtige Angelegenheiten, Kriegswesen) geändert worden. Eine tatsächliche Beschränkung lag jedoch hierin um so weniger, als die Verbindung des

Kaisertums mit der preußischen Königskrone die Machtstellung des jeweiligen Inhabers der letzteren politisch und im Ergebnis auch rechtlich stärken mußte. Es ist der König von Preußen eine durch konstitutionelle Landtagsrechte bis zuletzt wenig eingeengte Herrscherpersönlichkeit geblieben. In ihm verkörperte sich das sog. monarchische Prinzip, wonach die gesamte Staatsgewalt dem Rechte der Innehabung nach in der Person des Staatsoberhaupts vereinigt bleibt, keine Funktion der Staatsgewalt von dem monarchischen Mittelpunkt losgelöst wird, in allen staatlichen Dingen nichts ohne und nichts gegen den Willen des Monarchen geschehen kann. Richtig verstanden war das „persönliche Regiment" durchaus verfassungsmäßig, wenn auch vielfach politisch unzweckmäßig. Es stand dem König in Preußen staatsrechtlich frei, sich innerhalb des sehr weiten verfassungsmäßigen Rahmens zu allen öffentlichen Angelegenheiten tätig, fördernd, einwirkend zu verhalten.

4. Man muß sich diese von einer halbabsolutistischen nur wenig unterschiedene Rechtsstellung in ihrer vollen Bedeutung klarmachen, um Verständnis für den Untergang der preußischen Monarchie nach verlorenem Weltkrieg zu gewinnen. Die vierte, in westlichen Monarchien erreichte Entwicklungsstufe, die der parlamentarischen Regierungsweise, ist in Preußen während des Königtums nicht zu erreichen gewesen; ihre Anbahnung erfolgte nur im Reiche, erst unter dem Drucke der 1918 herannahenden Katastrophe, zaghaft, unzureichend und zu spät. Eine demokratischere Gestaltung des Staats ist nicht erreicht, das rückständige Dreiklassenwahlrecht nicht abgeschafft, die Idee des Volksstaats nicht an Stelle des Obrigkeitsstaats gesetzt worden. Die seit der Mitte des 19. Jahrhunderts auch in Deutschland allmählich hochgekommene Arbeiterschaft und ein seiner politischen Bedeutung bewußtes Bürgertum nicht starr-konservativer Gesinnung konnten schließlich in dem engen Verfassungskleide vom Jahre 1850 politisch nicht weiterbestehen. Es mußte gesprengt werden, da es nicht durch weise Erweiterung und Anpassung brauchbar gemacht worden war. Zum Sturze der Monarchie hat die den Verhältnissen der Gegenwart in keiner Beziehung mehr ausreichend Rechnung tragende Verfassung und vor allem die staatsrechtliche Stellung des Monarchen wesentlich beigetragen. Die Fülle der sonstigen geschichtlichen und politischen Ursachen zu erörtern, gehört nicht hierher. Ergänzt wird das Bild durch die kurze Betrachtung der persönlichen Rechte und der damit zusammenhängenden Besonderheiten in der staatsrechtlichen Lage des Königs von Preußen.

5. Die persönliche Rechtsstellung des Königs von Preußen.

a) Er besaß das Recht der politischen Unverantwortlichkeit. Er durfte in keiner Weise persönlich wegen irgendeiner Regierungshandlung zur Rechenschaft gezogen werden. Er mußte zwar nach Verfassung und Gesetz regieren, sonst war er aber dem geltenden Rechte nicht unterworfen. Man nannte das „staatsrechtliche Logik", mit dem Hinweis darauf, daß er der Gesetzgeber war, weil die Sanktion der Gesetze von ihm ausging. Nur für rein private Verbindlichkeiten mußte er ausnahmsweise vor den Gerichten Recht nehmen (ALR. Teil II Tit. 13 §§ 17, 18; Einleitung § 80).

Der landesherrliche Fiskus konnte verklagt werden beim sog. Geheimen Justizrat, einer beim Kammergericht in Berlin gebildeten Behörde, gegen deren Entscheidung das Rechtsmittel beim Reichsgericht einzulegen war. § 5 EGzGVG.; § 18 AGzGVG. vom 24. April 1878 (GSS. 230), Art. III Ges. vom 26. April 1851 (GSS. 181), aufgehoben durch VO. vom 30. November 1918 (GSS. 185). Die politische Unverantwortlichkeit war das Gegenstück zur Forderung einer überparteimäßigen, sachlich-gerechten Stellung des Königtums. An Stelle des Monarchen wurde der durch die Gegenzeichnung (aber auch sonst) die Verantwortung tragende Minister der politisch Verantwortliche. Das galt für alle Regierungsakte (aber nur für diese, nicht für private Handlungen — Grenze oft flüssig!), mit gewissen Ausnahmen: Verleihung von Orden, Auszeichnungen, militärische Befehle. Die Minister hatten des Königs Politik zu vertreten, nicht die der Landtagsmehrheit und nicht ihre eigene; vermochten sie jene nicht in ihren Willensinhalt aufzunehmen, so durften sie weder der Ernennung folgen oder, im — äußeren oder inneren — Konfliktfalle, im Amte bleiben.

b) Auch eine strafrechtliche Unverantwortlichkeit war Rechtens. Der König konnte zwar Unrecht begehen; aber vor keinem Gerichtshof durfte er zur Verantwortung gezogen werden. Ist er doch Staatsoberhaupt, die einzige Person im Staate gewesen, die nicht Untertan war, er hatte keinen Richter, denn jeder Richter konnte nur in seinem Namen urteilen!

c) Als Ehrenrechte standen ihm u. a. zu: der Titel „Majestät" und die Bezeichnung „von Gottes Gnaden". Diese war zunächst seit dem 4. Jahrhundert von Bischöfen gebraucht worden, als Zeichen der Demut, seit dem 9. und 10. Jahrhundert auch von weltlichen Fürsten. Seit dem Konstitutionalismus bestand die staatsrechtliche Bedeutung jener Formel darin, daß der Monarch sein Recht von keinem auf der Welt ableitet und nur Gott, d. h. seinem Gewissen, verantwortlich ist. Mochte danach im Jahre 1850 in Preußen kein staatsrechtlicher Grund gegen die Bezeichnung und auch keine Befürchtung gerechtfertigt gewesen sein, mit ihr einen Sinn zu verbinden, wie es den Schönrednern und Schmeichlern des Königtums unter den Stuarts und Ludwig XIV. beliebte, so war die bedenkliche politische Wirkung doch die, in den zur eindringlicheren Mitwirkung an der Staatsregierung immer mehr drängenden großen Massen der Staatsangehörigen das Gefühl einer Übersteigerung der Unverantwortlichkeit zu erwecken und festzuhalten, die nahe Möglichkeit einer Schrankenlosigkeit der Herrschaft, des Byzantinismus und einer phantastischen Vorstellung von der übermenschlichen Einrichtung des Königtums zu setzen. Mystisch gerichtete Herrscher konnten leicht dem Gedanken besonderer göttlicher Auserwähltheit erliegen. Eine jedenfalls in politischen Dingen ungläubige Zeit wollte nicht einen König als Statthalter Gottes auf Erden. Auch das ist ein Moment, das uns den Zusammenbruch verstehen lehrt. Auch das Recht auf Fürbitte im Kirchengebet, auf Landestrauer, Bestrafung der Majestätsbeleidigung, Haltung des Hofstaats, Freiheit von der Einkommen- und Gemeindesteuer, Porto-, Telegramm- und Stempelfreiheit gehört hierher.

II. Die Vermögensrechte des Königs.

A. Die Territorien des alten Deutschen Reichs waren ursprünglich bloße kaiserliche Amtsbezirke, an deren Spitze der Herzog oder Graf als Reichsbeamter stand. Sie hatten kein eigenes Vermögen. Mit der Entwicklung der Landeshoheit, erst seit dem 13. Jahrhundert, bildeten sich in den deutschen Territorien drei Vermögensmassen, aus denen sowohl die Bedürfnisse des fürstlichen Hauses als auch die Kosten der Landesverwaltung bestritten wurden.

a) Die eine Masse war das von einer „Kammer" verwaltete Kammergut (seit dem 18. Jahrhundert Domäne genannt). Es umfaßte das fürstliche Hausgut (Privatgut), den Grundbesitz, den die Landesherren durch persönliche Rechtstitel ursprünglich in das Land eingebracht oder später hinzuerworben hatten; ferner Königsgut, öffentliches Gut, die alten Reichsgüter, mit denen die Landesherren als Reichsbeamte vom Kaiser (vor Entstehung der Geldwirtschaft) belehnt worden waren; sodann die Einkünfte der Landesherren aus den vom Kaiser als Lehen erhaltenen nutzbaren Regalien, die ursprünglich dem König gehörten. Hierher flossen auch die Erträge aus Konfiskationen, Sporteln, Steuern, endlich die vormals geistlichen Güter, Stiftungen und Fonds, die seit der Reformation, später hauptsächlich durch den Reichsdeputationshauptschluß von 1803, säkularisiert wurden. Dieses Kammergut wurde allein vom Landesherrn durch seine Beamten verwaltet und trug die Kosten sowohl des Hofhalts wie der allgemeinen Landesverwaltung.

b) Die zweite Vermögensmasse stellte der landschaftliche Fiskus, die Landkasse dar, gebildet aus den von den Landständen des Territoriums — wegen Unzulänglichkeit des Kammerguts — bewilligten freiwilligen Beihilfen (Liebesgaben), aus denen sich später durch Vertrag oder Herkommen Steuern entwickelt haben. Die Landkasse, die unter die Verwaltung der Landstände trat, blieb vom Kammergut gesondert, ohne daß Streit darüber, welche Vermögensmasse für bestimmte Landesbedürfnisse aufzukommen habe, vermieden worden wäre.

c) Die dritte Vermögensmasse ist das Schatullgut des Landesherrn, enthaltend Fideikommisse, Erwerbung aus bürgerlich-rechtlichen Titeln, Ersparnisse; ein reines Privatvermögen, über das der Monarch nach Maßgabe der Hausgesetze verfügen konnte. Reines Staatsvermögen ist dagegen der landschaftliche Fiskus, während die rechtliche Eigenschaft des Kammerguts, das privat- und öffentlich-rechtliche Element (z. B. vom Landesherrn eingebrachte und durch Säkularisation erworbene Güter), vereinigte, zweifelhaft war und wegen der Unsicherheit, Unvollständigkeit und vielfachen Unklarheit der urkundlichen Beweise zu vielen Streitfragen Anlaß gab. Die in fast allen deutschen Staaten mit dem 18. Jahrhundert beginnende besondere Auseinandersetzung in der sog. „Domänenfrage" führte nur teilweise zu endgültigen Lösungen.

B. In Preußen wurden die Domänen zum Staatseigentum erklärt. Friedrich Wilhelm I. vereinigte durch das Inalienabilitäts- (Nichtveräußerungs-) Edikt vom 13. August 1713 die verschiedenartigen Domänen und Schatullgüter zu einer rechtlichen Einheit. Das gesamte Domanium wurde für unveräußerlich erklärt und „der Cron und Chur auf ewig incorporieret". Es ist bestritten, ob dadurch der rechtliche Charakter des Domaniums als Eigentum des Landesherrn verändert wurde. Als Ersatz für die privatrechtlichen Bestandteile des alten Kammerguts, insbesondere für den alten Immobiliarbesitz, den das fürstliche Haus eingebracht hatte, nahm der Monarch eine jährliche Rente, um damit sich, seine Familie, den Hofstaat und die damit verbundenen Institute, z. B. Theater, zu erhalten. Das ALR. Teil II Tit. 14 §§ 11 ff. bestätigte den durch Friedrich Wilhelm I. geschaffenen Rechtszustand, wobei jene Eigentumsfrage des Landesherrn, nach freilich keineswegs allgemein anerkannter Auffassung, keine andere Entscheidung erfuhr, weil der beherrschende Gedanke die Identität von Staat und Staatsoberhaupt war (Entsch. d. ObTrib. in Striethorst' Archiv **90** 1, **93** 76). Die Kosten des königlichen Haushalts, des Hofstaats und der königlichen Familie mußten aus den Domäneneinkünften entnommen werden. Friedrich I. bedurfte jährlich 270000 Taler für die königlichen Schatullen und 230000 Taler für den Hofstaat. Friedrich der Große setzte die ganze Summe auf 220000 Taler herab. Die VO. vom 17. Januar 1820 wegen künftiger Behandlung des gesamten Staatsschuldenwesens (GSS. 9) bestimmte, grundlegend die Rechtslage verändernd, daß für den Unterhalt der königlichen Familie, des königlichen Hofstaats sowie sämtlicher Prinzen, nicht minder der königlichen Institute, z. B. Hoftheater, ein jährlicher Bedarf von 2½ Millionen Talern erforderlich sei. Diese Rente (Zivilliste) ist vorweg aus den Einkünften der Domänen und Forsten des Staats in Abzug zu bringen gewesen und diese waren in erster Linie der Krone als verpfändet anzusehen, die Realgläubigerin gegenüber einem bestimmten Teil des Staatseinkommens wurde. Diesen Rechtszustand hat die a.preußVerfUrk. (Art. 59) sanktioniert, indem sie erklärte, daß dieser Krondotation, diesem Kronfideikommiß, die durch die VO. vom 17. Januar 1820 auf die Einkünfte der Domänen und Forsten angewiesene Rente verbleibt. Im Jahre 1859 erhielt die Krone eine weitere Rente von 50000 Talern, im Jahre 1868 kam eine Million hinzu, so daß bis dahin die Zivilliste im ganzen 4 Millionen Taler betrug; 1889 folgte eine weitere Erhöhung bis zu insgesamt 15⅔ Millionen Mark, 1910 bis zu 17719296 M.; außerdem ist ein etatmäßiger Zuschuß aus Staatsmitteln an die Kronkasse zu den Betriebskosten der königlichen Theater in Höhe vor 1½ Million Mark bewilligt worden.

C. Nach dem Sturz der preußischen Monarchie sind Verhandlungen mit den Vertretern des letzten Königs von Preußen durch das preußische Staatsministerium in die Wege geleitet worden, die zu einem Vergleichsvorschlage führten, der jedoch nicht die Zustimmung der preußischen Landesversammlung erhalten hat. Vgl. Entw. eines Gesetzes über die Vermögensauseinandersetzung zwischen dem preußischen Staate und dem preußischen Königshause nebst Begründung (Drucks. Nr. 1722). Infolgedessen sind neue Verhandlungen gepflogen, weitere Gutachten eingefordert worden und Verhandlungen im Rechtsausschuß der Landesversammlung vor sich gegangen, die bisher (Ende Januar 1921) noch nicht zum Abschluß gelangt waren. Zweifellos maßgebend ist aber der Rechtszustand, daß spätestens durch die VO. vom 17. Januar 1820 (GS. 9) das volle und ausschließliche Eigentum des Staats an dem gesamten Domänenbesitze anerkannt, während die Rechte der Krone durch eine jährliche Rente an das Kronfideikommiß abgelöst wurden (vgl. besonders v. Rönne-Zorn, Preußisches Staatsrecht 1 [1899] S. 213 Anm. 2 und Artikel Kronfideikommiß in v. Bitters Handwörterbuch der preuß. Verwaltung, 2. Aufl. [1911], 1 1130 ff.). Die entstandenen Zweifel blieben meist rein tatsächlicher Art, ob ein bestimmter Vermögenskomplex, z. B. das Akademieviertel zu Berlin, das im Jahr 1900 der Krone vom Staate für etwa 14 Millionen Mark abgekauft worden war, schon damals Staatseigentum gewesen ist und nie der Krone gehört hat, so daß die Forderung erhoben werden konnte, daß die im Austausch für das Akademieviertel der Krone überwiesenen Grundstücke jetzt an den Staat zurückgegeben wurden, oder ob, wie ein Vertreter des Justizministeriums im Rechtsausschuß der Landesversammlung am 19. November 1920 erklärte, dies unmöglich sei, weil der Landtag seinerzeit dem Ankauf des Akademieviertels zugestimmt habe. Wieder einen anderen Standpunkt nahmen Vertreter des preußischen Finanzministers und der preußischen Staatsregierung ein: Der Landtag habe den Kauf und Tausch nicht genehmigt, sondern irrtümlich eine Zahl von Millionen bewilligt, was rechtlich belanglos und kein Grund sei, die damals preisgegebenen Grundstücke jetzt der Krone zu lassen. In diesem Falle, wie in vielen anderen, kam es auf die rechtlichen Grundlagen des Eigentumserwerbs an, z. B. ob Erwerb aus den Mitteln des Kronfideikommißkapitals erfolgt sei. Die Frage nach der Rechtsnatur der Kronrente ist die entscheidende. Wie sich aus obigen Ausführungen ergibt, sind in ihm Elemente des Privat- und Staatsrechts vereinigt. Zu diesem Ergebnis kam auch das dem Rechtsausschuß 1919/20 erstattete Gutachten von Fleischmann, jetzt (1921) gedruckt unter dem Titel: „Über die rechtliche Natur der Kronfideikommißrente." Daß die Kronrente nur ein privatrechtlicher Anspruch sei, war die Ansicht von Anschütz, Gierke, Triepel, während Schücking im wesentlichen zu der hier vertretenen Ansicht gelangte, daß privatrechtliche Elemente in der Kronrente einen Anspruch insoweit begründen, als sie auf den Unterhalt des Königs und seiner Familie bezug haben. Endlich hatte ein schon im Jahre 1910 vom preußischen Justizministerium erstattetes Gutachten die Meinung vertreten, daß die Kronrente ein rein staatsrechtlicher Anspruch sei, d. h. dem Könige nur so lange zustehen kann, als er die Krone trägt. Vom königlichen Hausministerium ist bis in die ersten Jahre des 20. Jahrhunderts immer der Standpunkt vertreten worden, daß alles, was unter dem Namen Kronfideikommiß in der Verwaltung des Hausministeriums steht, ein Zweckvermögen sei, das im Eigentume des Staats stehe, während dem König lediglich die Nutzung daran und auch nur so lange und insofern zusteht, als er die Krone trägt. Auf diese grundsätzlichen Rechtsfragen kommt es an; rein tatsächliche Irrtümer, Zweifel und Besonderheiten bezüglich einzelner Vermögensobjekte werden aber auch im Abfindungsverfahren zur Entscheidung kommen müssen.

Verschieden von der Krondotation oder dem Kronfideikommiß ist das königliche Hausfideikommiß, das, von Friedrich Wilhelm I. geschaffen, 1843 an das Königshaus heimfiel. Das königlich-prinzliche Familienfideikommiß dient zur Ausstattung für nachgeborene Prinzen des Königshauses. Endlich besteht noch ein Kronschatz, der aus Ersparnissen Friedrich Wilhelms III. und Kapitalisierung sowie Ausleihung an Bankiers gebildet worden ist. Er betrug 1840 fünf Millionen Taler. Nach dem Testament jenes Königs war der Regierungsnachfolger berechtigt, über die Summe von 3 Millionen frei zu verfügen, dagegen sollten fernere 3 Millionen einen eisernen, nur im Notfall angreifbaren Bestand bilden. Das Kronfideikommiß besteht aus Kapitalien, Kronfideikommißgütern, namentlich der Herrschaft Schwedt, aus Juwelen, der Hausbibliothek, Kunstsammlungen, Schlössern, Parks, Gebäuden usw. und umfaßt alle sonstigen hausrechtlich gebundene Vermögen, dessen Besitzer und Nutznießer das jeweilige Oberhaupt des königlichen Hauses war. Alle diese Vermögensmassen sowie Sonderfideikommisse für einzelne prinzliche Linien sind Bestandteile des Hausvermögens, weil und insoweit sie auf Grund des Hausrechts und nicht des allgemeinen Fideikommißrechts errichtet sind; sie bilden Privateigentum und deshalb nicht den Gegenstand von rechtlichem Meinungsstreit. Das ergibt sich auch aus folgendem. Das Hausrecht des königlichen Hauses ist nicht kodifiziert, es beruht auf einzelnen Hausgesetzen (Dispositio Achillea 1473, Geraischer Hausvertrag 1603, Dispositio fideicommissaria 1710, Domänenedikt vom 13. August 1713, Hausgesetz vom 14. Oktober 1843, Testamente usw.), im wesentlichen aber auf Observanz (vgl. Schulze, Hausgesetze der regierenden deutschen Fürstenhäuser **3** 539 ff.). Nach dieser kann das Hausoberhaupt über das Hausfideikommiß- und Kronfideikommißvermögen selbständig ohne Zuziehung der Agnaten Verfügungen treffen. An dieser seiner (privatrechtlichen) Stellung als Hausoberhaupt hat die Staatsumwälzung nichts geändert (vgl. Seelmann und Klässel, Das Recht der Familienfideikommisse usw. 1920 S. 88, 89). Die Agnatenrechte sind wohlerworbene Rechte, die bei Aufhebung Anspruch auf Entschädigung nach Art. 153 Abs. 2 RVerf. haben. Vgl. Alfred Friedmann, Welches Interesse hat die Allgemeinheit daran, daß bei der Auflösung der Familienfideikommisse in Preußen die Agnatenansprüche berücksichtigt werden? 1920 S. 9 ff. und hierzu Martin Wolff, Rechtsgutachten über die Frage, ob es geboten sei, bei der bevorstehenden Fideikommißauflösung die Agnatenrechte zu berücksichtigen und in welcher Weise, 1920, besonders S. 5 ff. Vgl. auch zu IV unten S. 42 ff.

III. **Die Absetzung der Mitglieder des Hauses Hohenzollern für alle Zeit.**

a) Diese beantragte in der ersten Ausschußlesung der Abg. Dr. Rosenfeld (USd.) und ferner, dem § 1 anzufügen: Die Familiengüter des Hauses Hohenzollern sind Eigentum der Preußischen Republik. Gegen den ersten Zusatz könne man vielleicht sagen, daß er rein rechtlich überflüssig sei, nachdem in § 1 bereits festgelegt sei, daß Preußen eine Republik sein solle. Aber bei der besonderen Bedeutung des Hauses Hohenzollern für die Entwicklung Preußens sei es aus politischen Gründen wichtig, besonders klar in der Verfassung zum Ausdruck zu bringen, daß eine Wiederkehr des Hauses Hohenzollern ausgeschlossen sei. Gegen den zweiten Zusatz werde man einwenden, daß es sich hierbei um eine Enteignung handle und diese nicht im Wege der preußischen Gesetzgebung durchzuführen sei. Gerade angesichts des Abfindungsvertrages müsse man aber versuchen, auf gesetzgeberischem Wege andere Grundlagen für die Beziehungen Preußens zum Hause Hohenzollern zu schaffen, da die Schwierigkeit an dem Mangel der Grundlage der Gesetzgebung liege. Dem wurde entgegengehalten: die Verfassung dürfe nicht mit einem Ausnahmegesetz gegen die Hohenzollern belastet werden. Die durch den zweiten Zusatz berührte Angelegenheit sei im Fluß, d. h. durch den Abfindungsvertrag gesetzgeberisch in Angriff genommen; der Antrag verstoße deutlich gegen Art. 153 RVerf. Der Antrag wurde abgelehnt.

b) Was insbesondere die Familiengüter angeht, so waren durch die Verordnung über Familiengüter vom 10. März 1919 (GS. 39) nur die standesherrlichen Hausvermögen erfaßt; dagegen unterlagen ihr nicht die bisher landesherrlichen und ihnen gleichgestellten Häuser (Seelmann und Klässel a. a. O.), wobei unter Hausvermögen die Gesamtheit aller Vermögensgegenstände verstanden wird, die für ein hochadliges Haus hausrechtlich gebunden ist. So kamen für jene Verordnung nicht in Betracht das Hausvermögen des bisherigen preußischen Königshauses. Es galten also für dieses insbesondere nicht die Vorschriften des § 1 Abs. 1—3:

Die Familiengüter sind aufzulösen.

Die Errichtung neuer Familiengüter sowie die Vergrößerung von Familiengütern durch unentgeltliche Zuwendung wird untersagt.

Soweit nicht bis zum 1. April 1921 die Auflösung von Familiengütern nach Maßgabe der nachstehenden Bestimmungen im Wege des Familienschlußverfahrens durchgeführt ist, hat das Staatsministerium die Auflösung in einem Zwangsverfahren anzuordnen. Das Staatsministerium hat das Verfahren der Zwangsauflösung durch Verordnung zu regeln, die der Landesversammlung zur Genehmigung vorzulegen ist.

(Vgl. auch AllgAusfVf. vom 10. Juni 1919, JMBlS. 320; Rundverfügung vom 10. Juni 1919, JMBlS. 321; Beschluß der LandesV. vom 3. Oktober 1919, durch den die VO. vom 10. März 1919 genehmigt wurde, StenBer. Sp. 4696 f.; vgl. auch die neue Fassung vom 30. Dezember 1920 (GS. 1921 S. 77); RVerf. Art. 155 und VO. über die Zwangsauflösung der Familiengüter und Hausvermögen [Zwangsauflösungsverordnung] vom 19. November 1920, GS. 463.)

c) Durch Gesetz über die Aufhebung der Standesvorrechte des Adels und die Auflösung der Hausvermögen vom 23. Juni 1920 (GS. 367) hat die VO. vom 10. März 1919 (GS. 39) einige Abänderungen, im wesentlichen nur, soweit es sich um das Hausvermögen handelt, erfahren. Nach § 3 ist das in Preußen befindliche Hausvermögen einschließlich der standesherrlichen Hausgüter bis zum 1. April 1923 von den beteiligten Familien aufzulösen. Ist die Auflösung binnen dieser Frist nicht geregelt, so erfolgt die Zwangsauflösung der Hausvermögen im Verordnungswege durch das Staatsministerium (vgl. obige VO. vom 19. November 1920). Danach sind also unter Hausvermögen nicht nur die Vermögen der standesherrlichen, sondern auch der bisher landesherrlichen, depossedierten und ihnen gleichgestellten Häuser begriffen. Vgl. auch § 4 (Auflösung des Hausvermögens durch Familienschluß), §§ 7 und 15 (Aufhebung von Hausvermögen mit Waldbesitz; diese gelten auch für Familienfideikommisse, Erbstammgüter und Lehen), § 25 Abs. 1 des Ges. vom 23. Juni 1920.

d) Das Thronlehen Krotoschin ist auf Grund der VO. vom 10. März 1919 durch Familienschluß aufgehoben worden. Sonst sind in Preußen noch vorhanden: die schlesischen Thronlehen Fürstentum Sagan, Öls, Troppau-Jägerndorf und der Distrikt Katscher, die Lehen-Grafschaften Wittgenstein, Stolberg-Stolberg, Stollberg-Roßla und Wied sowie das Fürstentum Solms (Solms-Hohensolms-Lich und Solms-Braunfels) und die dem Stolbergschen Gesamthause gehörige hannoversche Grafschaft Hohnstein. Das Fortbestehen des Obereigentums des Lehnsherrn und der Rechte der lehensberechtigten Familie beruht bei dem Thronlehen auf den in Art. 40, 41 a.preußVerfUrk. und dem Ges. vom 2. März 1850 (GSS. 77) hinsichtlich der Thronlehen gemachten Vorbehalten. Thronlehen sind Staatslehen, denn abgesehen von Krotoschin sind alle Thronlehen mit und durch Erwerbung der Landeshoheit über die Landesteile, in denen sie lagen, auf die Krone Preußen übergegangen. Die Oberlehensherrlichkeit war nur die Folge der Landeshoheit über die betreffenden Landesteile, beim Heimfall (ALR. Teil I Tit. 18 § 672) wurden sie Staatseigentum (vgl. Ernst Heymann, Artikel Lehenrecht in v. Stengel-Fleischmann, Wörterbuch des deutschen Staats- und Verwaltungsrechts, 2. Aufl., **2** 761—764; Seelmann und Klässel a. a. O. S. 79 f.). Das Thronlehen Öls ist nach seinem Heimfall im Jahre 1884 an den damaligen Kronprinzen Friedrich Wilhelm, nachmals Kaiser Friedrich III., und dessen männliche Nachkommenschaft neu verliehen worden. Es ist nach der Stiftungsurkunde zur Versorgung des jeweiligen Kronprinzen bestimmt. Die Ansicht, es falle deshalb an den Staat zurück, wurde im Rechtsausschuß der Landesversammlung am 25. November 1920 vom Vertreter des preußischen Justizministers bestritten. Der Kronprinz verliere das Lehen nur dann, wenn er König werde, aber nicht, wenn er nicht mehr Kronprinz sei. Diese Auffassung verkennt, daß das Thronlehen Staatseigentum ist und daß eine Fürsorge für die einem Kronprinzen angemessene standesmäßige Unterhaltung nicht mehr in Frage kommt, wenn er nicht mehr Kronprinz ist. Wie Seelmann und Klässel a. a. O. berichten, ist gegenwärtiger Lehenbesitzer des in Niederschlesien belegenen Thronlehens Sagan, zu dem außer rund 20000 ha Forsten etwa 4000 ha landwirtschaftlich genutzte Grundstücke gehören, der jetzt zehn Jahre alte Howard de Talleyrand, Sohn des Duc Hély de Talleyrand aus dessen Ehe mit Anna Gould in Paris. Sagan ist fürstliches Weiberlehen mit dem Vorzug des Mannesstammes vor der weiblichen Deszendenz in der Nachkommenschaft des Herzogs Peter von Kurland. Der jetzige Lehensbesitzer gehört zu der ersten sukzessionsberechtigten Linie dieser Nachkommenschaft, die von Napoleon Louis Talleyrand-Périgord, Herzog von Valencay, abstammt. Das Thronlehen Troppau-Jägerndorf besteht in einer von dem Oberlandesgericht in Breslau beaufsichtigten Fürstlich Liechtensteinschen Lehensmasse, die auf Grund der Ablösungsrezesse von der Bauernschaft der zu dem Thronlehen der Fürstentümer Troppau und Jägerndorf diesseits der Oppa gehörigen Dörfer eingezahlt worden ist. Nutznießer ist der Fürst Johann von Liechtenstein in Wien. Lehensbesitzer des in Oberschlesien belegenen kleinen Thronlehensdistrikts Katscher ist der jedesmalige Erzbischof von Olmütz. Die übrigen sämtlich in Westen belegenen Thronlehen sind im Besitze dort angesessener hochadliger Familien. Für die Auseinandersetzung mit dem Königshaus Hohenzollern kommen daher nur Öls und Krotoschin in Betracht. Vgl. auch über Auflösung der Lehen §§ 33—37 der VO. über die Zwangsauflösung der Familiengüter und Hausvermögen (Zwangsauflösungsverordnung) vom 19. November 1920 (GS. 463). Das an Stelle der aufgehobenen Art. 40 und 41 a.preußVerfUrk. getretene Ges. vom 5. Juni 1852 bestimmte, daß die Errichtung von Lehen untersagt ist und der in bezug auf die vorhandenen Lehen noch bestehende Lehensverband durch gesetzliche Anordnung aufgelöst werden soll; daß aber diese Bestimmungen auf Thronlehen und auf die außerhalb des Staats liegenden Lehen keine Anwendung finden. Am besten hat hierüber Anschütz, VerfUrk. I 582—591 gehandelt.

Der Rechtsausschuß der verfassunggebenden Landesversammlung nahm am 2. Dezember 1920 einen Antrag an, die Regierung zu ersuchen, in eine erneute Prüfung des Vergleichs mit den Hohenzollern einzutreten. Der sozialdemokratische Antrag auf Einziehung des Vermögens der Hohenzollern war auch in der dritten Beratung der Vollversammlung am 30. November 1920 abgelehnt worden.

IV. **Die Aufhebung der Vorrechte der landesherrlichen Familie.**

Seit der Geltung des Art. 4 a.preußVerfUrk.: „Alle Preußen sind vor dem Gesetze gleich, Standesvorrechte finden nicht statt" machte hiervon nur der hohe Adel eine Ausnahme. Zu ihm gehörten die regierenden Häuser und die seit 1806 mediatisierten Fürsten. Nur von dem preußischen Königshause soll hier die Rede sein. Art. 57 EGzBGB. bestimmte, daß in Ansehung des Landesherrn und der Mitglieder der landesherrlichen Familie die Vorschriften des BGB. nur insoweit Anwendung finden, als nicht besondere Vorschriften der Hausverfassungen oder der Landesgesetze abweichende Bestimmungen enthalten. Dieses Vorrecht ist jetzt in Fortfall gekommen durch § 1 I des Gesetzes über die Aufhebung der Standesvorrechte des Adels und die Auflösung der Hausvermögen vom 23. Juni 1920 (GS. 367). Es dient zur Ausführung des Art. 109 Abs. 2 RVerf., wo die Aufhebung der öffentlich-rechtlichen Vorrechte des Standes und der Geburt angeordnet ist. Unberührt bleibt das an sich zweifellos privatrechtliche Recht auf Rentenbezüge, wie sie mehrfach in

Verträgen, Rezessen oder Gesetzen bei der Aufhebung einer Landeshoheit oder der Auseinandersetzung zwischen ehemals landesherrlichen Familien und dem preußischen Staat ersteren zuerkannt wurden, gleichviel, welche Erwägungen zur Zubilligung der Rente geführt haben; anderenfalls wären die beteiligten Familien gegenüber solchen, denen der Ausgleich in Form einer Kapitalszuwendung gewährt worden ist, wider Recht und Billigkeit benachteiligt, ganz abgesehen davon, daß die entschädigungslose Ablösung eines solchen Rentenbezugsrechts mit dem Gedanken des Art. 153 Abs. 2 RVerf. schwerlich in Einklang zu bringen wäre (Begr. zum Ges. vom 23. Juni 1920 S. 16). Ausnahmen unter den Vorrechten bilden solche, die in so enger Verbindung mit besonderen staatlichen oder anderen öffentlichen Einrichtungen stehen, daß sie nur in dieser Verbindung behandelt werden können. Deshalb bestimmt § 21 dieses Gesetzes, daß die Rechtsverhältnisse der Patronate, der Kirchen- und Schulangelegenheiten, der Regale und sonstiger vermögenswerter Gerechtsame durch besondere Gesetze geregelt werden. Schon mit der Staatsumwälzung vom November 1918 ist ein großer Teil der Vorrechte in Wegfall gekommen, insofern es seither keinen Landesherrn und keine landesherrliche Familie mehr gibt. Das gilt z. B. von dem besonderen Strafrechtsschutz (§§ 94—101 StGB.). Die Mitglieder der landesherrlichen Familie hatten in Zivil- und Kriminalsachen einen privilegierten Gerichtsstand (§ 5 EGzGVG. und § 4 EGzStPO.); darüber, daß sie in Zivilsachen beim Geheimen Justizrat am Kammergericht Recht nahmen, s. oben S. 34 f. In nichtstreitigen und in Standesamtssachen war das königliche Hausministerium zuständig. Ferner hatten sie Erleichterungen bei Vernehmungen und Eidesleistungen im Prozeß und eine gesetzliche Vertretung durch ihre Behörden; Befreiung von der Wehrpflicht und einzelnen Militärlasten, von gewissen Steuern nach Maßgabe der Landesgesetze usw. Es bestand Porto-, Telegramm- und Stempelfreiheit für den regierenden Herrn, seine Gemahlin und Witwe. Jetzt sind nach § 1 II des erwähnten Ges. vom 23. Juni 1920 insbesondere aufgehoben, soweit sie nicht bereits beseitigt sind:

1. das Recht eigener Gesetzgebung (Autonomie) und Gerichtsbarkeit. Damit ist das Recht zur Hausgesetzgebung beseitigt, das Recht, sich selbst, sei es durch Erlaß ausdrücklicher Vorschriften, sei es im Wege der Observanz, objektives Recht zu setzen. Auch die bereits bestehenden hausrechtlichen Rechtsnormen, die sog. Hausgesetze, verlieren durch die mit der Beseitigung der Vorrechte eintretende Auflösung des landesherrlichen Hauses ihre Grundlage. Sie treten daher jetzt ebenfalls außer Kraft. Mit einer Ausnahme! Hinsichtlich des Hausvermögens müssen die bestehenden Hausgesetze fortgelten, bis sich die Auflösung des Hauses mit der Auflösung des Hausvermögens vollständig vollendet. Dies ist (wie die Begr. S. 15) im einzelnen ausführt, auch aus Gründen der Rechtssicherheit und des Verkehrs sowie aus wirtschaftlichen Gründen mit Rücksicht auf die Abwicklung der von anderen mit dem Hause oder einem seiner Mitglieder eingegangenen Rechtsverhältnisse, für die es sonst an Rechtsnormen fehlen würde, erforderlich.

Statt eines Gesetzes, das angesichts der in jahrhundertlanger Entwicklung durch die verschiedensten Zeitepochen hindurch unter den mannigfachsten politischen Verhältnissen entstandenen Gebilde der Hausvermögen bei Regelung der Auflösung große Schwierigkeiten haben würde, empfahl es sich, die freiwillige Aufhebung durch die Familie dieser selbst nahezulegen und zu erleichtern. Diesen Weg hat bereits die VO. über Familiengüter vom 10. März 1919 (GSS. 39) gewiesen (vgl. oben S. 40) und das Ges. vom 23. Juni 1920 (§§ 3—20) geht denselben Weg, beseitigt gewisse in der Praxis aufgetretene Hindernisse und gestaltet das Familienschlußverfahren wesentlich einfacher. Für die Überleitung des bisherigen Hausrechts in den allgemeinen Rechtszustand gelten die §§ 28—38 a. a. O. Insoweit es außerdem noch einiger in die neuen Verhältnisse nach Auflösung des Hausvermögens überleitender Bestimmungen bedarf, werden sie besonderer Verordnung durch die Staatsregierung vorbehalten, während der Justizminister ermächtigt ist, nähere Vorschriften insbesondere zur Ausführung dieses Gesetzes zu erlassen (vgl. §§ 39, 40). Bei der Durchführung der Zwangsauflösung der Hausvermögen ist auf die das Hausvermögen betreffenden Bestimmungen der Hausgesetze, Observanzen und Familienverträge, sowie der Gesetze, Staatsverträge und Rezesse tunlichst Rücksicht zu nehmen. Wenn die besondere Eigenart der Rechtsverhältnisse des Hausvermögens im Einzelfall eine besondere Regelung erfordert, erfolgt diese durch Verordnung des Staatsministeriums. Die Zwangsauflösung der Hausvermögen beginnt nicht vor dem 1. April 1923. So bestimmt § 37 Abs. 1 und Abs. 2 S. 1 der VO. über die Zwangsauflösung der Familiengüter und Hausvermögen (Zwangsauflösungsverordnung) vom 19. November 1920 (GSS. 463); die Bestimmungen des ersten Titels (§§ 1—33) sind auf die Lehen, Erbstammgüter und Hausgüter der landesherrlichen Familie entsprechend anwendbar, soweit sich nicht aus den §§ 34—37 ein anderes ergibt.

Im übrigen werden nicht weniger als 79 Gesetze bzw. Einzelbestimmungen aufgehoben (§ 41 des Ges. vom 23. Juni 1920). Aufgehoben ist ferner:

2. das Recht, durch besondere Behörden oder Beamte öffentlich-rechtliche Befugnisse auszuüben oder Staatsbeamte mit der Wahrnehmung hausrechtlicher Aufgaben zu beauftragen (vgl. auch § 28 dieses Gesetzes);

3. das Recht auf die Prädikate Königliche Hoheit, Hoheit, Durchlaucht und dergleichen und auf besondere Ehrungen (Landestrauer, Ehrenwachen, Kanzleizeremoniell u. dgl.) — über das Recht der Namensführung der bisherigen Adelsfamilien und ihrer Angehörigen vgl. § 22 dieses Gesetzes, ferner VOen. über Veränderung von Familiennamen vom 3. November 1919 (GSS. 177), betr. die Änderungen von Vornamen vom 29. Oktober 1920 (GSS. 515) und Art. 109 RVerf., endlich VO., betr. die Annahme des vollen Familiennamens durch uneheliche, an Kindes Statt angenommene und für ehelich erklärte Kinder adeliger Personen vom 3. November 1919 (GSS. 179);

4. das Recht, Titel oder Auszeichnungen zu verleihen, die den Anschein staatlicher Titel oder Auszeichnungen zu erwecken geeignet sind;

5. das Recht besonderer Vertretung in Körperschaften des öffentlichen

Rechts, z. B. hatten die Mitglieder der landesherrlichen Familie unter gewissen Voraussetzungen Sitz und Stimme in der ersten Kammer des Landtages, den volljährigen Prinzen stand die Mitgliedschaft im Staatsrat zu;

6. die Befreiung von öffentlich-rechtlichen Pflichten, Lasten und Abgaben;

7. das Recht besonderen Strafschutzes und des besonderen Gerichtsstandes vor staatlichen Behörden;

8. die Befreiung von Arrest, Verhaftung und sonstigen Beschränkungen der persönlichen Freiheit;

9. das Recht der gesetzlichen Vertretung in Rechtsstreitigkeiten und bei der Ableistung von Eiden;

10. das auf Grund Haus- oder Landesrechts in dem landesherrlichen Hause etwa noch bestehende Ehescheidungs-, Entmündigungs- und Vormundschaftsrecht sowie das besondere Recht der Eheschließung, namentlich soweit es Nachteile an eine den Ebenbürtigkeitsbegriffen des Hausrechts nicht entsprechende Eheschließung knüpft.

Die landesherrliche Familie und ihre Mitglieder unterstehen dem allgemeinen öffentlichen und bürgerlichen Rechte (§ 2 Abs. 1). Somit ist jedes Sonderrecht, wie § 1 Nr. 10 ergibt, auch das der Ebenbürtigkeit, beseitigt.

Zu Abs. 1, zweite Hälfte:

4. Preußen ein Glied des Deutschen Reichs. „Glied" sei etwas Organisches, etwas, was man sei, ohne daß es von einem Entschlusse abhinge; „Mitglied" deute immer auf etwas Willkürliches hin, Mitglied könne man werden oder auch nicht werden, nach freiem Entschlusse. Diese Worte des Berichterstatters Abg. Dr. Berndt (AusschProt. Sp. 3) bringen einen fruchtbaren Gedanken einleuchtend zum Ausdruck. Staatsrechtlich freilich hat diese Unterscheidung kaum einige Bedeutung. Denn wenn z. B. die VerfUrk. des Freistaats Bayern vom 14. August 1919 im § 1 sagt: Bayern ist Mitglied des Deutschen Reichs, so ist damit nicht weniger als mit „Glied" in der preußischen und § 1 der VerfUrk. des freien Volksstaats Württemberg vom 20. Mai 1919 gemeint, nicht etwa hier ein Ausdruck für einen unlösbaren Bundesstaat, dort für einen lösbaren Staatenbund gewählt. Wie wenig Gewicht auf den angeblich abweichenden rechtlichen oder politischen Sinn von „Mitglied" oder „Glied" gelegt werden sollte, zeigt Piloty in seiner Ausgabe der VerfUrk. des Freistaats Bayern, 1919 S. 45, wenn er bemerkt: „Die Bezeichnung ‚Mitglied' wurde der farbloseren Bezeichnung ‚Bestandteil' und der nur bildlichen Bezeichnung ‚Glied' vorgezogen, um auszudrücken, daß Bayern selbst den Willen hat, Mitglied des Deutschen Reichs zu sein und neben den übrigen deutschen Staaten im Reich als Rechtspersönlichkeit an der Willensbildung der Reichsgewalt selbsttätigen Anteil zu nehmen." Hier wird also das Wort „Glied" durch „Mitglied" erklärt. Auch in der a.RVerf. sind diese Worte in gleicher Bedeutung gebraucht worden, z. B. Art. 6 Abs. 1: „Der Bundesrat besteht aus den Vertretern der Mitglieder des Bundes ..."; Abs. 2: „Jedes Mitglied des Bundes kann ..."; dagegen Art. 7 Abs. 2: „Jedes Bundesglied ist befugt ..."; Art. 19: „Wenn Bundesglieder ihre verfassungsmäßigen Bundespflichten nicht erfüllen ..." Auch ist zweifellos, daß die weitaus herrschende staatsrechtliche Lehre von der, vertragsmäßige oder einseitige Auflösung nicht zulassenden Rechtsnatur des Kaiserreichs als eines Bundesstaates, bei der Verwendung des Ausdrucks „Mitglied" des Reichs keineswegs „auf etwas Willkürliches" hinweisen wollte, als ob man „Mitglied werden könne oder auch nicht, nach freiem Entschlusse". Damit die unwidersprochen gebliebene Äußerung des Berichterstatters Abg. Dr. Berndt zu keinerlei staatsrechtlichen oder politischen Folgerungen verleiten möge, ist hier auf diese Frage näher eingegangen worden.

Zu Abs. 2.

5. Die Gebietsfrage.

A. Während der Entw. nur aus dem jetzigen ersten Absatz bestand, wurde in der ersten Lesung des VerfAussch. (durch Antrag Nr. 2²) vorgeschlagen, als § 1a zu setzen: „Alle Landesteile Preußens in ihrem gegenwärtigen Bestande bilden das Staatsgebiet" oder (durch Antrag Nr. 3¹) als § 1 Abs. 1 S. 2: „Die bisherigen Landesteile Preußens in ihrem Gesamtbestande bilden das Staatsgebiet." Damit war die ganze Schicksalsfrage nach dem Bestande und der Gliederung Preußens, deren Tragweite auf die Verfassungsgestaltung entscheidend einwirken mußte, im engeren Rahmen einer Sondervorschrift aufgerollt. Hatte doch Art. 18 RVerf., selbst das Ergebnis eines jene Schicksalsfrage vorläufig regelnden Kompromisses, in Art. 167 eine Ergänzung erhalten, wonach die Bestimmungen des Art. 18 Abs. 3—6 erst zwei Jahre nach Verkündung der RVerf., also am 14. August 1921, in Kraft treten (Sperrfrist), dieser Termin aber immer näher rückte. Nach Abs. 1 soll die Gliederung des Reichs in Länder unter möglichster Berücksichtigung des Willens der beteiligten Bevölkerung der wirtschaftlichen und kulturellen Höchstleistung des Volks dienen. Die Änderung des Gebiets von Ländern und die Neubildung von Ländern innerhalb des Reichs erfolgen durch verfassungsänderndes Reichsgesetz (Art. 76). Hierbei ist vorausgesetzt, daß die unmittelbar beteiligten Länder nicht zustimmen; denn stimmen sie zu, so bedarf es nur eines einfachen Reichsgesetzes (Abs. 2). Ein solches genügt ferner, wenn eines der beteiligten Länder nicht zustimmt, die Gebietsänderung oder Neubildung aber durch den Willen der Bevölkerung gefordert wird und ein überwiegendes Reichsinteresse sie erheischt (Abs. 3). Dieser Wille der Bevölkerung ist durch Abstimmung festzustellen. Die Reichsregierung ordnet die Abstimmung an, wenn ein Drittel der zum Reichstag wahlberechtigten Einwohner des abzutrennenden Gebiets es verlangt (Abs. 4). Zum Beschluß einer Gebietsänderung oder Neubildung sind drei Fünftel der abgegebenen Stimmen, mindestens aber die Stimmenmehrheit der Wahlberechtigten erforderlich. Auch wenn es sich nur um Abtrennung eines Teiles eines preußischen Regierungsbezirks, eines bayerischen Kreises oder in anderen Ländern eines entsprechenden Verwaltungsbezirks handelt, ist der Wille der Bevölkerung des ganzen in Betracht kommenden Bezirks festzustellen. Wenn ein räumlicher Zusammenhang des abzutrennenden Gebiets mit dem Gesamtbezirke nicht besteht, kann auf Grund eines besonderen Reichsgesetzes der Wille der Bevölkerung des abzutrennenden Gebiets als ausreichend erklärt werden (Abs. 5). Nach Feststellung der Zustimmung der Bevölkerung hat die Reichsregierung dem Reichstag ein entsprechendes Gesetz zur Beschlußfassung vorzulegen (Abs. 6). Entsteht bei der Vereinigung oder Abtrennung Streit über die Vermögensauseinandersetzung, so entscheidet hierüber auf Antrag einer Partei der Staatsgerichtshof für das Deutsche Reich (Abs. 7). Vgl. Nawiasky, Die Bestimmungen der RVerf. über die Gebietsgewalt der Länder, Annalen d. D. Reichs 1919 S. 1 ff., besonders 5—13. Dieser Art. 18, ohne dessen Kenntnis die preußische Gebietsfrage nicht zu erfassen ist, läßt die Frage offen, wie die erforderliche Zustimmung des Landes zu einer Gebietsveränderung zu erfolgen habe (vgl. unten S. 48 ff.). Eine Ausnahme von Art. 18 stellt das Reichsgesetz über die Autonomie Obeschlesiens vom 27. November 1920 (RGBlS. 1987) dar (vgl. unten S. 51 ff.).

B. Zur Begründung des oben eingangs A zuerst wiedergegebenen Antrags führte der Berichterstatter aus, ohne eine solche Bestimmung würde eine Änderung des Staatsgebiets jederzeit ohne Gesetz oder wenigstens ohne verfassungänderndes Gesetz vorgenommen werden können. Das Ausland wie die deutschen Abstimmungsgebiete dürften nicht den Eindruck erhalten, als wenn die Landesversammlung selbst damit rechne, daß in diesen Gebieten noch Teile vom preußischen Staate und damit vom Deutschen Reiche losgelöst werden könnten. Inhaltlich stelle der zweite Antrag dasselbe wie der erste dar. Nach eingehenden Erörterungen (AusschProt. Sp. 7—16, 248, 309) sind jedoch die Anträge abgelehnt und (gemäß Antrag Nr. 12) als Abs. 2 folgender Satz eingestellt worden: „Die Grenzen des preußischen Staatsgebiets können nur durch ein Gesetz verändert werden." Aber schon in der zweiten Ausschußlesung wurde er ersetzt durch folgenden auch in der dritten Ausschußlesung gebliebenen Satz: „Die nach der Reichsverfassung erforderliche Zustimmung Preußens zu Gebietsänderungen erfolgt durch Gesetz" (Drucks. Nr. 3120 C S. 17, im Gegensatz zu der offenbar irrtümlichen Angabe des AusschProt. Sp. 248, wo gesagt wird, daß „Abs. 2 ebenso wie der ganze § 1 in der Fassung der ersten Lesung angenommen wurde"). Bei jener Fassung ist es in der dritten Ausschußlesung und in der 2. und 3. VollBer. geblieben, nachdem der Antrag Nr. 77[1] abgelehnt worden war, als § 1 Abs. 2 zu setzen: „Die Zustimmung zu Veränderungen des Staatsgebiets — Art. 18 (nicht 16!) Abs. 2 der RVerf. kann nur unter den Bedingungen einer Verfassungsänderung erfolgen" (AusschProt. Sp. 248, 309). Es ist nunmehr notwendig, die Bedeutung dieser Vorgänge zu untersuchen.

C. Der geltende Verfassungsrechtszustand. Die Lösung der preußischen Staatsgebietsfrage durch die verfassunggebende Landesversammlung war beschränkt und erschwert durch den (oben S. 46 wiedergegebenen) Art. 18 RVerf. und deren Art. 178 Abs. 2: „Die Bestimmungen des am 28. Juni 1919 in Versailles unterzeichneten Friedensvertrages werden durch die Verfassung nicht berührt."

a) Ob das Gebiet des preußischen Staats infolge Neubildung von Ländern innerhalb des Reichs oder durch sonstige Vergrößerung oder Verkleinerung in Friedenszeiten geändert wird, hängt rechtlich vom Reich ab. Stimmt Preußen der Änderung nicht zu, dann gibt es zunächst die Möglichkeit, sie durch verfassungsänderndes Reichsgesetz herbeizuführen (Art. 18 Abs. 1 RVerf.) oder durch einfaches Reichsgesetz, wenn die Gebietsänderung oder Neubildung durch den Willen der Bevölkerung gefordert wird und ein überwiegendes Reichsinteresse sie erheischt (Abs. 3 daselbst). Stimmt Preußen zu, dann bedarf es auch nur eines einfachen Reichsgesetzes (Abs. 2). Dieselben Vorschriften gelten natürlich auch für die anderen bei der Änderung oder Neubildung beteiligten Länder. Nach dieser Rechtslage konnte also nur eines in Frage stehen: Wer erteilt oder versagt die Zustimmung des Landes Preußen und wie hat sie zu erfolgen? Das ist eine Frage der preußischen Verfassung. In dieser Beziehung konnte bestimmt werden, entweder, daß Zustimmung oder Ablehnung zu geschehen hat durch ein verfassungsänderndes oder durch ein einfaches Landesgesetz oder durch bloße Entscheidung der Regierung ohne Befragung der Volksvertretung, sei es auf dem Wege der Not- oder einfachen Verordnung, sei es des Vertrages. Die VerfUrk. hat sich nach dem Antrage des Abg. Dr. Leidig (DVp.) Nr. 11 im Ausschusse in § 1 Abs. 2 für die zweite der bezeichneten Möglichkeiten entschlossen. (Für die erste setzte sich noch in der zweiten Beratung der Antrag Nr. 3145, in der dritten Beratung der Antrag Nr. 3313 ohne Erfolg ein.) Dabei ist freilich die Fassung nicht ganz befriedigend; denn eine nach der ReichsVerf. erforderliche Zustimmung Preußens zu den Gebietsänderungen hat in Art. 18 derselben keine Grundlage; dort ist vielmehr eine Regelung getroffen auch für den Fall, daß eine Zustimmung nicht erfolgt, also von Reichs wegen auch nicht „erforderlich" ist.

b) Daß die Zustimmung Preußens zu einer Gebietsveränderung innerhalb des Reichs im Wege der Verfassungsänderung stattfinden soll, schien dem Regierungsvertreter Staatssekretär Dr. Freund ernstlicher Erwägung wert. Seine Begründung jedoch, Preußen müsse sich davor schützen, daß nicht von einer ganz anders zusammengesetzten Mehrheit im Reich über seine Interessen hinweggegangen wird, ist verfehlt; denn auch wenn eine Verfassungsänderung für die preußische Zustimmung gesetzlich erfordert sein würde, könnte doch das Reich gemäß Art. 18 RVerf. unter Nichtberücksichtigung der Weigerung die Gebietsänderung herbeiführen. Denkbar ist auf Grund des Abs. 3 der letzteren auch, daß „der Willen der Bevölkerung" Preußens, entgegen der Stellungnahme des Landtags, der die in § 1 Abs. 2 VerfUrk. vorgesehene Zustimmung durch Gesetz verweigert, die Gebietsänderung oder Neubildung „fordert", zumal die qualifizierte Minderheit von einem Drittel für die Abstimmung (Art. 18 Abs. 4 RVerf.) eine leichte Handhabe bietet. Die damit berührte politische Frage ergibt sich auch aus der Regelung des § 1 Abs. 2 VerfUrk. insofern, als die Anwendung des Art. 18 RVerf. durch Bindung der Zustimmung Preußens an ein einfaches Gesetz weder übermäßig erleichtert noch erschwert wurde. Wer Gebietsänderungen Preußens, insbesondere die Ausscheidung eines Gebietsteils, an möglichst gewichtige Erörterungen und Beschlußfassungen binden wollte, mußte für ein verfassungsänderndes Gesetz und eine dazu erforderliche qualifizierte Mehrheit sein. Die auf der Mittellinie getroffene Entscheidung entspricht auch der Absicht, kein Verfahren einzuführen, das, indem es dem Willen der beteiligten Bevölkerung allzugroße Hindernisse bereitet, „stark nach Zwang aussehen" würde. Politisch bleibt trotz der auch in Gebietsfragen überragenden Macht des Reichs (s. oben zu a und unten zu c) jedoch gewiß nicht ohne Bedeutung, ob und nach welchen Widerständen die nach Art. 18 mögliche Zustimmung erteilt oder verweigert wird. Der zwangsweise Eingriff des Reichs wird sicherlich nicht allzu leicht erfolgen, wenn Preußen die Gebietsänderung verweigert; eine Veränderung des Staatsgebiets von innen heraus zu erschweren, hat Art. 18 RVerf. offengelassen. Eine politische Erwägung ist auch die, daß bei herrschender parlamentarischer Regierungsweise auch dann, wenn für eine Gebietsänderung keine Gesetzesform vorgeschrieben wäre, die Regierung ohne Befragung des Landtags keine Entscheidung treffen kann, ohne sich der Gefahr des Mißtrauensvotums des Landtags auszusetzen.

c) Für die Gebietsänderung durch Friedensvertrag ist zunächst hinzuweisen auf Art. 11 Abs. 1 a.RVerf., wonach der Kaiser allein im Namen des Reichs Frieden zu schließen, Bündnisse und andere Verträge mit anderen Staaten einzugehen hat. Doch galt auch für Friedensverträge, wie für alle Staatsverträge, Abs. 3 daselbst, daß sie, im Falle ihrer Beziehung auf Gegenstände, die in das Gebiet der Reichsgesetzgebung gehören, der Zustimmung des Bundesrats und der Genehmigung des Reichstags bedurften. Die herrschende staatsrechtliche Meinung ging dahin: Ein Friedensvertrag, der eine Neuregelung der Grenzen des Reichs zum Gegenstande hat, würde an sich nicht in den Bereich der Reichsgesetzgebung fallen und deshalb nicht zur Zuständigkeit des Bundesrats und Reichstags gehören; wenn aber infolge eines solchen Friedensschlusses Reichsgesetze notwendig werden, um die etwa neu erworbenen Gebiete dem Reich organisch einzugliedern oder wegen verlorener Gebiete das Nötige zu veranlassen, so bedurfte es der Mitwirkung des Bundesrats und des Reichstags für den Erlaß dieser Reichsgesetze (vgl. Literatur bei Dambitsch S. 282).

Nach dem Zusammenbruch der preußischen Monarchie und des deutschen Kaisertums ist der Friedensvertrag zu Versailles nach erfolgter Zustimmung der Nationalversammlung in Weimar im Namen des Reichspräsidenten durch die hierzu beauftragten Minister Müller und Bell am 28. Juni 1919 unterzeichnet und sein Inhalt durch Ges. vom 16. Juli 1919 (RGBlS. 687) zum Reichsgesetz erhoben. Dies Verfahren steht im Einklang mit § 6 Abs. 2 des Ges. über die vorläufige Reichsgewalt vom 10. Februar 1919 (RGBl. S. 169): „Kriegserklärung und Friedensschluß erfolgen durch Reichsgesetz". Dieselbe Bestimmung enthält jetzt Art. 45 Abs. 2 RVerf. Da ferner in deren Art. 6 Nr. 1 das Reich die ausschließliche Gesetzgebung über die Beziehungen zum Ausland hat (und nach Art. 78 Abs. 1 daselbst übrigens die Pflege der Beziehungen zu den auswärtigen Staaten ausschließlich Sache des Reichs ist), ergibt sich für das geltende Recht die Verfügungsmöglichkeit ausschließlich des Reichstags über das Gebiet der Länder in einem Friedensvertrage. Weder die preußische Landesversammlung noch die preußische Regierung (das Staatsministerium) könnte rechtlich gegen eine Abtretung von Gebietsteilen in einem durch Reichsgesetz genehmigten Friedensvertrage in irgendeiner Weise angehen. Eine Beteiligung an der Entschließung wäre nur insoweit möglich, als die preußischen Mitglieder des Reichsrats nach Maßgabe der Art. 69 und 74 RVerf. mitwirken. Denkbar wäre, daß die Angehörigen des preußischen Staats auf dem Wege des Volksentscheids nach Art. 73 Abs. 2 RVerf. ihren Willen durchsetzten. Auf dieser Rechtslage beruht es auch, daß zu den durch den Friedensvertrag von Versailles herbeigeführten Gebietsveränderungen die preußische Landesversammlung keine Stellung genommen hat, ja ihr amtlich das Ausscheiden von Westpreußen, Posen und Teilen Schleswig-Holsteins von keiner Seite mitgeteilt worden ist.

d) Durch Ges. über die vorläufige Ordnung der Staatsgewalt in Preußen vom 20. März 1919 (GSS. 53) sind die bisherigen preußischen Gesetze und Verordnungen in Kraft erhalten worden, soweit ihnen dieses Gesetz nicht entgegenstand. Das war nun nicht der Fall bezüglich des Art. 2 a.preußVerfUrk.: „Die Grenzen des Staatsgebiets können nur durch ein Gesetz verändert werden" d. h. durch einen Akt der gesetzgebenden Gewalt in den Formen der Art. 62, 45, 106 a.preußVerfUrk., an deren Stelle die § 1 Abs. 1, 3, § 2 Abs. 1 des letzterwähnten Ges. vom 20. Mai 1919 getreten waren. Preußen konnte Teile seines Gebiets an andere deutsche Einzelstaaten durch Staatsgesetz ohne Reichsgesetz, an das Ausland dagegen — wegen Art. 1 a.RVerf., der die Grenzen des Reichs mittelbar festlegte — nur unter Genehmigung eines verfassungsändernden Reichsgesetzes durch preußisches Staatsgesetz abtreten. Die oben S. 46 zu A erwähnten Anträge wollten nun entweder bestimmen, daß alle Landesteile in ihrem gegenwärtigen Bestande das Staatsgebiet oder daß dieses die bisherigen Landesteile bilden. Mit der letzteren Wendung hätte die Auffassung erweckt werden können, als ob alles, was am Tage der Verfassunggebung, aber auch was bisher zum preußischen Staatsgebiet gehört hat, jetzt noch trotz des Versailler Friedensvertrages als dazu gehörig betrachtet würde, während die Beschränkung auf den gegenwärtigen Bestand eine in der VerfUrk. nicht gewollte Zustimmung zu dem Diktatfrieden in sich schließen konnte. Literatur zum Art. 2 a.preußVerfUrk.: Anschütz S. 70—90; Arndt S. 56—61; Bornhak 2. Aufl. S. 230—245; v. Rönne-Zorn 1 191—203; Stier-Somlo 1 128 ff.; Schwartz S. 44.

D. Das Land Oberschlesien.

1. Aus politischen Gründen, deren Erörterung hier ausscheiden muß, ist durch Ges. vom 14. Oktober 1919 (GSS. 169) eine besondere Provinz Oberschlesien gebildet worden; die bisherige Provinz Schlesien beschränkt sich seither auf Niederschlesien. Unmittelbar nach Erledigung der in der Anlage zu Art. 88 des Friedensvertrages von Versailles vorgesehenen Volksabstimmung hat die Staatsregierung der Landesversammlung eine Gesetzesvorlage über die endgültige Abgrenzung der beiden Provinzen zu machen. Bis zu dieser endgültigen Regelung werden der Provinz Oberschlesien die Kreise des Regierungsbezirks Oppeln, der Provinz Niederschlesien mit der gleichen Maßgabe die Kreise der Regierungsbezirke Breslau und Liegnitz zugewiesen. Bis zur erfolgten Einrichtung der erforderlichen Behörden für die Staatsverwaltung in den neu gebildeten Provinzen bleiben die gegenwärtigen staatlichen Organe der Provinz Schlesien in beiden in Wirksamkeit; der Oberpräsident erhält einen vom Staatsministerium zusammengesetzten, bis zum Erlaß anderer Provinzialsatzungen ehrenamtlich tätigen Beirat, dessen Mitglieder in Oberschlesien geboren sein oder dort mindestens fünf Jahre gewohnt haben müssen. Der Beirat ist in Fragen allgemeiner Natur, insbesondere in Fragen der Kirchen- und Schulverfassung, sowie zu der Besetzung der Stellen des Oberpräsidenten, des Regierungspräsidenten und der Leiter der staatlichen Polizeiverwaltung gutachtlich zu hören (§§ 1—3). Weitere Bestimmungen (§§ 4—7) legen fest: die Rechtsnatur der beiden Provinzen als Selbstverwaltungskörper, die Zahl der Provinziallandtagsmitglieder und die Grundsätze, nach denen die Bildung der neuen Provinzialverbände in finanzieller und wirtschaftlicher Hinsicht erfolgt, die Verteilung der Dotationen sowie das Inkrafttreten des Gesetzes, das am 8. November 1919 geschah. Vgl. über die Beweggründe und Bedenken: Antrag des Abg. Beyer und Genossen auf Annahme eines Gesetzentwurfs, betr. die Errichtung einer Provinz Oberschlesien, Drucks. Nr. 652; Bericht des Ausschusses über diesen Antrag Drucks. Nr. 824. In diesem wurde die Befürchtung des damaligen Ministers des Innern wiedergegeben: „Die weiteren Stufen der Entwicklung seien: selbständige Provinz innerhalb Preußens, selbständiger Staat innerhalb des Reichs, Heimfall dieses selbständigen Staates aus dem Rahmen des Reichs an Polen."

2. Durch Ges., betr. Oberschlesien, vom 27. November 1920 (RGBlS. 1987) hat der Reichstag einen weiteren Schritt in dieser Richtung getan. Die Besetzung der Provinz Oberschlesien hat die Durchführung der Umbildung Oberschlesiens zu einer preußischen Provinz unterbrochen. Weite Kreise Oberschlesiens legten Gewicht darauf, daß das ihnen reichsverfassungsmäßig in Aussicht gestellte Recht, gemäß Art. 18 über die Art ihrer Eingliederung ins Reich selbst zu entscheiden, ihnen nicht etwa verkümmert werden wird, wenn das Verbleiben Oberschlesiens beim Reich entschieden sein wird. Von diesem Zweifel soll das Gesetz die Volksgenossen in Oberschlesien befreien. Nach Aufhebung der Besetzung und nach Ablauf der Sperrfrist des Art. 167 RVerf. für die Volksabstimmung über die Neubildung deutscher Länder, wäre die Bevölkerung Oberschlesiens ohnedies berechtigt, abzustimmen, ob Oberschlesien ein selbständiges Land im Rahmen des Deutschen Reichs werden soll. Im Hinblick auf die mehr als sieben hundertjährige Kulturgemeinschaft Oberschlesiens trug man kein Bedenken

diese bedeutsame Entscheidung ausschließlich und endgültig in die Hand der oberschlesischen Bevölkerung selbst zu legen. Obwohl eine Befragung der Bevölkerung über ihre Wünsche infolge der Besetzung Oberschlesiens nicht möglich ist, soll jeder Zweifel darüber beseitigt werden, welche Stellung es in Gesetzgebung und Verwaltung einnehmen wird, sobald den deutschen Behörden die vollen Verwaltungsbefugnisse zurückgegeben sind und die Bevölkerung selbst ihren Willen kundgegeben haben wird (Begr. des Entw. Drucks. Nr. 878 S. 2, 3). Danach erhielt

Art. 167 RVerf. folgende Absätze 2 und 3:

In der preußischen Provinz Oberschlesien findet innerhalb zweier Monate, nachdem die deutschen Behörden die Verwaltung des zur Zeit besetzten Gebiets wieder übernommen haben, eine Abstimmung nach Art. 18 Abs. 4 Satz 1 und Abs. 5[1]) darüber statt, ob ein Land Oberschlesien gebildet werden soll.[2])

Wird die Frage bejaht, so ist das Land unverzüglich einzurichten, ohne daß es eines weiteren Reichsgesetzes bedarf. Dabei gelten folgende Bestimmungen:

1. Es ist eine Landesversammlung zu wählen, die binnen drei Monaten nach der amtlichen Feststellung des Abstimmungsergebnisses zur Einsetzung der Landesregierung und zur Beschlußfassung über die Landesverfassung[3]) einzuberufen ist. Der Reichspräsident erläßt die Wahlordnung nach den Grundsätzen des Reichswahlgesetzes und bestimmt den Wahltag.
2. Der Reichspräsident bestimmt im Benehmen mit der oberschlesischen Landesversammlung, wann das Land als eingerichtet gilt.[4])

---

[1]) Vgl. oben S. 46 f.

[2]) Nach § 4 Abs. 1 der Anlage zu Art. 88 des Friedensvertrages findet die Abstimmung in Oberschlesien nicht später als 18 Monate nach dem Amtsantritte des Internationalen Ausschusses statt. Die Entscheidung über die Abgrenzung des Deutschen Reichs gegen Polen in Oberschlesien haben sich die alliierten und assoziierten Hauptmächte im Friedensvertrag vorbehalten. Gemäß § 6 der erwähnten Anlage wird der Internationale Ausschuß alsbald nach Festlegung der Grenzen mitteilen, wann die deutschen Behörden die Verwaltung des besetzten Gebiets wieder übernehmen können. Erst dann wird es, wie die Begr. S. 3 ausführt, möglich sein, den Willen der Bevölkerung im Wege der Abstimmung festzustellen. Zu deren Vorbereitung erschien eine Frist von zwei Monaten ausreichend. Den Stimmberechtigten wird ohne Antrag die Frage vorgelegt werden, ob sie die Umbildung der preußischen Provinz Oberschlesien zu einem selbständigen deutschen Land wünschen. Für das Abstimmungsverfahren werden die Vorschriften zur Ausführung des Art. 18 RVerf. maßgebend sein; Abs. 5 desselben gilt für die Würdigung des Ergebnisses.

[3]) Für sie sind die Bestimmungen des Art. 17 Abs. 1 RVerf. maßgebend. Siehe oben S. 21 zu 1, 25, 27, 30, unten S. 60.

[4]) Wenn die Abstimmung die Bildung eines selbständigen Landes Oberschlesien bejaht haben sollte, tritt die verfassunggebende Landesversammlung unmittelbar nach Feststellung des Wahlergebnisses zusammen und beruft zu-

3. Die oberschlesische Staatsangehörigkeit erwerben:
a) die volljährigen Reichsangehörigen, die am Tage der Einrichtung des Landes Oberschlesien (Nr. 2) in seinem Gebiete Wohnsitz oder ständigen Aufenthalt haben, mit diesem Tage;[1])
b) sonstige volljährige preußische Staatsangehörige, die im Gebiete der Provinz Oberschlesien geboren sind[2]) und innerhalb eines Jahres nach Einrichtung des Landes (Nr. 2) der Landesregierung erklären,[3]) daß sie die oberschlesische Staatsangehörigkeit erwerben wollen, am Tage des Eingangs dieser Erklärung;
c) alle Reichsangehörigen, die durch Geburt, Legitimation oder Eheschließung der Staatsangehörigkeit einer der unter a und b bezeichneten Personen folgen.[4])

3. Von den hier dargelegten Ereignissen und Rechtsverhältnissen wird die Zugehörigkeit Oberschlesiens zum Deutschen Reiche und zum preußischen Staatsgebiete als besondere Provinz wie seit dem Ges. vom 14. Oktober 1919 oder außerhalb Preußens als eigenes Land abhängen. Vgl. auch Verhandlungen des Reichstags vom 22. und 25. November 1920 StenBer. S. 1163 D, 1251 D—1268 C; Druckf. Nr. 652, 824, 878, 951.

Zu Abs. 3.

6. Die Landesfarben waren in der a.preußVerfUrk. nicht erwähnt; nach der KabO. vom 22. Mai 1818 (v. Kamptz Annalen **2** 347) bzw. 12. Mai 1819 und vom 12. März 1823 (GS. 127) waren sie **Schwarz-Weiß.** Der Entw. schwieg. In der ersten Lesung des VerfAussch. schlug

---

nächst auf Grund ihrer Parteiverhältnisse eine parlamentarische Regierung. Sodann wird sie dem Lande eine vorläufige Verfassung zu geben haben. Nach deren Inkrafttreten erklärt der Reichspräsident, daß das Land Oberschlesien gebildet ist; er ist gehalten, vor dieser Erklärung mit der Landesversammlung ins Benehmen zu treten. Der von ihm hiernach bestimmte Zeitpunkt wird in jeder Hinsicht als Tag der Neubildung des Landes Oberschlesien gelten. Bis zur Übernahmen der Regierungsgeschäfte durch die von der Landesversammlung berufene Landesregierung wird das Oberpräsidium in Oppeln ohne besondere gesetzliche Vorschrift die Regierungsgeschäfte führen (Begr. S. 4).

[1]) Ohne weiterer Schritte von ihrer Seite oder von seiten der Behörden. Nach dem Grundsatze des Staatsangehörigkeitsgesetzes vom 22. Juli 1913 (RGBlS. 583) geht mit dem Erwerbe der oberschlesischen Staatsangehörigkeit die bisherige Staatsangehörigkeit nicht verloren; doch kann gemäß § 20 desselben auf ihren ferneren Besitz verzichtet werden.

[2]) Ohne am Tage der Bildung des neuen Landes dort Wohnsitz oder ständigen Aufenthalt zu haben und ohne Niederlassung in Oberschlesien.

[3]) Mündlich oder schriftlich.

[4]) Die Vorschrift soll verhüten, daß die Familien bezüglich der Staatsangehörigkeit auseinandergerissen werden. Mit dem Ehemann, dem Vater und der außerehelichen Mutter sollen auch — ohne Ausfertigung besonderer Aufnahmeurkunden — Ehefrau und Abkömmlinge die Staatsangehörigkeit erwerben.

Antrag Nr. 3[1] vor, dem § 1 als Abs. 2 anzufügen: „Die Landesfarben sind schwarz und weiß", ebenso Anträge Nr. 3145 zu 2 und 3190 in der zweiten Beratung. Er wurde in allen Lesungen abgelehnt, kam jedoch durch die zweite Lesung in der Vollversammlung nach dem Antrag Hergt Nr. 3145 zu 2 in die VerfUrk. und wurde in deren dritter Lesung nicht verändert. Die Annahme bedeutet nicht die mit der Struktur des Reichs nicht vereinbare Anerkennung eines besonderen preußischen Nationalbewußtseins neben dem deutschen, keine Konzession an partikularistische Bestrebungen, sondern die Achtung vor den landsmannschaftlichen Eigentümlichkeiten und Belangen des gesamten preußischen Staats. Da das Reich kein Einheitsstaat, sondern ein Bundesstaat ist, stellen die Landesfarben besondere Symbole dar, wie z. B. die bayrVerfUrk. vom 14. August 1919 § 1 Abs. 2 als solche Weiß und Blau bestimmt hat. Der symbolische Charakter der Landesfarben darf nicht als Zeichen der beabsichtigten Aufrechterhaltung der Monarchie oder als nationalistisch partikularistische Demonstration gedeutet werden. Die Empfindungen des Heimatgefühls kommen in dieser scheinbaren Äußerlichkeit, bei der auch Umwägbarkeiten eine Rolle spielen, zur Geltung. Ohne Bestimmung des Abs. 3 würden entweder die erwähnten KabO. weiter in Kraft geblieben oder auch dem Staatsministerium möglich gewesen sein, die Landesfarben sei es ganz abzuschaffen, sei es durch andere, z. B. Rot, zu ersetzen. — Die Farben für die Provinzen sind durch KabO. vom 22. Oktober 1822 (Staatsanzeiger Nr. 264), 28. April 1884 (daselbst Nr. 110) und 3. Juni 1892 (daselbst Nr. 143) angeordnet: für Ostpreußen Schwarz-Weiß; für Westpreußen Schwarz-Weiß-Schwarz; für Brandenburg Rot-Weiß; für Pommern Blau-Weiß; für Schlesien Weiß-Gelb; für Sachsen Schwarz-Gelb; für Hannover Gelb-Weiß; für Westfalen Weiß-Rot; für Hessen-Nassau Rot-Weiß-Blau; (für den Bezirksverband Kassel Rot-Weiß, für den Bezirksverband Wiesbaden Blau-Orange); für die Rheinprovinz Grün-Weiß; für die Hohenzollernschen Lande Weiß-Schwarz.

Zu Abs. 4.

7. **Geschäfts- und Verhandlungssprache.** Weder die a.RVerf. noch die a.preußVerfUrk. enthalten Vorschriften über die Staatssprache. Die Frage wurde früher oft aktuell aus Anlaß der Rechtsprechung des OVG. (**1** 347, **32** 395, **43** 432), ob Versammlungen wegen Gebrauchs einer nichtdeutschen Sprache polizeilich aufgelöst werden dürfen; dies wurde bejaht. Anders Zorn, Die deutsche Staatssprache, VerwArch. **10** 1—18; **11** 189 bis 221; vgl. aber Paalzow, Zur Polenfrage, 1902 S. 7 ff. und StenBer. d. AbgH. 1902 S. 5398 ff.; vermittelnd Geffcken im ArchöffR. **20** 1 ff. Auch das RVerG. vom 19. April 1908 hatte noch den Sprachenparagraphen (§ 12), der dann durch Reichsges. vom 19. April 1917 (RGBlS. 361) aufgehoben wurde. Abgesehen vom Vereins- und Versammlungsrecht kommt preuß. Landes- und Reichsrecht in Frage. Nach dem preuß. Ges. vom 28. August 1876 (GSS. 389) war die deutsche Sprache die ausschließliche Geschäftssprache aller Behörden, Beamten und politischeu Körperschaften

des Staates; der schriftliche Verkehr mit ihnen hatte in deutscher Sprache stattzufinden. Eingaben von Behörden mußten in deutscher Sprache abgefaßt sein. Nur in dringenden Fällen konnten schriftliche, von Privatpersonen ausgehende Eingaben, die in einer anderen Sprache abgefaßt waren, berücksichtigt werden. Im Falle der Nichtberücksichtigung waren sie mit dem Anheimstellen zurückzugeben, sie in deutscher Sprache wieder einzureichen. Im Verwaltungsstreitverfahren, in den Verhandlungen vor den Auseinandersetzungsbehörden und den Standesbeamten sowie im Gerichtsverfahren ist die Geschäftssprache ebenfalls die deutsche (§ 9 jenes Ges.; GVG. §§ 186 ff.; StPO. § 258; MilStGO. vom 1. Dezember 1898 §§ 115 ff.; FGG. vom 17. Mai 1898 §§ 89, 179; BGB. §§ 2244 ff.), jedoch galt das Geschäftssprachengesetz nicht für die Verhandlungen vor den Schiedsmännern (§ 11 Ziff. 5 des Ges.; § 25 Abs. 2 der Schiedmannsordnung vom 29. März 1879, GSS. 321); Art. Geschäftssprache in v. Bitters Handwörterbuch der preuß. Verw., 2. Aufl. (1911), 1 766; Hubrich, Die Sprachenfreiheit, 1903 und Art. Geschäftssprache (Staatssprache) in v. Stengel-Fleischmanns Wörterbuch des Staats- u. VerwRs., 2. Aufl., 2 (1913) 209 ff.; Stier-Somlo, RVerG., 1909 S. 163—181. Nach Art. 113 RVerf. dürfen die fremdsprachigen Volksteile des Reichs durch die Gesetzgebung und Verwaltung nicht in ihrer freien volkstümlichen Entwicklung, besonders nicht im Gebrauch ihrer Muttersprache beim Unterricht, sowie bei der inneren Verwaltung und der Rechtspflege beeinträchtigt werden. Einig ist man sich darüber, daß hierdurch die vom sprachlichen Standpunkt aus nichtdeutschen Volksteile einen Schutz gegen Beeinträchtigung erfahren haben, daß andererseits hier nur ein Programm aufgestellt ist, das noch erst der Ausführung durch die Gesetzgebung bedarf und daß es eine Tatfrage bleibt, ob im konkreten Falle der einzelne Angehörige des fremdsprachigen Volksteils ein Recht auf Gebrauch seiner Muttersprache hat (Giese S. 320; Poetzsch S. 116; Saenger S. 141). Hiernach ist Abs. 4 VerfUrk. (eingefügt auf Antrag Nr. 3345 bei der 3. Beratung) einerseits zu den gesetzgeberischen Sondervorschriften zu zählen, andererseits nur insofern gültig, als er dem Art. 113 RVerf. nicht widerspricht; Art. 13 Abs. 1 (Reichsrecht bricht Landrecht). Die Ausschließlichkeit der deutschen Sprache im öffentlichen Dienst schließt weder Billigkeitsausnahmen noch (wie schon nach bisherigem Rechte) die Verwendung von Dolmetschern aus; jedenfalls ist der Grundsatz des Abs. 4 so zu handhaben, daß eine Beeinträchtigung fremsprachiger Volksteile nicht entsteht. Zu beachten ist, daß sowohl die Geschäfts- als auch die Verhandlungssprache in Rede steht, demnach das geschriebene wie das gesprochene Wort, ferner, daß sich Abs. 4 nur auf den öffentlichen Dienst, also auf alles bezieht, was mit öffentlicher Verwaltung (nicht bloß innerer Verwaltung und Rechtspflege, wie Art. 113 RVerf.), nicht auf das, was mit Vereins- und Versammlungswesen, Presse, sonstiger irgendwelcher öffentlicher Betätigung, z. B. in Wissenschaft und Kunst (nicht deutschsprachige Kongresse!), und auch nicht auf das, was mit Schule und Unterricht zu tun hat.

Abschnitt II.

Die Staatsgewalt.

Vorbetrachtung. Der Abschnitt II fordert zur Erörterung seines Aufbaus heraus. Die Regierungsvorlage hat der Montesquieuschen Lehre von der Dreiteilung der Gewalten keinen deutlichen Ausdruck gegeben, ja die Absicht, es zu tun, scheint nach den Ausführungen des Staatssekretärs Dr. Freund (AusschProt. S. 26 f.) nicht vorhanden gewesen zu sein. Sie beschränkte sich auf die Sätze, daß der Träger der Staatsgewalt die Gesamtheit des Volkes sei, daß dieses seinen Willen über die Staatsangelegenheiten durch den von ihm gewählten Landtag kundgibt und daß das Staatsministerium namens des Volkes die Regierung führt. Immerhin mochte man darin eine Widerspiegelung der Grundauffassung über die gesetzgebende und ausführende oder vollziehende Gewalt finden und die Nichterwähnung der richterlichen Gewalt darin begründet sehen, daß Art. 102 RVerf. die Unabhängigkeit der Richter sichert und Art. 103 daselbst den Satz enthält, daß die ordentliche Gerichtsbarkeit durch das Reichsgericht und durch die Gerichte der Länder ausgeübt wird. Die verfassunggebende Landesversammlung hat aber im Ausschuß sowohl eine Abänderung der nur auf das Wahlrecht abgestellten Bestimmung (jetzt Art. 3) wie eine Regelung der Stimmberechtigung (Art. 4 und 5) beschlossen, als auch Rechtssätze über Volksbegehren und Volksentscheid (Art. 6) und, neben dem die ausführende Gewalt regelnden Art. 7, auch eine die richterliche Gewalt angehende Bestimmung (Art. 8) eingefügt. Die wissenschaftlichen Bedenken gegen die Lehre von Montesquieu sind zwar geltend gemacht worden; die Versammlung wollte aber „praktische" Arbeit leisten. Jene sind dahin formuliert worden: Die Staatsgewalt hat wohl drei Ausdrucksformen, wird aber nicht durch drei verschiedene Wesen verkörpert. Die Staatsgewalt ist nicht teilbar. Die endgültige Regelung ist auch insofern nicht folgerichtig, als nach Art. 6 Abs. 1 und 6 das Volksbegehren auch bei der vollziehenden Gewalt beteiligt ist, nämlich bei der Auflösung des Landtags. Das ist ein Akt der Verwaltung, nicht der Gesetzgebung. Notwendigerweise kam man zu Wiederholungen, indem „das Staatsministerium" in Art. 44—59, „die Gesetzgebung" in Art. 60—62 behandelt wird. Man knüpfte an „überholte und veraltete Theorie", an „historisch vollständig überlebte Begriffe" an. Immerhin war der Gedanke maßgebend, die Staatsgewalt als vom Volke ausgehend festzustellen und dann ihren Inhalt zu kennzeichnen. Deshalb wollte man sich auch nicht auf den Satz, wer Träger der Staatsgewalt ist, beschränken, sondern ihn zergliedern (AusschProt. S. 27 ff.; 2. VollBer. StenBer. 68 ff.). Nicht nur der Landtag, sondern auch die anderen staatlichen Organe, insbesondere die der Exekutive und der Rechtsprechung sind als Organe des Volkswillens charakterisiert. Seine unmittelbare und mittelbare Äußerung wird unterschieden. Jene erfolgt durch Volksabstimmung, die mittelbare durch die verfassungsmäßig bestellten Organe, zu denen insbesondere auch die der Exekutive und Rechtsprechung gehören. Die Volksabstimmung erfolgt im Regelfalle durch die Wahl zum Landtage, in gewissen Fällen durch

Referendum in Gestalt von Volksbegehren und Volksentscheid. Dem Landtag sollte nicht für die ganze Dauer seiner Wahlperiode eine so uneingeschränkte Machtvollkommenheit gegeben werden, daß der Souverän des Staates, das preußische Volk, nicht unmittelbar seinen Willen äußern könne. Neu geschaffen ist für Preußen der Begriff des Stimmrechts, der sowohl das Wahlrecht zum Landtage wie das Recht der unmittelbaren Volksabstimmung umfaßt (Art. 4), dem Art. 17 RVerf. entspricht und auch dem Soldaten zusteht; unabhängig davon ist das Ruhen der Ausübung des Stimmrechts während der Dauer der Zugehörigkeit zur Wehrmacht (§ 2 RWahlG.; § 2 Abs. 1 preußLandesWahlG.), Politik gehört nicht ins Heer. Volksbegehren können auf Änderung der Verfassung, Erlaß, Änderung oder Aufhebung von Gesetzen und auf Auflösung des Landtags gerichtet sein. Eine Ausnahme ist gemacht für Finanzfragen, Abgabengesetze und Besoldungsordnungen, hinsichtlich deren ein Volksbegehren nicht zulässig ist. Volksentscheide finden auf Volksbegehren und in den anderen von der Verfassung besonders bezeichneten Fällen statt: bei Auflösung des Landtags durch Beschluß des Staatsrats (Art. 14 Abs. 1) und im Falle des Einspruchs des Staatsrats gegen ein vom Landtage beschlossenes Gesetz, wenn der Landtag bei nochmaliger Beratung seinen Beschluß mit einfacher Mehrheit erneuert (Art. 42 Abs. 3 S. 3). Im einzelnen bringt Art. 6 festumrissene, allgemeine, oberste Grundsätze über die Zulässigkeit und das Verfahren von Volksbegehren und Volksentscheid. Nach Art. 7 ist das Staatsministerium die oberste, vollziehende und leitende Behörde des Staates, der die Vertretung des Staats und die Exekution zusteht. Die Bestellung eines Staatsoberhaupts in Gestalt eines Staatspräsidenten ist abgelehnt worden. In Art. 8 Abs. 1 hat man in Wiederholung der RVerf. Art. 102 den Grundsatz ausgesprochen, daß die Ausübung der Rechtspflege durch unabhängige, nur dem Gesetz unterworfene Richter erfolgt. Der Abs. 2, den der Ausschuß beifügte, wonach die Urteile im Namen des Volks verkündet und vollstreckt werden, hat „eine wesentlich symbolische Bedeutung". Dort, wo früher in den Urteilen und sonstigen Entscheidungen der Gerichte die Worte „Im Namen des Königs" standen als ein Symbol der Monarchie, da sollen nach der Verfassung in Zukunft die Worte stehen: „Im Namen des Volks" als ein Wahrzeichen der demokratischen Republik. „Hierdurch soll zum Ausdruck gebracht werden, daß auch der Richter ein Organ des Volkswillens ist. Er muß sich bewußt sein, daß er jederzeit bei seiner Rechtsprechung sich zu halten hat im Rahmen des Rechtsbewußtseins des ganzen Volks, aber auch das rechtsuchende Publikum soll in seinem Vertrauen zur Rechtspflege gestärkt werden; die Rechtspflege soll im besten Sinne des Wortes volkstümlich sein" (Berichterstatter Abg. Dr. Brandt in der 2. VollBer. StenBer. Sp. 13323 f.). Wegen des Unterschieds in der Regelung von Volksentscheid und Volksbegehren hier und in der RVerf. vgl. unten bei Art. 6 S. 75. Im übrigen ist auch die schon in Art. 129 RVerf. erfolgte Regelung der Rechtsstellung der Beamten teilweise wiederholt in Art. 79. Die grundsätzliche Frage, welche Bedeutung landesrechtliche Wiederholungen von reichsrechtlichen Normen besitzen, kann hier auf sich beruhen.

Träger der Staatsgewalt.

Artikel 2.

Träger der Staatsgewalt ist die Gesamtheit des Volkes.

Entw. § 2. — 1. VollBer. StenBer. Sp. 11002 ff. — AusschBer. Sp. 2, 10. — AusschProt. Sp. 16 ff., 248, 309. — 2. VollBer. StenBer. Sp. 13 294—13 299.

Die Vorschrift bringt den Gedanken der **Volkssouveränität** zum Ausdruck (vgl. oben S. 56). „An die Stelle der Untertanen des alten Staats ist der gleichberechtigte Staatsbürger getreten." Die Formen, in denen und durch die das Volk seinen Willen äußert, sind durch § 3 bestimmt worden. Der Vorschlag (Antrag Nr. 3[2]) statt des Textes des Art. 2 zu sagen: „Die Staatsgewalt geht vom Volke aus" (Art. 1 Abs. 2 RVerf.) wurde damit begründet, daß sie doch nicht allein von der Gesamtheit des Volkes, sondern gleichzeitig durch vom Volke bestellte Organe ausgeübt würde. Meines Erachtens spielte wohl auch die Absicht mit, nicht festzulegen, was praktisch auch unausführbar gewesen wäre, daß die unmittelbare Demokratie errichtet, Gesetzgebung, Rechtsprechung und Verwaltung durch das Volk direkt ausgeübt wird (wie in sechs kleinen Schweizer Kantonen), da doch die sog. mittelbare oder repräsentative Demokratie mit einer gewissen Abschwächung verfassungsrechtlich bestimmt wurde. Der Berichterstatter hielt jenem Antrag entgegen, daß zwischen der Fassung „Träger der Staatsgewalt ist" und „Die Staatsgewalt geht aus" sprachlich irgendein wesentlicher Unterschied nicht zu finden sei, dagegen bestehe doch ein gewisser Gegensatz dazwischen, ob man sage: „gehe vom Volke aus", oder: „Träger sei die Gesamtheit des Volkes". In ersterem Falle wäre darunter auch unter Umständen die Räterepublik zu rechnen, weil von ihren Vertretern behauptet würde, daß diejenigen Kreise, die sie verträten, das Volk wären, während die andere Fassung dies ausschließe. Obwohl diese Auffassung schon deshalb nicht stichhaltig ist, weil die RVerf. Art. 1 Abs. 2 den Satz enthält: „Die Staatsgewalt geht vom Volke aus" und dabei sicherlich nicht die Räterepublik mit umfaßt worden ist, so ergibt sich doch aus den Beratungen zur VerfUrk. als Sinn des Art. 2: Preußen hat eine demokratische Verfassung auf der Grundlage der Volkssouveränität. Dies wird bestätigt durch Ablehnung des Antrags Nr. 3223 Abg. Berten (USd), in der 2. VollBer. an Stelle von Art. 2 zu setzen: „Träger der Staatsgewalt ist die Gesamtheit des arbeitenden Volks. Zum arbeitenden Volk gehört nicht, wer seinen Lebensunterhalt aus Kapitalzins oder Grundrente bestreitet." Zur Begründung wurde ausgeführt, Träger der Staatsgewalt könne nur das werktätige, produktive Arbeit leistende Volk sein, ausgeschlossen müßten sein die Volksgenossen, die nicht zur Erhaltung des Staats beitragen, sondern die lediglich von dem genießen, was durch anderer Arbeit geschaffen worden ist. Eine Volksschicht, deren ganze Existenz auf der Nutznießung der Arbeit anderer beruht, mitzubeteiligen bei der Ausübung der Staatsgewalt und der Staatshoheit, sei Widersinn. Die Ablehnung jenes Antrags erfolgte nur deshalb, weil er die Diktatur des Proletariats programmatisch festlegen wollte, während selbstverständlich der Grundgedanke der Arbeitspflicht aller (vgl. Art. 163 RVerf.) unangetastet blieb. Weitgehende Folgerungen aus jenem Antrag in der VerfUrk. selbst zu ziehen, hat der Abg. Berten ausdrücklich für notwendig erklärt; sie hätten die Räterepublik „verankert".

Willensäußerung des Volks.

Artikel 3.

Das Volk äußert seinen Willen nach den Bestimmungen dieser Verfassung und der Reichsverfassung unmittelbar durch die Volksabstimmung (Volksbegehren, Volksentscheid und Volkswahl), mittelbar durch die verfassungsmäßig bestellten Organe.

Entw. § 3. — 1. VollBer. Sp. 11002 ff. — AusschBer. Sp. 2. — AusschProt. Sp. 19—22, 248, 309.

1. **Zur Entstehungsgeschichte.** Die Vorschrift handelt von den **Formen der Beteiligung des Volkes am Staatswillen** (nicht von dem „Inhalt der Staatsgewalt", wie AusschProt. Sp. 19 behauptet). Im Entw. lautete § 3: „Das Volk gibt seinen Willen über die Staatsangelegenheiten kund durch den von ihm gewählten Landtag." In der ersten Ausschußlesung sind drei Anträge gestellt worden. Der eine (Nr. 2[3]) lautete:

§ 3.

Die Staatsgewalt wird unmittelbar durch das Volk und mittelbar durch die verfassungsmäßig hierzu bestimmten Organe ausgeübt.

§ 3a.

Die Gesetzgebung erfolgt teils durch Volksbegehren und Volksentscheid, teils durch den vom Volke gewählten Landtag.

Stimmberechtigt sind die über 20 Jahre alten deutschen Reichsangehörigen, welche in Preußen ihren Wohnsitz haben.

Durch Gesetz kann das Stimmrecht auch solchen preußischen Staatsangehörigen verliehen werden, die ihren Wohnsitz nicht in Preußen haben.

Das Stimmrecht ist allgemein und gleich, geheim und unmittelbar.

Das Nähere wird durch Gesetz bestimmt.

Der zweite Antrag (Nr. 3[2]) enthielt folgende Sätze:

§ 2.

Die Staatsgewalt geht vom Volke aus. Sie wird nach den Bestimmungen dieser Verfassung unmittelbar durch die Staatsbürger und mittelbar durch die in dieser Verfassung eingesetzten Organe ausgeübt.

Ferner Antrag Nr. 4:

§ 3.

Die Staatsgewalt wird nach den Bestimmungen dieser Verfassung und der Verfassung des Deutschen Reichs unmittelbar durch die Staatsbürger und mittelbar durch die in dieser Verfassung eingesetzten Organe ausgeübt.

Diese Anträge beweisen, daß die Fassung des Entw. für zu eng angesehen wurde. Nicht nur durch den gewählten Landtag komme der Wille des Volks zum Ausdruck, sondern auch noch durch andere Organe des Staates, wobei an die Rechtspflege erinnert wurde. Offenbar dachte man an die Gerichte, wobei der Gedanke der unmittelbaren Ausübung der richterlichen Gewalt durch die Volksrichter nicht von dem der mittelbaren durch gelehrte Richter geschieden wurde. Man wollte es auch verhüten, dem Landtag eine geradezu allmächtige Stellung innerhalb des Staates auch gegenüber dem eigentlichen Souverän, dem Volk, zu geben, da sonst das Volk auf vier Jahre vollständig ausgeschaltet wäre. Diese, die **repräsentative** Demokratie zugunsten der **absoluten** absichtlich abschwächende Eigenart der VerfUrk. ist für sie in allen ihren Teilen und daher auch bei der Auslegung von grundsätzlicher Bedeutung. Der Antrag Nr. 4 wurde angenommen und kam mit unbedeutend geänderter Fassung in die VerfUrk. — Vgl. auch die Vorbetrachtung oben S. 56 f.

2. **Das souveräne Volk kann nicht unmittelbar den Staat lenken.** Die Repräsentation ist unerläßlich. Bei dem Einflusse der RVerf. auf die VerfUrk. (s. oben S. 21 zu 1, 25, 27, 30, 52 Anm. 3) sind die Voraussetzungen und Formen der **Willensäußerung** nicht nur durch letztere bestimmt. Es ist daher zutreffend, wenn auch auf die Bestimmungen der RVerf. abgestellt wurde. Die Volksabstimmung, die danach als die unmittelbare Art der Willensäußerung des preußischen (Staats-) Volkes erklärt wird, hat drei Gestaltungsmöglichkeiten: das Volksbegehren, den Volksentscheid und die Volkswahl. Es gibt aber nun offensichtlich die Fassung des Art. 3 zu Schwierigkeiten und Mißverständnissen Anlaß. Denn obwohl es richtig ist, daß für die Volksabstimmung außer dem preußischen Verfassungsrechte (VerfUrk., Wahlges. usw.) noch die RVerf. infolge Art. 17 derselben regelnd wirkt, so ist doch Volksbegehren und Volksentscheid in der VerfUrk. selbst (Art. 6, 14 Abs. 1, 42 Abs. 3 S. 3, 61, 62) geordnet, und es ist kaum anzunehmen, daß die übrigens nicht damit vereinbaren Vorschriften der Art. 73 bis 76 RVerf. über Volksbegehren und Volksentscheid des deutschen Volks mit zur Anwendung kämen. Es ist also unrichtig, was Art. 3 sagt, daß, wenn das preußische Volk seinen Willen durch Volksbegehren und Volksentscheid äußert, dies auch nach den Bestimmungen der RVerf. geschehen muß. Dagegen ist es unbedenklich, die Begriffe des Volksbegehrens und des Volksentscheids in demselben Sinne wie im Reichsverfassungsrecht zu verwenden (vgl. unten Art. 6 Erltg.). Offen bleibt immerhin die Frage, ob bei „Volkswahl" nur an die Wahl zum Landtag gedacht war oder ob jede Wahl zu den öffentlichen, auf Gesetz oder Anordnung von Behörden beruhenden Körperschaften gemeint ist. Dem mag widersprechen, daß der Wahlkörper in solchen Fällen nicht das ganze Volk umfassen kann, wie z. B. bei städtischen Wahlen, und daß in einem Landesverfassungsgesetz nur an die Wahlen für das ganze Land gedacht worden sein mag. Gegen den ersten selbsterhobenen Einwand spricht jedoch, daß auch bei Landeswahlen nicht das ganze Volk, sondern nur der stimmberechtigte Teil in Frage kommt und daß auch von diesem durch Behinderung und Wahlenthaltung ein be-

stimmter Prozentsatz erfahrungsgemäß außer Betätigung bleibt; gegen den zweiten Einwand wäre zu erwägen, daß die Idee, „das Volk" wählen zu lassen, im politischen Sprachgebrauch durchaus auch auf die Fälle engerer Gemeinschaften bezogen zu werden pflegt. So ist die ausdehnende Auslegung zulässig, daß der Gedanke war, es sei der souveräne Volkswille im Staate unmittelbar durch Volksabstimmung zum Ausdruck zu bringen. Wie das geschieht, ist für das Land in der VerfUrk. (im Wahlgesetz und in dem Sondergesetz nach Art. 6 Abs. 7) angegeben. Auch die Provinziallandtage und Kreistage werden in allgemeiner, gleicher, unmittelbarer und geheimer Wahl nach den Grundsätzen der Verhältniswahl gewählt; vgl. Wahlgesetz vom 3. Dezember 1920 §§ 1, 14. Die mittelbare Äußerung des Volkswillens geschieht „durch die verfassungsmäßig bestellten Organe". Der wissenschaftlichen Begriffsbildung entspricht es, unter verfassungsmäßigen Organen diejenigen zu verstehen, die durch die Verfassung selbst bestimmt wurden, was hier Landtag, Staatsrat, Staatsministerium sein würde. Ob aber Art. 3 dies allein gemeint hat? Es gibt zu denken, wenn im Ausschuß darauf aufmerksam gemacht wurde, daß, wenn man die Volkswillensäußerung außer dem Landtag regeln wollte, dann auch „die anderen Organe, vor allem die der Rechtsprechung und die der Selbstverwaltung, mit hineingetragen werden müßten", und hiermit mag auch die Aufnahme des die Rechtspflege betreffenden Art. 8 zusammenhängen. Die Gerichte sind aber Organe des Staates, nicht des Volkes, das freilich nach Art. 2 Träger der Staatsgewalt ist. Keinesfalls sind aber die Gerichte Organe, die auf der Verfassung selbst beruhen, sondern mittelbare Staatsorgane, die ihre Entstehung und Wirksamkeit gerade von Verfassungsorganen (Staatsministerium, Landtag) ableiten. Dasselbe gilt von allen sonstigen Behörden und Beamten, mögen sie solche des Staates oder der Selbstverwaltungskörper sein. Denkbar ist auch, im Sinne des Art. 3 unter „verfassungsmäßig bestellten Organen" die nach solchen Gesetzen, die der Verfassung entsprechen und nach solchen Verwaltungsmaßnahmen, die ihr mindestens nicht widersprechen, eingesetzten Organe zu verstehen. Dann würde in der Ausdrucksweise der Gedanke durchdringen, daß die Tätigkeit aller in der Staats- und in der Selbstverwaltung tätigen Organe Tätigkeit des Volkes sei, das durch sie wirke. Damit wäre eine Bekräftigung meiner obigen Auffassung gewonnen, daß die VerfUrk. den das Repräsentativsystem abschwächenden Grundsatz einer unmittelbaren Demokratie nach Möglichkeit durchsetzen wollte. Auf die Bedeutung dieser Tatsache für die Auslegung der VerfUrk. ist schon hingewiesen worden (oben S. 60). Dabei bleibt noch eine für das Verfassungsrecht bedeutsame Frage, ob die Willensäußerung im Sinne des Art. 3 als Staatswillensbildung aufzufassen ist. Es kann hier nur angedeutet werden, daß eine Bejahung nur für Volksentscheide angenommen werden kann, während im Volksbegehren eine Initiative zur Staatswillensbildung, in der Volkswahl eine Bestellung derer liegt, die den Staatswillen mit bilden sollen, während der Wille der „mittelbar durch die verfassungsmäßig bestellten Organe" deren und nicht des „Volkes" Willen ist, wenn auch — staatstheoretisch — dafür gelten kann.

Stimmberechtigung. Ausübung des Stimmrechts.

Artikel 4.

(1) Stimmberechtigt sind alle über zwanzig Jahre alten reichsdeutschen Männer und Frauen, die in Preußen ihren Wohnsitz haben.

(2) Das Stimmrecht ist allgemein und gleich und wird geheim und unmittelbar ausgeübt. Der Tag der Stimmabgabe muß ein Sonntag oder ein allgemeiner Feiertag sein.

(3) Das Nähere wird durch Gesetz bestimmt.

Entw. § 7 Abs. 1, 2 und 4. — AusschProt. 17—22, 84—98, 248, 309. — 2. VollVer. StenBer. Sp. 13300.

Inhaltsübersicht.

1. Zur Entstehungsgeschichte. Die Vorschrift gibt, im Anschluß an Art. 17 RVerf. (s. oben S. 21 zu 1, 25, 27, 30), **Grundsätze des aktiven Stimmrechts** und des **Wahlsystems** unter Vorbehalt der gesetzlichen Regelung im einzelnen. Sie ging hervor aus § 7 des Entw., der lautete:

> Der Landtag wird in allgemeiner, gleicher, unmittelbarer und geheimer Wahl nach den Grundsätzen der Verhältniswahl gewählt. Der Wahltag muß ein Sonntag oder öffentlicher Ruhetag sein.
>
> Wahlberechtigt sind die über zwanzig Jahre alten deutschen Männer und Frauen, welche in Preußen ihren Wohnsitz haben.
>
> Das Nähere bestimmt das Wahlgesetz.

Gegen diese Fassung wurde im Ausschuß u. a. eingewandt, daß es sehr viele deutsche Männer und Frauen gäbe, die nicht wählen könnten, z. B. Deutschösterreicher und Deutschschweizer. Auch für solche Staatsangehörige, die ihren Wohnsitz nicht in Preußen haben, wurde das aktive und passive Wahlrecht beansprucht. Durch einen Antrag (Nr. 9) sollte der Satz eingefügt werden: „Staatsbürger ist ohne Unterschied des Geschlechts jeder Angehörige des preußischen Staates, der das 21. Lebensjahr vollendet hat", und „Der Staatsbürger übt sein Staatsbürgerrecht aus ..." usw. Man kam darauf durch die Erwägung, bevor man zu dem Volksentscheid im einzelnen Stellung nehme, müßte man feststellen, wer von der Ausübung des Staatsbürgerrechts, das bei den Wahlen aus dem Volksentscheid zur Auswirkung gelange, ausgeschlossen sei. In der Tat lag es nahe, wenn dem souveränen Volk gewisse unmittelbare und mittelbare Wirksamkeit bei Bildung des Staatswillens im Art. 3 zugewiesen wurde, zu erklären, wer das Volk eigentlich sei; offenbar die Gesamtheit der vollberechtigten Staatsbürger. Wer also wird als solcher gelten? Man beabsichtigte ursprünglich, den Inhalt des Staatsbürgerrechts, das die Berechtigung mitzuwählen und beim Volksbegehren mitzustimmen, umschließe, zusammenzufassen. Doch waren Unklarheiten zu befürchten wegen des Staats- und Reichsangehörigkeitsrechts, das mit dem Staatsbürgerrecht nicht zusammenfallen würde. Der eingesetzte Unterausschuß hat es denn auch nicht für ratsam gehalten, einen besonderen Begriff „Staatsbürger" zu konstruieren. Die Frage bleibt aber wegen der bayrVerf. bedeutsam, wo in Art. 6 ein solches Staatsbürgerrecht eingeführt wurde. (Vergl. Erltg. 2 A.). Weitere Erörterungen betrafen die Frage des Wahlrechts von Personen ohne preußischen Wohnsitz, von nichtpreußischen Reichsangehörigen, des Wahlalters und der Wählbarkeit. S. die folgenden Erläuterungen.

Zu Abs. 1.

2. Stimmberechtigt sind alle über zwanzig Jahre alten reichsdeutschen Männer und Frauen, die in Preußen ihren Wohnsitz haben.

Geregelt ist nur die Stimmberechtigung, dagegen ist die Bestimmung über das passive Wahlrecht, die im Entw. § 7 Abs. 3 enthalten war, nicht hier, sondern in Art. 9 Abs. 2 aufgenommen worden. Das aktive Wahlrecht steht zu

A. allen Reichsdeutschen. Die bayrVerfUrk. § 6 bestimmt: „Staatsbürger ist ohne Unterschied der Geburt, des Geschlechts, des Glaubens und des Berufs jeder Angehörige des bayrischen Staates, welcher das 20. Lebensjahr vollendet hat." Hier ist „das Statusrecht des aktiven Bürgertums" geschaffen (Piloty S. 54 Anm. 1), es verlangt bayrische Staatsangehörigkeit. Dieser Staatsbürger übt nach § 7 sein Bürgerrecht aus durch Abstimmung: 1. bei Volksbegehren und Volksentscheidungen, 2. bei Wahlen. Gemäß § 8 hat jeder (bayrische) Staatsbürger das Recht, an den durch die bayrVerf. vorgesehenen Abstimmungen und Wahlen teilzunehmen, wenn er seit mindestens sechs Monaten seinen Wohnsitz in Bayern hat. Das Stimm- und Wahlrecht wird, soweit nicht durch Gesetz Ausnahmen zugelassen sind, am Wohnsitz ausgeübt. Danach sind in Bayern von der Wahl ausgeschlossen alle nichtbayrischen Staatsangehörigen. Dies verstößt gegen Art. 17 RVerf., wonach die Volksvertretung jedes Landes von allen reichsdeutschen Männern und Frauen gewählt werden muß, und auch gegen Art. 110 Abs. 2 RVerf., wonach jeder Deutsche in jedem Land des Reiches die gleichen Rechte und Pflichten wie die Angehörigen des Landes selbst hat. Piloty a. a. O. Anm. 5 sagt hierzu, diese Bestimmung bewirkt für Angehörige anderer deutscher Staaten zwar nicht den Besitz des bayerischen

Staatsbürgerrechts, wohl aber haben sie die im bayerischen Staatsbürgerrecht enthaltenen Rechte, wenn sie die Voraussetzungen der §§ 8, 9, 11 und 12 erfüllen. § 9 stimmt im wesentlichen überein mit Art. 5 preußVerfUrk., § 11 handelt vom Gemeindebürgerrecht, § 12 von der Zulassung zu den öffentlichen Ämtern bei Nachweis der Befähigung, Tüchtigkeit und Würdigkeit. Pilotys Ansicht widerspricht aber § 6 und seinen eigenen Worten bei Anm. 1, da bayr. Staatsbürgerrecht bayr. Staatsangehörigkeit voraussetzt, preußische Staatsangehörige also die im bayr. „Staatsbürgerrecht enthaltenen Rechte" ohne dieses selbst doch nicht haben können. (Vgl. auch über das Verhältnis des § 6 zu Art. 109 RVerf. die Verh. des bayr. VerfAussch. **1** 43 [Abg. Dr. Probst]). Deshalb hat auch eine Entschließung des Ausschusses gelautet: „Die Staatsregierung zu ersuchen, durch Vermittlung der Reichsregierung gemäß Art. 13—15, 17 und 110 RVerf. darauf hinzuwirken, daß die in einzelnen Ländern verfassungsmäßig festgelegten Beschränkungen preußischer Staatsangehöriger in der Ausübung des Wahlrechts in ihren außerpreußischen Wohnsitzländern als mit der RVerf. in Widerspruch stehend beseitigt werden" (vgl. Drucks. Nr. 2653). — Nach der württVerfUrk. § 4 Abs. 2 S. 1 sind stimm- und wahlberechrigt, ohne Unterschied des Geschlechts, alle württembergischen Staatsbürger, die am Tage der Abstimmung oder Wahl das zwanzigste Lebensjahr vollendet und im Lande ihren Wohnsitz haben. Aber Abs. 4 setzt fest, daß Landeseinwohner, die nicht die württembergische, aber eine andere deutsche Staatsangehörigkeit besitzen, stimm- und wahlberechtigt sind, soweit ihr Heimatstaat die Württemberger zum Stimm- und Wahlrecht zuläßt. Der letzte Teilsatz ist, soweit er ausschließen will, ebenfalls reichsverfassungswidrig, weil er z. B. die Bayern benachteiligt. Nach Art. 110 Abs. 2 RVerf. ist es unzulässig, das dort gewährte Recht von der Gegenseitigkeit abhängig zu machen. — Indem die preußVerfUrk. die Staatsbürgerschaft nicht festlegt, kommt ein Gegensatz zu Bayern und Württemberg zum Ausdruck. Das Staatsbürgerrecht kann über den Kreis der Staatsangehörigen hinausgehen. Über die Staatsangehörigkeit hat nur das Reich Gesetze zu erlassen (RVerf. Art. 6 Nr. 3); dagegen kann über das Staatsbürgerrecht das Land (im Rahmen der RVerf.) Regelung treffen, so auch Art. 4 und 5 VerfUrk. Sonst ist das Verhältnis von Staatsangehörigteit und Staatsbürgerrecht nicht etwa das der Ausschaltung der Bedeutung des ersteren, wie dies auch Art. 16 und 109 RVerf., aber auch alle landesgesetzlichen Bestimmungen beweisen, die an die Landesangehörigkeit eine Rechtsfolge knüpfen. Die Folgerung aus Art. 4 in Verbindung mit Art. 9 Abs. 2 ist immerhin eigenartig, soweit das passive Wahlrecht in Betracht kommt. Es steht zu den Stimmberechtigten, die das fünfundzwanzigste Lebensjahr vollendet haben. Es kann also ein Bayer, Württemberger, Sachse, Badener usw., der in Preußen seinen Wohnsitz und auch die sonstigen Voraussetzungen des preußischen attiven Wahlrechts hat, Mitglied des preußischen Landtags und preußischer Minister werden (Art. 9, 45). Zu beachten bleibt, daß im preußischen Gemeinderecht teilweise schon früher die Reichs-, nicht die Staatsangehörigkeit genügte nach der StädteO. für Schleswig-Holstein

(1869), Hessen-Nassau (1897) und die Hohenzollernschen Lande (1900), auch nach der LGO. f. d. östl. Provinzen (1891).

B. Männer und Frauen sind gleichberechtigt in Gemäßheit auch des Art. 109 Abs. 2 RVerf. Der Mann kann die Frau in Ausübung des Wahlrechts nicht beschränken, wohl aber hat er Einfluß auf den für das Stimmrecht maßgebenden Wohnsitz (§ 10, aber auch § 1353 BGB.). Über die Entwicklung des Frauenwahlrechts Stier-Somlo, Parlamentarisches Wahlrecht 1918 S. 125—133, 181 f.

C. Wahlalter zwanzig Jahre. Dagegen tritt die Volljährigkeit erst mit der Vollendung des 21. Lebensjahres ein. Demnach kann jemand das höchste politische Recht, das Stimmrecht, ausüben, obwohl das Gesetz ihn noch nicht für fähig erachtet, seine eigenen Angelegenheiten zu besorgen.

D. Nur die Reichsdeutschen, die in Preußen Wohnsitz haben, sind stimmberechtigt.

a) Darin liegt oft eine Härte, bei Verlegung des Wohnsitzes aus Preußen, wenn auch nur unweit der Grenze. Auch die Wählbarkeit hängt davon ab. So verliert jemand, der lange Mitglied des preußischen Landtags gewesen ist, seine Wählbarkeit durch Fortzug aus Preußen. Freilich scheint mir der Wohnsitzbegriff hier zu Hilfe zu kommen. Vgl. unten zu b. Andererseits sollen auch Leute, die nicht mehr in Preußen leben, nicht berechtigt sein, für Preußen etwa Steuergesetze zu erlassen, an denen sie selbst nicht mittragen müßten. Ferner ist zu bedenken, daß bei dem Durcheinanderwohnen der verschiedenen Landesangehörigen in einem Lande (z. B. sind in Berlin große Kolonien von Bayern und Württembergern entstanden) der Grundsatz der Abstammung nicht festgehalten werden kann. Mit Recht ist die Durchführung von Untersuchungen über die Abstammung durch fünf oder sechs Generationen für unmöglich erklärt worden (Abg. Dr. Leidig, AusschProt. 31). Darum ist das Wohnsitzprinzip eingeführt und festgehalten.

b) Der Wohnsitzbegriff ist von Piloty (zu § 8 bayrVerf.) und v. Blume (zu § 4 Abs. 2 württVerf.) im Sinne des § 7 ff. BGB. aufgefaßt worden. Danach begründet derjenige, der sich an einem Orte ständig niederläßt, an diesem seinen Wohnsitz. Der Wohnsitz kann gleichzeitig an mehreren Orten bestehen. Der Wohnsitz wird aufgehoben, wenn die Niederlassung mit dem Willen aufgehoben wird, sie aufzugeben. Die Unselbständigkeit in der Begründung und dem Besitze des Wohnsitzes bei Geschäftsunfähigen, Ehefrauen und Kindern, wirkt notwendig auf das Stimmrecht. Dieser Ansicht von der Verwendung des bürgerlich-rechtlichen Wohnsitzbegriffs soll nicht widersprochen werden, obwohl es doch naheliegt, für Verfassungsrecht und Wahlrecht den öffentlich-rechtlichen Wohnsitzbegriff zur Anwendung zu bringen; ich vertrete die Meinung, daß beide Wohnsitzbegriffe anwendbar sind. Derjenige im Sinne des öffentlichen Rechts ist der des Doppelsteuergesetzes vom 22. März 1909 (RGBlS. 332), wonach der Ort in Betracht kommt, in welchem der Deutsche eine Wohnung unter Umständen innehat, die auf die Absicht der dauernden Beibehaltung einer solchen schließen lassen. Zum Innehaben der Wohnung gehört bei Kindern, die die Wohnung der Eltern teilen, ein rechtlich geschütztes Anrecht auf deren Mitbenutzung oder die tatsächlich auf unbestimmte, längere Zeit eingeräumte und auch wirklich ausgeübte Mitbenutzung; die tatsächliche Bereitwilligkeit der Eltern, ihnen Unterkunft zu gewähren, genügt nicht (OVG. vom 11. Juni 1918, PrVerwBl. 1919 S. 289). Als Wohnung gilt nicht schon jeder nur zu einem zeitweiligen und vorübergehenden Aufenthalt eingerichtete und ausgerichtete Unterkunftsraum oder ein Absteigequartier, sondern eine Wohnung, die dem Abgabepflichtigen für sich und seine Haushaltsangehörigen zu dauerndem Aufenthalt dient und standesgemäße Unterkunft gewährt (so auch BayFinMinBl. Beil. 1915 S. 229). Für die Annahme eines Wohnsitzes genügt es nicht, daß die Wohnung der Frau und den Kindern des Abgabepflichtigen allein standesgemäße Unterkunft gewährt, sondern es ist erforderlich, daß sie der gesamten Familie des Abgabepflichtigen, einschließlich seiner selbst, zu jenem Zwecke dienen kann. Die auch für ihn mit dienliche Wohnung kann nicht schon deswegen als ein bloßes Absteigequartier im Sinne des Gesetzes angesehen werden, weil er nur vorübergehend bei seiner Familie zu verweilen pflegt (OVG. **7** 211 und vom 21. Dezember 1910, IVa 183). Auf die Gründe, die jemand zum Aufenthalt an einem Orte bestimmen, und auf die Zwecke, die er während des Verweilens dort verfolgt, kommt es ebensowenig an wie auf die beabsichtigte Dauer des jeweiligen Aufenthalts, wenn es sich um die Frage handelt, ob er an dem Orte einen Wohnsitz hat (OVG. vom 8. Februar 1917, Steuer-Archiv 1918 S. 11, wo auch die ältere Rechtsprechung eingehend gewürdigt ist; vgl. auch OVG. **62** 390 ff.; anders in der E. vom 8. Februar 1910, PrVerwBl. **31** 599, die aber für das Gebiet des kirchlichen Steuerrechts ergangen ist). Die Eigenschaft der zu Wohnzwecken benutzten Räume (z. B. in einem Jagdhause) als Wohnung kann nicht schon deshalb verneint werden, weil sie nicht unter allen Umständen für die Bedürfnisse des Besitzers ausreichen. Auch die dauernde Unterhaltung einer möblierten Wohnung an einem Orte und deren wiederholte Benutzung sind regelmäßig als ausreichende Merkmale eines Wohnsitzes an diesem Orte zu erachten (PrOVG. **7** 209, **8** 1, **10** 1, 4, 8, **11** 2, **12** 7, **25** 41 und RG. vom 3. Juli 1903, abgedruckt in Nr. 1242 der RTD. 1907/08 S. 10; Maatz, Rechtsprechung des OVG. S. 85). So könnte ein sonst außerhalb Preußens Domizilierter einen zweiten Wohnsitz erwerben; dies wird auch für die Wählbarkeit von großer Bedeutung. Ob die Räume, die jemand innehat, geeignet sind, für ihn eine Wohnung darzustellen, ist in der Hauptsache eine Frage der tatsächlichen Feststellung. Dabei ist jedoch zu beachten, daß die Mängel, die nur eine Folge seines Willens sind, das Haus lediglich im Sommer zu benutzen, und die jederzeit ohne wesentliche Änderung des Zustandes des Hauses abgestellt werden können, die Eignung der Räume als Wohnung nicht ausschließen würden. Erfordert die Umgestaltung der Unterkunft zu einem Heime also längere Zeit oder erhebliche Eingriffe in den Zustand des Hauses, so entbehrt es der Merkmale einer Wohnung, dagegen ist die Höhe des Kostenaufwandes nicht unbedingt maßgebend.

Andererseits kann an eine nach dem Willen des Besitzers nur zum Sommeraufenthalte bestimmte Wohnung nicht in jeder Beziehung, z. B. was Zahl und Größe der Räume anlangt, die gleiche Anforderung gestellt werden wie an eine das ganze Jahr hindurch benutzte Wohnung (OVG. vom 8. Februar 1917, Steuer-Archiv 1918 S. 10). Niemals ist in der Rechtsprechung allgemein und ausnahmslos der Satz aufgestellt worden, daß Unterkunftsräume, um eine Wohnung darbieten zu können, stets auch heizbar sein müßten. Vielmehr ist lediglich ausgesprochen worden, daß ein Unterkommen dann die Grundlage für einen Wohnsitz nicht bilden könne, wenn es nicht heizbar und deshalb für den Winter nicht benutzbar sei, wobei teils ausdrücklich, teils stillschweigend vorausgesetzt wurde, daß die Heizbarkeit nach den örtlichen Verhältnissen (Klima, Belegenheit, Bauart) und nach der Lebensstellung des Inhabers als eine wesentliche Voraussetzung für die Benutzbarkeit der Räume anzusehen sei (OVG. a. a. O. und E. vom 2. März 1914, PrVerwBl. **36** 753). Zu Bureauzwecken dienende Räume sind nicht „Wohnung", denn sie sind Geschäftslokale, die begrifflich von der Wohnung des Gewerbetreibenden verschieden sind (OVG. **10** 3). Zur Wohnung werden die Wohnräume erst dadurch, daß sie auch zu Wohnzwecken den Verhältnissen entsprechend eingerichtet sind, gleichviel, ob es sich um ein eigenes oder gemietetes oder dem Vermieter einer Mietwohnung gehöriges Mobiliar handelt. Das Innehaben einer Wohnung bedeutet die tatsächliche Herrschaft über die Wohnung mit dem ausschließlichen Verfügungsrechte, dem „Hausrechte" auf Grund des Eigentums, eines dinglichen Rechtes oder persönlichen Rechtsverhältnisses. Ein solches ausschließliches Verfügungsrecht liegt z. B. nicht vor, wenn ein Ausländer bei vorübergehendem Aufenthalt im Inlande besuchsweise Zimmer in einer seiner Mutter gehörigen Villa benutzt. Ausschließliches Verfügungsrecht ist nicht vorhanden bei einem Gasthofzimmer, das bei Abwesenheit des Mieters anderweit besetzt wird, und nicht, wenn nur ein Mitbenutzungsrecht vorliegt (OVG. **1** 83, **6** 20, **7** 209, 213; **10** 4, **12** 6; vom 24. September 1918, PrVerwBl. 1919 S. 357. Weitere Beispiele: OVG. in PrVerwBl. **17** 204). Inhaber der Wohnung ist der Ehemann, nicht die Ehefrau, sofern sie nicht dauernd von ihm getrennt lebt. Innehaben einer Wohnung ist verschieden von dem Besitz eines Hauses und unabhängig von der zur Einbürgerung nach dem Reichs- und StaatsangehörigkeitsG. erforderlichen Niederlassung (OVG. **4** 153). Die Absicht der dauernden Beibehaltung einer Wohnung muß aus den Umständen ersichtlich sein. Ein Rechtsirrtum liegt nicht vor, wenn die Absicht aus der geschäftlichen Stellung und Tätigkeit des Abgabepflichtigen gefolgert wird. Auch die Benutzung einer Wohnung zum Sommeraufenthalt kann auf die Absicht der dauernden Beibehaltung schließen lassen, wenn die Wohnung fortwährend zur Aufnahme des Besitzers eingerichtet ist und bereit steht und auch noch tatsächlich in regelmäßiger Wiederkehr während eines nicht unerheblichen Teiles des Jahres benutzt wird (OVG. **1** 166, **7** 4). Die Absicht der dauernden Beibehaltung einer Wohnung darf nicht allein aus der Länge des Aufenthalts gefolgert werden; es kommt vielmehr auf die tatsächlichen Umstände an, die für den Aufenthalt und seine Verlängerung maßgebend sind. Eine unfreiwillige Verlängerung eines nur vorübergehenden Aufenthalts allein ist nicht geeignet, dem Aufenthalt den Charakter eines vorübergehenden zu nehmen (OVG. **15** 6). Wird entweder die Innehabung oder die Absicht der dauernden Beibehaltung der Wohnung aufgegeben, wie dies durch Kündigung in die Erscheinung treten kann, so ist keine Wohnung mehr anzunehmen. Die bayrVerfUrk. § 8 verlangt ebenso Wohnsitz wie § 4 Abs. 2 der württVerfUrk., die aber im Abs. 3 hinzufügt: „Durch Gesetz kann das Stimm- und Wahlrecht auch solchen württembergischen Staatsbürgern verliehen werden, die ihren Wohnsitz nicht im Lande haben."

Eine teilweise Durchbrechung des Wohnsitzprinzips bedeutet § 11 im preuß. Landeswahlgesetz vom 3. Dezember 1920:

(1) In jedem Wahlbezirke wird für die dort wohnhaften Wähler eine Wählerliste oder Wahlkartei angelegt.

(2) Wahlberechtigte preußische Staatsbeamte, Arbeiter in preußischen Staatsbetrieben, die ihren Wohnsitz nicht in Preußen, aber nahe der Landesgrenze haben, und wahlberechtigte Angehörige ihres Hausstandes werden auf Antrag in die Wählerliste oder Wahlkartei einer benachbarten preußischen Gemeinde eingetragen.

(3) Die Wahlordnung bestimmt, unter welchen Voraussetzungen Wähler auf ihren Antrag in der Wählerliste oder Wahlkartei zu streichen und mit einem Wahlscheine zu versehen sind.

E. Andere Voraussetzungen des Stimmrechts kennt die VerfUrk. nicht. Ein Unterschied der Geburt, des Geschlechts, des Glaubens und des Berufs wird nicht gemacht. Das Schweigen der VerfUrk. bedeutet hier dasselbe wie die ausdrückliche Feststellung im § 6 bayrVerfUrk. (vgl. oben S. 63). Zum Beruf gehört auch der des Soldaten. Er ist also stimmberechtigt. Ob sein Stimmrecht ruht (wie z. B. für das Reichstagswahlrecht im Reichstagswahlgesetz), ist eine andere Frage. Das Reichswehrgesetz hätte das Ruhen des Wahlrechts der Soldaten für Reichstag und alle Landtage bestimmen können, dies aber nicht getan.

Art. 3b Entw. bestand aus zwei Absätzen; Abs. 1: „Die Ausübung des Stimmrechts ruht für die Soldaten während der Dauer der Zugehörigkeit zur Wehrmacht" wurde gestrichen nach dem Antrag Siering-Dr.-Porsch-Dominicus Nr. 3346. Jetzt bestimmt § 2 des LandeswahlG. vom 3. Dezember 1920, daß für Soldaten die Ausübung des Wahlrechts ruht. Das Stimmrecht der Mitglieder der staatlichen Sicherheitspolizei, die Beamten sind, ruht nicht.

Zu Abs. 2 S. 1.

3. Allgemeines, gleiches, geheimes und unmittelbares Stimmrecht. Der Entw. hatte in § 7 Abs. 1 die Sätze: „Der Landtag wird in allgemeiner, gleicher, unmittelbarer und geheimer Wahl nach den Grundsätzen der Verhältniswahl gewählt. Der Wahltag muß ein Sonntag oder öffentlicher Ruhetag sein." Diese Fassung hatte aber nur das Wahlrecht zum Landtag im Auge, nicht aber andere Fälle der Volksabstimmung (Art. 3; s. oben S. 59 ff.). Die Fassung des Gesetzestextes nimmt hierauf Bedacht und geht damit insofern über Art. 22 Abs. 1 Satz 1 RVerf. hinaus: „Die Abgeordneten werden in allgemeiner, gleicher, unmittelbarer und geheimer Wahl von den über zwanzig Jahre alten Männern und Frauen nach den Grundsätzen der Verhältniswahl gewählt", bleibt aber hinter ihr zurück, indem sie die Verhältniswahl unerwähnt läßt, obwohl nach Art. 17 Abs. 1 S. 2 diese für die Wahlen zur Volksvertretung der Länder zwingenden Rechtes ist. S. aber Art. 9. Im übrigen ist das Stimmrecht allgemein, d. h. es ist von keiner Voraussetzung als der der Reichsangehörigkeit, des Alters von 20 Jahren und des Nichtvorhandenseins einer Vormundschaft oder Pflegschaft und vom Besitz der bürgerlichen Ehrenrechte abhängig (Art. 4 und 5); Unterschiede des Standes, der Geburt, des Berufs, des Geschlechts, der Religion, der Steuerleistung bestehen nicht; gleich, d. h. jeder Wähler hat eine Stimme, und die Abgrenzung der Wahlbezirke verbürgt, daß das Gewicht jeder Stimme dieselbe ist; geheim, d. h. das Stimmrecht wird durch Stimmzettel in amtlich gestempelten Umschlägen ausgeübt, und das Wahlverfahren wird in einer das Stimmabgabegeheimnis sichernden Weise geregelt und gehandhabt (vgl. Rosenthal, Über den reichsrechtlichen Schutz des Wahlgeheimnisses, 1918); unmittelbar, d. h. eine Vertretung des Stimmenden wie die Bestellung eines „Zwischenmanns" ist unzulässig. Vgl. Kaisenberg und von Welser, Reichswahlgesetz und Gesetz über die Wahl des Reichspräsidenten nebst Reichswahlordnung, 1920, insbesondere S. 7, 26, 31 f.; Alfred Schulze, Das Wahlrecht für die verfassunggebende deutsche Nationalversammlung 1918 S. 39, 42, 96, 111, 142; Derselbe, Das Reichstagswahlrecht, 1920 S. 39, 43, 45, 89, 90, 119; H. von Jan, Reichswahlgesetz 1920 S. 15 ff.; Stier-Somlo, Parlamentarisches Wahlrecht, 1918 S. 25 ff., 69 f., 71 f., 99—107. Das preuß. Landeswahlgesetz vom 3. Dezember 1920 bestimmt:

§ 1.

(1) Wähler zum Landtage sind alle über 20 Jahre alten reichsdeutschen Männer und Frauen, die in Preußen wohnen.

(2) Jeder Wähler hat eine Stimme.

§ 2.

(1) Die Ausübung des Wahlrechts ruht für die Soldaten während der Dauer der Zugehörigkeit zur Wehrmacht.

(2) Ausgeschlossen von der Ausübung des Wahlrechts ist:

1. wer entmündigt ist oder unter vorläufiger Vormundschaft oder wegen geistiger Gebrechen unter Pflegschaft steht;
2. wer die bürgerlichen Ehrenrechte nicht besitzt.

(3) Behindert in der Ausübung ihres Wahlrechts sind Personen, die wegen Geisteskrankheit oder Geistesschwäche in einer Heil- oder Pflegeanstalt untergebracht sind, ferner Straf- und Untersuchungsgefangene sowie Personen, die infolge gerichtlicher oder polizeilicher Anordnung in Verwahrung gehalten werden. Ausgenommen sind Personen, die sich aus politischen Gründen in Schutzhaft befinden.

§ 3.

Wählen kann nur, wer in eine Wählerliste oder eine Wahlkartei eingetragen ist oder einen Wahlschein hat.

§ 4.

Wählbar sind die Wahlberechtigten, die das 25. Lebensjahr vollendet haben.

4. Stimmrecht und Wahlrecht. Jenes schließt dieses ein, aber nicht umgekehrt. Die Ausübung des Stimmrechts bezweckt vielfach keine Wahl; so kann nach Art. 6 Abs. 6 S. 3 das dort geregelte Stimmrecht nur mit Ja oder Nein ausgeübt worden. Die Frage nach der rechtlichen Natur des Wahlrechts wird entweder dahin beantwortet, daß es nicht ein subjektives öffentliches Recht, sondern der Reflex der verfassungsrechtlichen Regeln über das Verfahren behufs Wahl der Volksvertretung (Laband) oder ein Mitwirkungsrecht am staatlichen Akte des Wählens in Gestalt einer Forderung (Otto Mayer) oder eine Organhandlung, eine Tätigkeit des Staats sei, so daß der individuelle Anspruch nur auf Zulassung zum Wahlakte geht (Georg Jellinek). M. E. ist Zweck der Wahl Schaffung eines Organs, nämlich der Volksvertretung im Interesse des Staates, aber der Wähler ist nicht bloß Organ des Staats, sondern der unentbehrliche persönliche Mittler zur Schaffung des Parlaments. Das Wahlrecht ist also auch Ausübung einer staatsrechtlichen Befugnis, an der Bildung des Staatswillens mittelbar teilzunehmen. Diese meine Lehre (Parlamentarisches Wahlrecht, 1918 S. 13—18) findet durch die Fassung des Art. 3 der preußVerfUrk. eine auffallende Bestätigung. Sie ist auf das Stimmrecht entsprechend anzuwenden. Eine Wahlpflicht (mein Parlamentarisches Wahlrecht S. 30, 134 ff.) besteht in Deutschland nicht. Vgl. Triepel, Wahlrecht und Wahlpflicht, 1900; Deploige, Le vote obligatoire en Suisse, Paris 1893; Schollenberger, Der Stimmzwang in der Schweiz, Schweiz. Zeitschrift für Strafrecht **10** 78 ff; Coutant, Le vote obligatoire, Paris 1898; Holls, Compulsary Voting, Annales of the American Academy of Political and Social Science **1** 586 ff.; Butkovich, Die Wahlpflicht. Politische Studie, Preßburg 1906; Spira, Die Wahlpflicht, Wien 1909; Geffcken, Die Wahlpflicht, in der Zeitschrift für Politik **2** (1909) 159 ff.; Fr. Kleinwächter jun., Die Wahlpflicht in Österreich, Archiv für Rechts- und Wirtschaftsphilosophie **2** 138—145, 212—291.

Zu Abs. 2 Satz 2.

5. Nach Art. 22 RVerf. muß der Wahltag ein Sonntag oder öffentlicher Ruhetag, nach der vorliegenden Bestimmung der Tag der Stimmabgabe ein Sonntag oder ein allgemeiner Feiertag sein. Das gibt einen doppelten Unterschied. Der eine betrifft den Unterschied von Wahl und sonstiger Stimmabgabe, der andere ergibt sich daraus, daß öffentlicher Ruhetag, ein Feier-, Fest- oder staatlich anerkannter Ruhetag ist, während ein Feiertag zwar ein Ruhetag, aber nicht jeder Ruhetag ein Feiertag ist; außerdem wird hier ein allgemeiner Feiertag vorgesehen. Das Reich

hat von der Befugnis, Feiertage festzusetzen (Art. 139 RVerf.) bisher keinen Gebrauch gemacht. Die Frage richtet sich nach Landesrecht. In § 222 ZPO. sind die allgemeinen Feiertage berücksichtigt, also auch die kirchlichen, an denen nach Gesetz oder Herkommen der Geschäftsverkehr allgemein ruht. Nach bisherigem Rechte konnten daher katholische Feiertage dort als allgemeine Feiertage gelten, wo die Bevölkerung überwiegend katholisch ist. AmtlNachr.RVA. 1892 S. 15 RevE. Nr. 98 und Reger **2** Beilage 20 (Fronleichnam), anders daselbst 1898 S. 122 RevE. Nr. 353 und Reger **1** 196, **14** Beilage 72 (Heilige drei Könige, Mariä Himmelfahrt in Berlin kein allgemeiner Feiertag); AmtlNachr. 1895 S. 248, RekE. 1452, Reger **21** 388 (Mariä Lichtmeß in Berlin kein allgemeiner Feiertag), Reger **19** 267 (Mariä Verkündigung), Reger **1** 431, **14** 129 (Charfreitag); bayrVGH. **24** 479 und Reger **24** 188 (Mariä Himmelfahrt), Reger ErgBd. **2** 237 (Mariä Geburt); Reger **9** 122 (Allerheiligen); Reger **21** 388 (Mariä Empfängnis). Im Gegensatz zum bisherigen Rechte ist sonach stets festzustellen, ob es sich um einen staatlich anerkannten Feiertag handelt. Solche sind in ganz Deutschland der Neujahrstag, der Ostermontag, der Pfingstmontag, der Himmelfahrtstag, der 25. und 26. Dezember. In den einzelnen Bundesstaaten bestehen Verschiedenheiten. In Preußen sind noch anerkannt der Charfreitag (Ges. vom 2. September 1899, GSS. 199), der Buß- und Bettag (Ges. vom 12. März 1893, GSS. 291); in der Rheinprovinz auch Allerheiligen (KabO. vom 7. Februar 1831 und 22. Juli 1839). — In Bayern sind rechtsrheinisch noch als Feiertage anerkannt in Orten mit überwiegend katholischer Bevölkerung: Fronleichnam, Lichtmeß, Mariä Verkündigung, Mariä Himmelfahrt, Mariä Geburt, Mariä Empfängnis, Heiliger Joseph, Johannes der Täufer, Peter und Paul, Allerheiligen, das Diözesanpatrozinium; in überwiegend protestantischen Orten der Charfreitag. In der bayr. Pfalz in überwiegend katholischen Orten Fronleichnam, Allerheiligen und Mariä Himmelfahrt, in überwiegend protestantischen Orten der Charfreitag. — In Sachsen bestimmt das Nähere die VO. vom 6. Juli 1899, in Württemberg VO. vom 28. Juni 1849 und AGzBGB. Art. 135; in Baden VO. vom 11. November 1899: Neujahr, Charfreitag, Ostermontag, Himmelfahrtstag, Pfingstmontag, Fronleichnamstag, Allerheiligen, Christtag, Stephanstag; für Hessen vgl. AGzBGB. Art. 18.

Zu Abs. 3.

6. Das Nähere wird durch Gesetz bestimmt. Vgl. preuß. Landeswahlges. §§ 1—5.

Nach Art. 17 RVerf. kann durch Landesgesetz die Wahlberechtigung von der Dauer des Aufenthalts in der Gemeinde bis zu einem Jahre abhängig gemacht werden. Die Länder können eine solche Wartezeit nicht vorschreiben. Wo es geschieht, wie in § 8 bayrVerfUrk., ist dies reichsverfassungswidrig. Jener Art. 17 ist aber kein Hindernis für eine Wartezeit, die das Land für eine Abstimmung, die nicht Landtagswahl ist, festsetzt.

Ausschluß vom Stimmrecht.

Artikel 5.

Von der Ausübung des Stimmrechts ist ausgeschlossen:

1. wer entmündigt ist oder unter vorläufiger Vormundschaft oder wegen geistiger Gebrechen unter Pflegschaft steht;
2. wer die bürgerlichen Ehrenrechte nicht besitzt.

AusschAntrag § 3b. — AusschProt. S. 84—93. — 2. VollBer. StenBer. 74—82.

1. **Zur Entstehungsgeschichte.** Der Entw. enthielt infolge ganz anderen Aufbaus des Abschnitt II (vgl. Vorbetrachtung oben S. 56 f.) die Vorschrift nicht. In der ersten Lesung des Ausschusses wurde ein Antrag eingebracht, dessen Abs. 2 sich jetzt mit dem Art. 5 deckt, dessen Abs. 1 aber lautete: „Die Ausübung des Stimmrechts ruht für die Soldaten während der Dauer der Zugehörigkeit zur Wehrmacht." Die weitläufigen Erörterungen im Ausschuß und in der 2. Beratung der Vollversammlung führten zur Streichung. Der Satz fand dagegen wörtliche Aufnahme in § 2 Abs. 1 des preuß. Landeswahlgesetzes. Dies hat staatsrechtliche Bedeutung: Zu einer Änderung genügt ein einfaches Gesetz, während im Falle der Aufnahme des Satzes in die VerfUrk. ein verfassungsänderndes Gesetz nötig sein würde. Nur für die Soldaten gilt ferner § 2 Abs. 1, nicht für die „Angehörigen der Reichswehr und der Marine", so daß das Wahlrecht der Militärbeamten nicht ruht. Soldaten sind auch die Offiziere und Unteroffiziere, nicht nur die Mannschaften des Reichsheeres und der Marine, alle Chargen und alle nichtchargierten Soldaten. Damit stimmt überein § 2 Abs. 2 des Reichswahlges. vom 27. April 1920.

2. **Wahlausschließungsgründe:** a) Entmündigung (BGB. §§ 6, 1774, 1897, ZPO. §§ 645, 661 Abs. 2, 672, 678, 679 Abs. 4, 680, 683 Abs. 2, 685, 686); b) vorläufige Vormundschaft (BGB. § 1906, FGG. § 52); c) Pflegschaft wegen geistigen Gebrechens (BGB. §§ 1910 Abs. 2, 1915, 1919, 1920, FGG. § 16 Abs. 1); d) Verlust der bürgerlichen Ehrenrechte (StGB. §§ 34 Nr. 4, 32, 36, StPO. §§ 357, 383). Vgl. Kaisenberg und v. Welser, Reichswahlges., 1920 S. 32 ff.; Schulze, Das Reichstagswahlrecht, 1920 S. 46; von Jan, Reichswahlgesetz 1920 S. 16 ff. Keine Wahlausschließungsgründe sind Konkurs und Armenunterstützung. Über Ruhen des Wahlrechts und Wahlbehinderungsgründe vgl. § 2 Abs. 2 und 3 Reichswahlges., § 2 Abs. 1 und 3, Ausschließungsgründe Abs. 2 preuß. Landeswahlges. (oben S. 69).

Zulässigkeit von Volksbegehren und Volksentscheiden.

Artikel 6.

(1) Volksbegehren können darauf gerichtet werden:

1. die Verfassung zu ändern,
2. Gesetze zu erlassen, zu ändern oder aufzuheben,
3. den Landtag aufzulösen.

(2) Volksbegehren sind an das Staatsministerium zu richten und

von diesem unter Darlegung seiner Stellungnahme unverzüglich dem Landtage zu unterbreiten. Dem Volksbegehren muß in den Fällen zu 1 und 2 ein ausgearbeiteter Gesetzentwurf zugrunde liegen. Volksbegehren sind nur rechtswirksam im Falle 2, wenn sie von einem Zwanzigstel, in den Fällen 1 und 3, wenn sie von einem Fünftel der Stimmberechtigten gestellt werden.

(3) Über Finanzfragen, Abgabengesetze und Besoldungsordnungen ist ein Volksbegehren nicht zulässig.

(4) Volksentscheide finden auf Volksbegehren und in den sonst in der Verfassung vorgesehenen Fällen statt; sie sind nur rechtswirksam, wenn die Mehrheit der Stimmberechtigten daran teilgenommen hat.

(5) Ein Volksentscheid findet nicht statt, wenn der Landtag dem Volksbegehren entsprochen hat.

(6) Anträge, die Verfassung zu ändern oder den Landtag aufzulösen, bedürfen zu ihrer Annahme der Zustimmung der Mehrheit der Stimmberechtigten. Sonst entscheidet die einfache Mehrheit der abgegebenen gültigen Stimmen. Die Abstimmung kann nur bejahend oder verneinend sein.

(7) Das Verfahren bei Volksbegehren und Volksentscheiden wird durch Gesetz geregelt.

Entw. fehlt. — AusschAntrag § 3c. — AusschProt. S. 18—22, 25—36, 84—94. — 2. VollBer. StenBer. 13311.

1. Zur Entstehungsgeschichte.

a) In der alten Schweizerischen Eidgenossenschaft war das „Referendum" ursprünglich ein Ausdruck ständischer Souveränität. Die zu den Tagsatzungen (Versammlungen der Bundesgenossen) entsandten Bevollmächtigten handelten im Auftrag ihrer Regierungen und nahmen Angelegenheiten, über welche sie keinen Auftrag hatten, ad referendum, d. h. zur Berichterstattung an ihre Auftraggeber. Im modernen Staatsrecht bedeutet „Referendum" Volksabstimmung oder unmittelbare Volksgesetzgebung. Das sog. föderative Referendum, wonach Beschlüsse der Vertretung des ganzen Kantons zur Abstimmung nicht durch den einzelnen Stimmberechtigten, sondern durch die Kreise gelangten, innerhalb deren wieder der Volkswille durch Abstimmung in der Volksversammlung vermittelt wurde, bestand bis 1839 in Wallis, bis 1854 in Graubünden. Im Zusammenhang mit den Ideen von Rousseau über die unmittelbare Demokratie führte Frankreich in der Verfassung vom 24. Juni 1793 die Volksabstimmung für Gesetze in der Urversammlung ein, doch ist dies obligatorische Referendum nie praktisch geworden. Dagen bewirkten französische Ideen, daß die Schweizer Verfassung vom 20. Mai 1802 der Volksentscheidung unterworfen wurde. Mit dem Wiederaufkommen der Demokratie nach der sog. Restaurationsperiode wurde im 19. Jahrhundert die Volksabstimmung für die neuen Verfassungen der Kantone und Verfassungsrevisionen eingeführt; in St. Gallen begann man mit der Volksgesetzgebung für einfache Gesetze in der Gestalt des Votums, andere Kantone folgten hiermit und mit dem Referendum nach, zunächst hauptsächlich für Finanzbeschlüsse. Die Bundesverfassung von 1848 führte Verfassungsreferendum und Volksinitiative nicht nur für den Bund, sondern auch für die Kantone allgemein ein; letztere gingen zum allgemeinen Gesetzesreferendum über, zuerst Basel-Land 1863, dann Zürich 1869 usw. Nur Freiburg blieb Repräsentativkanton. In den ersten und führenden Kantonen ist das allgemeine Gesetzesreferendum zugleich als obligatorisches eingeführt, und erst die späteren haben es bei sich in das fakultative abgeschwächt. Bei der Bundesverfassung 1874 folgte der Bund diesem Zuge, schrieb aber den Kantonen einen Zwang dazu nicht vor. Die Schweiz ist das klassische Land des Referendums. — In Frankreich gehört das Plebiszit Napoleons III. in diese Reihe. Der Einführung des Gesetzesreferendums hat sich die französische Deputiertenkammer bis heute stets versagt. — In Belgien ist 1893 die Einführung des sog. Königsreferendums vergeblich versucht worden. — In einer Reihe von Einzelstaaten der Nordamerikanischen Union ist das Referendum eingeführt. — In England besteht eine Art Referendum in der local option, wonach die Gemeinde selbst über gewisse Angelegenheiten beschließt; auch in Italien gibt es nur (nach einem Gesetze von 1903) eine Volksabstimmung in den Gemeinden über die Kommunalisierung von öffentlichen Betrieben. — Im Deutschen Reich ist das fakultative Referendum in der Form des Volksentscheids und des Volksbegehrens durch die RVerf. Art. 73—76 eingeführt. Eine Darstellung im einzelnen und ein Vergleich mit der Regelung des Referendums in Preußen und in den anderen deutschen Ländern muß einer Zeit, in der die in RVerf. Art. 73 Abs. 5 und preußVerfUrk. Art. 6 Abs. 7 vorbehaltenen Gesetze über das Verfahren erlassen sein werden, vorbehalten bleiben. Doch empfiehlt sich einerseits der Hinweis auf das Gesetzesmaterial zur RVerf. (StenBer. 1345 f., 1352 ff., 1361, 2114 f., 2157 f., Bericht und Protokolle des VerfAussch. 1920 S. 306 ff.), andererseits die Klarstellung, daß die RVerf. auch formell anders verfährt als die preußVerfUrk.; sie führt im Art. 18 das Volksbegehren auf zur Entscheidung über die Änderung des Bestandes von Ländern, im Art. 43 bei Absetzung des Präsidenten, im Art. 76 bei Verfassungsänderungen; der Gegenstand wird, wo es im einzelnen Falle zweckmäßig schien, behandelt. Dagegen regelt die preußVerfUrk. die Frage als geschlossenen besonderen Gegenstand, ohne freilich seine Behandlung auch an anderer Stelle (Art. 42, 61, 62) verhindern zu können. Die Zulässigkeit der Volksentscheide ist allgemein zulässig (vgl. Art. 6 Abs. 1 und 4), so daß aus diesem Grunde gerade an der Stelle der VerfUrk., wo allgemein über die Mitwirkung des Volks an der Staatsgewalt gesprochen wird, die Regelung stattfindet.

2. Schrifttum: Ch. Borgeaud, Etablissement et revision des constitutions en Amerique et en Europe, Paris 1903; Bornhak, Allgemeine Staatslehre, 2. Aufl., 1909 S. 52, 190; W. Burckhard, Eidgenössische Fragen, Politisches Jahrbuch der Schweiz 1912; Curti, Resultate des schweizerischen Referendums, 2. Aufl., 1911; Derselbe, Der Weltgang des schweizerischen Referendums, ArchöffR. **28** (1912) 1—44; Curtius, Über die Einführung von Volksinitiative und Volksreferendum in die neuen Verfassungen der deutschen Staaten, 1919, besonders S. 4 ff., 29 ff.; Dunant, Die direkte Volksgesetzgebung in der schweizerischen Eidgenossenschaft und ihren Kantonen, 1894; Deploige, Le vote obligatoire en Suisse, 1893, mit Ergänzung von L. Tomn; Fleiner, Entstehung und Wandlung moderner Staatstheorien in der Schweiz, 1916; Gmelin, Art. Referendum im Handbuch der Politik, 3. Aufl., **3** (1921) 71—77; Hasbach, Die moderne Demokratie, 1912 S. 90 ff., 141—163; Derselbe, Die neuere Verfassungsentwicklung in den Vereinigten Staaten, Zeitschrift für Politik, **7** 49 ff; Hatschek, Allgemeines Staatsrecht, II, Das Recht der modernen Demokratie, 1909 S. 84—87; Hilty, Das Referendum im schweiz. Staatsrecht, ArchöffR. 1887 S. 167 ff.; Hübner, Die Staatsform der Republik 1920; Jellinek, Allgemeine Staatslehre, 3. Aufl. (1914), S. 519 ff., 729 ff.; Kautsky, Der Parlamentarismus, die Volksgesetzgebung und die Sozialdemokratie, 1893; Oberholtzer, Law Making by Popular Vote in den Annals of the American Academy of Political and Social Science, **2** (1892) 324 ff.; Derselbe, The Referendum in America, 1912; Rehm, Allgemeine Staatslehre, 1899 S. 184; H. Ryffel, Die schweizerischen Landsgemeinden 1904; Schollenberger, Referendum und Initiative, im „Recht" **23** 52 ff.; Schwarz, Das Volksstimmhaus, III. Kap. Veto, Referendum und Initiative, Grünhuts Zeitschr. f. Privat- u. öff. R. **33** 403 ff.; Stier-Somlo, Parlam. Wahlrecht S. 22; Stüssi, Referendum und Initiative im Kanton Zürich, 1886; Derselbe, Referendum und Initiative in den Schweizer Kantonen, 1893; Signorel, J., Le Référendum législatif, Thèse Toulouse 1893; Waldkirch, E. v., Die Mitwirkung des Volkes bei der Rechtsetzung nach dem Staatsrecht der Schweizerischen Eidgenossenschaft und ihrer Kantone, 1918, besonders S. 8—73; Zinsli, A. E., Studien über das schweizerische Referendum, Züricher Diss. 1908.

3. Geltendes preußisches Verfassungsrecht.

I. Volksentscheid ist die unmittelbare Abstimmung des Volks über die Fragen des Gesetzerlasses, der Verfassungsänderung und der Landtagsauflösung.

A. Der Gesetzerlaß ist wieder in zwei Formen Gegenstand der Volksabstimmung

a) ohne daß die verfassungsmäßig berufenen Faktoren vorher einen Entwurf eingebracht und über ihn beschlossen haben (Art. 6 Abs. 1 Nr. 2), wobei Erlaß, Änderung und Aufhebung besonders genannt sind (ebenso bayrVerf. § 10, jedoch § 77 Abs. 1; badVerf. § 22, 23), obwohl in jedem dieser drei Fälle Erlaß eines Gesetzes vorliegt und erforderlich ist;

b) nach erfolgtem Einspruch des Staatsrats gegen ein bereits vom Landtag beschlossenes Gesetz (Art. 42 Abs. 3). Nur in jenem Falle zu a kann von „Gesetzesinitiative des Volks" gesprochen werden. Nach der badVerf. § 22 Abs. 1 umfaßt das mit „Volksinitiative" gleichgebrauchte Wort „Volksvorschlagsrecht" das Begehren nach Erlassung, Abänderung oder Aufhebung eines Gesetzes, einschließlich der Verfassungsgesetze.

B. Die Verfassungsänderung (man spricht von Verfassungsreferendum oder Verfassungsrevision) geht in zwei Formen vor sich:

a) durch Beschluß des Landtags; jener ist nur gültig, wenn mindestens zwei Drittel der gesetzlichen Mitgliederzahl anwesend sind und mindestens zwei Drittel der Anwesenden zustimmen (Art. 30);

b) durch Volksentscheid, auf Grund eines ausgearbeiteten Gesetzentwurfs. Zur Annahme des Antrags auf Verfassungsänderung bedarf es der Zustimmung der Mehrheit der Stimmberechtigten, nicht der tatsächlich Abstimmenden (Art. 6 Abs. 1 Nr. 1 und Abs. 6 Satz 1).

C. Die Landtagsauflösung (auch Referendum auf Abberufung der Volksvertretung genannt) erfolgt:

a) durch eigenen Beschluß des Landtags mit Zustimmung von mehr als der Hälfte der gesetzlichen Mitgliederzahl;

b) durch den Beschluß eines aus dem Ministerpräsidenten und den Präsidenten des Landtags und des Staatsrats bestehenden Ausschusses;

c) durch Volksentscheid. Dieser kann herbeigeführt werden:

aa) durch Volksbegehren, gestellt von einem Fünftel der Stimmberechtigten; die Anträge, den Landtag aufzulösen, bedürfen zu ihrer Annahme der Zustimmung der Mehrheit der Stimmberechtigten. Man war sich darüber einig, hier einen Schutz gegen eine etwaige Gewaltanwendung zu schaffen. Unter Umständen soll ein Landtag, der nach Überzeugung weiter Kreise des Volks nicht mehr dem Volkswillen entspricht, nicht mehr bis zum Ende der Wahlzeit zusammenbleiben, sondern es soll die Möglichkeit gegeben sein, ihn aufzulösen;

bb) durch Beschluß des Staatsrats (Art. 14, 6 Abs. 1 Nr. 3, Abs. 2 Satz 3, Abs. 6 Satz 1; auch Art. 57 Abs. 6).

Der Volksentscheid ist demnach mehr als die unmittelbare Gesetzgebung durch das Volk, er bedeutet auch Mitwirkung bei einer Verwaltungshandlung, nämlich der Auflösung des Landtags. Dazu kommt, daß nach Art. 6 Abs. 4 Volksentscheide stattfinden: einmal auf Volksbegehren, sodann „in den sonst in der Verfassung vorgesehenen Fällen"; daher kann durch eine Verfassungsänderung, die wieder in die Macht der Volksabstimmung gegeben ist, die Zahl der die in das Verwaltungsgebiet gehörigen Fälle des Volksentscheids vermehrt werden. So verwirklicht sich die Forderung, die für die unmittelbare Demokratie gestellt wird, daß „das Volk selbst nicht etwa eine vom Staat unterschiedene Persönlichkeit, sondern kollegiales, und zwar höchstes Staatsorgan ist. Jeder einzelne hat demnach die Doppeleigenschaft: Teilorgan der Gesamtheit und Untertan ... Volk und Volksvertretung bilden demnach juristisch eine Einheit" (G. Jellinek, Allg. Staatslehre S. 582 f.). Die unmittelbare Gesetzgebung ist die folgerichtige Entwicklung des in der Volkssouveränität nur grundsätzlich zum Ausdruck gelangenden Gedankens der Demokratie (vgl. Bornhak, Allg. Staatslehre, 2. Aufl., 1909 S. 52,

190; Rehm, Allg. Staatslehre, 1899 S. 184). Über die Demokratien, die dem Volke sowohl Verfassungsinitiative wie Ratifikation der Verfassungsänderung zuweisen, s. Hatschek, Allgemeines Staatsrecht (Göschen) 2 39 ff. auch 83, 89, 91.

II. Volksbegehren ist nicht eine zweite neben dem Volksentscheid selbständige Einrichtung, sondern eine der — hauptsächlichen — Voraussetzungen des Volksentscheids, wenn dieser auch zuweilen ohne Volksbegehren zulässig ist (s. unten III zu E). Volksbegehren ist ein qualifizierter Antrag auf Volksentscheid (das Wort findet sich eingangs des Art. 6 Abs. 6) und in gewissen Fällen Bedingung für den Volksentscheid. Im Gegensatz zu letzterem ist er verfassungsmäßig begrenzt. Volksbegehren können nur in den zu I dargelegten Fällen stattfinden (die bayrVerf. § 10 enthält das Wort „nur", doch gilt es auch in Preußen), und außerdem ist ihre Unzulässigkeit bei Finanzfragen, Abgabengesetzen und Besoldungsordnung festgelegt (Art. 6 Abs. 3), während Volksentscheide stattfinden auf Volksbegehren und in den sonst in der Verfassung vorgesehenen (durch Verfassungsänderung vermehrbaren) Fällen, und nur dann nicht stattfinden, wenn der Landtag dem Volksbegehren entsprochen hat (Abs. 4 und 5 daselbst). Im einzelnen ist die Regelung der VerfUrk. — vorbehaltlich des das Verfahren regelnden, später zu erlassenden Gesetzes (Art. 6 Abs. 7) folgende:

A. Volksbegehren sind an das Staatsministerium zu richten und von diesem unter Darlegung seiner Stellungnahme unverzüglich (d. h. ohne schuldhaftes Zögern) dem Landtag zu unterbreiten. Ist dieser nicht versammelt, so genügt verfassungsrechtlich eine Vorlage nach erfolgter Wiederversammlung des Landtags; eine vorzeitige Einberufung wegen des Volksbegehrens mag politisch geboten sein, ist aber nicht vorgeschrieben. Doch wird Art. 17 Abs. 3 Satz 2 aushelfen, wonach der Präsident des Landtags ihn vor dem zweiten Dienstag des November berufen mußte, wenn es das Staatsministerium oder mindestens ein Fünftel der Mitglieder des Landtags verlangt. Ferner wird man zwischen zwei Tagungen die Möglichkeit einer vorzeitigen Einberufung durch den Präsidenen schon aus Art. 19 ableiten können. Nach § 48 Abs. 2 und 3 der Geschäftsordnung vom 28. Februar 1920 (Drucks. Nr. 2052) setzt der Präsident selbständig Zeit und Tagesordnung der nächsten Sitzung fest, wenn das Haus ihn hierzu ermächtigt oder wenn es wegen Beschlußunfähigkeit oder aus anderen Gründen nicht entscheiden kann. Auch sonst kann der Präsident ausnahmsweise eine Sitzung anberaumen. — Würde das Volksbegehren zunächst an den Landtag gerichtet werden, so würde eine Verzögerung eintreten. Wenn dem Landtag ein Volksbegehren zuginge, müßte er es an das Staatsministerium abgeben (Art. 6 Abs. 2 Satz 1).

B. Dem Volksbegehren muß ein ausgearbeiteter Gesetzentwurf zugrunde liegen, d. h. es müssen ihm formulierte Gesetzesvorschläge beigefügt sein, soweit der Antrag auf Verfassungsänderung und Gesetzeserlaß gerichtet ist; dagegen genügt zur Auflösung des Landtags einfacher Antrag. Verfassungsänderung liegt aber nicht nur vor, wenn der Text der Verfassungsurkunde, sondern auch dann, wenn außerhalb ihrer gesetztes materielles Verfassungsrecht abgeändert werden soll; z. B. kann dies für Rechtsverhältnisse der Minister und Beamten (Art. 48, 77 ff.), des Landtags oder seiner Mitglieder zutreffen (Art. 6 Abs. 2 Satz 2). Eine Frist, innerhalb deren der Antrag auf Herbeiführung einer Volksabstimmung gestellt werden kann oder muß, ist nicht festgesetzt.

C. Die Rechtswirksamkeit des Volksbegehrens hängt davon ab, ob es gestellt wird: zwecks Erlaß, Änderung oder Aufhebung eines Gesetzes von einem Zwanzigstel, zwecks Verfassungsänderung und Verfassungsauflösung von einem Fünftel der Stimmberechtigten. Die erstbezeichnete Zahl ist gering; es kann unter Umständen ein kleiner Teil des Volks, der eine besonders rührige Agitation entfaltet, ein Volksbegehren herbeiführen, z. B. die Impfgegner, obwohl für derartige Wünsche das Volksbegehren nicht bestimmt ist, sondern nur für Fragen von höherer Ordnung (Art. 6 Abs. 2 Satz 3). Zu beachten ist, daß Gesetzesvorlagen, die der Landtag abgelehnt hat, in demselben Sitzungsabschnitt nicht wieder vorgebracht werden können, es sei denn, daß ein rechtswirksames Volksbegehren vorliegt (Art. 62).

D. Nicht zulässig ist ein Volksbegehren über

a) Finanzfragen (vgl. auch unten III G S. 80);

b) Abgabengesetze. Dadurch, daß der einzelne durch die Festsetzung der Höhe des Haushaltsplans und der Besoldungssätze mittelbar und unmittelbar betroffen wird, würde sich die Selbstsucht zu stark bei Volksentscheiden über Abgabengesetze geltend machen und das Interesse der Allgemeinheit gefährden. Da ferner die Abgabengesetze in der Regel als Teil eines Kompromisses über eine Anzahl von Abgabesätzen zustande kommen, würde die Volksabstimmung die Möglichkeit eröffnen, aus dem Kompromiß einen Teil herauszureißen und damit das ganze Gebäude zu zerstören. Der Zusammenhang der einzelnen Steuergesetze ist so eng, daß die Wirkung eines Gesamtsteuerplans zerstört würde, wenn einzelnes herausgerissen würde (AusschProt. Sp. 38);

c) Besoldungsordnungen. „Diese kommen meist durch langwierige Verhandlungen, und zwar gewöhnlich in dem kleineren Kreise einer Kommission zustande, wo die schwerwiegenden Fragen der Besoldungsbemessung für die einzelnen Beamtenkategorien sorgfältig gegeneinander abgewogen sind. Wenn es nun der Volksabstimmung unterworfen werden kann, bei der das Interesse des Volkes sich auf irgendeine bestimmte Beamtenklasse und die nach seiner Meinung ungerechtfertigte Besoldung richtet, so nimmt es leicht Veranlassung, das Ganze zu verwerfen" (AusschProt. a. a. O.). Nicht möglich ist ein Antrag auf Erhöhung der Besoldung für eine Beamtengruppe oder, was unter a fiele, für einen einzelnen Beamten.

III. Der Volksentscheid insbesondere.

A. Er findet statt a) auf Volksbegehren (s. oben zu II) und b) in den sonst in der Verfassung vorgesehenen Fällen (Art. 14 Abs. 1 Satz 1; 42 Abs. 3; 61 Abs. 1 Satz 2).

B. Rechtswirksam sind alle Volksentscheide nur, wenn die Mehrheit der Stimmberechtigten daran teilgenommen hat; eine weitgehende

Abstimmungsenthaltung hat demnach hierin ihre Grenze. Hinzukommen muß

a) bei Anträgen auf Verfassungsänderung und Landtagsauflösung die Zustimmung jener Mehrheit der Stimmberechtigten. Sie genügt, obwohl die Verfassungsänderung durch den Landtag die Anwesenheit von mindestens zwei Drittel der gesetzlichen Mitgliederzahl und die Zustimmung von mindestens zwei Drittel der anwesenden Abgeordneten verlangt (Art. 30);

b) bei Anträgen auf Erlaß, Änderung und Aufhebung der Gesetze genügt einfache Mehrheit der abgegebenen gültigen Stimmen. Bei einer sehr schwachen Wahlbeteiligung kann hiernach schon etwas mehr als ein Viertel der Stimmberechtigten einen Volksentscheid herbeiführen.

C. Die Abstimmung kann nur bejahend oder verneinend sein. Irgendwelche Zusätze der Abstimmenden gelten m. E. als nicht hinzugefügt, sind also rechtlich belanglos (Art. 6 Abs. 4 und 6).

E. Ein Volksentscheid findet nicht statt, d. h. ist unzulässig, wenn der Landtag dem Volksbegehren entsprochen hat (Art. 6 Abs. 5). Es erübrigt sich daher die zweite Volksabstimmung. Der Wortlaut der Bestimmung läßt m. E. auch die Auslegung zu, daß ein Volksentscheid auch dann nicht stattfindet, wenn der Landtag gleichzeitig mit dem Volksbegehren oder schon vorher, z. B. durch authentische Auslegung eines beim Volk beanstandeten Gesetzes, dem Volksbegehren entsprochen hat. Der Landtag hat es also in der Hand, durch Eingehen auf die im Volksbegehren zum Ausdruck gelangenden Wünsche weiteren Volksbewegungen, Agitationen, Aufpeitschungen der öffentlichen Meinung zuvorzukommen. Die Doppel-Rechtsfigur Volksbegehren und Volksentscheid tritt also nicht immer in Verbindung miteinander auf. Der Normalfall ist so gedacht, daß auf das rechtswirksame Volksbegehren der Volksentscheid folgt; aber es können Volksentscheide auch stattfinden, ohne daß ein Volksbegehren voranging, z. B. bei Herbeiführung des Volksentscheids durch den Staatsrat (Art. 14 Abs. 2), oder in Fällen, die verfassungsmäßig sonst bestimmt werden (Art. 6 Abs. 4). Vielleicht kann auch Art. 62 so verstanden werden, daß ein rechtswirksames Volksbegehren ohne Volksentscheid zur nochmaligen Einbringung von Gesetzesvorlagen, die der Landtag abgelehnt hat, in demselben Sitzungsabschnitt genügt.

F. Wie ist zu entscheiden, wenn der Landtag dem Volksbegehren nur teilweise oder mit Abänderungen stattgegeben hat? Art. 73 Abs. 3 S. 4 RVerf. bestimmt: „Der Volksentscheid findet nicht statt, wenn der begehrte Gesetzentwurf im Reichstag unverändert angenommen worden ist.“ Bei Ablehnung oder Abänderung des Gesetzentwurfs muß der Reichspräsident einen Volksentscheid herbeiführen. Das ist unbestritten, obwohl die Vorschrift nicht einwandfrei ist, weil sie das Volk, das nur mit Ja oder Nein stimmen dürfe, zu einer der Volksstimmung gar nicht entsprechenden Entscheidung zwingen könne (AusschProt. S. 94). Die preußVerf. hat das Wort „unverändert“ nicht angenommen; aber der Unterausschuß ist der Auffassung gewesen, daß dem Volksbegehren nur durch unveränderte Annahme eines Gesetzes stattgegeben wird, also jede materielle Veränderung des durch Volksbegehren geforderten Gesetzes einen Volksentscheid notwendig macht. Man hat aber erwogen, die Möglichkeit kleiner formeller Änderungen offenzulassen. Der Unterausschuß hat deswegen die Fassung der VerUrk. gewählt und es mit vollem Bewußtsein dem Ausführungsgesetz (Art. 6 Abs. 7) überlassen, Einzelbestimmungen darüber zu geben, wann nach Ansicht des Gesetzgebers dem Volksbegehren stattzugeben wäre und wann nicht (AusschProt. 93 f.). M. E. ist es jedoch nicht möglich, durch einfaches Gesetz eine Verfassungsvorschrift, wie die des Art. 6 Abs. 5, authentisch zu interpretieren, und ein lediglich zur Regelung des Verfahrens bestimmtes Gesetz kann nicht die materielle Frage, die hier zur Erörterung steht, erledigen. Vielmehr ist dahin zu entscheiden, daß nach dem Willen des Verfassungsgebers der Landtag dem Volksbegehren ohne Änderungen stattgeben muß, um einen Volksentscheid überflüssig zu machen, daß es aber auf rein stilistische (redaktionelle) Änderungen nicht ankommt. Man kann auch so weit gehen, zu sagen, daß im Falle der inhaltlichen Teilbarkeit des Volksbegehrens über denjenigen Teil desselben kein Volksentscheid stattfindet, dem der Landtag entsprochen hat, über den Teil aber, für den dies nicht zutrifft, der Volksentscheid offenbleibt. M. E. können ferner Gegenstand der Volksabstimmung sein Teile von Gesetzen, wenn sich das Volksbegehren hierauf richtet und eine Teilung nicht sinnlos ist, auch den der Volksabstimmung nicht unterworfenen Teil weder formell noch materiell in Mitleidenschaft zieht.

G. Abgesehen von der Abberufung des Landtags handelt es sich beim Volksentscheid immer um (Verfassungs- und einfache) Gesetze. Unzulässig ist es daher, der Volksabstimmung Verordnungen und Verwaltungsvorschriften (Reglements, nur für den Behördenorganismus bestimmte Vorschriften) zu unterbreiten. Von jenen ist das Recht zum Erlaß einer Notverordnung ausschließlich dem Staatsministerium in Übereinstimmung mit dem Ausschusse des Landtags zur Wahrung der Rechte der Volksvertretung (Art. 55, 26) zugesprochen, während Ausführungsverordnungen in die Zuständigkeit des Staatsministeriums nur insoweit gehören, als nicht das Gesetz diese Aufgabe einzelnen Staatsministern zuweist (Art. 51). Ferner können weder Beschlüsse noch Verträge der Volksabstimmung unterstellt werden. Das gilt auch für Staatsverträge. Bedürfen diese auch der Genehmigung des Landtags, wenn sie sich auf Gegenstände der Gesetzgebung beziehen (Art. 29), so bleiben sie auch nach erfolgter Genehmigung Staatsverträge, sind also nicht Gesetze geworden, auf deren Abänderung oder Aufhebung sich das Volksbegehren (nach Art. 6 Abs. 1 Nr. 2) richten könnte. Andererseits kann sich letzteres nicht nur auf sog. materielle Gesetze erstrecken, die die rechtsverbindliche Anordnung eines Rechtssatzes betreffen, sondern auch auf sog. formelle Gesetze, d. h. solche die in den verfassungsmäßigen, hier eben durch den Volksentscheid bedingten Formen erlassen werden, ohne Rücksicht auf ihren Inhalt. Dieser kann auch eine Verwaltungsmaßnahme sein, z. B. die Ehrengabe für einen Staatsmann, die Entschädigung des früheren Monarchen, betreffen und fällt m. E. nicht unter den Begriff der Finanzfragen im Sinne des Art. 6

Abs. 3, obwohl das natürlich zweifelhaft bleiben mag. Der Sinn des letzterwähnten Begriffs ist mit Rücksicht auf Etatsfragen gewählt und bezieht sich nicht auf solche Sonderfälle. Vgl. oben II D S. 78.

IV. Die Regelung von Volksbegehren und Volksentscheid ist in der VerfUrk. grundsätzlich anders vorgenommen als in der RVerf. In dieser ist das Volksbegehren aufgeführt in Art. 18 zur Entscheidung über die Änderung des Bestandes von Ländern; in Art. 43 Abs. 2 bei Absetzung des Reichspräsidenten; in Art. 73 Abs. 1 bezüglich eines vom Reichstag beschlossenen, noch nicht verkündeten Gesetzes für den Fall der Bestimmung durch den Reichspräsidenten; im Abs. 2 daselbst bei erfolgter Aussetzung der Verkündung eines Gesetzes auf Antrag von mindestens einem Drittel des Reichstags, wenn ein Zwanzigstel der Stimmberechtigten es beantragt; im Abs. 3 a. a. O., im Falle Begehrens eines Gesetzentwurfs, wenn ein Zehntel der Stimmberechtigten es verlangt; im Art. 74 Abs. 3 bei erfolgtem Einspruch des Reichsrats gegen ein vom Reichstag beschlossenes Gesetz, und im Art. 76, wo der Weg der Verfassungsänderungen vorgeschrieben und das Volksbegehren wie der Volksentscheid für sich behandelt werden. In der RVerf. werden diese Einrichtungen daher systematisch dort behandelt, wo sie im Anschluß an eine Sonderregelung für notwendig gehalten wurden; dagegen beliebt die preußVerfUrk. eine geschlossene Behandlung von Volksbegehren und Volksentscheid für sich im Art. 6, ohne freilich spätere Bezugnahmen auszuschließen (Abs. 4 daselbst, Art. 14 Abs. 1, 62). Daneben bestehen im einzelnen mannigfache Übereinstimmungen zwischen der reichsdeutschen und der preußischen Regelung, z. B. daß dem Volksbegehren ein ausgearbeiteter Gesetzentwurf zugrunde liegen muß. Doch überwiegen die Unterschiede; so darf über den Haushaltsplan, über Abgabengesetze und Besoldungsordnungen durch den Reichspräsidenten ein Volksentscheid veranlaßt werden, während Art. 6 Abs. 3 (s. oben II zu D) negativ entscheidet. Das Reich kennt keine Auflösung des Parlaments durch Volksentscheid, Preußen keinen Staatspräsidenten, und daher konnte seine Absetzung durch Volksentscheid nicht in Frage kommen usw. Die Landesverfassungen regeln Volksbegehren und Volksentscheid verschieden, z. B. bayerVerf. §§ 10, 30 Abs. 4, 77; sächs. Art. 3, 9, 26, 27, 36, 37, 38; württ. §§ 5, 34, 64, 65; bad. §§ 6, 21, 22, 23, 24, 26, 57; thür. §§ 24, 25, 26, 31; oldenburg. §§ 65—68 („Volksvorschlagsrecht und Volksabstimmung") usw. Eine lohnende rechtsvergleichende Erörterung fällt nicht in den Rahmen dieses Werkes.

Oberste Behörde des Staates.

Artikel 7.

Das Staatsministerium ist die oberste vollziehende und leitende Behörde des Staates.

Entw. § 4. — 1. VollBer. Sp. 10 969—10 976, 11 109—11 145. — AusschProt. Sp. 36, 39—82, 94—96, 182—184, 195, 248, 310. — 2. VollBer. StenBer. 13 314—13 320. — Ausführliche Anträge wegen des Staatspräsidenten zur 2. VollBer. Nr. 3191 (Dr. v. Krause und Genossen), zur 3. VollBer. Nr. 3314 und 3323 (v. Hergt und Genossen, v. Krause, Leidig und Genossen. — 3. VollBer. StenBer. Sp. 14057.

1. Zur Entstehungsgeschichte und Grundsätzliches.

A. Im Entw. befand sich ein § 4: „Das Staatsministerium führt namens des Volkes die Regierung." Die jetzige Fassung ist das Ergebnis der Beratung in erster Lesung des Ausschusses. Dort hat man einer hergebrachten, auf Montesquieu zurückgehenden Lehre von der Teilung der Gewalten Tribut gezollt (vgl. oben S. 56 f.). Sie hängt auch zusammen mit der Ausschaltung der Einrichtung eines besonderen Staatspräsidenten. Diese wurde in der Beratung ausführlich erörtert und ihr die Aufgabe zugedacht, ein Gegengewicht gegen ein absolutes Parlament zu bilden, gegen dessen Allmacht der Volksentscheid keine ausreichende Hilfe darstelle; es handle sich oft um sehr verwickelte Fragen, um Gesetze, deren Tragweite die Öffentlichkeit im Augenblicke der Notwendigkeit ihres Erlasses nicht übersehe, so daß die zum Volksentscheid erforderliche Mehrheit nicht zustande komme. Auch das Staatsministerium sei als Gegengewicht nicht ausreichend, weil es vom Landtag abhänge, dessen Ausschuß es sei. Auch fehle es an einem selbständigen, zur Ministerernennung geeigneten Faktor, der auch für die Auflösung des Landtags in Frage kommen müsse; denn das Ministerium ist vom Landtage in hohem Maße abhängig und könne sich dem drohenden Mißtrauensvotum durch vorherige Landtagsauflösung entziehen. Aber die gegen Schaffung eines Staatspräsidenten sprechenden Gründe gaben den Ausschlag: zwar würde er die Einheit des Staates gegenüber der Vielheit der Minister vertreten und eine würdige Repräsentation nach außen ermöglichen; aber in einem Glied des Bundesstaats kommt dies um so weniger in Frage, als Preußen wichtige Zuständigkeiten gegen früher entzogen sind. Reibungen und Rivalitäten zwischen dem Reichs- und dem Staatspräsidenten wären unausbleiblich, besonders wenn im Reich eine andere politische Mehrheit herrschen würde als in Preußen. Es haben auch alle deutschen Länder von einem besonderen Staatspräsidenten Abstand genommen. In Sachsen, Württemberg und Baden ist „Staatspräsident" nur der Titel des Ministerpräsidenten.

B. Indem als Gegengewicht zu einem allmächtigen Landtag außer Volksbegehren und Volksentscheid, unter Ablehnung einer Ersten Kammer, der Staatsrat geschaffen wurde (Art. 14, 31—43, 57 Abs. 6), sind die sonst dem Staatspräsidenten zugedachten Funktionen teils dem Staatsministerium überwiesen, wie die Vertretung nach außen, Ernennung der Staatsbeamten, Recht der Begnadigung (Art. 49, 52, 54 Abs. 1), teils einem aus dem Ministerpräsidenten, den Präsidenten des Landtags und des Staatsrats bestehenden Ausschusse bei der Landtagsauflösung (Art. 14 Abs. 1; vgl. auch Art. 57 Abs. 6, 62), während die Wahl des Ministerpräsidenten dem Landtage, nicht, wie nach der Notverfassung vom 20. März 1919, dem Landtagspräsidenten, zugewiesen wurde (Art. 44).

2. Die rechtliche Stellung des Staatsministeriums ist nicht nur durch Art. 7 zum Ausdruck gelangt, aber diese Vorschrift krönt seine Rechte und überträgt ihm

I. zunächst die im Namen des souveränen Volkes zu übende **vollziehende Gewalt**. Dadurch ist eine Zuständigkeitsabgrenzung vorgenommen, die sich derart klarstellen läßt, daß man sie positiv bestimmt und negativ abscheidet.

A. Positiv insofern, als die einzelnen Rechte aufgezeigt werden, die dem Staatsministerium die Verfassung gewährt. Es sind das hauptsächlich folgende:

1. Die Vertretung des Staates nach außen. Dies gilt sowohl in dem bescheidenen Rahmen der völkerrechtlichen Vertretung, die den Ländern noch verblieben ist (Art. 78 RVerf.), als auch nach innen, insbesondere als Fiskus (Art. 49).

2. Beschlußfassung über Gesetzesvorlagen, die an den Landtag zu bringen sind, sog. Gesetzesinitiative (Art. 50).

3. Erlaß von Ausführungsverordnungen, soweit das Gesetz diese Aufgabe nicht einzelnen Staatsministern zuweist (Art. 51).

4. Ernennung der unmittelbaren Staatsbeamten und der Mitglieder des Reichsrats, soweit sie nicht von den Provinzialverwaltungen bestellt werden (Art. 52, 53).

5. Ausübung des Begnadigungsrechts (Art. 54).

6. Erlaß von Notverordnungen mit Gesetzeskraft (Art. 55).

7. Beschlußfassung über die Zuständigkeit der einzelnen Staatsminister nach näherer Regelung des Art. 47 Abs. 2 und 3.

8. Verkündung der verfassungsmäßig zustande gekommenen Gesetze und der vom Landtag genehmigten Staatsverträge (Art. 60).

9. Ermächtigung, bei nicht rechtzeitiger Feststellung des Haushaltsplans bestimmte Ausgaben zu leisten und Schatzanweisungen auszugeben.

10. Der Übergang aller Befugnisse, die nach den früheren Gesetzen, Verordnungen und Verträgen dem Könige zustanden, ist in Art. 82 Abs. 1 festgelegt.

Im Art. 7 nun ist über diese Rechte hinaus die Verwaltungsbefugnis schlechthin in bezug auf alle die Ausübung der vollziehenden Gewalt betreffenden Angelegenheiten durch Generalklausel gewährleistet.

B. Negativ findet die Zuständigkeitsabgrenzung derart statt, daß die Rechte, die anderen obersten Staatsorganen zukommen, festgesetzt werden.

a) Die Rechte des Landtags (vgl. unten zu Abschnitt III) und seines Präsidenten schließen diejenigen des Staatsministeriums aus. Insbesondere wirkt es nicht mit beim Beschluß über Gesetze. Der Landtag greift aber auch in das Gebiet der vollziehenden Gewalt ein, indem er Grundsätze aufstellt für die Verwaltung der Staatsangelegenheiten und ihre Ausführung überwacht (Art. 29 Abs. 1 Satz 1). Aber auch die RVerf. greift ein. Sie bestimmt in Art. 5, daß die Staatsgewalt in Landesangelegenheiten durch die Organe der Länder auf Grund der Landesverfassungen ausgeübt wird. Soweit das Staatsministerium das Recht hat, Gesetze vorzuschlagen (Art. 50), ist es an die Normen der RVerf. gebunden, muß also das ausschließliche Gesetzgebungsrecht des Reichs (Art. 6) achten, sich bei der sog. konkurrierenden Gesetzgebung (Art. 7) daran halten, daß die Länder ihr Gesetzgebungsrecht nur behalten, solange und soweit das Reich von seinem Gesetzgebungsrecht keinen Gebrauch macht (Art. 12 Abs. 1), die Bedarfsgesetzgebung des Reichs, die reichsgesetzliche Aufstellung von Grundsätzen (Art. 10, 11) in Rechnung stellen. Nach Art. 14 daselbst werden die Reichsgesetze durch die Landesbehörden ausgeführt soweit die Reichsgesetze nicht etwas anderes bestimmen, und nach Art. 15 Abs. 2 kann die Reichsregierung, soweit die Reichsgesetze von den Landesbehörden auszuführen sind, allgemeine Anweisungen erlassen. All diese Vorschriften sind ebensoviel Beschränkungen der ausführenden Gewalt des Landes und damit in erster Reihe des Staatsministeriums. Dasselbe gilt für weitere reichsrechtliche Einschränkungen wie Art. 17 RVerf., wie auch die sämtlichen Rechte des Staatsministeriums vorbehaltlich der RVerf. bestehen, z. B. sich das Begnadigungsrecht des Art. 54 nur auf Fälle der Landesjustiz beschränkt, im Gegensatz zu dem des Reichspräsidenten in Art. 49 RVerf.

b) Das Recht des Volks, durch Volksbegehren und Volksentscheid die Abberufung des Landtags zu verlangen (Art. 6), greift ebenfalls in das Gebiet der Verwaltung ein.

c) Die Rechte des Staatsrats bedeuten nicht minder eine Einengung der ausführenden Gewalt des Staatsministeriums, das jenen über die Führung der Staatsgeschäfte auf dem Laufenden zu halten, ihm vor Einbringung von Gesetzesvorlagen Gelegenheit zur gutachtlichen Äußerung zu geben hat. Der Staatsrat konkurriert mit dem Staatsministerium im Rechte, Gesetzesvorlagen (wenn auch durch seine Vermittlung) an den Landtag zu bringen; bei der Absicht der Landtagsauflösung ist zwar nicht das Staatsministerium, wohl aber der Ministerpräsident außer auf die Präsidenten des Landtags auch auf die des Staatsrats angewiesen (Art. 41 Abs. 1—3; 14 Abs. 1). Vor Erlaß von Ausführungsvorschriften zu Reichs- und Staatsgesetzen sowie vor Erlaß allgemeiner organisatorischer Anordnungen des Staatsministeriums ist der Staatsrat oder dessen zuständiger Ausschuß zu hören (Art. 40 Abs. 4). Dagegen ist keine Beschränkung, sondern eher eine Unterstützung des Staatsministeriums zu erblicken in der Vorschrift, daß die Zustimmung des Staatsrats erforderlich ist, wenn der Landtag Ausgaben beschließen will, die über den vom Staatsministerium vorgeschlagenen oder gebilligten Betrag hinausgehen. Stimmt der Staatsrat nicht zu, so ist der Beschluß des Landtags nur wirksam, soweit er mit dem Vorschlag oder der Bewilligung des Staatsministeriums übereinstimmt (Art. 42 Abs. 4 Satz 1 und 2).

II. Sodann ist **das Staatsministerium oberste leitende Behörde des Staates.** Es steht demnach an der Spitze des Behördenorganismus und hat die nur durch die Verfassung und Gesetz beschränkte Verfügungsgewalt über den Behördenorganismus und die Beamten (vgl. über die Unabhängigkeit der Richter Art. 8 Abs. 1 dieser Verf., Art. 102, 104 RVerf.; die Rechtsstellung der Beamten Art. 77—79 dieser, Art. 129—131 RVerf.).

III. Es sind hier, um die Bedeutung des Art. 7 zu erklären, nur die **Rechte des Staatsministeriums,** nicht deren Pflichten und seine gesamte Rechtsstellung behandelt, ebensowenig diejenige des Ministerpräsidenten und der einzelnen Minister für sich (vgl. zu Abschnitt V). Hier sei nur darauf verwiesen, daß die Rechte des Staatsministeriums (im Rahmen der RVerf.) durch verfassungsänderndes preußisches Gesetz (Art. 30) und durch Volksentscheid (Art. 6) erweitert oder eingeengt werden können.

Ausübung der Rechtspflege.

Artikel 8.

(1) Die Rechtspflege wird durch unabhängige nur den Gesetzen unterworfene Gerichte ausgeübt.

(2) Die Urteile werden im Namen des Volkes verkündet und vollstreckt.

§ 4a AusschBeschluß. — AusschProt. Sp. 36 f, 248 f, 310. — 2. VollBer. StenBer. Sp. 13320—13329. — 3. VollBer. StenBer. Sp. 14058.

1. **Zur Entstehungsgeschichte.** Die Bestimmung war im Entw. nicht enthalten. Mit Rücksicht auf den Plan, die Lehre von der Teilung der Gewalten in der Verfassung zum Ausdruck zu bringen (vgl. oben S. 56 f.), ist schon in der ersten Lesung des Ausschusses verlangt worden, über einen so wichtigen Teil der Staatstätigkeit, wie die Ausübung der Rechtspflege, ein Wort in der Verfassung zu sagen. Allerdings sei die Justizverfassung in der RVerf. und im GVG. erschöpfend geregelt, die Justizverwaltung sei aber noch heute Sache der einzelnen Länder. Der auf den jetzigen Abs. 1 beschränkte Antrag ist aber abgelehnt und erst in der zweiten Ausschußlesung mit derselben Begründung in den Text gekommen. Hierbei ist auch der zweite Absatz eingefügt worden, als Festlegung des Grundgedankens, daß die Rechtspflege heute durch Richter ausgeübt werde, die Organe des Volkes seien. Durch diesen zweiten Satz werde der demokratische Gedanke auch in der Rechtspflege klar und deutlich zum Ausdruck gebracht und darauf hingewiesen, daß die Richter sich auf die Autorität des Volkes stützten; hierdurch werde auch das Vertrauen weiter Volkskreise zur Rechtspflege gestärkt werden und die Rechtspflege an Volkstümlichkeit gewinnen.

2. Der Grundsatz der **Unabhängigkeit der Gerichte** war schon bisher reichsrechtlich in § 1 GVG. und in der Fassung „Die Richter sind unabhängig und nur dem Gesetze unterworfen" in Art. 102 RVerf. sichergestellt. Während sich aber das GVG. nur auf die Richter der ordentlichen Gerichtsbarkeit bezog und die Geltung jenes Grundsatzes für die Verwaltungsgerichte um so eher bestritten werden konnte, weil diese als Gerichte angesehen wurden, die in justiziellen Formen Verwaltung üben (vgl. z. B. Kunze, Verwaltungsstreitverfahren in Preußen, 1908 S. 1ff.; Goez, Verwaltungsrechtspflege in Württemberg, 1902 S. 6ff., 59ff.; O. Mayer, Deutsches Verwaltungsrecht, 2. Aufl., 1 [1914], 133—141; Friedrichs, Verwaltungsrechtspflege, 1920, 1 1ff. und Literatur), ist durch die erwähnte Bestimmung der RVerf. die Unabhängigkeit des Richtertums auch auf die Verwaltungs- und auf die neuen Verfassungsgerichte ausgedehnt. Für Preußen bedeutet das die Geltung des Grundsatzes für alle seine bisherigen Verwaltungsgerichte, wie sie im ordentlichen Verwaltungsstreitverfahren (§§ 61—112 des Landesverwaltungsgesetzes vom 30. Juli 1883), im Kompetenzkonfliktverfahren

(§ 113 Abs. 5 daselbst) und sonst wirken, auch für das Wahlprüfungsgericht (Art. 12), den Staatsgerichtshof (Art. 58, 87). Das Gesetz, dem die Gerichte unterworfen sind, ist im Sinne jeder Rechtsnorm zu verstehen. Überdies ist der deutsche und preußische Richter auch an die allgemein anerkannten Regeln des Völkerrechts gebunden (Art. 4 RVerf.).

Abschnitt III.

Der Landtag.

Vorbetrachtung.

I. **Allgemeines und rechtliche Natur.** Das Zweikammersystem ist ebenso wie eine berufsständische Vertretung abgelehnt worden. Der Staatsrat ist trotz der Regelung des Rechts seiner Mitglieder, die derjenigen der Abgeordneten, auch in bezug auf das Immunitätsrecht, sehr ähnlich gestaltet wurde, keine Erste Kammer. Der Landtag ist das einzige Parlament des Landes Preußen. Um einem „Absolutismus der Volksvertretung" entgegenzuwirken, hat man in der Regelung von Volksbegehren und Volksentscheid Hemmungen einzuschalten versucht, die gleichzeitig den Gedanken der unmittelbaren Demokratie zur Geltung bringen wollen und den Landtag schon um deswillen nicht als das unbeschränkte oberste Staatsorgan gelten lassen wollen, weil bei der eingeführten parlamentarischen Regierungsweise, die das Staatsministerium zum Ausschuß der Mehrheit in der Volksvertretung macht, in jenem eine den Landtagswillen eindämmende Einrichtung nicht erblickt werden kann. Die Einführung des Staatsrats ist aber auch deshalb erfolgt, um den für berechtigt gehaltenen Autonomiebestrebungen der Provinzen entgegenzukommen, und die hemmungslose Auswirkung des Landtagswillens auch die Gefahr eines schlechthin zentralisierten straffen Einheitsstaates Preußen, der den Stammeseigentümlichkeiten und der wirtschaftlichen Zusammengehörigkeit nicht die nötige Freiheit geben könnte, heraufbeschworen hätte. Infolge der Nichteinführung eines Staatspräsidenten fehlte es bei der Abhängigkeit des Staatsministeriums vom Landtag an einem gegenüber dem letzteren selbständigen Verfassungsfaktor. Der Landtag, der den Ministerpräsidenten wählt (Art. 45), kann und will sich natürlich nie selbst auflösen oder eine Minderheitsregierung berufen. Die heikle Frage der Landtagsauflösung ist deshalb in besonderer Weise beantwortet worden (Art. 14 Abs. 2, 58 Abs. 6). Hemmungen des reinen Parlamentsabsolutismus sind daher teils durch die Regelung der Volksabstimmung (Art. 6), teils durch die Vorschriften über den Staatsrat (Art. 40—42) geschaffen worden. Seiner rechtlichen Natur nach ist der preußische Landtag eine Volksvertretung, durch die, als oberstes verfassungsmäßig bestelltes Organ, das souveräne preußische Staatsvolk mittelbar seinen Willen äußert (Art. 2, 3, 9—30, 42, 45, 46, 54 Abs. 2 u. 3, 55, 57, 58, 60—63, 65—68). Der Landtag übt die Kontrolle aus gegenüber der Staatsregierung und ist auf die Mitwirkung des Staatsrats in gewissen Fällen verwiesen. Im einzelnen gestaltet sich die Rechtslage folgendermaßen.

II. Das **Recht des Landtags ist zunächst durch die RVerf. zwingend bestimmt,** indem das Wahlrecht und die parlamentarische Regierungsweise in deren Art. 17 Abs. 1, das Immunitätsrecht der Abgeordneten durch die Art. 36—38 festgelegt ist (vgl. oben S. 25, 26). **Rechte des Landtags** sind:

1. Die Beschlußfassung über die Gesetze (Art. 29), auch der verfassungsändernden (Art. 30). Die Gesetzesform ist mehrfach vorgeschrieben, so für die Feststellung des Haushaltsplans (Art. 63), Aufnahme von Kredit und Übernahme der Sicherheitsleistung zu Lasten des Staats (Art. 65), das Landtagswahlrecht (Art. 4 Abs. 3), das Verfahren bei Volksbegehren und Volksentscheid (Art. 6 Abs. 7), das Wahlprüfungsgericht (Art. 12 Abs. 5), für Ausnahmen von der einfachen Stimmenmehrheit für Beschlüsse des Landtags (Art. 22 Abs. 2), Festsetzung der Entschädigung für die Abgeordneten (Art. 28 Abs. 3), die Einzelheiten über den Staatsrat (Art. 43), die Regelung des Ruhegehalts und der Hinterbliebenenversorgung der Minister (Art. 48), die Zusammensetzung usw. des Staatsgerichtshofs (Art. 58), das Nähere über den Austritt aus der Kirche (Art. 76), das Beamtenrecht (Art. 80), die Rechte des Staats gegenüber den Religionsgesellschaften (Art. 82 Abs. 3), Ablösung der Patronate (Art. 83).

2. Genehmigung des Haushaltsplans und der Staatsverträge, die sich auf Gegenstände der Gesetzgebung beziehen (Art. 29).

3. Kenntnisnahme von der Finanzgebarung nach dem Haushaltsplan zwecks Entlastung (Art. 68).

4. Überwachung des Staatsministeriums (Art. 46, 57, 27), Ministeranklage (Art. 58) und das Recht, die Anwesenheit jedes Ministers zu verlangen (Art. 24).

5. Recht auf bestimmte Ausschüsse (Art. 25, 26), Autonomie: Wahl des Vorstandes, Erlaß der Geschäftsordnung, Wahlprüfung (Art. 18, 29 und 26, 12).

6. Selbstversammlungsrecht, Bestimmung des Tagungsschlusses und des Wiederzusammentritts (Art. 17), Selbstauflösung neben anderen Auflösungsmöglichkeiten (Art. 14, 6, 57 Abs. 6).

III. Über die Frage der Abgeordnetenrechte und -pflichten vgl. Art. 9—11, 28; der Stellung des Landtagspräsidenten Art. 19, 20. Über das Verhältnis zum Staatsrat s. Art. 6, 14, 57 Abs. 6; 40 Abs. 2 u. 3; 42; zum Staatsministerium Art. 45, 50, 51, 54, Abs. 2 und 3; 55, 57, 58, 60—62, 63, 64, 65, 66, 68, 69. Das Landtagswahlgesetz ist am 3. Dezember 1920 ergangen.

Alle Einzelheiten kommen bei Erläuterung der nachfolgenden Verfassungsartikel in Frage.

Landtagsmitglieder. Wählbarkeit.

Artikel 9.

(1) Der Landtag besteht aus den Abgeordneten des preußischen Volkes. Die Abgeordneten sind Vertreter des gesamten Volkes und werden von ihm nach den Grundsätzen der Verhältniswahl gewählt.

(2) Wählbar sind die Stimmberechtigten, die das fünfundzwanzigste Lebensjahr vollendet haben.

Entw. § 7 Abs. 1 Satz 1 und Abs. 3. — AusschBer. Sp. 3. — AusschProt. Sp. 96—98, 249, 310. — 2. VollBer. StenBer. Sp. 13 329—13 335.

1. **Zur Entstehungsgeschichte.** Der Entw. hatte im § 7 sachlich zutreffend die Vorschriften des aktiven und passiven Wahlrechts zusammengefaßt. Der Ausschuß hat das Stimmrecht in Art. 4 geregelt (s. oben S. 62 ff.), die Bestimmung über die Verhältniswahl (die wegen Art. 17 RVerf. nicht fehlen durfte) und den Satz über die Wählbarkeit in Art. 9 gestellt.

Zu Abs. 1.

2. Es sind hier drei verschiedene Dinge geregelt.

a) Die Vorschrift, daß der **Landtag aus den Abgeordneten des preußischen Volks besteht,** ist hier nicht nur als Gegensatz zum deutschen Reichsvolke einerseits, dem Volke jedes Landes andererseits, sondern auch zu den Angehörigen der Provinz von Bedeutung, die den Provinziallandtag nach dem G. vom 3. Dezember 1920 wählen, während die Mitglieder des Staatsrats und ihre Stellvertreter von den Provinziallandtagen gewählt werden. Mit Recht hat Abg. Dr. Lauscher (Z.) einmal im Ausschuß (Prot. Sp. 55) erklärt, Preußen bleibe, vorausgesetzt, daß es noch ein Staat sei — und von der Voraussetzung ginge man doch allgemein in der Landesversammlung aus, sonst würde man nicht eine preußische Verfassung in Angriff nehmen —, mit Rücksicht auf seine Ausdehnung und seine Volkszahl ein Großstaat. Es gibt neben dem deutschen Volk als dessen Teil ein preußisches Volk, dem die Souveränität des Landes Preußen zusteht.

b) Daß die **Abgeordneten Vertreter des gesamten Volks sind,** entspricht allgemein konstitutioneller Grundauffassung (RVerf. 1849 §§ 93, 96; a.preußVerfUrk. Art. 83 Satz 1; a.RVerf. Art. 29; RVerf. Art. 21 Satz 1). Vgl. Arndt, Reichsstaatsrecht §§ 19—21; a.RVerf., 5. Aufl., S. 176 f.; Enzykl., 2. Aufl., S. 789 f.; v. Seydel, Verfassungsurkunde, 2. Aufl., S. 211; v. Seydel-v. Graßmann-Piloty, Bayr. Staatsrecht, 2. Aufl., **1** (1913) 290 ff.; Dambitsch, Verfassung d. D. Reichs, 1910 S. 45 ff.; Laband, Staatsrecht, 5. Aufl., **1** 296 ff.; derselbe, ArchöffR. **12** 277 ff.; Rieker, Die rechtliche Natur der modernen Volksvertretung, 1893 S. 10 ff., 27 ff.; Nake, Das rechtliche Verhältnis des Volks zu seiner Vertretung, 1896; Dandurand, Le mandat impératif, 1896; Hatschek, Parlamentsrecht, 1915 **1** 568 ff.; v. Savigny in Stengel-Fleischmanns Wörterbuch des Staats- und Verwaltungsrechts, 2. Aufl., **1** 13 ff. und die Kommentare der RVerf. zu Art. 21. Die Abgeordneten „vertreten" (nicht im bürgerlich-rechtlichen Sinne) weder ihren Wahlkreis noch ihre dortigen Anhänger oder die Mehrheit ihrer Wähler oder Partei, Beruf, Stand, sondern grundsätzlich das ganze Volk derart, daß staatsrechtlich dessen Wille — abgesehen vom Volksbegehren, Volksentscheid und Wahl — für die gesetzgebende Funktion nur durch sie, d. h. den Landtag, zum Ausdruck kommt. So ist nur im Verhältnis zum Landtag, nicht zum „Volke", die rechtliche Stellung aller Abgeordneten bestimmbar; nur auf dem Wege der Landtagsauflösung kann auch ihr Recht und ihre Pflicht erlöschen. Darüber, wann ein einzelner Abgeordneter seinen Sitz verliert, s. § 5 des Wahlgesetzes. Vgl. auch Art. 10 dieser VerfUrk.

c) Daß die Grundsätze der Verhältniswahl maßgebend sind, entspricht der Zwangsvorschrift des Art. 17 RVerf. und gehört zu Art. 4 Abs. 2 (oben S. 68 f.). Vgl. Wahlgesetz §§ 14 Abs. 2—5, 15 Abs. 2 und 3; 16 ff.

Zu Abs. 2.

3. Die **Wählbarkeit** ist von der Stimmberechtigung (Art. 4, 5) und von der Vollendung des 25. Lebensjahrs bedingt. Ebenso für das Wahlrecht: preuß. Wahlgesetz § 4, Reichswahlgesetz § 4, wo mindestens einjährige Reichsangehörigkeit verlangt wird. Da zur Stimmberechtigung in Preußen (Art. 4) eine Dauer der Reichsangehörigkeit nicht vorgeschrieben ist, hängt die Wählbarkeit zum preußischen Landtag hiervon ebenfalls nicht ab; einen gewissen Ersatz bietet das Erfordernis des Wohnsitzes in Preußen. Vgl. bayrVerf. § 26 II, bad. § 3 Abs. 4, sie haben beide das 25. Lebensjahr für die Wählbarkeit festgesetzt, württ. § 28 Abs. 1 aber das 20.

4. Der **Verlust der Abgeordneteneigenschaft** ist im Wahlgesetz § 5 geregelt. Er tritt ein bei Verzicht, der dem Landtagspräsidenten schriftlich zu erklären und nicht widerrufbar ist; durch nachträglichen Verlust des Wahlrechts, strafgerichtliche Aberkennung der Rechte aus öffentlichen Wahlen, Ungültigkeitserklärung der Wahl oder sonstiges Ausscheiden beim Wahlprüfungsverfahren, nachträgliche Änderung des Wahlergebnisses. Vgl. Art. 12.

Entschließungsfreiheit der Abgeordneten.

Artikel 10.

Die Abgeordneten stimmen nach ihrer freien, nur durch die Rücksicht auf das Volkswohl bestimmten Überzeugung; an Aufträge und Weisungen sind sie nicht gebunden.

Entw. § 6. — AusschBer. Sp. 3. — AusschProt. Sp. 96—98, 249, 310.

1. **Zur Entstehungsgeschichte.** Auch diese Vorschrift, wie die des Art. 9, ist altes konstitutionelles Gut. RVerf. 1849 §§ 93, 94; a.preußVerfUrk. Art. 83; a.RVerf. Art .29; RVerf. Art. 21 Satz 2. Literatur wie zu Art. 9 Erl:g. 2b und ferner G. Meyer-Anschütz, DStR. 7. Aufl., 1914 ff. S. 370, 516; Anschütz in Kohler-Holtzendorffs Enzykl., 7. Aufl. (1914), 4 109; s. auch Erltg. 2. Jetzt auch bayrVerf. § 35, sächs. Art. 4 Abs. 2, württ. § 41, bad. § 40 S. 1. — Die Fassung des Textes besagt dasselbe wie Art. 21 S. 2 RVerf.: „Sie (die Abgeordneten) sind nur ihrem Gewissen unterworfen und an Aufträge nicht gebunden"; jene kommt dem Art. 83 S. 2 a.preußVerfUrk. am nächsten: „Sie stimmen nach ihrer freien Überzeugung und sind an Aufträge und Instruktionen nicht gebunden."

2. Der Grundsatz, die **Berufsausübung des Abgeordneten** (nicht nur bei der Abstimmung) werde durch **freie Überzeugung zugunsten des Volkswohls** bestimmt, ist eine Folge des anderen Grundsatzes, daß sie Vertreter

des ganzen Volks (Art. 9 Abs. 1) eben im moralisch-politischen, nicht rechtlichen Sinne sind.

a) Gegenüber der auch von ihm gebilligten Ansicht von Seidler, Über den Gegensatz des imperativen und freien Mandats der Volksvertretung in Grünhuts Zeitschrift **24** 123 ff., daß der Ausschluß des imperativen Mandats des Abgeordneten nicht durch ein theoretisches Prinzip, sondern durch praktische Bedürfnisse herbeigeführt sei, hält G. Meyer-Anschütz a. a. O. daran fest, daß Instruktionen der Abgeordneten durch die Wähler unvereinbar seien mit der Kennzeichnung der Abgeordneten als Vertreter des gesamten Volks. Wer von jemand Instruktionen erhalte, sei eben nur Vertreter desjenigen, der ihn instruiert. Das ist jedenfalls nach Art. 10 VerfUrk. nicht zutreffend. Hier ist nur ausgesprochen, daß eine Bindung an Aufträge und Weisungen nicht besteht, eine rechtliche Pflicht erwächst dem Abgeordneten nicht; andererseits ist er nicht gehindert, solche Instruktionen oder Weisungen anzunehmen und danach zu handeln, wenn er es mit seiner freien, durch das Volkswohl bestimmten Überzeugung verantworten kann. Unrichtig auch Giese, RVerf., 2. Aufl., S. 123 Anm. 4, wonach die Erteilung und die Annahme eines Auftrags sogar verfassungswidrig sei; auch die RVerf. bestimmt doch nur, daß er nicht daran gebunden sei. So begreiflich und billigenswert die Überlegung ist, die einer der meinigen entgegengesetzten Ansicht zugrunde liegt, die Abgeordneten nicht zu Kirchturmspolitikern werden zu lassen, so wird dabei (auch ohne Beachtung des Wortlauts des Artikels) außer Rücksicht gelassen sowohl die politische Wirklichkeit, in der „es kaum einen Abgeordneten gibt, dem nicht direkt oder indirekt von Wählern usw. Aufträge oder Instruktionen erteilt werden" (Arndt, PreußVerfUrk., 7. Aufl. [1911], S. 293), als auch die Tatsache, daß die den Anträgen oder Weisungen entsprechende Berufsbetätigung sehr wohl mit dem Gemeinwohl in Einklang stehen kann und daß im anderen Falle der Abgeordnete ihnen nicht entsprechen muß und daß es verfassungswidrig wäre, ihm eine seiner Überzeugung entsprechende Abstimmung, auch wenn sie in Ausführung von Aufträgen und Weisungen erfolgt, zu untersagen.

b) Eine verwandte Frage ist die, ob finanzielle oder sonstige Zuwendungen an einen Abgeordneten, abgesehen natürlich von der verfassungsmäßigen Entschädigung (Art. 28 Abs. 1 Satz 1 dieser Verf. und Art. 40 RVerf.), zulässig sind, wenn sie in der Annahme der Vertretung von Interessen des Zuwendenden oder in Erwartung der Ausführung bestimmter Aufträge oder Weisungen erfolgen, z. B. wenn eine Stadt oder eine Handelskammer oder ein Industriekonzern die Zuwendungen vornimmt. So bedenklich und verurteilenswert derartige Vorgänge moralisch und menschlich meist auch sein mögen, so sind sie m. E. verfassungsrechtlich nicht unzulässig, weil sie nicht verboten sind und auch nirgends ausgesprochen ist, daß die Aufträge oder Weisungen, an die der Abgeordnete, wie dargelegt, sich binden darf, ohne Entschädigung ausgeführt werden müssen. Es lassen sich auch übrigens in der Praxis zuweilen vorgekommene Fälle anführen, die solche Zuwendungen durchaus nicht als im Widerspruch mit dem für den Abgeordneten maßgebenden Volkswohl erscheinen lassen; so wenn es nur auf diese Weise möglich ist, einem sonst wertvollen Deutschen die Abgeordnetentätigkeit durchzuführen, weil die gesetzliche Entschädigung zu seiner Lebenshaltung und Verfolgung berechtigter politischer Interessen nicht ausreicht, er vielleicht eine hochbezahlte Privatstellung aufgegeben hat und nur einen Bruchteil seines bisherigen Einkommens in der fraglichen Zuwendung erstattet bekommt. Das Ergebnis dieser Untersuchung ist politisch und moralisch gesehen keineswegs erfreulich; doch gilt es, den geltenden Rechtszustand auch hier klarzustellen. Bestechung kann nicht vorliegen, da die §§ 331—335 StGB. einen Beamten voraussetzen, der Abgeordnete aber keiner ist, da er sich als solcher in keinem öffentlich-rechtlichen Verhältnisse zum Staate befindet; ist er anderweitig Beamter, so liegt ebenfalls keine Bestechung vor, weil er nicht in bezug auf sein anderweitiges Amt, sondern als Abgeordneter die Zuwendung erhält. Schwieriger ist die Frage, wenn der Abgeordnete Minister ist; in diesem Falle läßt sich seine Beamten- und seine Abgeordneteneigenschaft wegen des bei der parlamentarischen Regierungsweise engsten Zusammenhangs mit oberster Verwaltung und Parlamentstätigkeit nicht wohl trennen. Ich nehme also in diesem Falle die Anwendungsmöglichkeit der §§ 331—335 StGB. an. In staatsrechtlicher Beziehung wird die Entziehung des Vertrauens durch den Landtag in Frage kommen (Art. 57).

Beamte, Angestellte und Arbeiter als Abgeordnete.

Artikel 11.

(1) Beamte, Angestellte und Arbeiter des Staates und der Körperschaften des öffentlichen Rechtes bedürfen zur Ausübung der Tätigkeit als Abgeordnete keines Urlaubs.

(2) Bewerben sie sich um einen Sitz im Landtag, so ist ihnen der zur Vorbereitung ihrer Wahl erforderliche Urlaub zu gewähren.

(3) Gehalt und Lohn sind weiter zu zahlen.

(4) Die den Religionsgesellschaften auf Grund des Artikel 137 der Reichsverfassung zustehenden Rechte werden durch die vorstehenden Bestimmungen nicht berührt.

AusschBeschluß § 7a. — AusschProt. Sp. 98, 99, 249, 310. — 2. VollBer. StenBer. Sp. 13 330—13 337.

1. Zur Entstehungsgeschichte. Die Vorschrift, die im Entw. fehlte, gelangte durch Beschluß in erster Lesung des Ausschusses in den Text nach der Begründung durch den sd. Abg. Herbert (Stettin), daß die entsprechende Formulierung in der RVerf., die nur von Beamten spreche, bereits zu Konflikten Anlaß gegeben habe; denn beim Reich gebe es jetzt sehr viele in beamtenähnlicher Stellung auf Privatdienstvertrag Angestellte. — Die a.preußVerfUrk. Art. 78 Abs. 2 bestimmte: „Beamte bedürfen keines Urlaubs zum Eintritt in die Kammer", die a.RVerf. Art. 21 Abs. 1: „Beamte bedürfen keines Urlaubs zum Eintritt in den Reichstag"; die RVerf. erklärt Art. 39 Abs. 1: „Beamte und Angehörige der Wehrmacht bedürfen zur Ausübung ihres Amtes als Mitglieder des Reichstags oder eines Landtags keines Urlaubs" und Abs. 2: „Bewerben sie sich um einen Sitz in diesen Körperschaften, so ist ihnen der zur Vorbereitung ihrer Wahl erforderliche Urlaub zu gewähren". Abs. 3 des vorliegenden Art. 11 fand sich nicht in den bisherigen deutschen Verfassungen und kann erst in erster Lesung des Ausschusses in den Text, Abs. 4 erst in der 2. VollBer. Der geltende Rechtszustand ist genauer Feststellung unter Vergleich mit dem bisherigen bedürftig. Für Bayern vgl. Verf. § 35 Abs. 2; Württemberg § 42; Baden § 41.

Zu Abs. 1.

2. Insoweit **Beamte** und **Angehörige der Wehrmacht** in Frage kommen, lag für die VerfUrk. eine Bindung durch die RVerf. Art. 39 Abs. 1 vor (vgl. Erltg. 1). Insoweit in Art. 11 die ersteren aufgeführt werden, liegt eine unschädliche Wiederholung vor. Die letzteren, die Angehörigen der Wehrmacht, sind Heeres- oder Marineangehörige, entweder Berufssoldaten oder solche, die vorübergehend Heer oder Marine angehören. Man scheint deshalb, weil Wehrverfassung, Reichsverteidigung, Wehrpflicht Reichssache sind (vgl. Art. 6, 46, 47, 50, 79, 133 Abs. 2 RVerf.), die Angehörigen der Wehrmacht in der preußVerfUrk. bei Art. 11 nicht angeführt zu haben, obwohl es sich ja auch darum handelt, ob jene eines Urlaubs für den Landtag bedürfen. Zwar ist dies schon, wie gezeigt, in der RVerf. geschehen; aber in dieser sind auch die Beamten aufgeführt, so daß eine Wiederholung ohnedies vorliegt. Art. 11 Abs. 1 nennt aber, über die RVerf. hinausgehend, **Angestellte und Arbeiter** des **Staates** und der **Körperschaften des öffentlichen Rechts.** Es ergibt sich daher folgendes:

A. **Beamte** bedürfen keines Urlaubs, welcherart sie auch sein mögen, solche des Reichs, des Staates oder der Selbstverwaltungskörper (RVerf. Art. 128 ff., preußVerfUrk. Art. 70), welch letztere auch als öffentliche Körperschaften (unten zu B) in Frage kommen. Ob der Charakter als Beamter vorhanden ist, richtet sich nach Reichs- und Landesstaatsrecht (einschließlich des Kommunalrechts) und bedarf hier keiner Erörterung (Lehrer an öffentlichen Schulen sind Beamte, Rechtsanwälte nicht, auch nicht für die vorliegende Frage, Notare). Reichs-, Landes- und Kommunalbeamte bedürfen daher keiner Erlaubnis ihrer vorgesetzten Behörde zum Eintritt in den Landtag, können zu diesem Zwecke ihre Dienstgeschäfte eigenmächtig aufgeben. Eine Anzeigepflicht an die vorgesetzte Behörde wird aber aus dem Beamtenrecht abzuleiten sein. Das bisherige Recht zwar zweispältig (vgl. G. Meyer-Anschütz, 7. Aufl., S. 350 f.; Arndt, Reichsstaatsrecht S. 645 und Reichsverfassung S. 180 f.; Schwartz S. 231). Auf Reichsbeamte bezog sich Art. 78 Abs. 2 a.preußVerfUrk. nicht; dagegen bezieht sich Art. 11 Abs. 1 auch auf sie; auch bezog sich jene Vorschrift nur auf die preußischen Beamten, da nur diese der a.preußVerfUrk. unterworfen waren; doch ist dies jetzt anders infolge Art. 39 Abs. 1 RVerf., so daß der preußische Beamte, der in einem anderen Lande in den Landtag gewählt wird, keines Urlaubs seiner preußischen vorgesetzten Behörde bedarf. Jene Vorschrift **der RVerf. deckt natürlich auch den Fall, daß Reichsbeamte und Angehörige** der Wehrmacht in den preußischen Landtag gewählt werden. — Für Kirchenbeamte war die Frage bisher streitig; einerseits wurde behauptet, daß es sich um ein staatliches Amt handeln müsse, staatlich besoldete Geistliche fielen nicht hierunter, andererseits hat Fürst Bismarck sie bei einer Beratung im konstituierenden Reichstage (StenBer. 409, 430) unter die Beamten im Sinne des Art. 21 a.RVerf. gezählt. Die Entscheidungen des preußOVG., auf die sich Arndt (RVerf. S. 138) für seinen ablehnenden Standpunkt stützt, haben nur festgestellt, daß Geistliche in Preußen nicht unmittelbare Staatsbeamte sind; es fragte sich aber, ob sie „Beamte" im Sinne des Art. 21 a.RVerf., Art. 78 Abs. 2 a.preußVerfUrk. waren. Vgl. über die Streitfrage für das bisherige Recht Dambitsch, RVerf. S. 415 f.; Arndt, PreußVerfUrk., 7. Aufl., S. 285, 287; schon bisher für Bejahung der Frage Seydel, RVerf. S. 197; v. Rönne, Reichsstaatsrecht I 24. Sowohl für Art. 39 Abs. 1 RVerf., Art. 11 preußVerfUrk. nehme ich an, daß Geistliche und Kirchendiener nach Art. 11 Abs. 1 keines Urlaubs bedürfen, weil sie zwar keine Beamte des Staates, wohl aber einer Körperschaft des öffentlichen Rechts sind, denn Religionsgesellschaften bleiben solche Körperschaften, soweit sie solche bisher waren, sonst können sie es werden (Art. 137 Abs. 5 RVerf.). Die christlichen Religionsgesellschaften waren es aber in Preußen schon bisher. Für die RVerf. Art. 39 gilt aber dasselbe, weil dort „Beamte" schlechthin, die die Geistlichen und Kirchendiener sicher sind, nicht aber nur „Beamte des Staates" angegeben sind. Der Gegengrund von Giese, RVerf., 2. Aufl., S. 157 A. 1, es handle sich um rein kirchliche Beamte, greift also nicht durch, weil auch kirchliche Beamte eben Beamte sind. Zu beachten ist auch, daß die Staatsleistungen an Religionsgesellschaften bis auf weiteres zu zahlen sind (Art. 173 RVerf.). Ganz außer Zweifel gestellt ist die Rechtslage durch Abs. 4 (vgl. unten Erltg. 5).

B. **Angestellte und Arbeiter des Staates und der Körperschaften des öffentlichen Rechts** bedürfen ebenfalls keines Urlaubs zur Ausübung der Tätigkeit als Abgeordnete. Für die RVerf. wurde ein entsprechender Antrag abgelehnt (AusschProt. S. 146 ff.; vgl. jedoch RVerf. Art. 160).

a) Angestellte und Arbeiter des Staates, nicht der Privaten, also nicht die sog. Privatbeamten; anders badVerf. § 41, der im Widerspruch zum Reichsrecht über das Dienst- und Arbeitsverhältnis steht und deshalb rechtsunwirksam ist. Ebenso Zehnter S. 105 f.

b) Körperschaften des öffentlichen Rechts, „unter denen vornehmlich die Kommunalverwaltungen bei Kreisen, Städten und Landgemeinden verstanden wurden" (AusschProt. Sp. 99). Eine Wendung daselbst, man könnte auch noch weitergehen und die „halbamtlichen Behörden wie die verschiedenen Kammern" darunter fassen, ist unklar und unmaßgeblich. Andererseits ist auch der erste Satz lückenhaft, denn auch Provinzial- und Zweckverbände, Krankenkassen, Berufsgenossenschaften gehören hierher. Die Frage muß auf den Boden eines soliden Rechtsbegriffes gestellt und gefragt werden, was öffentliche Körperschaft nach preußischem Rechte ist. Sie liegt vor, wenn eine Vereinigung vorhanden ist, a) deren Zwecke auf die Erledigung öffentlicher Angelegenheiten im Gegensatze zu privaten Erwerbsangelegenheiten gerichtet sind, b) die über ihre Glieder eine staatlich zugelassene (obrigkeitliche oder obrigkeitsähnliche) Gewalt ausübt und c) vom Staat als öffentliche Körperschaft anerkannt ist. Nach diesen Merkmalen ist jeweils die Prüfung, insbesondere hinsichtlich der Berufsvertretungen, z. B. Handels-, Landwirtschafts-, Handwerks-, Anwalts-, Ärzte-, Apothekerkammern usw., vorzunehmen.

C. Während Art. 39 Abs. 1 RVerf. von der **„Ausübung ihres Amtes"**, spricht Art. 11 Abs. 1 VerfUrk. von der „Ausübung der Tätigkeit" als Abgeordnete. Ein sachlicher Unterschied besteht nicht, da die Abgeordneten ein Amt ausüben und in ihm „tätig" sind. Sie tun dies in und außerhalb der Volksvertretung, während und zwischen den Tagungen. Sie können deshalb auch in dieser Zeit ohne Urlaub ihrem Amt als Beamter oder ihrer Dienststellung als Angestellter oder Arbeiter des Staats oder öffentlichen Körperschaften fernbleiben.

Zu Abs. 2.

3. Der erforderliche **Urlaub** ist **zur Vorbereitung der Wahl** zu gewähren bei Bewerbung um einen Sitz im Landtag, nach Art. 39 Abs. 2 RVerf. auch um einen Sitz im Reichstag. Wie sich die natürlich ernsthafte Bewerbung äußert, ist Tatfrage; Giese S. 158 verlangt Aufstellung als Kandidat. Jedenfalls muß im Falle des Abs. 2 ein Urlaub nachgesucht werden, der aber nicht abgelehnt werden kann, wenn und insoweit er für den bezeichneten Zweck erforderlich ist.

Zu Abs. 3.

4. **Gehalt und Lohn sind weiterzuzahlen.** Die früher vielumstrittene Frage der Stellvertretungskosten ist für Preußen zugunsten des Beamten, Angestellten, Arbeiters des Staats erledigt. Vgl. für das bisherige Recht Arndt, PreußVerfUrk., 7. Aufl., S. 285 f., dort weitere Literatur, Rechtsprechung und Verwaltungspraxis. Für die a.RVerf. Dambitsch S. 413, für die RVerf. Giese S. 157: „Besondere Vorschriften regeln die Kosten der Stellvertretung beamteter Reichstagsmitglieder." Art. 11 konnte nicht bestimmen, daß das Reich oder öffentliche Korporationen des Reichsrechts eine Pflicht haben sollen, Gehälter und Löhne weiterzuzahlen; er kann sich nur auf die dem preußischen öffentlichen Recht unterstehenden Körperschaften beziehen. Auch soweit Preußen in Frage kommt, haben zu zahlen: der preußische Staat für die preußischen Staatsbeamten, die preußischen Landeskirchen bzw. der Staat für die Geistlichen und Kirchendiener, die preußischen öffentlichen Körperschaften für ihre Beamten, Angestellten und Arbeiter, also die preußische Stadt, Landgemeinde, der Kreis, die Provinz usw. Art. 39 RVerf. ist selbstverständlich durch den weitergehenden Art. 11 preußVerfUrk. nicht geändert.

Zu Abs. 4.

5. **Beamte und Angestellte der Religionsgesellschaften insbesondere.** In der 2. Lesung der Vollversammlung wurde der diesem Absatz wörtlich ent-

sprechende Antrag gestellt, der selbstverständlich ist, weil Reichsrecht Landrecht bricht (Art. 13 Abs. 1 RVerf.). Art. 137 daselbst bestimmt: „Jede Religionsgesellschaft ordnet und verwaltet ihre Angelegenheiten selbständig innerhalb der Schranken des für alle geltenden Gesetzes. Also gelten alle Bestimmungen, die in der preußVerf. für alle Beamten und Angestellten der Körperschaften des öffentlichen Rechts getroffen sind, auch für die der Religionsgesellschaften (Berichterstatter Dr. Berndt, StenBer. Sp. 13330). Abs. 4 will auch aussprechen, daß Abs. 1—3 nicht in die Selbständigkeit der Religionsgemeinschaften in einer Weise eingreifen wollen, die ihnen das Recht zur selbsteigenen Ordnung und Verwaltung ihrer inneren Angelegenheiten verschränken würde. Die volle Bewegungsfreiheit jeder Kirche wird anerkannt.

Wahlprüfungsgericht.

Artikel 12.

(1) Die Gültigkeit der Wahlen prüft ein beim Landtage gebildetes Wahlprüfungsgericht. Dieses entscheidet auch über die Frage, ob ein Abgeordneter die Mitgliedschaft verloren hat.

(2) Das Wahlprüfungsgericht besteht aus Mitgliedern des Landtags, die dieser für die Wahlperiode wählt, und aus Mitgliedern des Oberverwaltungsgerichts, die das Präsidium dieses Gerichts für dieselbe Zeit bestellt.

(3) Das Wahlprüfungsgericht erkennt auf Grund öffentlicher mündlicher Verhandlungen durch drei Mitglieder des Landtags und zwei richterliche Mitglieder.

(4) Außerhalb der Verhandlungen vor dem Wahlprüfungsgerichte wird das Verfahren von einem der bestellten Mitglieder des Oberverwaltungsgerichts geführt, das dem demnächst erkennenden Gerichte nicht angehören darf.

(5) Das Nähere wird durch Gesetz geregelt.

Entw. § 8. — AusschBer. Sp. 3. — AusschProt. Sp. 99—106, 249, 310. — 2. VollBer. StenBer. 13 338—13 346.

Inhaltsübersicht.

1. Zur Entstehungsgeschichte und Grundsätzliches. Der endgültige Text weicht vom Entw. in zwei Punkten ab. Er enthielt nicht die jetzt im zweiten Absatz befindlichen Worte: „für dieselbe Zeit", sondern hatte vorgesehen, daß das Verfahren vor einem Staatsbeauftragten geführt wird, den das Staatsministerium ernennen sollte. Im Ausschuß standen drei Möglichkeiten offen, und um sie ging der Streit: die Gültigkeit der Wahlen prüfen lassen entweder durch den Landtag allein oder durch das OVG. oder von einem gemischten Gerichtshof, in dem beide vertreten sind. Die Wahlprüfung ausschließlich durch die Volksvertretung war ein altes Parlamentsrecht, von dem die Einwirkung der ausführenden Gewalt fernzuhalten man in der geschichtlichen Entwicklung begründete gute Gründe hatte und das man auch der richterlichen Gewalt zu unterstellen Bedenken trug, teils um keine wesentliche Befugnis zu verlieren, teils wegen der möglichen auch bei Richtern befürchteten parteipolitischen Gefahren und wegen der Fremdheit des Berufsrichters gegenüber parlamentarischen Notwendigkeiten und praktischen Gesichtspunkten. Doch war die Verbindung der Eigenschaft von Richter und Partei bei ausschließlicher Entscheidung durch die Abgeordneten wegen der damit vielfach gemachten unerfreulichen Erfahrungen berechtigter dringlicher Kritik ausgesetzt; sie war der Durchsetzung unparteiischer Entscheidung um so mehr hinderlich, als ein ausgebildetes einigermaßen festes materielles Wahlprüfungsrecht, an das sich als an eine bindende Norm zu halten die Wahlprüfungsausschüsse verpflichtet gewesen wären, nicht bestand. Maßgebende Rechtsgrundsätze haben sich erst allmählich und ohne absolute Sicherheit in langer Praxis der Volksvertretungen ausgebildet. Auf jeden Fall war es mißlich, wenn Parteiinteressen vielgescholtene unbillige Entscheidungen herbeigeführt haben, ja wenn auch nur der Anschein von Parteirücksichten entstanden war. Die auf Änderung dieses Zustandes gerichteten Bestrebungen stützten sich auf den Gedanken, daß die Frage der Gültigkeit der Wahlen eine Rechtsfrage sei und deshalb vor den Richter gehöre. Sie konnten aber erst Erfolg haben, nachdem die deutschen Verwaltungsgerichte sich eingelebt und als in sachlicher Hinsicht gänzlich einwandfrei bewährt hatten. Auch die Verfassung von Elsaß-Lothringen vom 31. Mai 1911 (RGBlS. 225) § 9 Abs. 1 bestimmte, daß über Einsprüche gegen die Gültigkeit der Wahlen der Landtagsmitglieder der Verwaltungsgerichtshof, bis zu seiner Errichtung ein Senat des Oberlandesgerichts (in Kolmar) entscheidet. Vgl. Jacques, Die Wahlprüfung in den modernen Staaten, 1885; v. Seydel, VerfUrk., 2. Aufl., S. 207 f.; Derselbe in Annalen des Deutschen Reichs 1889 S. 273 ff.; Derselbe, Staatsrechtliche und politische Abhandlungen, 2. Aufl., 1893 S. 191 ff.; Derselbe in Gutachten für den 19. Deutschen Juristentag **2** 121 ff.; Freudenthal, Die Wahlbestechung 1896 S. 70 ff.; Prengel, Annalen des Deutschen Reichs 1892 S. 1 ff.; Hatschek, Parlamentsrecht **1** 295 ff., 491 ff.; Derselbe, Allgemeines Staatsrecht (1909) **1** 94 ff.; Jellinek, Allgemeine Staatslehre, 3. Aufl., S. 613 f.; Derselbe, System der subjektiven öffentlichen Rechte, 2. Aufl., 1905 S. 168 ff.; Derselbe, Ausgewählte Schriften und Reden (1911) **2** 398 ff.; Perels, Das autonome Reichstagswahlrecht 1903; Leser, Untersuchungen über das Wahlprüfungsrecht des deutschen

Reichstags, 1908; Laband, ArchöffR. 17 600 ff.; Walz, Zeitschr. f. bad. Verwaltung 1902; Dambitsch S. 448 ff.; Stier-Somlo, Der verwaltungsgerichtliche Schutz des Bürger- und Einwohnerrechts in Preußen (VerwArch. 12 354—574, besonders 438 ff.); Jungheim, Die Geschäftsordnung für den Reichstag mit Anmerkungen 1916 S. 5 ff., 9, 23, 27, 28; v. Rauchhaupt, Handbuch der deutschen Wahlgesetze und Geschäftsordnungen 1916, unter dem Stichwort „Wahlprüfung". Die RVerf. Art. 31 hat beim Reichstag die Errichtung eines Wahlprüfungsgerichts vorgeschrieben und bestimmt, daß es aus Mitgliedern des Reichstags und des Reichsverwaltungsgerichts zusammenzusetzen ist; jene werden für die Wahlperiode gewählt, diese vom Reichspräsidenten auf Vorschlag des Präsidiums dieses Gerichts bestellt. Außerhalb der Verhandlungen vor dem Wahlprüfungsgerichte wird das Verfahren von einem Reichsbeauftragten geführt, den der Reichspräsident ernennt. Im übrigen wird das Verfahren von dem Wahlprüfungsgerichte geregelt. Nach Art. 166 RVerf. tritt bis zur Errichtung desselben an seine Stelle das Reichsgericht. Sonst stimmt Art. 31 Abs. 1 Satz 2 RVerf. mit Art. 12 Abs. 1 Satz 2, Abs. 3 hier überein, nur daß natürlich dort Mitglieder des Reichstags, hier des Landtags, vorgesehen sind. Nach Art. 7 Abs. 4 der VO. über den vorläufigen Reichswirtschaftsrat vom 4. Mai 1920 (RGBlS. 857) findet die Prüfung der Berechtigung der Mitglieder durch ein Wahlprüfungsgericht statt. Es entscheidet in Spruchkammern, die sich aus dem Präsidenten des Reichswirtschaftsgerichts (VO. über dieses vom 21. Mai 1920, RGBlS. 1167, erläuterte Ausgabe von Johannes Müller und Jakob Wiedersum, 1920 S. 66) als Vorsitzenden, zwei vom Reichswirtschaftsminister zu bestimmenden Senatspräsidenten des Reichswirtschaftsgerichts und vier Mitgliedern des Reichswirtschaftsrats, die dieser aus der Zahl seiner Mitglieder wählt, zusammensetzen. Das Verfahren regelt die Geschäftsordnung des Reichswirtschaftsrats. — Von Landesverfassungen hat die bayr. § 33 grundsätzlich am Wahlprüfungsrecht des Landtags festgehalten. Er kann zu diesem Zweck durch seine Geschäftsordnung einen Wahlprüfungsausschuß einsetzen. Doch kann er die Aufgabe auch einem Gerichtshof übertragen, sei es dem Verwaltungsgerichtshof, sei es einem Staatsgerichtshof, dem Obersten Landesgericht oder einem besonders damit beauftragten Gericht. Nach der sächsVerf. Art. 7 entscheidet ohne Zulassung eines Gerichtshofs der Landtag über die Gültigkeit der Wahlen und darüber, ob ein Abgeordneter die Mitgliedschaft verloren hat. Die württ. Verf. § 32 bestimmt dagegen: Der Landtag stellt das Recht der Mitgliedschaft fest. Ist eine Wahl angefochten oder wird streitig, ob ein Mitglied des Landtags das Recht der Mitgliedschaft verloren hat, so entscheidet der Staatsgerichtshof. Nach § 39 der badischen Verf. prüft der Landtag die Vollmacht seiner Mitglieder und entscheidet darüber. Die preußVerfUrk. hat daher den obenbezeichneten Mittelweg eingeschlagen, wonach weder der Landtag allein noch ein außerhalb stehendes Gericht ohne den Landtag entscheidet, sondern ein aus dem OVG. und dem Landtag zusammengesetztes, diesem eingefügtes Gericht. Die Geschäftsordnung der Landesversammlung bestimmte:

§ 18.

In einer Vorprüfung jeder Wahl stellt der Wahlprüfungsausschuß fest, ob Zweifel an ihrer Gültigkeit vorliegen und eine besondere Prüfung erfordern.

§ 19.

(1) Einer besonderen Prüfung ist eine Wahl zu unterziehen:

1. wenn sie rechtzeitig angefochten ist,
2. wenn ein Abgeordneter rechtzeitig unter Angabe bestimmter Tatsachen Einspruch gegen sie erhebt,
3. wenn bei der Vorprüfung die Mehrheit des Wahlprüfungsausschusses die Gültigkeit beanstandet,
4. wenn bei der Vorprüfung ein anwesendes Ausschußmitglied den Wahlakten einen bestimmt bezeichneten Zweifel an der Gültigkeit entnimmt.

(2) Wahlanfechtungen müssen in deutscher Sprache abgefaßt sein.

(3) Wahlanfechtungen und Einsprüche müssen bei allgemeinen Wahlen binnen 14 Tagen nach Eröffnung der Landesversammlung, im übrigen binnen 14 Tagen nach der amtlichen Bekanntgabe des Namens der Abgeordneten angebracht werden.

§ 20.

Wahlen, die keine besondere Prüfung erfordern, werden als gültig angesehen. Der Präsident macht sie dem Hause bekannt, jedoch frühestens nach Ablauf der Fristen des § 19 Abs. 3.

Immerhin war bei Schaffung des Art. 12 zu bedenken, daß sich eine radikale Beseitigung des bisherigen Landtagsrechts auf Wahlprüfung auch nicht empfahl, besonders weil neben rechtlichen Erwägungen auch Gesichtspunkte praktischer Handhabung auf Grund von politischen und parlamentarisch-technischen Erfahrungen nötig sind. Sehr häufig ist über Wahlbeeinflussung zu befinden, die keine Rechtsfrage, sondern eine Verwaltungsfrage ist. Andererseits konnte freilich auch nicht zugegeben werden, daß das Recht der Wahlprüfung sich als ein aus der Unabhängigkeit des Landtags ergebendes Recht darstellt; denn eine Verletzung dieser Unabhängigkeit liegt jedenfalls nicht vor, wenn der Landtag sich dem Rechte unterwirft.

Zu Abs. 1.

2. **Beim Landtag wird** für die Prüfung der Gültigkeit der Wahlen **ein gemischtes Wahlprüfungsgericht gebildet.** Es ist daher dessen organischer Bestandteil und organisatorisch nicht selbständig, wohl aber in seiner Betätigung als selbständiger Verwaltungsgerichtshof, neben dem Staatsgerichtshof. Seine sämtlichen Mitglieder sind Richter im Sinne des Art. 102 RVerf., deshalb unabhängig und nur dem Gesetz unterworfen. In welchen Fällen die Mitgliedschaft des Abgeordneten verlorengeht, bestimmt das Wahlgesetz § 5. Siehe oben S. 89.

Zu Abs. 2.

3. Das Wahlprüfungsgericht ist eine dauernde staatsrechtliche Einrichtung. Während **die Mitglieder,** soweit sie Abgeordnete sind, **für**

die Wahlperiode, also in der Regel auf vier Jahre (Art. 13, siehe jedoch auch Art. 15, 16), aus dem ganzen Landtag, demnach nicht nach der Stärke der Parteien, **gewählt** werden, werden sie, soweit sie Mitglieder des OVG. sind, vom Präsidium dieses Gerichts für dieselbe Zeit mit der Wirkung **bestellt,** daß keine anderen Mitglieder des OVG. als diese zum Wahlprüfungsgerichte gehören. Hierdurch wird eine Auswahl der Richter nach rein sachlichen Gesichtspunkten verbürgt; es sollte auch nur der Schein vermieden werden, als wären hierbei politische Gesichtspunkte maßgebend. Deshalb ist nicht das Staatsministerium, sondern das Präsidium des OVG. mit dieser Aufgabe betraut worden, „eine objektive Körperschaft, die mit Politik, mit dem Parlament und mit den Abgeordneten überhaupt nichts zu tun hat". Abg. Dr. v. Richter (Dn.), StenBer. S. 13340. Das Präsidium besteht aus dem Präsidenten, dem Senatspräsidenten und dem dem Dienstalter nach, bei gleichem Dienstalter dem der Geburt nach ältesten Mitgliede. Das Präsidium entscheidet nach Stimmenmehrheit, im Falle der Stimmengleichheit gibt die Stimme des Präsidenten den Ausschlag (§ 26 Abs. 4 des G., betr. die Verfassung der Verwaltungsgerichte und das Verwaltungsstreitverfahren, vom 3. Juli 1875/2. August 1880 [GSS. 375 bzw. 315]). Im Reich findet auf Vorschlag des Reichsverwaltungsgerichts die Bestellung durch den Reichspräsidenten statt, der an diesen Vorschlag gebunden ist. Über die Zahl der zu bestellenden Mitglieder des OVG. sagt Art. 12 Abs. 2 nichts. Im Landtag kam die Ansicht zum Ausdruck, daß je drei Mitglieder des OVG. und drei Stellvertreter ernannt werden, daß von diesen drei nach der Geschäftsordnung, die sich das Wahlprüfungsgericht gibt, einer — was ja wechseln kann — zum Untersuchungsrichter bestellt und die anderen dann in das erkennende Gericht eintreten würden. Hierüber kann das im Abs. 5 vorbehaltene Gesetz Anordnung treffen.

Zu Abs. 3 und 5.

4. Der Zusammentritt des Landtags und der Beginn seiner rechtmäßigen Tätigkeit kann nicht von der Wahlprüfung abhängig gemacht werden (ebenso Verhandlungen des bayrVerfAussch. **1** 145 ff.).

A. **Das Wahlprüfungsgericht,** bei dem drei Mitglieder des Landtags und zwei richterliche Mitglieder mitwirken, das Laienelement also überwiegt, **entscheidet als richterliche Behörde,** ob die Wahl gültig oder ungültig ist, oder ob die Mitgliedschaft verloren gegangen ist oder nicht. Eine materielle Rechtskraft wohnt dem Erkenntnis nicht inne; das Wahlprüfungsgericht kann daher gültig erklärte Wahlen später für ungültig erklären und umgekehrt (Dambitsch S. 449; Giese S. 141).

B. Die **Mitwirkung von Laien** bedeutet eine erwünschte Entlastung der Verantwortlichkeit der Berufsrichter, die sonst, wie sie auch entscheiden würden, schweren Anklagen und Verdächtigungen ihrer Unabhängigkeit seitens des Publikums ausgesetzt sein würden. Durch die drei Laienmitglieder werden freilich möglicherweise nur bestimmte Parteien des Landtags vertreten sein, und die Gefahr liegt nahe, daß, wenn auch unter Umständen nicht bewußt, aber nach der Zusammensetzung des Landtags, die Auswahl dieser drei Mitglieder des Landtags aus der Mehrheit, jedenfalls unter stärkerer Berücksichtigung der Mehrheit als der Minderheit erfolgt. Es besteht das Bedenken, daß man nicht etwa drei hervorragend geeignete Persönlichkeiten ohne Rücksicht auf die Parteistellung wählt. Dabei ist mit Recht gefordert, daß die Berufsrichter nicht nur zur Verbrämung der Tätigkeit jener von der parlamentarischen Mehrheit gewählten drei Mitglieder dienen. Diesen Befürchtungen kann durch eine Bestimmung des Wahlprüfungsgesetzes begegnet werden, daß jede Partei ein Mitglied in das Gericht entsendet (was jedoch nur beim Vorhandensein von nicht mehr Parteien als Laienrichtern möglich wäre) und daß die drei Stellen unter Berücksichtigung aller Parteien in einer zu bestimmenden Reihenfolge in Wirksamkeit treten. Sonst würde der Willkür Tür und Tor geöffnet. Die VerfUrk. bestimmt auch nicht, daß das Wahlprüfungsgericht aus fünf Mitgliedern, drei des Landtags und zwei des OVG. besteht, sondern nur, daß bei der Entscheidung diese Zahl in dieser Zusammensetzung mitwirkt. Das sachgemäße Funktionieren des Wahlprüfungsgerichts ist daher von der Gestaltung durch das im Abs. 5 vorgesehene Sondergesetz abhängig. Gegen die Bemänglung des Übergewichts der Laienrichter ist geltend gemacht worden, daß dies auch beim Schöffengerichte, übrigens auch bei den Kammern für Handelssachen, beim Gewerbe- und Kaufmannsgerichte, ferner bei den rechtsprechenden Instanzen der RVO. ebenso ist, wo sich das juristische Element erfahrungsmäßig durchsetzt. Die Berufsrichter haben die Aufgabe, ihre scharf auf das reine Rechtsempfinden gestellten Erwägungen den parlamentarischen Mitgliedern des Wahlprüfungsgerichts vor Augen zu führen. So Abg. Heilmann (Sd.) StenBer. 13340 ff. Das Präsidium des OVG. bestellt die Berufsrichter; deshalb ist die Ausführung des letzterwähnten Abgeordneten unrichtig, daß „die Regierung immer gemäß dem Vorschlage des Präsidiums die richterlichen Mitglieder zu berufen haben wird, abgesehen etwa von dem Fall, daß höchst dringende und wichtige Gründe sie daran hindern, die dann natürlich sofort der Öffentlichkeit und dem Hause selbst mitzuteilen wären“. Eine Behinderung müßte zu einer neuen Bestellung durch das Präsidium des OVG. führen.

C. Die Verhandlung ist nicht nur für die Landtagsmitglieder, sondern für jeden Deutschen öffentlich. Das im Abs. 5 vorgesehene Gesetz regelt das Nähere, insbesondere ob die Prüfung nur auf Antrag erfolgt und wer ihn zu stellen hat, wer beteiligt ist und mit welchen Rechten, die etwaige Erscheinungspflicht des betroffenen Abgeordneten, Beweiserhebung, Rechtshilfepflicht, materielle Rechtskraft, die Gegenpartei usw.

D. Auch die Laienmitglieder sind Richter und genießen volle Unabhängigkeit (Art. 102 RVerf.).

Zu Abs. 4.

5. Das Verfahren außerhalb der Verhandlungen vor dem Wahlprüfungsgericht betrifft Einleitung des Verfahrens, Anstellung von Erhebungen, Sammlung des Stoffes, Vernehmung von Zeugen, durch all dies Vorbereitung der mündlichen Verhandlung, wohl auch Ausführung des Urteilsspruchs. Das hierzu bestellte Mitglied des OVG. hat auch die Eigenschaft eines im Wahlprüfungsgericht unabhängigen Richters, denn auch er wird als Mitglied desselben bestellt (Abs. 2). Daß es dem demnächst erkennenden Gerichte nicht angehören darf, entspricht der StPO. § 23 Abs. 2, nach welcher der die Voruntersuchung führende Richter dem erkennenden Gericht ebenfalls nicht angehören darf.

Dauer der Tagung.

Artikel 13.

Der Landtag wird auf vier Jahre gewählt. Die Neuwahl muß vor dem Ablaufe dieser Zeit erfolgen.

Entw. § 9. — AusschBeschl. § 9. — AusschBer. Sp. 3. — AusschProt. Sp. 108—115, 249, 310. — 2. VollBer. StenBer. Sp. 13 344—13 347.

1. **Zur Entstehungsgeschichte und Allgemeines. Wahlperiode** (Landtagsperiode, früher Legislaturperiode genannt). Die Vorschrift entspricht in ihrem ersten Satze dem Entw. der RVerf. Art. 23 Abs. 1 Satz 1, während Satz 2 bestimmt, spätestens am sechzigsten Tage nach ihrem Ablauf muß die Neuwahl stattfinden. Dagegen stimmt § 27 bayrVerf., Art. 6 Abs. 1 und Abs. 2 Satz 1 sächs., § 29 Abs. 1 und 2 württ. mit Art. 13 der preuß. überein. § 26 Satz 1 und 2 sieht vor, daß sämtliche Abgeordnete in Zeiträumen von vier Jahren gewählt werden und daß die vierjährige Landtagsperiode in vier Sitzungsperioden von je einjähriger Dauer zerfällt. In der Ausschußberatung einigte man sich nach den Vorbildern der RVerf. und den Landesverfassungen auf vier Jahre; für eine kurze Tagungsdauer spreche, daß ein im Widerspruch mit dem Willen des Landtags befindlicher Landtag nicht seines Amtes walten dürfe, ohne daß dem Volke baldigst Gelegenheit gegeben werde, seinen entgegengesetzten Willen kundzutun; gegen eine allzu kurze Tagungsdauer ist geltend zu machen, daß sie das Einarbeiten der Abgeordneten in die Gesetzgebungsstoffe erschwert und der Stetigkeit der Arbeit schade, auch eine Gefährdung der Bedeutung des Landtags darstelle, da sein Bestand nicht auf längere Zeit gesichert sei. Ein Gegensatz zum Volkswillen hat auch das Mittel des Volksbegehrens auf Landtagsauflösung (Art. 6 Abs. 1 Nr. 3) zur Verfügung. Den zweiten Satz hat man eingefügt, um keine parlamentslose Zeit zu haben, in der sonst die Regierung diktatorische Gewalt haben würde. Eine Frist vor Ablauf der vier Jahre (vorgeschlagen eine solche von 30 Tagen) ist nicht festgesetzt worden, da es unter Umständen praktisch sein könne, den alten Landtag ein paar Tage länger sitzen zu lassen als 30 Tage vor Ablauf der Legislaturperiode, um noch wichtige gesetzgeberische Arbeiten zu erledigen oder wichtige Fragen zu erörtern.

2. **Die Wahlperiode ist anders geregelt wie beim Reichstag.** Dort muß nach Art. 23 Abs. 1 Satz 1 spätestens am sechzigsten Tage **nach** Ablauf der vierjährigen Legislaturperiode die Neuwahl stattfinden, nach dem vorliegenden Art. 13 preußVerfUrk. **vor** dem Ablauf dieser Zeit. Dadurch ist im Reich, nicht aber in Preußen eine parlamentslose Zeit möglich. Regel-

mäßig endet daher die Legislaturperiode in Preußen mit dem Ablauf der Wahlperiode des alten Landtags (Art. 16 am Schlusse), die Wahlperiode endet mit dem vierten Jahrestage der Wahlen, beginnt also am Tage der Neuwahl. Unregelmäßig, d. h. infolge Auflösung des Landtags, endet die Landtagsperiode mit dem Tage, der auf den Tag des Beschlusses der Auflösung bzw. Volksentscheids folgt (Art. 14 Abs. 1; 6 Abs. 1 Nr. 3; Abs. 2 und 6; s. aber auch § 188 Abs. 2 BGB.); sie beginnt nach Art. 16 mit dem Tage der Neuwahl. Für das Reichstagswahlrecht bleiben zum Teil frühere staatsrechtliche Zweifelsfragen (Laband, Reichsstaatsrecht, 5. Aufl., **1** 340 und DJZ. **7** 489 ff.; Meyer-Anschütz, Staatsrecht, 7. Aufl., S. 357, 509 und dort angeführtes Schrifttum) bestehen; die für Preußen bestandenen (vgl. Perels, ArchöffR. **19** 1 ff.; Arndt, PreußVerfUrk. S. 275 ff.; Schwarz S. 222 ff.) sind erledigt.

3. **Der alte Landtag bleibt, wenn keine Auflösung stattfindet, bis zur Beendigung der Wahlperiode in rechtlicher Wirksamkeit;** durch die Neuwahl findet er noch nicht sein Ende, sondern erst mit Ablauf der vier Jahre. Der aufgelöste Landtag hört aber mit dem Beschluß der Auflösung bzw. dem Volksentscheid auf (vgl. Erltg. 2). In jenem ersteren Falle kann also der neue Landtag nicht vor Ablauf von vier Jahren der Wahlperiode zusammentreten. Dem alten Landtag können deshalb Vorlagen gemacht werden, und er kann Gesetze erlassen und andere Beschlüsse fassen; allerdings wird der neue Landtag, wenn er wesentlich anders zusammengesetzt ist, wie der alte, nur noch ein Schattendasein führen. Rechtlich besteht aber kein Anlaß, an der Fortdauer seiner verfassungsmäßigen Zuständigkeit zu zweifeln, und er darf nicht nur, wie im Ausschuß irrtümlich gesagt wurde, „nur mit unbedingt notwendigen Dingen befaßt werden". Die politische Seite der Frage ist eine andere; es mag schon sein, daß praktisch bedenkliche Folgen eintreten können, wenn der alte Landtag, nachdem schon der neue gewählt ist, eine Reihe von Gesetzen beschließen sollte, die dem Volkswillen widersprechen. Natürlich kann ein aufgelöster Landtag nicht wieder zusammentreten (unzutreffend AusschProt. Sp. 113).

4. Zu beachten bleibt zweierlei: a) daß der ständige **Verfassungsausschuß** des Art. 26 einen gewissen Schutz im Falle kurzer parlamentsloser Zeit darstellt; b) daß die Anwendung des **Notverordnungsrechts** nach Art. 55 sehr beschränkt ist, weil eine seiner Voraussetzungen ist, daß der Landtag nicht versammelt ist, selten vorliegen wird.

5. Ein **Großwahltag,** an dem die Wahlen in Reich, Land, Provinz, Kreis, Gemeinde gleichzeitig stattfinden, ist verfassungsrechtlich nicht festgelegt. Ihn einzuführen, wäre Sache der Verwaltung. Für ihn spricht die bei Zusammenlegung erreichbare Ersparnis an Zeit und Geld, dagegen, daß dies große Unruhe in die Gemeinden tragen würde, da die große Politik des Staats nicht in die Gemeindeversammlungen gehört; die politische Bewegung soll im Reichstag oder Landtag Widerhall finden. Auch stimmt der Kreis der Wahlberechtigten bei den politischen und kommunalen Wahlen nicht überein. Es ist auch bedenklich, in der Gemeinde

neu wählen zu lassen, wenn der Reichstag oder Landtag aufgelöst wird. Dagegen empfehle ich sehr gleichzeitige Wahl zum Reichstag, Landtag und zum Provinziallandtag.

Auflösung des Landtags.

Artikel 14.

(1) Die Auflösung des Landtags erfolgt durch eigenen Beschluß oder durch den Beschluß eines aus dem Ministerpräsidenten und den Präsidenten des Landtags und des Staatsrats bestehenden Ausschusses oder durch Volksentscheid. Der Volksentscheid kann auch durch Beschluß des Staatsrats herbeigeführt werden.

(2) Die Auflösung des Landtags durch eigenen Beschluß bedarf der Zustimmung von mehr als der Hälfte der gesetzlichen Mitgliederzahl.

Entw. § 10. — AusschBeschl. § 10. — AusschBer. Sp. 3. — AusschProt. Sp. 115, 182—184, 195—198, 247, 310. — 2. VollBer. StenBer. Sp. 13 347 bis 13 357, 13 368—13 417.

1. **Zur Entstehungsgeschichte.** Der Entw. § 10 schlug vor: „Das Staatsministerium kann den Landtag auflösen vorbehaltlich der Bestimmungen des § 37." (Aus diesem angezogenen § 37 ist Art. 57 VerfUrk. entstanden; vgl. diesen.) Im Ausschuß setzten die Anträge ein, die teils auf ein Volksbegehren nach Auflösung des Landtags abzielten, teils dem Staatsrat ein Auflösungsrecht geben wollten, dabei ein Recht zur Selbstauflösung des Landtags vorsahen. Der Unterausschuß einigte sich zunächst auf folgende Fassung:

> Die Auflösung des Landtags erfolgt durch Beschluß des Landtags oder durch Volksentscheid.
>
> Zur Gültigkeit eines Beschlusses auf Selbstauflösung des Landstags ist die Zustimmung von mehr als der Hälfte der gesetzlichen Mitgliederzahl erforderlich.

legte dann aber einen Antrag vor, dahin lautend:

> Die Auflösung des Landtags erfolgt durch Beschluß des Landtags, durch Volksentscheid oder durch *Beschluß des Staatsrates*.
>
> Zur Gültigkeit eines Beschlusses auf Selbstauflösung des Landtags bedarf es der Zustimmung der für Verfassungsänderungen vorgesehenen Mehrheit.

Es hing dies mit der dazwischen stattgefundenen Beratung über den Staatsrat zusammen. Der letzterwähnte Satz ist eingeführt worden als Schutz dagegen, daß etwa eine Mehrheit des Landtags durch den Beschluß der Selbstauflösung die Minderheit ganz nach Belieben ihres Mandats entkleide. Mit dem Volksbegehren und Volksentscheid, durch die ebenfalls eine Landtagsauflösung ermöglicht werden sollte, glaubte man wegen ihrer Umständlichkeit der mangelnden Entschlußfähigkeit und Wahlmüdigkeit der Massen kaum als mit einem ernstlich wirksamen Sicherheitsventil rechnen zu können. Dem Staatsrat wollte man deshalb die Auflösungsbefugnis geben, weil die Einrichtung des Staatspräsidenten abgelehnt, jedoch in diesem Stadium der Beratung im Ausschusse noch davon ausgegangen wurde, daß der Landtagspräsident das Staatsministerium ernenne, weshalb er nicht als die geeignete Persönlichkeit zur Auflösung des Landtags erschienen war. Es blieb nur der Staatsrat, als eine dem Parteigetriebe des Landtags entrückte Körperschaft, übrig. Aber auch hiergegen bestanden Bedenken, teils weil die Selbstauflösung und der Volksentscheid als ausreichend gehalten wurden, teils weil man befürchtete, der Staatsrat werde eine Überordnung über den Landtag erhalten; außerdem könnte er dieses Recht durch fortwährende Auflösung des Landtags mißbrauchen und dadurch dessen Tätigkeit lahmlegen. Ein Antrag des Dd. Abg. Meyer (Frankfurt) u. Gen. schlug den Zusatz vor: „Der Volksentscheid kann auch durch Beschluß des Staatsrats herbeigeführt werden." Abg. Dr. Preuß (Dd.) hielt die beiden im Unterausschuß gegebenen Auflösungsmöglichkeiten kaum für praktisch bedeutsam; denn durch die Selbstauflösung sei keine Notwendigkeit gegeben, einem Stimmungswandel der Wählerschaft Rechnung zu tragen, und das Volksbegehren, das drei (?) Volksabstimmungen notwendig mache, sei praktisch wohl kaum gangbar. Er schloß sich dem Antrag des Abg. Meyer (Frankfurt) an. So ist in allen drei Lesungen des Ausschusses folgende Fassung angenommen worden:

§ 10.

(1) Die Auflösung des Landtages erfolgt durch eigenen Beschluß oder durch Volksentscheid. Der Volksentscheid kann auch durch Beschluß des Staatsrats herbeigeführt werden.

(2) Zur Gültigkeit eines Beschlusses auf Selbstauflösung des Landtages ist die Zustimmung von mehr als der Hälfte der gesetzlichen Mitgliederzahl erforderlich.

Auch in der 2. VollBer. blieb man schließlich auf dem in diesen Sätzen enthaltenen Standpunkte stehen, änderte nur Abs. 2 stilistisch unerheblich nach dem Antrag Dr. Porsch (Z.) Nr. 3188 zu 1 ab und gab einem Antrag desselben Abgeordneten Nr. 3202, eine Fassung zu wählen, wie sie jetzt dem Art. 14 Abs. 1 entspricht, nicht statt. Erst in der 3. VollBer. hatte dieser als Antrag Dr. Porsch (Z.) u. Gen. und Dominicus (Dd.) u. Gen. als unter Nr. 3342 aufgenommene Antrag Erfolg, während Abs. 2 des Art. 14 seine jetzige Gestalt durch den Antrag Nr. 3375 der Abg. Hirsch, Oppenhoff und Dr. Struwe erhielt.

2. **Die Auflösungsmöglichkeiten des Landtags** sind bereits oben S. 76 bei Art. 6 kurz angegeben worden. Es schaltet aus die Auflösung durch das Staatsministerium, weil es infolge der parlamentarischen Regierungsweise vom Landtag abhängig ist und jederzeit durch ein Mißtrauensvotum zum Rücktritt genötigt werden kann. Es widerspräche aber auch der Stellung des Landtags als des obersten Gesetzgebungsorgans und des Trägers der Volkssouveränität, sich durch seinen eigenen politischen Ausschuß, eben das Parlament, auflösen zu lassen. Ferner ist ausgeschaltet das Auflösungsrecht des Staatsrats allein, weil er hierdurch in der Tat über den Landtag gestellt

und eine Art Aufsichtsorgan für diesen geworden wäre, was sich mit seiner betonten Stellung als Träger der Volkssouveränität nicht hätte vereinigen lassen. So blieben nur drei Möglichkeiten

a) der Landtag löst sich selbst auf. Hierzu ist nach Abs. 2 die Zustimmung von mehr als der Hälfte der gesetzlichen Mitgliederzahl (nicht der Anwesenden) erforderlich; hierfür eine verfassungsändernde Mehrheit (Art. 30) zu verlangen, wurde abgelehnt;

b) der Landtag wird aufgelöst durch Volksentscheid, wobei nach Abs. 1 Satz 2 dem Staatsrat das Recht gegeben wurde, einen solchen Volksentscheid durch Beschluß (also nicht durch Volksbegehren) herbeizuführen; ob der Volksentscheid rechtmäßig zustande gekommen, ob er also rechtswirksam ist, entscheidet im Streitfalle der Staatsgerichtshof (Art. 87);

c) der Landtag wird aufgelöst durch den Beschluß eines Ausschusses, in dem vertreten sein müssen

aa) der Ministerpräsident, der wieder vom Landtag gewählt ist (Art. 45 Satz 1),

bb) **die** Präsidenten des Landtages, also der Präsident und dessen Stellvertreter (Art. 18),

cc) **die** Präsidenten des Staatsrats. Nach Art. 37 ist freilich nur ein Präsident vorgesehen.

Da gegen den Ministerpräsidenten seine Abhängigkeit vom Landtag spricht, die Präsidenten des letzteren aber seine Vertreter sind, an Zahl (4) den oder die Vertreter des Staatsrats (1 oder 2) überwiegen (vgl. Erltg. zu Art. 18), treten die Bedenken, die im obigen gegen das Auflösungsrecht des Staatsministeriums geltend zu machen waren, auch hier hervor, und der zur Selbstauflösung ohnedies berechtigte Landtag wird in seinen Präsidenten in der Regel keine Träger einer der seinigen entgegenstehenden Meinung finden. Die Einrichtung ist demnach so getroffen, daß der Staatsrat stets überstimmt werden kann. Doch hat er durch das Recht zur Herausforderung eines Volksentscheids eine Verstärkung seiner Stellung erfahren. Immerhin ist es auch nicht ausgeschlossen, daß ein Konflikt zwischen Landtag und Staatsministerium entsteht, den dieses durch Landtagsauflösung beseitigen will. Allein ist es hierzu rechtlich nicht in der Lage, da der Ministerpräsident nur eine Stimme hat; durch Hinzutritt der Stimmen des Staatsrats ist es aber durch die Person des Ministerpräsidenten zur Auflösnng auch nicht imstande, selbst wenn dem Staatsrat zwei Stimmen zukommen (s. aber Art. 37!). Denn es gibt drei Vizepräsidenten. Tritt nur eine Stimme, die des Staatsratspräsidenten, zu der des Ministerpräsidenten, dann stehen zwei Stimmen gegen die vier des Landtagspräsidenten und der drei Vizepräsidenten. Es ist nirgends bestimmt, daß die Stimmen einheitlich abgegeben werden müssen. Es wäre also denkbar, daß von den vier Stimmen des Landtagspräsidiums einige für, andere gegen den Vorschlag sind. So ist Stimmengleichheit nicht ausgeschlossen. Da die VerfUrk. für den Fall der Stimmengleichheit keine Entscheidung getroffen hat, kommt ein Beschluß nicht zustande. Die VerfUrk. schweigt über den Fall, daß sich Stimmenthaltung auf irgendeiner Seite ergibt. M. E. ist auch dann kein Landtagsauflösungsbeschluß entstanden, wenn nicht alle an der Beschlußfassung teilnahmen, der Ministerpräsident, die Landtagspräsidenten und die Staatsratspräsidenten. Sonst hinge eine hochwichtige Entscheidung nicht, wie die VerfUrk. will, von diesen Faktoren, sondern von weniger Faktoren und Stimmen ab. Schließlich könnte dann, wenn eine Gruppe sich zurückhält, ein Beschluß zweier Männer die Landtagsauflösung bewirken. Das widerspräche Sinn und Wortlaut der Verfassung. Für die Möglichkeit schließlich, daß ein Beschluß nur bei Einstimmigkeit rechtswirksam sein soll, finde ich keinen Anhaltspunkt. — Die Auflösung kann schon vom Tage der Wahlen ab und aus demselben Anlaß mehrmals erfolgen. Anders RVerf. Art. 25.

3. Nach der bayrVerf. § 30 Abs. 4 und § 31 gibt es zwei Möglichkeiten der Landtagsauflösung:

a) wenn mindestens ein Fünftel der stimmberechtigten Staatsbürger sie begehrt; dann ist hierüber (nach Benehmen mit dem Präsidenten des Landtags durch das Ministerium) eine Volksentscheidung anzuordnen. Die Abstimmung ist nur rechtswirksam, wenn an ihr mindestens die Hälfte der Stimmberechtigten teilgenommen und eine Mehrheit von mindestens zwei Drittel der abgegebenen Stimmen für die Auflösung sich ausgesprochen hat. Wird die Auflösung des Landtags beschlossen, so ist sie durch seinen Präsidenten baldigst zu vollziehen;

b) wenn der Landtag es beschließt, wozu er jederzeit in der Lage ist. Zur Gültigkeit des Beschlusses ist die Anwesenheit von zwei Drittel und die Zustimmung von mehr als der Hälfte der gesetzlichen Mitgliederzahl erforderlich.

Die württVerf. § 34 kennt nur die Auflösung durch Volksabstimmung, die zu erfolgen hat, wenn das Staatsministerium es beschließt oder wenn ein Fünftel der bei der letzten Landtagswahl Stimmberechtigten das Volksbegehren stellt.

Gemäß sächsVerf. Art. 9 gilt:

a) der Landtag kann sich selbst auflösen. Zu diesem Beschluß ist die Anwesenheit von zwei Drittel der gesetzlichen Zahl der Abgeordneten erforderlich. Sind diese zwei Drittel nicht anwesend, so wird in der nächsten Sitzung abgestimmt, auch wenn weniger als zwei Drittel anwesend sind;

b) der Landtag kann ferner auf Volksbegehren oder

c) auf Antrag des Staatsministeriums durch Volksentscheid

aufgelöst werden.

Wieder anders regelt die Frage die badVerf. § 46 Abs. 1: Der Landtag ist vor Ablauf der Landtagsperiode durch das Staatsministerium alsbald aufzulösen, wenn es von 80000 stimmberechtigten Staatsbürgern verlangt wird und bei der binnen einem Monat vorzunehmenden Volksabstimmung die Mehrheit der stimmberechtigten Staatsbürger diesem Verlangen beigetreten ist. Die Selbstauflösung und nach eigenem Ermessen des Staatsministeriums erfolgende Auflösung des Landtags ist nicht vorgesehen.

Frist bis zur Neuwahl des Landtags.

Artikel 15.

Nach Auflösung des Landtags muß die Neuwahl binnen sechzig Tagen stattfinden.

Entw. § 11. — AusschBer. Sp. 3, 4. — AusschProt. Sp. 109, 115, 249, 310. — 2. VollBer. StenBer. Sp. 13 347.

1. Entstehungsgeschichte und Grundsätzliches. Nach Art. 51 a.preußVerfUrk. konnte der König die Kammern auflösen. Es mußten aber in einem solchen Falle innerhalb eines Zeitraums von sechzig Tagen nach der Auflösung die Wähler und innerhalb eines Zeitraums von neunzig Tagen nach der Auflösung die Kammern versammelt werden. Die Nichtbeachtung dieser Fristen hatte jedoch keine rechtlichen Folgen. Da das Herrenhaus keine Wahlkammer mehr war, konnte nur das Abgeordnetenhaus aufgelöst werden (Arndt, PreußVerfUrk. S. 208—212; Schwartz S. 147). Die a.RVerf. hatte inhaltlich die preuß. Bestimmung in ihrem Art. 25 aufgenommen („Die Terminologie paßte nicht auf das Reichstagswahlrecht" von Proebst-Oeschey, RVerf., 4. Aufl., 1913, S. 76), in Art. 24 Satz 2 zur Auflösung des Reichstags während der Legislaturperiode einen Beschluß des Bundesrats unter Zustimmung des Kaisers erfordert.

2. Die Bestimmung des Art. 15 weicht etwas ab von Art. 25 Abs. 2 RVerf., wonach die Neuwahl spätestens am sechzigsten Tage nach der Auflösung stattfindet, während sie hier binnen (innerhalb) sechzig Tagen vor sich gehen muß. Die Frist beginnt einen Tag nach dem Tage des Beschlusses des Landtags auf Selbstauflösung oder des in Art. 14 bestimmten Ausschusses oder des Volksentscheids. Da der Wahltag nach Art. 4 Abs. 2 Satz 2 ein Sonntag oder ein allgemeiner Feiertag sein muß, endet die Frist schon am letzten Sonn- oder Ruhetag vor dem sechzigsten Tage. Die Neuwahl im Normalfall erfolgt dagegen „vor Ablauf" der vierjährigen Wahldauer; anders RVerf. Art. 23 Abs. 1 Satz 2, wonach auch in diesem Falle spätestens am sechzigsten Tage nach Ablauf der Legislaturperiode die Neuwahl stattfinden muß. Nach Art. 17 tritt der neue Landtag spätestens am dreißigsten Tage nach der Neuwahl, also spätestens am neunzigsten Tage nach der Auflösung des Landtags zusammen. Die bayrVerf. § 32 schreibt vor, daß nach einer Auflösung des Landtags Neuwahlen so anzuordnen sind, daß die Einberufung binnen sechzig Tagen erfolgen kann. Die Frist ist vom Tag nach dem Auflösungstag an zu rechnen, am sechzigsten Tag spätestens soll der Landtag zusammentreten, die Einberufungsverfügung muß also entsprechend früher erlassen werden (Piloty S. 105 ff.). Diese Regelung geht noch über die preußische hinaus, da hier die gleiche Frist für die Neuwahl vorgesehen ist. Die sächsVerf. § 6 Abs. 2 stimmt mit Art. 25 Abs. 2 RVerf. überein; nach württVerf. § 34 Abs. 3 müssen binnen zweier Monaten nach der Auflösung Neuwahlen stattfinden. Wieder anders erklärt badVerf. § 46 Abs. 2, daß das Staatsministerium gleichzeitig mit der Auflösung die Neuwahlen anzuberaumen hat, welche längstens binnen einem Monat nach der Auflösung stattfinden müssen.

Das deutsche Verfassungsrecht ist daher in dieser Frage, wie auch in der der Parlamentsauflösung, recht mannigfaltig. — Eine befristete Auflösung des Landtags zuzulassen, hat für Preußen schon der Ausschuß abgelehnt.

Beginn der Wahlperiode.

Artikel 16.

Die Wahlperiode des neuen Landtags beginnt, falls der alte Landtag aufgelöst worden ist, mit dem Tage der Neuwahl, im übrigen mit dem Ablaufe der Wahlperiode des alten Landtags.

Antrag § 11 a, Nr. 3376 bei der 3. VollBer. StenBer. Sp. 14 059.

Die Vorschrift ist erst durch die dritte Vollberatung des Landtags auf Grund des Antrags der Abg. Hirsch, Oppenhoff und Dr. Struve Nr. 3376 aufgenommen worden. Zum sachlichen Inhalt vgl. Erltg. 2 zu Art. 13 oben S. 101.

Zusammentritt des Landtags zu Beginn und während der Tagung.

Artikel 17.

(1) Der Landtag versammelt sich am Sitze des Staatsministeriums.

(2) Zur ersten Tagung nach jeder Neuwahl tritt er zusammen am dreißigsten Tage nach Beginn der Wahlperiode, falls ihn nicht das Staatsministerium früher beruft.

(3) Im übrigen versammelt sich der Landtag in jedem Jahre am zweiten Dienstag des November. Der Präsident des Landtags muß ihn früher berufen, wenn es das Staatsministerium oder mindestens ein Fünftel der Mitglieder des Landtags verlangt.

(4) Der Landtag bestimmt den Schluß der Tagung und den Tag des Wiederzusammentritts.

Entw. § 12. — AusschBer. Sp. 3, 4. — AusschProt. Sp. 115—120, 249, 310. — 2. VollBer. StenBer. Sp. 13 347. — 3. VollBer. StenBer. 14 060.

1. **Zur Entstehungsgeschichte.** Der Entw. § 12 lautete:

(1) Nach erfolgter Neuwahl tritt der Landtag spätestens am dreißigsten Tage zusammen; er wird vom Präsidenten der letzten Tagung berufen.

(2) Im übrigen versammelt sich der Landtag in jedem Jahre am ersten Mittwoch des November am Sitze der Regierung. Der Präsident des Landtags muß ihn früher berufen, wenn es das Staatsministerium oder mindestens ein Drittel der Mitglieder des Landtags verlangt.

Mit Abs. 3 stimmt der jetzige Abs. 4 im Art. 17 überein.

Im Ausschuß erster Lesung ersetzte man im Abs. 1 zunächst den Präsidenten der letzten Tagung durch das Staatsministerium und fügte hinter die Worte „am dreißigsten Tage" „nach Beginn seiner Wahlperiode" ein, bestimmte statt den ersten Mittwoch den zweiten Dienstag und knüpfte das Verlangen des Landtags an ein Fünftel statt an ein Drittel, wodurch der

Landtag von dem Willen einer kleinen oppositionellen Minderheit abhängig gemacht wurde; diese kann aus politisch-taktischen oder agitatorischen Gründen den Landtag zu einer Zeit berufen lassen, die zur Tagung ungeeignet ist (AusschProt. Sp. 115). Immerhin bedeutet der jetzige Abs. 4 eine heilsame Berichtigungsmöglichkeit. — Im Ausschuß zweiter und dritter Lesung wurde im Abs. 1 statt: „Er (der Landtag) wird vom Staatsministerium berufen" gesagt „falls er nicht vom Staatsministerium früher berufen wird". Hierbei blieb es auch bei der 2. VollBer. Die jetzige Fassung erhielt Art. 17 auf Antrag Nr. 3377 der Abg. Hirsch, Oppenhoff und Dr. Struve in der 3. VollBer. des Landtags.

Zu Abs. 1.

2. Der Landtag hat ein **Selbstversammlungsrecht.** Es wird an die Spitze des Artikels gestellt. Versammlungsort ist der Sitz des Staatsministeriums. Es kann dies der ständige, aber in stürmischen Zeiten (Verfassungsberatung in Weimar 1919!) auch der jeweilige Sitz der Regierung sein. Die a.preuß. Verf. kannte kein Selbstversammlungsrecht des Landtags. Seine beiden Häuser sollten regelmäßig durch den König in dem Zeitraum von dem Anfange des Monats November jeden Jahres bis zur Mitte des folgenden Januar und außerdem, sooft es die Umstände erheischen, einberufen werden (Art. 76 daselbst). Nach der a.RVerf. Art. 12 stand dem Kaiser das Recht zu, den Reichstag, der also auch kein Selbstversammlungsrecht hatte, zu berufen. Die RVerf. Art. 24 Abs. 1 Satz 1 gewährt dieses Recht dagegen dem Reichstag, der in jedem Jahre am ersten Mittwoch des November am Sitze der Reichsregierung zusammentritt. Der Präsident des Reichstags muß ihn früher berufen, wenn es der Reichspräsident oder mindestens ein Drittel der Reichstagsmitglieder verlangt (Abs. 1 Satz 2 daselbst; vgl. dagegen Art. 17 Abs. 3 Satz 2 preußVerfUrk.!). Der Abs. 3 des Art. 24 RVerf. entspricht dem Abs. 4 des Art. 17 preußVerfUrk. Wegen anderer Landesverfassungsbestimmungen s. unten Erltg. 8.

Zu Abs. 2.

3. **Der Landtag tritt zur ersten Tagung nach jeder Neuwahl** — also gleichviel, ob der vorhergehende Landtag sein natürliches Ende durch Ablauf der Wahlperiode erreicht hat (Art. 13) oder aufgelöst worden ist (Art. 14, 15, 16; 6 Abs. 1, 2 und 6) — **zusammen,** entweder

a) **am dreißigsten Tage nach Beginn der Wahlperiode** (Art. 16), also in Ausübung seines Selbstversammlungsrechtes (bei Auflösung vgl. Art. 15 Erltg. 2) oder

b) **früher auf Berufung des Staatsministeriums.**

Durch diese Regelung ist sowohl das Staatsministerium als primär zur Einberufung befugtes Organ wie auch der Landtagspräsident ausgeschaltet worden, letzterer, trotz des Vorbildes der RVerf. Art. 24 Abs. 1 S. 2, weil der Präsident des alten Landtags nicht der Vertrauensmann des neuen Landtags zu sein braucht; es ist ja auch möglich, daß er nicht wiedergewählt wird, so daß dann ein Privatmann den Landtag einzuberufen hätte. Denkbar wäre auch die absichtliche Nichteinberufung des Landtags durch seinen Präsidenten. Aus diesen Gründen ist ihm ein Landtagsberufungsrecht nicht gegeben worden, wohl aber eine Pflicht in Abs. 3 Satz 2. Immerhin ist zu bedenken, daß ihm nach Art. 19 das Recht der Fortführung der Geschäfte zwischen zwei Tagungen sowie bis zum Zusammentritt eines neu gewählten Landtags gegeben ist; trotzdem wird ihm das rein formale Geschäft der Einberufung in Abs. 2 nicht übertragen. Die Ausschaltung des Staatsministeriums als primärer Einberufungsfaktor ist bei seiner Abhängigkeit vom Landtag infolge der parlamentarischen Regierungsweise ohne große praktische Bedeutung. Das Einberufungsrecht dem Alterspräsidenten zu geben, hat man mit Fug abgelehnt, weil er ja erst nach Zusammentritt des Landtags festgestellt werden muß.

4. Die Fassung, daß der Landtag am dreißigsten Tage **nach Beginn der Wahlperiode** zusammentritt, war mit Rücksicht auf die Vorschrift des Art. 13 Satz 2 notwendig, daß die Neuwahl vor dem Ablauf der Landtagsdauer erfolgen muß. Ist der vorhergehende Landtag aufgelöst worden, so könnte es zweifelhaft sein, ob die Wahlperiode des neuen Landtags mit dem Tage der Neuwahl oder mit dem Zusammentritt beginnt. Für Preußen nahm man früher letzteres an; das hat „immer etwas Gekünsteltes gehabt" (Ministerialdirektor Dr. Meister, AusschProt. Sp. 118). Jetzt ist übereinstimmende Ansicht von Wissenschaft und Praxis, daß die Wahlperiode am Tage der Wahl beginnt. Also tritt der Landtag jetzt zur ersten Tagung nach jeder Neuwahl am dreißigsten Tage nach dem Wahltage zusammen.

Zu Abs. 3.

5. **Der Landtag versammelt sich „im übrigen" in jedem Jahre am zweiten Dienstag des November.** Abg. Dr. Preuß (Dd.) stellte fest, daß es beim Selbstversammlungsrecht natürlich überhaupt keiner Berufung bedürfe. Deshalb müsse ein bestimmter Tag festgesetzt werden (AusschProt. Sp. 119). Auch bei der RVerf. hat man großes Gewicht auf einen festen Termin gelegt, um das Selbstversammlungsrecht des Parlaments festzustellen. Früher, also **vor** dem zweiten Dienstag des November, **muß der Präsident des Landtags diesen berufen,** wenn es entweder das Staatsministerium oder mindestens ein Fünftel der Mitglieder des Landtags verlangt. Früher; aber in welcher Frist nach Vorhandensein einer der beiden soeben festgestellten Voraussetzungen? M. E. unverzüglich, ohne schuldhaftes Zögern, wie in § 33 württVerf. (vgl. unten Erltg. 8c); ein gewisses freies Ermessen z. B. um einige Tage wird ihm aber nicht zu versagen sein. Durch die geringe Minderheit ist vorgesorgt, daß die etwa mit dem Staatsministerium einige Mehrheit des Landtags durch dessen Nichtberufung eine absolute Parteiherrschaft aufrichtet.

Zu Abs. 4.

6. Man unterscheidet die „Vertagung" als kurzfristige Unterbrechung der Verhandlungen innerhalb einer Sitzungsperiode. Dagegen bedeutet sonst „Tagung" soviel wie Sitzungsperiode. **Der Landtag be-**

stimmt also **die Schließung** der letzteren **(der Tagung) und den Tag des Wiederzusammentritts**, also den Beginn der neuen Sitzungsperiode. Verschieden hiervon ist die Schließung oder Abbrechung der Besprechung eines bestimmten auf der Tagesordnung stehenden Gegenstandes der Landtagsgeschäftsordnung (§§ 69, 70). Die Schließung der Tätigkeit des Landtags erfaßt auch die Ausschüsse, doch können sie durch den Landtag mit der Fortsetzung ihrer Arbeiten beauftragt werden. Vgl. über den ständigen Ausschuß Art. 26. Die bei Schließung der Tagung unerledigten Vorlagen können in der neuen Tagung wieder aufgenommen werden, gelten dann aber als neue.

Zu Abs. 1—4.

7. Der **Unterschied der Regelung in Preußen und im Reich** ist nicht gering. Nach Art. 25 Abs. 1 ist das Selbstversammlungsrecht des Reichstags ausgesprochen (s. Erltg. 2 oben S. 109), sodann dem Reichstagspräsidenten die Pflicht zur Berufung des Reichstages auf Verlangen des Reichspräsidenten auferlegt, während es in Preußen keinen Staatspräsidenten gibt und der Vorschlag, den Staatsratspräsidenten hier mitwirken zu lassen, keinen Anklang fand. Ferner ist im Reich mindestens ein Drittel der Reichstagsmitglieder zu dem entsprechenden Verlangen erforderlich, während in Preußen schon ein Fünftel genügt.

8. **Andere deutsche Verfassungen.**

a) Die bayrVerf. § 30 unterscheidet zunächst die ordentliche Tagung, zu der der Landtag alljährlich mindestens einmal zusammentritt (wann, ist nicht gesagt, doch meint Piloty S. 102, es müsse die Einberufung bis spätestens 1. Oktober geschehen), und die außerordentliche Tagung, zu der er sich versammelt, wenn seine Einberufung vom Vorstand (Präsident des Landtags, sein Vertreter und die Schriftführer, § 28 Abs. 1) oder Gesamtministerium beschlossen oder von fünfzig Mitgliedern oder einem Fünftel der stimmberechtigten Staatsbürger beantragt wird. Der Beschluß bzw. Antrag ist durch den Landtagspräsidenten zu vollziehen. Er beruft, eröffnet und schließt den Landtag. Zu jeder ersten Tagung nach einer Neuwahl wird der Landtag von seinen drei ältesten Mitgliedern binnen siebzehn Tagen nach dem Tage der amtlichen Feststellung des Wahlergebnisses einberufen. Der Landtag hat das Recht, seine Tagung zu schließen.

b) Nach der sächsVerf. Art. 8 hat der Landtagspräsident und das Gesamtministerium das Recht, den Landtag einzuberufen. Der Landtagspräsident muß den Landtag einberufen, wenn mindestens ein Drittel der gesetzlichen Zahl der Abgeordneten es bei ihm beantragt. Nach einer Neuwahl tritt der Landtag am dreißigsten Tage nach dem Wahltag mittags zwölf Uhr zusammen, wenn er vom Gesamtministerium bis dahin nicht einberufen worden ist. Im Laufe der Wahlperiode hat der Landtag sich alljährlich zu versammeln. Der Landtag bestimmt den Zeitpunkt der Vertagung (auch der Tagung oder Sitzungsperiode) und des Wiederzusammentritts.

c) WürttVerf. § 33 bestimmt: (1) Der Landtag versammelt sich mindestens einmal im Jahr. (2) Er tritt kraft eigenen Rechts am sechzehnten Tage nach der Wahl erstmals zusammen, um seinen Vorstand (Präsidenten, dessen Stellvertreter und die Schriftführer, § 36) und den Staatspräsidenten (Amtsbezeichnung des Ministerpräsidenten, § 47) zu wählen. Ebenso bestimmt er selbst den Schluß der Sitzungsperiode und den Tag des Wiederzusammentritts. (3) Das Staatsministerium hat das Recht, den Landtag einzuberufen. Dasselbe Recht steht auch dem Landtagspräsidenten zu; auf Verlangen von mindestens einem Drittel der Mitglieder muß er den Landtag unverzüglich einberufen.

d) Nach der bad Verf. § 39 Abs. 1 tritt der Landtag kraft eigenen Rechts vom zehnten Tage nach dem Wahltage zusammen. Das ist hier die ganze Regelung.

Wahl des Vorstandes.

Artikel 18.

Der Landtag wählt seinen Präsidenten, dessen Stellvertreter und die übrigen Mitglieder seines Vorstandes.

Entw. § 13. — AusschBer. Sp. 4. — AusschProt. Sp. 120, 138—140. — 2. VollBer. StenBer. Sp. 13 347.

1. **Zur Entstehungsgeschichte und zum Inhalt der Vorschrift.** Sie entspricht dem § 13 des Entw. In der ersten Lesung des Ausschusses wollte man dem Präsidenten eine ähnliche Stellung geben wie dem englischen Sprecher des Parlaments. Er sollte sich keiner Fraktion anschließen und an den Abstimmungen des Hauses und seiner Ausschüsse nicht teilnehmen dürfen. Damit wäre er bis zu einem gewissen Grade aus dem Landtag herausgehoben. Dies hielt man für notwendig, weil man dem Präsidenten die wichtige Aufgabe der Berufung des Staatsministeriums zu übertragen gedachte, die seine Unabhängigkeit auch gegenüber den politischen Parteien notwendig machte. Aber schon in der zweiten Lesung des Ausschusses kam man von jener Idee ab, weil dadurch der Präsident des Landtags unter Umständen in die Rolle eines Mitglieds zweiter Klasse hätte herabgedrückt werden können; die Möglichkeit, seinen Willen durch die Abstimmung zur Geltung zu bringen, wäre ihm genommen. Überdies fiel der Hauptgrund jener Absicht fort: der Landtagspräsident ist nicht zur Ernennung des Ministerpräsidenten bestimmt worden.

2. **Der Landtagspräsident und seine Stellvertreter stimmen mit ab.** Bei Stimmengleichheit gibt der Landtagspräsident nicht den Ausschlag. Die Wahl des Vorstandes erfolgt mit einfacher Stimmenmehrheit, wenn nicht die Geschäftsordnung gemäß Art. 22 VerfUrk. eine Ausnahme vorschreibt, und zwar zu Beginn jeder Tagung (Sitzungsperiode; der Vorstand setzt sein Amt fort, bis in der nächsten Tagung der neue Präsident oder Alterspräsident in Tätigkeit tritt, Geschäftsordnung § 4, VerfUrk. Art. 19). Die Wahl setzt ein beschlußfähiges Haus voraus, doch kann die Geschäftsordnung Ausnahmen zulassen (Art. 21). Für das bisherige Recht Perels, Autonomes Reichstagsrecht 1903 Anm. 72; Arndt, PreußVerfUrk., 7. Aufl., S. 285. — Es ist die Rede von „dessen Stellvertreter"; dies konnte

Einzahl, aber auch Mehrzahl bedeuten, also einen oder mehrere Vizepräsidenten. Jedoch spricht Art. 14 Abs. 1 Satz 1 von „den Präsidenten des Landtags", und auch im Art. 19 heißt es „die stellvertretenden Präsidenten". Die Geschäftsordnung § 4 besagt, daß der Vorstand aus dem Präsidenten, drei Vizepräsidenten und acht Beisitzern besteht. Das ist mit Rücksicht auf das Stimmenverhältnis in dem zur Landtagsauflösung berechtigten Ausschusse von großer Bedeutung (vgl. Erltg. 2 zu Art. 14 oben S. 104 ff.).

3. Andere VerfUrk. Dem Art. 18 entsprechen a.preußVerfUrk. Art. 78 Abs. 1 Satz 2; a.RVerf. Art. 27 Satz 2; RVerf. Art. 26 Satz 1; bayrVerf. § 28 Abs. 1 Satz 2; sächsVerf. Art. 10 Abs. 1; württVerf. § 36; badVerf. § 39 Abs. 2 Satz 2.

Fortführung der Amtsgeschäfte des Vorstandes während der Übergangszeit.

Artikel 19.

Zwischen zwei Tagungen sowie bis zum Zusammentritt eines neu gewählten Landtags führen der Präsident und die stellvertretenden Präsidenten der letzten Tagung ihre Geschäfte fort.

Entw. § 14. — AusschProt. Sp. 120, 249, 310. — 2. VollBer. StenBer. Sp. 13347.

1. Geschichtliches und Grundsätzliches. Die in den bisherigen deutschen Verfassungen vor der Revolution nicht enthaltene Vorschrift kam zuerst in der RVerf. Art. 27 vor, wo statt der Worte „sowie bis zum Zusammentritt eines neu gewählten Landtags" steht „oder Wahlperioden". Ebenso lautete auch Entw. § 14, ist aber durch die angeführten Worte ersetzt worden. Man wollte der RVerf., deren Regelung man nicht billigte (AusschProt. Sp. 117) hierin nicht folgen. Die Neuwahl des Landtags erfolgt nicht nur nach Ablauf der vierjährigen Wahlperiode, sondern auch nach erfolgter Auflösung (vgl. Art. 14 Abs. 1, Art. 6 Abs. 1, 2 und 6). Wegen der entsprechenden Bestimmung des § 4 der Geschäftsordnung und der Zahl der Präsidenten vgl. Art. 18 Erltg. 1 am Schlusse, auch Erltg. 2 zu Art. 14. Eine seltsame Lage ergibt sich aus Art. 13, wonach die Neuwahl vor Ablauf der Landtagswahlzeit erfolgen muß. Werden nun Landtagspräsident und stellvertretende Präsidenten nicht oder teilweise nicht wiedergewählt, so führen sie die Geschäfte nach Art. 19 dennoch fort! Hierzu gehört die Ausführung der vom Landtag gefaßten Beschlüsse, die Ausübung des Hausrechts und der Polizeigewalt des Landtags, die Verwaltung seiner gesamten wirtschaftlichen Angelegenheiten nach Maßgabe des Staatshaushaltsgesetzes, die Dienstaufsicht über die Beamten und Angestellten des Landtags (Art. 20), die Vorbereitung der neuen Tagung nach der Geschäftsordnung usw.

2. Andere deutsche Verfassungen. Die bayrVerfUrk. enthält eine dem Art. 19 entsprechende Vorschrift nicht, doch hält Piloty S. 99 dafür, daß der Vorstand auch in der Zeit zwischen zwei Tagungen im Amte bleibt, fügt jedoch widerspruchsvoll hinzu, daß sein Auftrag mit dem Ablauf der Landtagsdauer und mit der Auflösung des Landtags erlischt und daß in der

Zeit, in der kein Landtag vorhanden ist, das Ministerium die in bezug auf den Landtag sich ergebenden Geschäfte versieht. Die württVerf. bietet auch keine dem Art. 19 entsprechende Bestimmung; nur heißt es im § 46 Abs. 2, daß die Beamten unter der Dienstaufsicht des Präsidenten des Landtags stehen, auch nach dessen Schließung oder Auflösung bis zum Zusammentritt eines neuen Landtags. Die „Fortführung der Geschäfte" beschränkt sich also auf diese Angelegenheit. Dagegen führen nach der sächsVerf. Art. 11 zwischen zwei Wahlperioden der Präsident des letzten Landtags und seine Stellvertreter alle ihnen zustehenden Geschäfte fort. M. E. versteht es sich von selbst, daß dies auch für die Zeit zwischen zwei Tagungen gilt. Die badVerf. hat wieder keine einschlägige Vorschrift. Jedoch ist in § 47 ein landständischer Ausschuß, bestehend aus dem Präsidenten und neun anderen Mitgliedern des Landtags, vorgesehen, dem in der Verfassung nur die Aufgabe zugewiesen ist, im Falle eines außerordentlichen, unvorhergesehenen dringenden Staatsbedürfnisses seine Zustimmung zu geben zur Aufnahme einer Anleihe bis zu fünf Millionen Mark. Die gepflogenen Verhandlungen werden dem nächsten Landtag vorgelegt (§ 34 Abs. 2). Hieraus ergibt sich, daß der Ausschuß in einer parlamentslosen Zeit zu wirken hat. Über die in anderen Gesetzen dem Landständischen Ausschuß zugewiesenen Aufgaben vgl. Zehnter S. 111.

Artikel 20.

Befugnisse des Präsidenten.

Der Präsident verwaltet die gesamten wirtschaftlichen Angelegenheiten des Landtags nach Maßgabe des Staatshaushaltsgesetzes mit den Befugnissen eines Staatsministers. Ihm steht die Dienstaufsicht über sämtliche Beamten und Angestellten des Landtags, die Annahme und Entlassung der Lohnangestellten sowie im Benehmen mit dem Vorstande des Landtags die Ernennung und Entlassung der planmäßigen Beamten des Landtags zu. Er vertritt den Staat in allen Rechtsgeschäften und Rechtsstreitigkeiten seiner Verwaltung. Er übt das Hausrecht und die Polizeigewalt im Landtagsgebäude aus.

Entw. § 15. — AusschBer. Sp. 4. — AusschProt. Sp. 121—123, 249, 310. — 2. VollBer. Sp. 13 347 ff.

1. **Zur Entstehungsgeschichte.** Die a.RVerf. hat dem Präsidenten des Reichstags Befugnisse wie in Art. 20 nicht zugesprochen, doch sind ihm sowohl die Vertretung nach außen wie die Erledigung des Verwaltungs- und Wirtschaftsbetriebs im Reichstag, seine Stellung gegenüber Beamten und Angestellten, sein Haus- und Polizeirecht durch die Geschäftsordnung und das Gewohnheitsrecht zugewiesen worden. Vgl. Hatschek, Parl. Recht 1 210 ff., 248 ff.; Hubrich, Das Polizeirecht des Reichstags und die Reichsstrafprozeßordnung im Gerichtssaal **71** (1908) 127 ff.; Kukutsch, Disziplin im Reichstag 1885; Laband, Parlamentarische Rechtsfragen DJZ. 1903; Perels, Das autonome Reichstagsrecht 1903; Seligmann, Die staatsrechtliche Stellung des deutschen Reichstagspräsidenten 1912; v. Seydel,

Der deutsche Reichstag, Annalen des Deutschen Reichs 1880 S. 352 ff.; Spengler, Die rechtliche Stellung und die Befugnisse des Reichstagspräsidenten 1912; Felix Engels, Der Präsident des Deutschen Reichstags. Sein Aufgabenkreis unter Berücksichtigung vieler Fragen des Reichstagsrechts 1918, besonders S. 62 ff., 68 ff. — Art. 28 RVerf. bestimmt: „Der Präsident übt das Hausrecht und die Polizeigewalt im Reichstagsgebäude aus. Ihm untersteht die Hausverwaltung; er verfügt über die Einnahmen und Ausgaben des Hauses nach Maßgabe des Reichshaushalts und vertritt das Reich in allen Rechtsgeschäften und Rechtsstreitigkeiten seiner Verwaltung." Gegenüber dem Art. 20 preußVerfUrk. fällt auf, daß in diesem dem Landtagspräsidenten nicht nur die Verwaltung der gesamten wirtschaftlichen Angelegenheiten des Landtags nach Maßgabe des Staatshaushaltsgesetzes, sondern auch die Befugnisse eines Staatsministers zugewiesen sind. Die Aufsicht über und sonstige Rechtsstellung zu den Beamten und Angestellten des Landtags findet ihre Parallele in § 156 des ReichsbeamtenG. vom 18. Mai 1907: „Die Reichstagsbeamten haben die Rechte und Pflichten der Reichsbeamten. Die Anstellung der Reichstagsbeamten erfolgt durch den Reichstagspräsidenten, welcher die vorgesetzte Behörde derselben bildet." Art. 20 preußVerfUrk. geht aber darüber noch hinaus. — Die bayrVerf. gibt keine analoge Bestimmung, doch ist in §§ 5, 7 der Geschäftsordnung Entsprechendes vorgeschrieben. Dagegen entspricht Art. 12 der sächsVerf. durchaus der preußischen mit Ausnahme der Gleichstellung mit einem Staatsminister. Die württVerf. § 46 Abs. 1 bestimmt, daß die nicht auf Lebenszeit anzustellenden Beamten von dem Vorstand des Landtags angestellt und entlassen werden; Abs. 2, daß die sämtlichen Beamten unter der Dienstaufsicht des Präsidenten des Landtags, auch nach dessen Schließung oder Auflösung, bis zum Zusammentritt eines neuen Landtags stehen. Die badVerf. hat keine dem vorliegenden Art. 20 entsprechende Vorschrift.

Der Entw. § 15 enthielt den jetzigen Art. 20, aber ohne die jetzt hinter den Worten „über sämtliche Beamten und Angestellten" zur größeren Klarheit in dem Ausschuß eingefügten Worte „des Landtags"; auch ist erst im Ausschuß die Wendung „im Benehmen mit dem Vorstande des Landtags" in das Gesetz hineingekommen. Der Antrag, den Worten „nach Maßgabe des Staatshaushaltsgesetzes" beizufügen „und etwaiger Aufträge des Landtags" wurde zur Vermeidung von Schwierigkeiten abgelehnt.

2. **Die rechtliche Stellung des Landtagspräsidenten** ergibt sich aus einer Reihe von Bestimmungen.

A. Er hat zunächst alle Rechte, die ihm die **Geschäftsordnung** zuweist, mögen sich deren Vorschriften mit denen der VerfUrk. selbst, insbesondere Art. 20, decken oder sich aus dem in Art. 29 Abs. 2 festgesetzten Autonomierecht ableiten; der Landtag gibt sich danach seine Geschäftsordnung im Rahmen der Verfassung. Insbesondere kommen in Betracht

a) Mitwirkung bei der Bestellung der Beisitzer des Vorstandes und Verteilung der Geschäfte unter sie;

b) Regelung der Geschäfte des Landtags und Leitung der Verhandlungen, Handhabung der Redeordnung;

c) Ausübung der Ordnung im Landtagsgebäude, Handhabung der Ordnungsbestimmungen gegenüber Abgeordneten, Ministern und ihren Beauftragten;

d) Stimmführung im Ältestenrat;

e) Tätigkeit in bezug auf die kleinen und großen Anfragen und der Eingaben;

f) Mitwirkung bei Feststellung der Tagesordnung, bei der Beratung, Vertagung und Schließung der Besprechung und bei der Abstimmung;

g) Veranlassung der Aufzeichnung und Ausfertigung der Beschlüsse, Verteilung der Drucksachen, Auslegung der Geschäftsordnung.

B. Dem Landtagspräsidenten steht unmittelbar **auf Grund der Verf.-Urk.** zu

a) das Recht der Mitwirkung beim Ausschuß, der über die Auflösung des Landtags entscheidet (Art. 14 Abs. 1; vgl. oben S. 103 ff.);

b) die Fortführung der Geschäfte zwischen zwei Tagungen sowie bis zum Zusammentritt eines neugewählten Landtags (Art. 19; vgl. oben S. 113 f.);

c) die Verwaltung der gesamten wirtschaftlichen Angelegenheiten des Landtages und zwar

aa) nach Maßgabe des Staatshaushaltsgesetzes,

bb) mit den Befugnissen eines Staatsministers.

Beides hängt eng zusammen. Durch die Worte zu bb ist der Landtagspräsident auch bei Haushaltsüberschreitungen (Art. 67) von keinem Minister abhängig. Er ist auch hinsichtlich Rechnungslegung und Entlastung (Art. 68) wie ein Minister zu behandeln. Über die Gleichstellung mit einem Ressortchef im Sinne der Gesetze geht aber seine Stellung nicht hinaus; er ist nicht außerhalb der Gesetze gestellt. Bei der Haushaltsbewirtschaftung des Landtags hat er nicht nur die gleichen Rechte, sondern auch die gleichen Pflichten wie ein Staatsminister, z. B. die der Verständigung mit dem Finanzminister und Genehmigung des Landtags wegen notwendiger Haushaltsüberschreitungen und außerplanmäßiger Ausgaben (Art. 67). Im übrigen ist der Landtag in seiner Haushaltsgebarung völlig selbständig, nur bei der Kostendeckung spricht die Staatsverwaltung mit; im übrigen bedarf es deren Genehmigung für die Abänderung von rechtskräftig abgeschlossenen Verträgen zuungunsten des Fiskus, bei Erlaß von Vertragsstrafen, Niederschlagung von Defekten und zu Defektenbeschlüssen überhaupt. Die wirtschaftliche und sonstige Verwaltung umfaßt (Giese S. 136) die Verfügung über die Räumlichkeiten, Abschluß der Feuerversicherung, Vergebung der Reparaturen, Erlaß der Benutzungsordnungen für Bibliothek, Erfrischungsraum usw. Alle Einnahmen und Ausgaben des Landtags sind im Haushaltsplan festzustellen. Bei nicht rechtzeitiger Feststellung des Haushaltsplans kann auch das Staatsministerium gemäß Art. 64 eingreifen.

d) Dem Landtagspräsidenten steht zu

aa) die Ernennung und Entlassung der planmäßigen Beamten

des Landtags im Benehmen mit dem Vorstande des Landtags, was keine Zustimmung, sondern Verständigung unter Vorbehalt eigener Entschließung bedeutet;

bb) Annahme und Entlassung der Lohnangestellten ohne das Erfordernis jenes Benehmens mit dem Vorstande des Landtags;

cc) die Dienstaufsicht über die sämtlichen Beamten und Angestellten des Landtags, mögen sie planmäßig sein oder nicht. Eine Disziplinarstrafbefugnis hat aber der Minister des Innern, der auch ein Disziplinarverfahren einleiten lassen (DisziplinarG. vom 21. Juli 1852 §§ 23 Nr. 1, 32 Abs. 2) und die zwangsweise Versetzung in den Ruhestand verfügen kann.

e) Der Landtagspräsident vertritt den Staat in allen Rechtsgeschäften und Rechtsstreitigkeiten seiner Verwaltung. Vertragspartei ist aber der preußische Staat (Fiskus).

f) Der Landtagspräsident übt das Hausrecht und die Polizeigewalt im Landtagsgebäude aus.

aa) Das Hausrecht kommt sowohl gegenüber den Abgeordneten wie den Ministern und deren Beauftragten (vgl. oben zu A) als auch gegenüber dem Publikum in Betracht, doch kann der Landtagspräsident diesem, nicht aber jenen den Zutritt versagen. Vgl. aber auch Art. 23. Der Landtagspräsident ist der „Bevollmächtigte" im Sinne des § 123 BGB. und kann den Antrag auf Bestrafung des Hausfriedensbruchs stellen. Hierher gehört auch Art. 38 Abs. 2 RVerf., wonach eine Durchsuchung (StPO. §§ 102 ff.) oder Beschlagnahme (StPO. §§ 94 Abs. 2, 95 Abs. 2, 97) in den Räumen des Reichstags oder eines Landtags nur mit Zustimmung des Präsidenten vorgenommen werden kann; er darf also Untersuchung und Beschlagnahme gestatten. Dagegen kommt hierbei nicht in Frage eine Durchsuchung der Wohnung eines Abgeordneten, z. B. wenn sich dort ein Verbrecher verborgen hält oder wenn dritte Personen darin gestohlene Sachen aufbewahren (Abg. Dr. Kahl in StenBer. Reichstagsdrucks. 2109). Im Parlamentsgebäude waren bisher Durchsuchungen statthaft (Dambitsch S. 463 f.). Die jetzige Regelung kann auf ein Asylrecht des Abgeordneten herauskommen, doch darf es der Landtagspräsident einem Nicht-Abgeordneten nicht gewähren; natürlich hat es dieser auch nicht durch Flucht ins Landtagsgebäude oder durch Schutz eines Abgeordneten. Das Hausrecht kommt für jeden Raum, in dem der Landtag sein Amt ausübt, nicht nur für das reguläre Landtagsgebäude in Betracht. Vgl. Gesetz über die Befriedung der Gebäude des Reichstags und der Landtage vom 8. Mai 1920 (RGBl S. 909); es verbietet in deren Bannkreise Versammlungen unter freiem Himmel. Auf Grund des § 2 dieses Gesetzes ist die VO. über den befriedeten Bannkreis des Reichstagsgebäudes vom 17. Mai 1920 (RGBl S. 973) ergangen.

bb) Das Polizeirecht soll die Erhaltung oder Herstellung der öffentlichen Ruhe, Ordnung und Sicherheit ermöglichen; sie kann nur im Hause von dem Landtagspräsidenten gehandhabt werden, insbesondere die Sitzungspolizei gegenüber Abgeordneten und dem Publikum im Sitzungssaal, auf den Tribünen und in anderen Räumen des Landtags. Vgl. Geschäftsordnung §§ 59 ff.

Beschlußfähigkeit des Landtags.

Artikel 21.

(1) Der Landtag ist beschlußfähig, wenn mehr als die Hälfte der gesetzlichen Mitgliederzahl anwesend ist.

(2) Für die vom Landtage vorzunehmenden Wahlen kann seine Geschäftsordnung Ausnahmen zulassen.

Entw. § 16. — AusschProt. Sp. 123, 249, 310. — 2. VollBer. StenBer. Sp. 13 348. — 3. VollBer. StenBer. Sp. 14 060.

1. **Zur Entstehungsgeschichte.** Art. 80 Abs. 1 a.preußVerfUrk. bestimmte: „Keine der Kammern kann einen Beschluß fassen, wenn nicht die Mehrheit der gesetzlichen Anzahl ihrer Mitglieder anwesend ist. Jede Kammer faßt ihre Beschlüsse nach absoluter Stimmenmehrheit, vorbehaltlich der durch die Geschäftsordnung etwa zu bestimmenden Ausnahmen." Art. 28 a.RVerf. lautete: „Der Reichstag beschließt nach absoluter Stimmenmehrheit. Zur Gültigkeit der Beschlußfassung ist die Anwesenheit der Mehrheit der gesetzlichen Anzahl der Mitglieder erforderlich." Endlich Art. 32 RVerf.: „Zu einem Beschlusse des Reichstags ist einfache Stimmenmehrheit erforderlich, sofern die Verfassung kein anderes Stimmenverhältnis vorschreibt. Für die vom Reichstag vorzunehmenden Wahlen kann die Geschäftsordnung Ausnahmen zulassen (Abs. 1). Die Beschlußfähigkeit wird durch die Geschäftsordnung geregelt (Abs. 2). Der vorliegende Art. 21, der vom Entw. an unverändert geblieben ist, übernimmt demnach das bisherige preußische Recht. Entsprechend auch bayrVerf. § 34 mit Ausnahmen bei Selbstauflösung (§ 31), Mißtrauenserklärung gegen Minister (§ 55 Abs. 4), Beschluß über Ministeranklage (§ 56 Abs. 2 Satz 2), Wahl des Ministerpräsidenten (§ 58 Abs. 1 Satz 2), Ausgabenerhöhungen (§ 81), Verfassungs- und Gebietsänderungen (§ 92); ebenso sächsVerf. Art. 14 mit der Besonderheit, daß festgestellt ist: Beschlüsse sind gültig, wenn nicht vor der Abstimmung die Beschlußunfähigkeit festgestellt worden ist. Ausnahmen insbesondere bei Verfassungsänderungen (Art. 41); desgleichen württVerf. § 37 Abs. 1 (mit Ausnahmen im selben Falle und bei Finanzgesetzen: § 37 Abs. 2, § 70), badVerf. § 48 mit der Besonderheit wie die sächs. und mit der Vorschrift, daß bei Stimmengleichheit die Stimme des Landtagspräsidenten den Ausschlag gibt. Von der Regel auch hier die Ausnahme für Verfassungsänderungen (§ 48 Abs. 3).

2. **Beschlußfähigkeit** bedeutet die Möglichkeit zu rechtswirksamer Fassung eines Beschlusses, d. h. einer Entscheidung jedweden Inhalts, mag es sich handeln um einfache oder Verfassungsgesetze (Art. 29, 30), Erlaß einer Geschäftsordnung (Art. 29), Ausnahme von der einfachen Stimmenmehrheit (Art. 22 Abs. 2), Ausschluß der Öffentlichkeit der Vollsitzungen (Art. 23 Satz 2), Aufschlußbegehren gegenüber Ministern (Art. 24), Ein-

setzung eines Untersuchungsausschusses (Art. 25), Überweisung von Eingaben, Auskunft über Bitten und Beschwerden (Art. 27), Genehmigung des Haushaltsplans (Art. 29 und 63), Feststellung der Grundsätze für die Verwaltung (Art. 29), Genehmigung von Staatsverträgen (daselbst) und von Haushaltsüberschreitungen wie außerplanmäßigen Ausgaben (Art. 67), auch die Genehmigung zur Aufhebung der Immunität des Landtagsmitglieds (Art. 37 RVerf.) gehört hierher. Die Beschlußfähigkeit ist gegeben, wenn mehr als die Hälfte der **gesetzlichen** Mitgliederzahl **anwesend** ist; sie wird also nicht, wie in Art. 31 Abs. 2 RVerf. grundsätzlich durch die Geschäftsordnung geregelt, wobei in der RVerf. Ausnahmen von dieser Regel bestehen (Verfassungsänderungen, Art. 76 Abs. 1; Ministeranklage, Art. 59); umgekehrt ist in der preußVerf. Ausnahme, wenn die Geschäftsordnung für die vom Landtag vorzunehmenden Wahlen etwas anderes als die Anwesenheit von mehr als der Hälfte der gesetzlichen Mitgliederzahl vorschreibt. Auch ohne Beschlußfähigkeit kann beraten werden. Vgl. auch Dambitsch S. 452; Tecklenburg, Die parlamentarische Beschlußfassung, JahrbÖff.R. 8 (1914) 75 ff. Ausnahmen von Art. 21 Abs. 1 in Artt. 35, 58. Nicht ein einfaches, sondern ein verfassungsänderndes Gesetz ist erforderlich, wenn die Beschlußfähigkeit für eine einzelne Angelegenheit anders geregelt werden soll.

3. **Die Beschlußfähigkeit kann durch keinerlei Zwang gegen die Abgeordneten herbeigeführt werden.** Mittelbar wirken auf jene die etwaige Versagung des Urlaubs (§ 2 Geschäftsordnung) und die Entschädigungsgewährung (Art. 28). Für die bisherige RVerf. leitete man (Laband **1** 323 Anm. 2; v. Seydel S. 210) aus § 54 der Geschäftsordnung eine Vermutung ab für die Beschlußfähigkeit, die nur durch Auszählung oder namentliche Abstimmung widerlegt werden konnte. § 54 a. a. O. lautete: „Unmittelbar vor der Abstimmung ist die Frage zu verlesen (Abs. 1). Ist vor einer Abstimmung infolge einer darüber gemachten Bemerkung der Präsident oder einer der fungierenden Schriftführer zweifelhaft, ob eine beschlußfähige Anzahl von Mitgliedern anwesend sei, so erfolgt der Namensaufruf (Abs. 2). Erklärt dagegen auf die erhobene Bemerkung oder den von einem Mitgliede gestellten Antrag auf Auszählung des Hauses der Präsident, daß kein Mitglied des Bureaus über die Anwesenheit der beschlußfähigen Anzahl zweifelhaft sei, so sind damit Bemerkung und Antrag erledigt (Abs. 3)." Tatsächlich ist oft trotz Beschlußunfähigkeit deren Feststellung nicht erfolgt, weil man letztere als eine innere Angelegenheit des Reichstags behandelte, was sie schon wegen ihrer Regelung in Art. 28 a.RVerf. nicht sein konnte. (Ebenso Dambitsch S 453; Arndt, RVerf. S. 150; v. Jagemann, RVerf. 1904 S. 135 ff.; Reincke, RVerf. S. 182 b. Dagegen v. Rönne **1** 259. Die Praxis der Nichtbeachtung der Beschlußunfähigkeit war ein formaler Mangel, dessen Abstellung erwünscht gewesen wäre (Dambitsch a. a. O., Müller in Annalen des Dtsch. Reichs 1902 S. 715). Sie ist aber in Art. 32 RVerf. nicht erfolgt. Für Preußen lag die Frage für Art. 80 a.VerfUrk. grundsätzlich gleich, und es war auch die zutreffende Meinung vertreten, daß ein Beschluß, der ohne die Anwesen-

heit der gesetzlich geforderten Anzahl der Mitglieder gefaßt worden ist, unzweifelhaft nichtig sei, und mit dem Tadel wurde nicht zurückgehalten, daß sich der Landtag in zahlreichen Fällen über die Nichtigkeit der Beschlüsse in der Erwägung weggesetzt habe, daß, sobald er einen Beschluß gefaßt habe, die Behauptung, das Haus sei nicht beschlußfähig gewesen, unstatthaft und nicht zu berücksichtigen sei (Schwartz, 2. Aufl., S. 266). Dieses Urteil und diese Kritik gelten auch für Art. 21 Abs. 1 VerfUrk. Ohne Beschlußfähigkeit zustande gekommene Abstimmungen sind rechtlich keine „Beschlüsse". Jene „Erwägung" der früheren Landtage ist in der a. VerfUrk. nicht begründet gewesen und wäre es für die neue VerfUrk. auch nicht. Auch hier gilt, daß die Regelung in der VerfUrk. ausschließt, von einer nur inneren Angelegenheit des Landtags zu sprechen. Da sich die Geschäftsordnung nur im Rahmen der Verfassung bewegen kann (Art. 29 Abs. 2), könnte auch diese keine Bestimmung enthalten, die Art. 21 Abs. 1 VerfUrk. widerspräche; sie wäre ungültig. Man darf aber auch keine diesem Artikel widersprechende Ansicht aus einer Vorschrift der Geschäftsordnung ableiten. Nun bestimmt die zur Zeit geltende Geschäftsordnung im

§ 80.

(1) Bei Wahlen und Abstimmungen zählen Stimmenthaltungen und ungültige Stimmen mit zur Feststellung der Beschlußfähigkeit, nicht aber zur Berechnung der Mehrheit.

(2) Vor einer Schlußabstimmung können 15 anwesende Abgeordnete die Feststellung der Beschlußfähigkeit verlangen. Diese geschieht in den Formen der namentlichen Abstimmung durch Abgabe der Ja-Karte. Die Feststellung unterbleibt, wenn der Sitzungsvorstand über die Beschlußfähigkeit oder Beschlußunfähigkeit einig ist.

(3) Bei Beschlußunfähigkeit hat der Präsident die Sitzung sofort aufzuheben und nur noch Zeit und Tagesordnung der nächsten Sitzung zu verkünden.

(4) Ergibt sich die Beschlußunfähigkeit bei einer Abstimmung oder Wahl, so wird in einer der nächsten Sitzungen noch einmal abgestimmt oder gewählt. Ein für die ergebnislose Abstimmung gestellter Antrag auf namentliche Abstimmung bleibt in Kraft.

Hieraus ergibt sich für unseren Fall nur, daß der Präsident seine Pflicht verletzt, wenn er trotz objektiv vorhandener Beschlußunfähigkeit die Sitzung nicht sofort aufhebt. Eine Vermutung für die Gültigkeit des Beschlusses aus § 80 a. a. O. abzuleiten, wäre dagegen ungerechtfertigt.

Eine andere Frage ist, ob und welche Folgerungen aus der Nichtigkeit der trotz Beschlußunfähigkeit gefaßten „Beschlüsse" gezogen werden können. Zu beachten ist, daß nach Art. 61 das Gesetz verbindlich ist, wenn verfassungsmäßig zustande gekommen und vom Staatsministerium in der vorgeschriebenen Form verkündet ist. Es ist aber bei Beschlußunfähigkeit nicht verfassungsmäßig zustande gekommen, und die Verkündung allein heilt nach geltendem Rechte jenen Mangel nicht. Es fragt sich nur, ob nicht das praktische Bedenken überwiegt, die Nachprüfung der Gültigkeit eines Gesetzes durch jeden zur Anwendung Berufenen würde zu heilloser Rechtsunsicherheit führen. Überdies wäre der Nachweis der Beschlußunfähigkeit meist schwierig. Bei Beschlüssen, die nicht Gesetze betreffen, gelten diese praktischen Bedenken ebenfalls. Zu einer einläßlicheren Behandlung der Frage ist hier nicht der Ort. Ein Verfassungsgerichtshof zur Entscheidung der Gültigkeit von Landtagsbeschlüssen ist dringend erwünscht.

Zustandekommen der Beschlüsse.

Artikel 22.

(1) Der Landtag faßt seine Beschlüsse mit einfacher Stimmenmehrheit.

(2) Ausnahmen kann das Gesetz und für Wahlen die Geschäftsordnung vorschreiben.

Entw. § 17. — AusschProt. Sp. 123, 249, 310. — 2. VollBer. StenBer. Sp. 13 348. — 3. VollBer. StenBer. Sp. 14 060 f.

1. **Zur Entstehungsgeschichte** vgl. altes und neues Verfassungsrecht in Erltg. 1 zu Art. 21. Im Ausschuß ist im Abs. 1 das Wort „einfacher" vor „Stimmenmehrheit" eingeschaltet worden.

Zu Abs. 1.

2. **Einfache Stimmenmehrheit** bedeutet mindestens eine Stimme mehr als die Hälfte aller abgegebenen Stimmen. Stimmenthaltende werden nicht gezählt. Stimmengleichheit bewirkt Ablehnung. Die Mehrheit der gesetzlichen Mitgliederzahl des Landtags ist nur ausnahmsweise vorgeschrieben; bei Verfassungsänderungen zwei Drittel [Art. 30]), ein Fünftel der gesetzlichen Zahl der Mitglieder wird für Untersuchungsausschüsse verlangt (Art. 25 Abs. 1).

3. **Ausnahmen von der Regel,** daß die Beschlüsse mit einfacher Stimmenmehrheit der Abstimmenden zu fassen sind, kann vorschreiben

A. das Gesetz (also auch das Verfassungsgesetz) z. B. Art. 23 bei Ausschluß der Öffentlichkeit der Sitzungen; Art. 30, wo nicht nur die Anwesenheit von mindestens zwei Drittel der gesetzlichen Mitgliederzahl, sondern auch die Zustimmung von mindestens zwei Drittel der Anwesenden verlangt wird (Art. 43 Abs. 3), wo, nach Einspruch des Staatsrats gegen ein beschlossenes Gesetz, bei der nochmaligen Beschlußfassung durch den Landtag an die Zweidrittelmehrheit die Wirkung geknüpft ist, daß bei Bestätigung durch diese Mehrheit es beim Beschlusse bleibt; Art. 58 bei der Ministeranklage.

B. Die Geschäftsordnung, aber nur für Wahlen, z. B. Art. 12 Abs. 2, 18, 25 Abs. 1, 26.

Öffentlichkeit der Vollsitzungen des Landtags.

Artikel 23.

Die Vollsitzungen des Landtags sind öffentlich. Auf Antrag von fünfzig Abgeordneten kann der Landtag mit Zweidrittelmehrheit die Öffentlichkeit für einzelne Gegenstände der Tagesordnung ausschließen. Über den Antrag wird in geheimer Sitzung verhandelt.

Entw. § 18. — AusschProt. Sp. 18 ff., 247, 310. — 2. VollBer. StenBer. Sp. 13 348.

1. **Zur Entstehungsgeschichte.** Die Vorschrift entspricht altem Verfassungsrecht. Die a.preußVerfUrk. Art. 79 bestimmte: „Die Sitzungen beider Kammern sind öffentlich. Jede Kammer tritt auf Antrag ihres Präsidenten oder von zehn Mitgliedern zu einer geheimen Sitzung zusammen, in welcher dann zunächst über diesen Antrag zu beschließen ist." Darüber, daß die Verhandlungen der Kommissionen (Ausschüsse) nur für die Abgeordneten öffentlich sind und daß Beschlüsse in geheimer Sitzung die gleiche Bedeutung haben wie öffentliche, war Einverständnis. (Perels, ArchöffR. **15**.548; Arndt, PreußVerfUrk. S. 287). Dagegen enthielt a.RVerf. Art. 22 Abs. 1 nur den Satz: „Die Verhandlungen des Reichstags sind öffentlich." Freilich bestimmte die Geschäftsordnung des Reichstags § 36: „Der Reichstag tritt auf Antrag seines Präsidenten oder von zehn Mitgliedern zu einer geheimen Sitzung zusammen, in welcher zunächst über den Antrag auf Ausschluß der Öffentlichkeit zu beschließen ist." Die Rechtsgültigkeit solcher Beschlüsse war jedoch zu verneinen, weil die a.RVerf. Art. 22 die a.preußVerfUrk. Art. 79 zum Muster hatte und in der absichtlichen Fortlassung von deren zweitem Satze die Absicht der Vermeidung geheimer Sitzungen liegt. Vgl. Arndt, RStR. S. 137 und Komm. zu Art. 22; Perels a. a. O.; Laband, Reichsstaatsrecht, 5. Aufl., **1** 346; Seydel, RVerf., 2. Aufl., S. 198 ff. Die RVerf. Art. 29 bestimmt: „Der Reichstag verhandelt öffentlich. Auf Antrag von fünfzig Mitgliedern kann mit Zweidrittelmehrheit die Öffentlichkeit ausgeschlossen werden." Der vorliegende Art. 23 ist gegenüber dem Entw. nur insofern geändert worden, als die Worte „mit Zweidrittelmehrheit" eingefügt worden sind, wodurch die geheimen Sitzungen sehr erschwert werden. Das war aber auch die Absicht. Überdies wird sich ein Grund für den Ausschluß der Öffentlichkeit bei den Beratungen des Landtags viel seltener ergeben als beim Reichstage, da die Fragen der auswärtigen Politik nicht zu seiner Zuständigkeit gehören.

2. **Die Beratungen und Beschlußfassungen in den Vollsitzungen** (im Plenum) **sind öffentlich,** also nicht in den Ausschüssen, die nur für Landtagsmitglieder zugänglich sind. Die Öffentlichkeit ist grundsätzlich für jedermann gegeben, natürlich im Rahmen der Hausordnung. Wegen der Raum- und Sicherheitsverhältnisse sind Beschränkungen zulässig, die z. B. durch Festsetzung der Zahl der auszugebenden Eintrittskarten erfolgen. Nach der Geschäftsordnung § 61 Abs. 1 kann, wer auf der Empore Beifall oder Mißbilligung äußert oder Ordnung und Anstand verletzt, sofort entfernt werden. Die RVerf. Art. 29 Satz 1 erklärt zwar nur: „Der Reichstag verhandelt öffentlich," ohne ausdrückliche Beschränkung auf Vollsitzungen, doch bezieht sich diese Öffentlichkeit auch hier nicht auf die Beratungen in den Ausschüssen.

3. Voraussetzungen des Ausschlusses der Öffentlichkeit sind:

a) Antrag von (mindestens) fünfzig Abgeordneten, über den ebenfalls schon in geheimer Sitzung verhandelt wird;

b) Beschluß einer Zweidrittelmehrheit der abstimmenden, nicht der gesetzlichen Zahl der Abgeordneten. Dadurch wird, in Verbindung mit der Tatsache, daß die Beschlußunfähigkeit keineswegs immer festgestellt wird, die strenge Vorschrift erheblich gemildert. Bei Abwesenheit von einundzwanzig Abgeordneten genügt ein Beschluß von vierzehn, wenn Art. 28 Abs. 1 unbeachtet bleibt. Eigenartig ist die Ausdrucksweise, daß der Ausschluß erfolgt „für einzelne Gegenstände der Tagesordnung". Daraus ist aber nicht zu folgern, daß nicht alle Gegenstände in geheimer Sitzung verhandelt werden könnten, sondern nur, daß der Beschluß sich jeweils auf einen bestimmten Gegenstand der Tagesordnung beziehen muß. Einer Begründung bedarf der Ausschlußbeschluß nicht.

4. Die Wirkung eines solchen Beschlusses ist:

a) daß der Öffentlichkeit (dem Publikum) kein Zutritt gestattet ist, sondern nur den Abgeordneten, den Ministern und ihren Beauftragten. Man nimmt an, daß die Zulassung einzelner Personen erlaubt ist, m. E. aber nicht durch den Präsidenten oder andere Mitglieder des Vorstandes oder durch Abgeordnete oder Staatsminister, sondern nur durch den Beschluß, der die geheime Sitzung bestimmt.

b) Auch wahrheitsgetreue (schriftliche oder mündliche) Berichte, sei es eines Abgeordneten oder einer anderen Person außerhalb des Landtags über die geheimen Verhandlungen bleiben nicht von jeder Verantwortlichkeit frei, denn diese Verantwortlichkeit bezieht sich nach RVerf. Art. 30 nur auf die öffentlichen Sitzungen des Reichstags oder Landtags. Auch hier liegt eine für das Landesverfassungsrecht zwingende Vorschrift der RVerf. vor, die deshalb durch jene nicht geändert werden kann, übrigens mit § 12 StGB. übereinstimmt so daß auch insofern Reichsrecht dem Landrecht vorgeht. Vgl. hierzu die Kommentare zum StGB. von Olshausen und von Oppenhoff; Binding, Handbuch des deutschen Strafrechts **1** 683; v. Liszt, Reichspreßrecht § 45. Wahrheitsgetreuer Bericht ist nicht soviel wie wortgetreu; unbedingte Vollständigkeit wird nicht verlangt. Es genügt, daß „ein in sich abgeschlossener Teil der Verhandlungen dem wirklichen Vorgang entsprechend wiedergegeben wird". Der Bericht muß das Für und Wider der Meinungen klar zum Ausdruck bringen. Parteipolitische Färbung ist zu vermeiden. Es muß sich um Berichte, also um erzählende Darstellungen ohne eigene Betrachtungen handeln. Nach dem RG. (in StS. **15** 32 ff.; **18** 207 ff.) ist es Tatfrage, wieweit Auszüge oder Abdrücke einzelner Reden wahrheitsgetreu sind. Neu ist gegenüber dem bisherigen Rechte, daß wahrheitsgetreue Berichte auch über öffentliche Ausschußsitzungen verantwortungsfrei sind. Für Abgeordnete sind sie öffentlich. Deshalb ist Giese S. 139 zuzustimmen, wonach es rechtlich einwandfrei ist, wenn ein einzelner Abgeordneter der Presse einen eingehenderen Bericht als den amtlich ausgegebenen über Ausschußsitzungen zugänglich macht. Der Ausschluß der zivil-, straf- und disziplinarrechtlichen Verantwortlichkeit umfaßt auch die Fälle, daß die Verhandlungen Reden enthalten, die objektive Beleidigungen (StGB. §§ 185, 186) oder eine Kreditgefährdung darstellen (BGB. § 824). Vorschläge zur Beschränkung dieser Freiheit, etwa durch zeitliche Begrenzung der verantwortungsfreien Veröffentlichung, sind bisher nicht verwirklicht worden. Vgl. Max Garr, Parlament und Presse 1908; vgl. ferner Hubrich, Die parlamentarische Redefreiheit und Disziplin 1899 S. 469ff.; Derselbe in Annalen des Deutschen Reiches 1897 S. 1 ff.; Fuld daselbst 1887 S. 251 ff.; Sládeček in der Zeitschr. f. d. gesamte Staatswissenschaft **16** 127 ff.; Meyer-Anschütz, DStR., 7. Aufl., S. 376, 517; F. W. R. Zimmermann, Parlamentarische Redefreiheit und der Schutz Dritter gegen den Mißbrauch derselben, Zeitschr. f. d. gesamte Staatswissenschaft 1907 S. 392 ff.

c) Die Beschlüsse, die in der verfassungsmäßig beschlossenen geheimen Sitzung gefaßt werden, haben dieselbe Wirkung wie die in öffentlicher Sitzung gefaßten.

Anwesenheit der Minister.

Artikel 24.

Der Landtag und jeder seiner Ausschüsse können die Anwesenheit jedes Ministers verlangen. Die Minister und die von ihnen bestellten Beauftragten haben zu den Sitzungen des Landtags und seiner Ausschüsse Zutritt. Sie können jederzeit, auch außerhalb der Tagesordnung, das Wort ergreifen. Sie unterstehen der Ordnungsgewalt des Vorsitzenden.

Entw. § 19. — AusschProt. Sp. 124.

1. **Geschichtliche Vorbilder.** Die Vorschrift ist eine Folge der parlamentarischen Ministerverantwortlichkeit und entspricht dem bisherigen Rechte. Die a.preußVerfUrk. Art. 60 hatte bestimmt, daß die Minister sowie die zu ihrer Vertretung abgeordneten Staatsbeamten Zutritt zu jeder Kammer haben und auf ihr Verlangen zu jeder Zeit gehört werden müssen (Abs. 1). Die Kammer kann die Gegenwart der Minister verlangen (Abs. 2). Auf die Belgische VerfUrk. Art. 88 war der unpraktisch gebliebene Abs. 3 zurückzuführen: „Die Minister haben in einer oder der anderen Kammer nur dann Stimmrecht, wenn sie Mitglieder derselben sind." Die a.RVerf. Art. 9 Satz 1 lautete: „Jedes Mitglied des Bundesrats hat das Recht, im Reichstage zu erscheinen und muß daselbst auf Verlangen jederzeit gehört werden, um die Ansichten seiner Regierung zu vertreten, auch dann, wenn dieselben von der Majorität des Bundesrats nicht adoptiert worden sind." Also stand nicht dem Reichskanzler als solchen, sondern nur soweit er Bundesratsmitglied war, oder seinen Kommissaren dieses Recht zu. Sie unterlagen nicht der Disziplin und der Ordnungsgewalt des Reichstagspräsidenten, mußten sich aber Unterbrechungen und Verweisungen auf den parlamentarischen Gebrauch gefallen lassen. Der vorliegende Art. 24 entspricht im wesentlichen (s.

unten 2 B) der RVerf. Art. 33, wo außerdem noch bestimmt ist, daß die Länder berechtigt sind, in die Sitzungen des Reichstags und seiner Ausschüsse Bevollmächtigte zu entsenden, die den Standpunkt ihrer Regierung zu dem Gegenstande der Verhandlung darlegen; aber auch sie brauchen nicht jederzeit gehört zu werden. Sie können ferner (anders wie die Regierungsvertreter) nur während der Beratungen, also nur zur Tagesordnung und nicht mehr nach Schluß der Debatte das Wort verlangen.

2. Geltendes preußisches Recht.

A. Das Verlangen der Anwesenheit der Minister (Art 24) setzt einen Mehrheitsbeschluß, sei es der Vollversammlung, sei es des Ausschusses, voraus. Nach § 66 der Geschäftsordnung kann jeder Abgeordnete die Herbeirufung eines Ministers jederzeit, auch außerhalb der Tagesordnung, beantragen. Das Haus entscheidet darüber. Auf Verlangen von fünfzehn anwesenden Abgeordneten ist die Besprechung über den Antrag zu eröffnen. — Das Nichterscheinen der Minister hat politische und rechtliche Wirkungen. Sie setzen sich vor allem einer Mißtrauenskundgebung aus (Art. 46, 47, 57, 58). Vollversammlung und Ausschuß brauchen sich nicht mit dem Erscheinen von Regierungskommissaren zu begnügen.

B. Das Zutrittsrecht der Minister und ihrer Beauftragten (Regierungskommissare) besteht für öffentliche wie für geheime Sitzungen (Art. 23). Sie haben ein Recht zu jederzeitiger Wortergreifung, natürlich nach Meldung beim Präsidenten, im Gegensatz zu Art. 60 der a.preußVerfUrk., wo sie das Wort verlangen mußten, das ihnen allerdings sofort zu erteilen war. Das Recht steht ihnen zu während der Beratungen wie auch nach Schluß der Diskussion, wodurch die Debatte als wieder eröffnet gilt, wie auch außerhalb der Tagesordnung und zwar nicht nur in der durch die Geschäftsordnung bestimmten Folge, aber nicht zur Abstimmung, wenn sie nicht gleichzeitig Abgeordnete sind. Dagegen geht das Recht nicht so weit, daß sie mitten in der Rede eines Abgeordneten oder eines Präsidenten oder während einer Abstimmung das Wort erhalten müßten, sondern nur sofort nach Beendigung einer Rede oder Abstimmung. Seltsamerweise ist im Reichstage den Regierungsvertretern nicht ein jederzeitiges Eingreifen in die Verhandlungen gewährt; sie kommen dort in der durch die Geschäftsordnung bestimmten Reihenfolge zu Wort. Den Ministern und ihren Beauftragten steht nicht zu das Immunitätsrecht wie den Abgeordneten, sie können also z. B. wegen Beleidigungen belangt werden (Arndt, RVerf. 1919 S. 69). Auf Regierungsvertreter bezieht sich weder RVerf. Art. 36, 37 (s. unten S. 141 ff.) noch der § 11 StGB., wonach kein Mitglied eines Landtags oder einer Kammer eines zum Reich gehörigen Staats außerhalb der Versammlung, zu welcher das Mitglied gehört, wegen seiner Abstimmung oder wegen der in Ausübung seines Berufs getanen Äußerungen zur Verantwortung gezogen werden kann (Olshausen und Oppenhoff zu § 11 StGB.; Hubrich, Redefreiheit S. 356). Natürlich haben die Reichsminister und der Vertreter des Reichswirtschaftsrates nach der RVerf. Art. 165 Abs. 4 Satz 4 das hier fragliche Recht nur gegenüber dem Reichstag, nicht dem Landtag.

C. **Die Minister und ihre Beauftragten unterstehen der Ordnungsgewalt des Vorsitzenden.** Ebenso nach der RVerf. Art. 33 Abs. 4. Jedoch war dies früher für den Reichstag und Landtag bestritten. Vgl. Perels, Das autonome Reichstagsrecht S. 96; Derselbe, Stellvertretende Bevollmächtigte zum Bundesrat, in der Festschrift für Hänel 1907 S. 259—281; v. Seydel, RVerf., 2. Aufl., S. 134, 152 ff.; Arndt, RStR. S. 151 f., RVerf. S. 121 f.; Dambitsch S. 258 ff., 266; Hensel, Die Stellung des Reichskanzlers 1882; Herwegen, Reichsverfassung und Bundesrat 1902; Vogels, Die staatsrechtliche Stellung der Bundesratsbevollmächtigten; Derselbe, Die stellvertretenden Bundesratsbevollmächtigten im ArchöffR. **27** 69 ff; Pohl, Der Bundesratsbevollmächtigte im Reichstag, in der Festschrift für Zitelmann 1913; Zorn, RStR. **1** 237; H. Schulze, PreußStR. **1** 629; Schwartz S. 190; Arndt, PreußVerfUrk., 7. Aufl., S. 237 f. Nach § 97 der Geschäftsordnung unterstehen die Minister und ihre Beauftragten der Ordnungsgewalt des Präsidenten. Nach dem Bericht des Geschäftsordnungsausschusses (Drucks. Nr. 1900 A Sp. 78) bemerkte der langjährige Bureaudirektor des Landtags, Geheimrat Plate, daß es sich um eine alte Übung handle. Der Präsident pflegte dabei zu sagen: „Herr Regierungsvertreter, wenn ein Abgeordneter dies gesagt haben würde, so würde ich ihn zur Ordnung gerufen haben" (jetzt GeschOrdn. § 59). Er kann ihn jetzt auch „zur Sache rufen" (daselbst § 62), dagegen kann er ihm mit Rücksicht auf Art. 24 Satz 3 das Wort nicht entziehen.

Artikel 25.

Untersuchungsausschüsse.

(1) Der Landtag hat das Recht und auf Antrag von einem Fünftel der gesetzlichen Zahl seiner Mitglieder die Pflicht, Untersuchungsausschüsse einzusetzen. Diese Ausschüsse erheben in öffentlicher Verhandlung die Beweise, die sie oder die Antragsteller für erforderlich erachten. Sie können mit Zweidrittelmehrheit die Öffentlichkeit ausschließen. Die Geschäftsordnung regelt ihr Verfahren und bestimmt die Zahl ihrer Mitglieder.

(2) Die Gerichte und Verwaltungsbehörden sind verpflichtet, dem Ersuchen dieser Ausschüsse um Beweiserhebungen nachzukommen; die Akten der Behörden sind ihnen auf Verlangen vorzulegen.

(3) Für die Beweiserhebungen der Ausschüsse und der von ihnen ersuchten Behörden gelten die Vorschriften der Strafprozeßordnung sinngemäß, doch bleibt das Brief-, Post-, Telegraphen- und Fernsprechgeheimnis unberührt.

Entw. § 20. — AusschProt. Sp. 124, 249, 310.

Inhaltsübersicht.

1. Geschichtliche Vorbilder und Geschäftsordnung. Aus der Belgischen VerfUrk. Art. 40 war Art. 82 der a.preußVerfUrk. übernommen worden: „Eine jede Kammer hat die Befugnis, behufs ihrer Information, Kommissionen zur Untersuchung von Tatsachen zu ernennen." Es war hierbei streitig, ob das Recht zur Ernennung von Unterkommissionen sich auf Dinge beschränkt, mit denen die Kammer gerade befaßt ist, oder ob es allgemein besteht und ob eine solche Kommission überhaupt und unter welchen Voraussetzungen sie berechtigt ist, die Staatsbehörde um die Vornahme von Vernehmungen und Beeidigungen zu ersuchen. (Über die Ansichten vgl. Arndt, PreußVerfUrk., 7. Aufl., S. 290 f.; H. Schulze, PreußStR., 2. Aufl., **1** 613 f.; v. Rönne-Zorn, PreußStR **1** 361 bis 365, 367; Bornhak, PreußStR., 2. Aufl., **1** 459 f.; Schwartz S. 239 f.) Jedenfalls ist jetzt die zweite Frage gesetzlich geregelt. Übrigens ist in Preußen eine politische Enquetekommission nur einmal eingesetzt worden, und zwar 1863 von dem Abgeordnetenhause zur Feststellung der Wahlbeeinflussungen. Während die a.RVerf. eine ähnliche Bestimmung nicht aufwies (über die Bedeutung dieser Tatsache vgl. v. Seydel, RVerf. S. 203; Arndt, RStR. S. 148; Laband, DJZ. **18** [1913] 600 f. in Holtzendorff-Bezold, Materialien der RVerf. **2** 85 ff., 92 ff.), brachte Art. 34 der RVerf. die Regelung, und zwar in einer dem vorliegenden Art. 25 in allem wesentlichen entsprechenden Weise. In engem Zusammenhange mit hochpolitischen Dingen stand die Frage der Verfassungsmäßigkeit des vom Reichstage am 20. August 1919 eingesetzten Untersuchungsausschusses von achtundzwanzig Mitgliedern, der die Aufgabe erhielt, durch Erhebung aller Beweise festzustellen:

1. welche Vorgänge zum Ausbruche des Krieges geführt, seine Verlängerung veranlaßt und seinen Verlust herbeigeführt haben, insbesondere
2. welche Möglichkeiten sich im Verlaufe des Krieges geboten haben, zu Friedensbesprechungen zu gelangen und ob solche Möglichkeiten ohne die erforderliche Sorgfalt behandelt worden sind;
3. ob im Verkehr der politischen Stellen der Reichsleitung unter sich, zwischen der politischen und militärischen Leitung und mit der

Volksvertretung oder anderen Vertrauensmännern, Treu und Glauben gewahrt worden sind,

4. ob in der militärischen und wirtschaftlichen Kriegführung Maßnahmen angeordnet oder geduldet worden sind, die Vorschriften des Völkerrechts verletzt haben oder über die militärische und wirtschaftliche Notwendigkeit hinaus grausam und hart waren.

Obwohl die Fragen, die sich auf diesen Untersuchungsausschuß bezogen (der in seiner Verfassungsmäßigkeit von Erich Kaufmann, Untersuchungsausschuß und Staatsgerichtshof 1920 S. 17 ff., bestritten worden ist), in erster Linie das Reichsrecht angehen, sind sie, bei der inhaltlichen Übereinstimmung der RVerf. Art. 34 mit dem ihn nachahmenden vorliegenden Art. 25 preußVerf., nach der grundsätzlichen Seite hin auch für letzteren bedeutsam. Die geschichtlichen und ideellen Zusammenhänge mit dem Staatsgerichtshofe des Deutschen Reiches gehören nicht in dieses Werk.

Außer den Untersuchungsausschüssen und dem ständigen Ausschusse des Art. 26 kann der Landtag nach § 14 Abs. 2 der GeschOrdn. für einzelne Gegenstände Sonderausschüsse bestellen. Nach Abs. 1 daselbst bestellt er bei Beginn der Tagung zur Vorbereitung der Verhandlungen folgende ständige Ausschüsse:

1. für den Staatshaushaltsplan (Hauptausschuß),
2. für die Bevölkerungspolitik,
3. für das Siedlungs- und Wohnungswesen,
4. für das Landwirtschaftswesen,
5. für Handel und Gewerbe,
6. für das Rechtswesen,
7. für das Gemeindewesen,
8. für das Unterrichtswesen,
9. für die Eingaben,
10. für die Wahlprüfungen,
11. für die Geschäftsordnung,
12. für die Prüfungen der Rechnungen über den Staatshaushalt.

Zu Abs. 1.

2. **Die Einsetzung der Untersuchungsausschüsse** ist zunächst ein **Recht des Landtages.**

A. Die für die a.preußVerfUrk. aufgeworfene Frage, ob das Recht zur Ernennung von Untersuchungskommissionen sich auf die Dinge beschränkt, mit denen die Kammer gerade befaßt ist, oder ob es allgemein besteht, ist in letzterem Sinne zu entscheiden. Die Kommissionen sind englischen Ursprungs. In England haben seit langer Zeit beide Häuser des Parlaments das Recht, umfassende Untersuchungen durch eine aus der Mitte des Hauses gewählte Kommissionen vornehmen zu lassen. Diese Inquires haben nur selten zur Entwirrung **politischer** Zusammenhänge gedient, meist hatten sie den Zweck, wirtschaftliche und soziale Fragen zu klären, z. B. solche des Armenwesens, der Arbeit von Kindern und Frauen in den Fabriken, der Banken, der Verhältnisse bestimmter Industriezweige, der Schiffahrtsgesetze, der Eisenbahnen usw. Auch die nach geltendem Recht bestehenden Select Commitees werden für einen vorübergehenden Zweck vom Hause bestellt, meist um einen bestimmten Gegenstand, der gerade das Haus interessiert, in Beratung zu ziehen oder zu untersuchen (Hatschek, Englisches Staatsrecht **1** [1905] 413 ff.). In Frankreich sind seit den zwanziger Jahren des neunzehnten Jahrhunderts Enqueten eingeführt worden, aber sie haben nur selten parlamentarischen Charakter besessen. Meist wurden Behörden, vor allem die Mitglieder des Conseil supérieur du commerce, de l'agriculture et de l'industrie mit den Untersuchungen beauftragt. Zuweilen hat aber auch die gesetzgebende Versammlung eigene Untersuchungskommissionen eingesetzt, so 1849, 1872, 1892/93, 1897/98. Das Recht der parlamentarischen Enquete ist verfassungsmäßig gegeben in Norwegen (1814), Belgien (1830), Dänemark und Rumänien (1866), Luxemburg (1868), Island (1874), Bulgarien (1879), Serbien (1903), Montenegro (1905), Griechenland (1917). Aus dem Recht aller dieser Staaten abgezogen, bedeutet das parlamentarische Enqueterecht die der Volksvertretung zukommende Befugnis, Tatsachen und Vorgänge festzustellen und zu untersuchen, deren Kenntnis zur Ausübung parlamentarischer Funktionen erforderlich ist. Als häufigstes, nach manchen Verfassungen als einziges Mittel dient die Einsetzung von Ausschüssen, welche das Parlament zu dieser Beschaffung des Tatsachenstoffes für die parlamentarische Arbeit berechtigt und verpflichtet (Egon Zweig, Die parlamentarische Enquete nach deutschem und österreichischem Recht, Zeitschr. für Politik **6** [1913] 265 ff. mit Verwendung reichhaltiger Literatur; Warmuth, Staatsgerichtshof und parlamentarischer Untersuchungsausschuß 1920 S. 19; s. auch W. Kahl, Untersuchungsausschuß und Staatsgerichtshof, DJZ. **25** [1920] 1 ff.). Da nun die Frage, welche Tatsachen und Vorgänge für die parlamentarische Tätigkeit erforderlich sind, lediglich von der Volksvertretung beantwortet werden kann, besteht das Recht auf Untersuchungskommissionen dort, wo es eingeführt ist, allgemein; eine Beschränkung ist weder in der RVerf. noch in der preuß. VerfUrk. ausgesprochen. Schließlich könnte, wenn es zur Voraussetzung gehören würde, daß das Parlament sich gerade mit den betreffenden Dingen befaßt, jene Voraussetzung leicht beschafft werden.

B. Das parlamentarische Enqueterecht ist (im Reich und) in Preußen jedoch kein völlig unbeschränktes, sondern es reicht nur so weit, wie die verfassungsmäßige Zuständigkeit des seinerseits das souveräne Volk vertretenden Landtags (bzw. des Reichstags), erstreckt sich also weder auf Fragen der richterlichen oder rein wissenschaftlichen Zuständigkeit. Die Untersuchungsausschüsse sind mit behördlichem Charakter ausgestattete, zur Vornahme obrigkeitlicher Aufgaben ermächtigte Hilfsorgane des Landtags (bzw. des Reichstags), Formen seiner Geschäftsbehandlung zur Vorbereitung der Beschlüsse der Volksvertretung (ebenso Erich Kaufmann a. a. O. S. 18; Giese S. 147). War früher einer der Zwecke, um derentwillen die Ausschüsse geschaffen wurden, Empfang von Informationen durch die Regierung (Neumann-Hofer, Die Wirksamkeit der Kommissionen in den Parlamenten, Zeitschr. für Politik **4** [1911] 51—85, besonders 71), so hat der erwähnte Art. 82 der a.preußVerfUrk. erklärt, daß jede Kammer das Enqueterecht „zu ihrer Information" erhalte. Auch für den vorliegenden Artikel muß man annehmen, daß der Untersuchungsausschuß Tatsachen zu untersuchen hat. „Die Tätigkeit der Untersuchungsausschüsse ist danach in dreifacher Richtung beschränkt: inhaltlich durch die Zuständigkeit des Reichstags (Landtags) selbst, wirkungsmäßig durch die bloß vorbereitende Funktion für künftige Beschlüsse des Reichstags (Landtags) und innerhalb dieser Schranken auf die Erhebung von Beweisen über Tatsachen" (Erich Kaufmann a. a. O. S. 21 f.).

C. Eine Pflicht zur Einsetzung eines Untersuchungsausschusses besteht, wenn ein Fünftel der gesetzlichen Zahl der Mitglieder des Landtags (nicht der gerade anwesenden) darauf anträgt. Dadurch wurde ein Minderheitsschutz gewährt, zwecks Vorbeugung einer Vergewaltigung durch die Mehrheit. Der Beschluß zur Einsetzung erfolgt im übrigen, d. h. wenn nicht das Minderheitsfünftel, sondern der Landtag das Enqueterecht geltend machen will, durch Mehrheitsbeschluß, für den Art. 29 maßgebend ist, in der Regel mit einfacher Stimmenmehrheit; doch kann ein Gesetz hierfür eine Ausnahme vorschreiben. Der Ausschuß ist nicht ständig, sondern nach Art. 26 einzusetzen. Seine Tätigkeit endet spätestens mit Ablauf der Wahlperiode des Reichstags, der ihn eingesetzt hat (Pötzsch, RVerf. S. 59).

3. **Die Zahl der Mitglieder** ist nicht vorgeschrieben. Die Frage wird durch die Geschäftsordnung geregelt, und zwar entweder durch die allgemeine Geschäftsordnung des Landtags oder diejenige für die Ausschüsse. Die Ansicht, daß auch die schwächste Partei im Ausschuß vertreten sein muß, scheint mir rechtlich nicht begründet zu sein. Die Geschäftsordnung regelt auch das Verfahren (Abs. 1 Satz 4), ist aber an Art. 25 insoweit gebunden, als Beweiserhebungen in öffentlicher Verhandlung, Ausschluß der Öffentlichkeit durch Beschluß mit Zweidrittelmehrheit des Ausschusses, Rechtshilfepflicht der Gerichte und Verwaltungsbehörden, sinngemäße Anwendung der Strafprozeßordnung vorgeschrieben sind (Abs. 2 u. 3).

Zu Abs. 2.

4. Im Gegensatz zum bisherigen preuß. Recht (s. oben Erltg. 1) ist es jetzt unzweifelhaft, daß die **Gerichte und Verwaltungsbehörden verpflichtet sind, dem Ersuchen dieser Ausschüsse um Beweiserhebungen nachzukommen**. Die Akten der Behörden sind ihnen auf Verlangen vorzulegen.

Zu Abs. 3.

5. **Die Strafprozeßordnung** vom 1. Februar 1877 §§ 48 ff. **ist sinngemäß anzuwenden** auf die Erhebungen der Ausschüsse und der von

ihnen ersuchten Behörden. Außer Beweiserhebungen (s. Erltg. 4) kommen noch Vorladung, Vernehmung und Vereidigung von Zeugen und Sachverständigen in Betracht. Zeugen und Sachverständige sind verpflichtet, zu erscheinen, auszusagen und ihre Aussagen zu beeiden; sie können auch in Ordnungsstrafe genommen werden. Die Ausschüsse können aber auch selbst dieses Recht ausüben (Giese a. a. O.). Die Frage der „sinngemäßen" Anwendung führt notwendig zu Streitfragen (vgl. Antrag Dr. Quark-Gröber, Ber. des Verfassungsausschusses, Drucks. der Deutschen Nationalversammlung Nr. 391 S. 266). § 24 StPO. gibt das Recht der Ablehnung des Richters wegen Besorgnis der Befangenheit dem Angeschuldigten bzw. Angeklagten. Ist im Untersuchungsausschuß dem unter seinem Eide aussagenden Zeugen, der auch Beschuldigter sein kann, das Recht zur Ablehnung des Ausschußmitgliedes zuzubilligen? M. E. wohl. Sind die Zeugen zu beeidigen? Dürfen sie den Eid verweigern? Steht ihnen ein Zeugnisverweigerungsrecht zu? Auch diese Fragen bejahe ich. Vgl. StPO. §§ 51 ff.; Warmuth a. a. O. S. 34 und 36 in Verbindung mit § 69 StPO.; Erich Kaufmann a. a. O. S. 30.

Ständiger Überwachungsausschuß.

Artikel 26.

Der Landtag bestellt einen ständigen Ausschuß zur Wahrung der Rechte der Volksvertretung gegenüber dem Staatsministerium für die Zeit außerhalb der Tagung und zwischen der Beendigung einer Wahlperiode oder der Auflösung des Landtags und dem Zusammentritte des neuen Landtags. Dieser Ausschuß hat auch die Rechte eines Untersuchungsausschusses. Seine Zusammensetzung wird durch die Geschäftsordnung geregelt.

Entw. § 21. — AusschProt. Sp. 125 f.

1. Zur Entstehungsgeschichte.

a) Die Vorschrift fand sich in dem bisherigen preuß. Verfassungsrecht nicht vor. Die Entwicklung hatte schon dazu geführt, daß ausnahmsweise bei einer gewissen Dringlichkeit durch den Reichstag mit Einverständnis des Bundesrats die Weitertagung eines Ausschusses über den Sessionsschluß hinaus beschlossen wurde (z. B. RG. vom 23. Dez. 1874, 1. Febr. 1876). Auf Grund des RG. über den vaterländischen Hilfsdienst vom 5. Dezember 1916 (RGBlS. 1333) § 19 ist dem sog. Hilfsdienstausschuß des Reichstags das Recht verliehen worden, auch während der Unterbrechung der Reichstagsverhandlungen zusammenzutreten. Diese von Giese (Annalen des Deutschen Reichs 1917 S. 316 ff.) mit Recht als Neubildung des Reichsstaatsrechts angesprochene Einrichtung ist durch die RVerf. Art. 35 zu einer ständigen Einrichtung geworden. Vorher war sie der a.badVerf. § 51 bekannt gewesen. Jetzt bestimmt § 47 der neuen badVerf.: „Es besteht ein landständischer Ausschuß aus dem Präsidenten und neun anderen Mitgliedern des Landtags. Seine Wirksamkeit ist auf die ihm durch die Verfassung, durch andere Gesetze oder durch besondere Beschlüsse des Landtags überwiesenen Gegenstände beschränkt (Abs. 1). Dieser Ausschuß wird vor dem Schluß jeder Tagung vom Landtag nach den Grundsätzen der Verhältniswahl gewählt. Jede Auflösung des Landtags zieht auch die Auflösung des Ausschusses nach sich" (Abs. 2). Vgl. oben S. 106 und Zehnter S. 111. Nach der sächsVerf. Art. 23 hat der Landtag zur Wahrung seiner Rechte gegenüber der Regierung, wenn er sich vertagt, einen Ausschuß (Zwischenausschuß) einzusetzen, dessen Vorsitzender nach Vernehmen mit dem Ministerpräsidenten die Mitglieder einberuft. Die neue bayr. und württVerf. haben entsprechende Vorschriften nicht; jedoch kennen beide Untersuchungsausschüsse (Art. 52 bzw. 26 Abs. 2.) Vgl. aus dem Schrifttum noch Hatschek, Parlamentsrecht **1** 227 ff. und die bei Art. 25 herangezogene Abhandlung von Neumann-Hofer, Zeitschr. für Politik **4** 51 ff.

b) In dem vorliegenden Art. 26 sind die Abs. 1 u. 2 des Art. 35 der RVerf. fast wörtlich übernommen worden. Gegenüber dem Entw. ist Art. 26 dadurch verändert, daß das Wort „ständigen" vor „Ausschuß" und „Staatsministerium" statt „Regierung" und im zweiten Satze das Wort „auch" (vgl. unten Erltg. 3) eingefügt wurde. Satz 3 kam neu hinzu.

2. Der Landtag bestellt diesen besonderen ständigen Ausschuß durch einfachen Mehrheitsbeschluß (s. aber auch Art. 22 Abs. 2). Dieser ständige Ausschuß der preußVerfUrk. unterscheidet sich von den ständigen Ausschüssen der bei Art. 25 Erltg. 1 a. E. angeführten geschäftsordnungsmäßigen ständigen Ausschüsse dadurch, daß er die Tagung und die Wahlperiode überdauert. Der **Zweck** des Ausschusses ist die Wahrung der Rechte der Volksvertretung gegenüber dem Staatsministerium (Art. 44 ff.) für die Zeit außerhalb der Tagung und zwischen der Beendigung einer Wahlperiode oder der Auflösung des Landtags und dem Zusammentritt des neuen Landtags, also für die Zwischenzeit zwischen den Sitzungs- und Wahlperioden, also auch (im Gegensatz zur RVerf. Art. 35 Abs. 2) nach Auflösung des Landtags.

3. Neben jener allgemeinen Umschreibung der Rechte dieses Ausschusses hat ihm die VerfUrk. selbst in Art. 55 ein Zustimmungsrecht bei Erlaß der Notverordnung verliehen. In der Ausschußberatung wurden Zweifel an seiner Mitwirkung in diesem Falle geäußert, da bei der Dringlichkeit einer solchen Notverordnung auch der Ausschuß nicht werde nach Berlin berufen werden können, es sei denn, daß ihm die Verpflichtung obliege, sich in Berlin bereit zu halten. Dieser Zweifel ist unbegründet. Denn abgesehen davon, daß jene Bereithaltung sich aus politischen Gründen ohnedies ergeben wird, kann eben nach der Verf. keine Notverordnung zustande kommen, wenn der ständige Überwachungsausschuß nicht zustimmt. Sodann ist im Art. 26 Satz 2 erklärt, dieser Ausschuß habe auch die Rechte eines Überwachungsausschusses, so daß ihm dessen weitgehenden Befugnisse eingeräumt sind (s. Art. 25 Erltg. 2 oben

S. 128 ff.). Außerdem ist durch das Wort „auch" zum Ausdruck gebracht, daß der Ausschuß grundsätzlich **alle** Rechte des Landtags gegenüber dem Staatsministerium wahrzunehmen hat, solange der Landtag nicht versammelt ist; die den Rechten des Untersuchungsausschusses entsprechenden Befugnisse sind nur **besonders** hervorgehoben. Der Überwachungsausschuß ist nicht nur ein „kritisierender Ausschuß"; er kann z. B. bei der Durchführung des G. über die Befriedung der Gebäude des Reichstags und der Landtages vom 8. Mai 1920 (RGBlS. 909), wenn der Landtag nicht versammelt ist, mit dem Präsidenten der früheren Tagung in Tätigkeit treten; er hat auch das „Recht der Initiative" (Berichterstatter Abg. Dr. **Berndt**, AusschProt. a. a. O.). Eine Festlegung seiner besonderen Rechte in der Verf. hielt man nicht für möglich, weil sie sich gesetzgeberisch nicht fassen ließen und bei einem Versuch einer solchen Festlegung bestimmter Rechte des ständigen Ausschusses dem Beweise aus dem Gegenteil Tür und Tor geöffnet würde, d. h. man würde bezüglich jedes nicht in der Verf. angeführten Rechts schließen, daß es dem ständigen Ausschusse nicht zustehe. Der Gefahr, daß er zur Ausschaltung der Vollversammlungen führen könnte, ist schon dadurch begegnet, daß der Landtag auf Verlangen von mindestens einem Fünftel der Mitglieder einberufen werden muß (Art. 17 Abs. 2 Satz 2). Ohne einen ständigen Ausschuß würde, so glaubte man, die auf der parlamentarischen Mehrheit beruhende Regierung während der Vertagung diktatorische Befugnisse haben, während in dem ständigen Ausschuß, dem die Regierung Verantwortung schuldig sei, die Minderheit zu ihrem Rechte komme. Nur die **Zusammensetzung** wird durch die Geschäftsordnung geregelt (Satz 3), und zwar entweder durch die allgemeine Geschäftsordnung des Landtags oder die besondere des Ausschusses selbst.

Bitten und Beschwerden an den Landtag.

Artikel 27.

Der Landtag kann an ihn gerichtete Eingaben dem Staatsministerium überweisen und von diesem Auskunft über eingegangene Bitten und Beschwerden verlangen.

Entw. § 22. — AusschProt Sp. 126, 249, 310. — 2. VollVer. StenVer. Sp. 13348.

1. **Zur Entstehungsgeschichte.** In der Geschichte der Grundrechte spielte das Petitionsrecht eine große Rolle. Nach der a.preußVerfUrk. Art. 32 (im Titel II „Von den Rechten der Preußen") steht es allen Preußen zu. Ob auch allen Beamten, war streitig. Dafür **Arndt**, PreußVerfUrk., 7. Aufl., S. 158; dagegen **Bornhak**, ArchöffR. **16** 414; v. **Rönne-Zorn** **2** 90 und **Oppenhoff**, Rechtsprechung des ObTrib. **4** 38, **5** 150, **6** 441. Während **Laband** im Petitionsrechte mehr sieht als das Recht jedes Bürgers, einen Brief zu schreiben, und die Folgerung zieht, daß der es Ausübende sich dem Strafrichter gegenüber auf § 193 StGB. (Wahrnehmung berechtigter Interessen) berufen darf (ebenso **Arndt** a. a. O.; **Olshausen**, **Oppenhoff**, **Frank** in ihren Kommen-

taren zum StGB. § 193), wird dies von Rönne-Zorn a. a. O., Löning, VerwArch. **13** 1 ff., ohne Grund bestritten, ebenso daß der Landtag über den Inhalt der Petition eine Prüfung anstellen muß und darüber je nach dem Ausfall der zunächst seiner Petitionskommission obliegenden Prüfung beraten und Resolutionen fassen darf. Das Petitionsrecht sehen manche (Giese, Grundrechte [Abhandlungen aus dem Staats-, Verwaltungs- und Völkerrecht 1905 Bd. 1 Heft 2, 1905] S. 123 und einige Vorgänger) als ein nur formales, kein selbständiges Recht mit besonderem materiellen Inhalt an, bloß als ein Mittel zur Aufrechterhaltung der übrigen Rechte. Die ist mit Arndt a. a. O., v. Rönne-Zorn a. a. O. zu bestreiten; vgl. noch Anschütz, PreußVerfUrk. S. 541 ff.; preußOVG. **13** 89 ff., **41** 35 ff., **59** 48 ff. Vgl. auch M. Wagner, Die formellen Rechte des Reichstags, Annalen des Deutschen Reichs 1906 S. 24 ff., 128 ff.; Rosegger, Das parlamentarische Interpellationsrecht 1907. Das bisherige preuß. Recht ist überholt worden durch die RVerf., deren Art. 126, in dem zweiten Hauptteil über „Grundrechte und Grundpflichten" stehend, schon hierdurch die Eigenschaft des Petitionsrechts als eines „subjektiven öffentlichen Rechts auf ein bestimmtes Handeln der angerufenen Staatsorgane, nämlich auf Annahme und Erledigung der Petition bedeutet", was jetzt denn auch Giese, RVerf., 2. Aufl., S. 342 Anm. 2, ausdrücklich anerkennt. Dieser Art. 126 bildete, da er in seinem ersten Satze jedem Deutschen das Recht gibt, sich schriftlich mit Bitten oder Beschwerden an die zuständige Behörde oder an die Volksvertretung zu wenden, zusammen mit Art. 27 der preußVerfUrk. die Grundlage des Petitionsrechts auch des preußischen Staatsbürgers.

Zu Satz 1.

2. Das Petitionsrecht hat zwei Seiten.

A. Die eine gewährt in der RVerf. allen Deutschen, aber nicht den Ausländern (die Beweisgründe von Löning a. a. O., Anschütz a. a. O. für die gegenteilige Meinung beziehen sich auf das nicht mehr geltende preuß. Recht, was Giese S. 342 übersieht) ein subjektives Recht, sich mit Bitten oder Beschwerden in eigenem oder fremdem Interesse zu wenden entweder an die zuständige Behörde jeder Rangstufe bis hinauf zum Staatsministerium oder an die Volksvertretung, und zwar an den Reichstag oder die Landtage. Es ist jedoch nur eine schriftliche Bitte oder Beschwerde zulässig. Dagegen ist die Beschränkung des Art. 32 Satz 2 der a.preußVerfUrk. fortgefallen, wonach Petitionen unter einem Gesamtnamen nur Behörden und Korporationen gestattet sind. Es können also auch Personengruppen, Gesellschaften und Vereine jeder Art, öffentliche Körperschaften wie Städte, Landgemeinden, Kreise, Provinzen, Handelskammern, Handwerkskammern usw. das Petitionsrecht ausüben.

B. Die zweite Seite des Petitionsrechts begründet eine Befugnis des Landtags, wie denn Art. 27 auch im III. Abschnitt „Der Landtag" untergebracht ist. Es ist das Recht des Landtags, an ihn gerichtete Eingaben dem Staatsministerium zu überweisen und von diesem Auskunft über eingegangene Bitten und Beschwerden zu verlangen. Gesichert wird das Recht durch die Ministerverantwortlichkeit und die parlamentarische Regierungsweise (Art. 45, 57).

Freifahrtberechtigung und Entschädigung der Abgeordneten. Aufwandsgelder des Präsidenten.

Artikel 28.

(1) Die Mitglieder des Landtags erhalten das Recht zur freien Fahrt auf allen im Bereiche der ehemals preußisch-hessischen Eisenbahngemeinschaft belegenen deutschen Eisenbahnen und eine Entschädigung. Außerdem erhält der Präsident für die Dauer seines Amtes eine Aufwandsentschädigung.

(2) Ein Verzicht auf diese Entschädigungen ist unstatthaft.

(3) Das Nähere regelt das Gesetz.

Entw. § 23. — AusschProt. Sp. 126—128, 249—251, 271—275, 287—290, 310, 311. — 2. VollBer. StenBer. Sp. 13348.

Inhaltsübersicht.

1. **Die Rechte der einzelnen Landtagsmitglieder** sind dreifacher Art: a) Das Recht der Redefreiheit, b) der Immunität oder Unverletzlichkeit oder Unverantwortlichkeit und c) das Recht auf sog. Diäten (Tagegelder) und freie Eisenbahnfahrt. Die a.preußVerfUrk. hat die ersten beiden Befugnisse in Art. 84, die letzteren in Art. 85 geregelt und durch G. vom 30. März 1873 und 24. Juli 1876 ausgeführt. Die a.RVerf. übernahm im wesentlichen den Inhalt jenes Art. 84, verbot aber zunächst in ihrem Art. 32 den Mitgliedern des Reichstags, Besoldung zu beziehen, wurde aber später abgeändert durch G. vom 21. Mai 1906 (RGBlS. 647) und gewährte eine Entschädigung nach Maßgabe dieses Gesetzes. Die neue RVerf. Art. 40 bestimmt, daß die Mitglieder des Reichstags das Recht zur freien Fahrt auf allen deutschen Eisenbahnen sowie Entschädigung nach Maßgabe eines Reichsgesetzes erhalten, das für die Nationalversammlung unter dem 22. Februar 1919 (RGBlS. 241) ergangen ist.

Vgl. außer den Lehrbüchern und Kommentaren noch Hatschek, Parlamentsrecht 1 § 59; Pitamič, Das Recht der Abgeordneten auf Diäten 1913. Für den preuß. Landtag gilt nunmehr der vorliegende Art. 28, während über das Recht der Verantwortungsfreiheit Art. 36, über die Immunität Art. 37, über die Zeugnisverweigerung Art. 38 der RVerf. auch für die Mitglieder des Landtags die maßgebenden Bestimmungen trifft, so daß die Rechte der Landtagsmitglieder in beiden VerfUrk. getrennt geordnet, aber hier zusammenzufassen sind. Vgl. unten Erltg. 6.

Zu Abs. 1 u. 3.

2. **Die Mitglieder des Landtags erhalten für sich persönlich das Recht zur freien Fahrt ohne jede Beschränkung in bezug auf die Tagungszeit, den Reisezweck, die Wagenklasse, die Gepäckbeförderung, auf allen im Bereiche der ehemals preußisch-hessischen Eisenbahngemeinschaft belegenen deutschen Eisenbahnen.** Unter Eisenbahnen sind zu verstehen „alle auf Gleisen sich fortbewegenden gewerbsmäßigen Beförderungsmittel von Personen oder Gütern auf festen Spurwegen. Mangels besonderer Fassung gehören hierher Pferde-, Drahtseil-, elektrische und Schwebebahnen, nicht aber gleislose Kraftwagenbetriebe". Im Reichstage wurde zu Art. 40 der RVerf. angenommen, daß Eisenbahnen „alle auf Gleisen sich fortbewegenden Beförderungsmittel mit Ausnahme der Straßenbahn", „alle dem allgemeinen Verkehr dienenden Eisenbahnen, Nebenbahnen und Kleinbahnen seien" (Abg. Hausmann in StenBer. 2110 f.), mögen sie Reichs-, Staats-, Kommunal- oder Privatbahnen sein. Nach Giese S. 159, mit dem ich übrigens für das Reichsrecht übereinstimme, haben die Abgeordneten keine freie Beförderung auf dem Wasser- und Luftwege. Für Preußen galt nach dem G. über die Gewährung einer Entschädigung an die Mitglieder der VerfgPrLandesV. vom 21. März 1919 (GSS. 55) § 1 Nr. 1, daß die Abgeordneten erhalten für die Dauer der Versammlung sowie acht Tage nach deren Schluß (also zeitlich begrenzt!) freie Fahrt auf den preußisch-hessischen Eisenbahnen (also nicht „im Bereich" dieser Eisenbahnen!) und den in Preußen belegenen Strecken der Privateisenbahnen. Die Fassung des vorliegenden Art. 28 war erst nach allerlei Kämpfen zustande gekommen. Ein Antrag Nr. 19[6] wollte den Satz wie folgt gestaltet wissen: „Die Mitglieder des Landtags erhalten das Recht zur freien Fahrt auf allen in Preußen belegenen Eisenbahnstrecken;" ein Antrag Nr. 21[5] wollte setzen: „Freie Fahrt auf allen innerhalb Preußens verkehrenden Bahnen." Dieser Antrag unterschied sich von jenem darin, daß er allgemein von „Bahnen" sprach und damit den bisherigen Zustand wiedergab. An Straßenbahnen war nicht gedacht. Durch den Wortlaut des jetzigen Art. 28 wird aber nur Preußen, infolge Übergangs der Eisenbahnen auf das Reich nicht dieses, als Eisenbahninhaber verpflichtet. In dem Schlußprotokoll des Staatsvertrags zwischen Preußen und dem Deutschen Reich über die Übertragung der preußischen Staatsbahnen auf das Reich vom 31. März 1920 zu § 22 Nr. 1 heißt es: „Das Reich wird den Mitgliedern der gesetz-

gebenden Körperschaften der Länder in dem bisherigen Umfange Freifahrt gewähren. Vgl. das preußG. vom 29. April 1920 (GSS. 97); RG. vom 30. April 1920 (RGBlS. 773). Die Verpflichtung des Reichs geht also nur bis zur Grenze der bisherigen Rechte der Mitglieder der gesetzgebenden Körperschaften der Länder. Soweit Art. 28 darüber hinausgreift, muß die preußische Staatsregierung durch Verhandlungen und Vereinbarungen mit der Reichseisenbahnverwaltung dahin wirken, daß das verfassungsmäßig festgestellte Recht der Abgeordneten gewahrt wird. Dasselbe gilt über die Vereinbarungen mit den privaten Eisenbahnunternehmungen, weil Art. 28 auch sie zu umfassen scheint, ohne daß diese Freifahrt zu gewähren verpflichtet wären. Ob es zweckmäßig ist, anstatt einer Pauschvergütung an die Bahnen auf weniger benutzten Strecken den Abgeordneten das Recht zu geben, die freie Fahrt zu Lasten der Staatskasse in Rechnung zu stellen, bleibt eine Frage für sich. Es könnte die Notwendigkeit der freien Fahrt auf Grund der Selbstverwaltung des Landtags durch sein Bureau bestätigt werden. Es würde auch genügen, wenn der Abgeordnete bescheinigt, daß er die Fahrt überhaupt ausgeführt hat, nicht aber wäre erforderlich, daß er nachweist, er habe sie im Staatsinteresse gemacht. Weil unter „deutschen Eisenbahnen" schlechthin alle zu verstehen sind, die sich im Bereiche der ehemals preußisch-hessischen Eisenbahngemeinschaft finden, so bezieht sich der Wortlaut des Art. 28 auf Hauptbahnen, Nebenbahnen und Kleinbahnen einschließlich der Straßenbahnen. Die Abgeordneten, die ihre Heimat nur auf Kleinbahnen erreichen können, würden schlechter gestellt sein als die übrigen, wenn sie nur Hauptbahnen benutzen dürften. Kleinbahnen und Straßenbahnen unterscheiden sich auch verkehrswirtschaftlich und technisch wenig voneinander; z. B. ist mit Recht im Ausschuß gefragt worden, ob die Bahn von Hannover nach Hildesheim oder von Köln nach Bonn eine Straßenbahn sei oder nicht? Man kann durch das ganze rheinische Industriegebiet mit Straßenbahnen fahren. Die Auffassung des preuß. Ministerialdirektors Dr. Meister und des Vertreters des Reichsverkehrsministers (AusschProt. Sp. 287) ging zutreffend dahin, daß der bisherige Umfang der freien Fahrt die Berechtigung zu Kleinbahnen nicht umfasse. Art. 28 hat aber darin Wandel geschaffen, und zwar mit gutem Grund. Denn das Recht der freien Fahrt ist, zumal bei den heutigen hohen Reisekosten, von ganz besonderer Bedeutung. Die Abgeordneten müssen Gelegenheit haben, ihren Wahlkreis ohne große finanzielle Opfer zu bereisen, die politischen Vereine müssen, ohne ihren Jahresetat dadurch ganz aufzuzehren oder erheblich zu mindern, Landtagsmitglieder zu ihren Verhandlungen heranziehen können. Diese Fragen und Streitpunkte müssen durch das im Abs. 3 vorgesehene Gesetz und durch Verhandlungen des preußischen Staates mit den Eisenbahnverwaltungen erledigt werden.

3. **Die Mitglieder des Landtags erhalten eine Entschädigung** als Pauschalersatz ihrer Auslagen. Für die VerfgPrLandesV. gilt das oben zu 2 erwähnte G. vom 21. März 1919 mit den Abänderungen des am 29. April 1920 in Kraft getretenen G. vom 31. März 1920 (GSS. 89). Es ergibt sich nach diesen beiden Gesetzen folgender Rechtszustand:

§ 1.[1])

Die Mitglieder der Landesversammlung erhalten:

1. für die Dauer der Versammlung sowie acht Tage nach deren Schlusse freie Fahrt auf den preußisch-hessischen Staatseisenbahnen und den in Preußen belegenen Strecken der Privateisenbahnen sowie
2. vom 1. März 1919 ab eine Aufwandsentschädigung von monatlich eintausend Mark, die an jedem Monatsersten im voraus zu zahlen ist;
3. vom 1. Februar 1920 ab für jeden Tag ihrer nachgewiesenen Anwesenheit (§§ 2, 3, 5) eine Teuerungszulage. Die Teuerungszulage kann für die in Groß-Berlin beheimateten Mitglieder geringer bemessen werden.

§ 2.

Wenn die Landesversammlung länger als eine Woche zu einer Vollsitzung nicht zusammentritt, während einer ihrer Ausschüsse tagt, erhalten dessen Mitglieder außer der Aufwandsentschädigung ein Tagegeld von zwanzig Mark für jeden Tag ihrer durch das Sitzungsprotokoll des Ausschusses nachgewiesenen Anwesenheit.

§ 3.

(1) Für jeden Tag, an dem ein Mitglied der Landesversammlung der Vollsitzung fern geblieben ist, wird von der Entschädigung ein Betrag von dreißig Mark abgezogen. Dieser Abzug findet nicht statt, wenn der Abgeordnete am gleichen Tage einer Ausschußsitzung als Mitglied angewohnt hat oder wenn das Fernbleiben durch Krankheit oder durch Geschäfte im Interesse der Landesversammlung veranlaßt ist.

(2) Die Entscheidung darüber, ob diese Voraussetzungen vorliegen, steht dem Präsidenten der Landesversammlung zu.

§ 4.

Tritt ein Mitglied der Landesversammlung nachträglich ein oder scheidet es vorzeitig aus, so ist die Entschädigung nach der Dauer seiner Zugehörigkeit zur Landesversammlung zu bemessen.

§ 5.

Die Bestimmungen über den Nachweis der Anwesenheit sowie über die Festsetzung und Anweisung der Entschädigung trifft der Präsident der Landesversammlung. Er setzt auch nach Vereinbarung mit dem Staatsministerium die Höhe und die Voraussetzungen für die Gewährung der Teuerungszulagen fest.[2])

---

[1]) Nr. 1 ist überholt durch VerfUrk. Art. 28. Jene lautete: „Die Mitglieder der Landesversammlung erhalten für die Dauer der Versammlung sowie acht Tage nach deren Schlusse freie Fahrt auf den preußisch-hessischen Staatsbahnen und den in Preußen belegenen Strecken der Privateisenbahnen.

[2]) Der letzte Satz ist ein Zusatz des G. vom 31. März 1920.

§ 6.

(1) Ein Mitglied der Landesversammlung, welches gleichzeitig Mitglied der Deutschen Nationalversammlung ist, bezieht eine Aufwandsentschädigung nach Maßgabe dieses Gesetzes anteilweise (§ 4) nur für die Zeit nach dem Schlusse der Nationalversammlung.

(2) Bis zum Schlusse der Nationalversammlung erhält jedes dieser Mitglieder gemäß § 6 des Reichsgesetzes vom 22. Februar 1919 (RGBlS. 242)[1]) für jeden Tag seiner nachgewiesenen Anwesenheit (§§ 2 und 5) ein Tagegeld von dreißig Mark.

§ 7.

Ein Mitglied der Landesversammlung darf, abgesehen von dem Falle des § 6, in seiner Eigenschaft als Beamter oder als Mitglied einer anderen politischen Körperschaft nur für diejenigen Tage Tagegeld beziehen, für welche ihm auf Grund dieses Gesetzes ein Abzug gemacht ist. Auch darf es während der Dauer der freien Fahrt auf der Eisenbahn keine Eisenbahnfuhrkosten annehmen.

§ 8.

Ein Verzicht auf die Aufwandsentschädigung ist unzulässig. Der Anspruch auf Aufwandsentschädigung ist nicht übertragbar.

§ 9.

Ist im Falle des Todes eines Mitglieds der Landesversammlung ein Ehegatte hinterblieben, so kann die Zahlung an diesen erfolgen, ohne daß dessen Erbrecht nachgewiesen zu werden braucht.

Einen Vergleich ermöglicht das

Gesetz über die Entschädigung der Mitglieder des Reichstags. Vom 10. Juli 1920 (RGBlS. 1437).

§ 1.

(1) Die Mitglieder des Reichstags erhalten:

1. für die Dauer ihrer Zugehörigkeit zum Reichstag und die folgenden acht Tage das Recht zur freien Fahrt auf allen deutschen Eisenbahnen,
2. von dem Tage vor dem ersten Zusammentritte des Reichstags an bis zu dem Ende des Monats, in dem der Reichstag aufgelöst wird oder seine Wahldauer abläuft, eine Aufwandsentschädigung von monatlich eintausendfünfhundert Mark, die an jedem Monatsersten im voraus zu zahlen ist.

(2) Mitglieder, die nach dem ersten Zusammentritte des Reichstags eintreten, erhalten die Aufwandsentschädigung von dem Tage vor ihrem Eintritt an. Mitglieder, die vorzeitig ausscheiden, erhalten sie bis zu dem Ende des Monats, in dem sie ausgeschieden sind. Mitgliedern, die im Verkehre zwischen Teilen des Reichs außerdeutsche Eisenbahnen benutzen müssen, werden die hierdurch entstandenen

---

[1]) Jetzt gilt § 6 des hiernach abgedruckten RG. v. 10. Juli 1920 (RGBlS. 1437).

Kosten ersetzt. Das gleiche gilt, wo an Stelle der Bahnverbindung aushilfsweise eine Seeverbindung eingerichtet ist.

§ 2.

Wenn der Reichstag länger als eine Woche zu einer Vollsitzung nicht zusammentritt, während einer seiner Ausschüsse tagt, erhalten dessen Mitglieder außer der Aufwandsentschädigung ein Tagegeld von fünfzig Mark für jeden Tag ihrer Anwesenheit, die durch das Sitzungsprotokoll des Ausschusses nachgewiesen ist.

§ 3.

(1) Für jeden Tag, an dem ein Mitglied des Reichstags der Vollsitzung ferngeblieben ist, wird von der Entschädigung ein Betrag von fünfzig Mark abgezogen.

(2) Dieser Abzug findet nicht statt, wenn der Abgeordnete am gleichen Tage der Sitzung eines Ausschusses als Mitglied angewohnt hat oder wenn das Fernbleiben durch Krankheit oder durch Geschäfte im Interesse des Reichstags veranlaßt ist. Die Entscheidung darüber, ob diese Voraussetzungen vorliegen, trifft der Präsident des Reichstags.

(3) Wer an einer namentlichen Abstimmung nicht teilnimmt, gilt im Sinne dieses Gesetzes als abwesend, auch wenn seine Anwesenheit an dem Tage nach den Bestimmungen über den Nachweis der Anwesenheit festgestellt ist.

§ 4.

Die Bestimmungen über den Nachweis der Anwesenheit erläßt der Präsident des Reichstags. Er setzt die Entschädigung für jedes Mitglied des Reichstags fest und weist sie zur Zahlung an.

§ 5.

(1) Ein Mitglied des Reichstags darf in seiner Eigenschaft als Mitglied einer anderen politischen Körperschaft, wenn beide Körperschaften gleichzeitig versammelt sind, nur für die Tage Vergütung beziehen, für die ihm auf Grund dieses Gesetzes eine Entschädigung nicht gewährt oder nach § 3 ein Abzug von der Entschädigung gemacht wird. Auch darf es in dieser Eigenschaft während der Dauer seiner Berechtigung zur freien Fahrt auf den Eisenbahnen keine Eisenbahnfahrkosten annehmen.

(2) Der Reichstag gilt im Sinne dieser Bestimmung nicht als versammelt, wenn er länger als eine Woche zu keiner Vollsitzung zusammentritt.

§ 6.

Ein Verzicht auf die Aufwandsentschädigung ist unzulässig. Der Anspruch auf freie Eisenbahnfahrt und auf Aufwandsentschädigung ist nicht übertragbar.

§ 7.

Ist im Falle des Todes eines Mitglieds des Reichstags ein Ehegatte hinterblieben, so kann die Zahlung an diesen erfolgen, ohne daß sein Erbrecht nachgewiesen zu werden braucht.

§ 8.

Das Gesetz tritt mit dem Tage seiner Verkündung[1]) in Kraft und hat rückwirkende Geltung vom 23. Juni 1920 an.

4. Eine Aufwandsentschädigung des Präsidenten des Landtags ist jetzt durch die Verfassung zugesichert.

Zu Abs. 2.

5. **Ein Verzicht auf die Entschädigung der Abgeordneten ist,** um nicht Abgeordnete verschiedener Klassen zu schaffen, ebenso **unzulässig** wie ein Verzicht des Präsidenten auf die Aufwandsentschädigung.

6. **Die Rechte der Verantwortungsfreiheit, Immunität und der Zeugnisverweigerung der Landtagsabgeordneten** sind in der RVerf. geregelt. Es genügt hier, unter Verweisung auf die bisherigen Bestimmungen und auf die Literatur, eine kurze Übersicht des Inhalts der einschlägigen Art. 36—39 der RVerf. zu geben.

A. Nach dem Vorbilde der belgVerf. Art. 45 bestimmte die a.preußVerfUrk. Art. 84 Abs. 1: „Sie (die Mitglieder beider Kammern) sollen für ihre Abstimmungen in der Kammer niemals, für ihre darin ausgesprochenen Meinungen nur innerhalb der Kammer auf Grund der Geschäftsordnung zur Rechenschaft gezogen werden." § 11 StGB. gilt weiter: „Kein Mitglied des Landtags oder einer Kammer eines zum Reiche gehörigen Staates darf außerhalb der Versammlung, zu welcher das Mitglied gehört, wegen seiner Abstimmung oder wegen der in Ausübung seines Berufs getanen Äußerungen zur Verantwortung gezogen werden." Die a.RVerf. Art. 30 stimmt sachlich vollkommen überein mit der RVerf. Art. 36: „Kein Mitglied des (Reichstags oder eines) Landtags darf (bis zum Zeitpunkt der etwaigen Ungültigkeitserklärung seiner Wahl) zu irgendeiner Zeit — also auch nicht während einer Vertagung oder nach der Sitzungs- oder Wahlperiode oder Verlust seines Mandats — wegen seiner Abstimmung oder wegen der in Ausübung seines Berufs (im Landtag, sei es in den Voll-, sei es in den Ausschußsitzungen) getanen Äußerungen — solche in öffentlichen Versammlungen, auf Parteitagen, Kongressen, bei Rechenschaftsberichten vor den Wählern stehen nicht gleich — weder gerichtlich auf Grund strafrechtlicher oder bürgerlichrechtlicher Vorschriften oder dienstlich (disziplinarisch als Beamter) oder sonst, z. B. ehrengerichtlich, polizeirechtlich, verfolgt oder sonst außerhalb der Versammlung zur Verantwortung gezogen werden. Innerhalb derselben besteht die geschäftsordnungsmäßige Disziplin (vgl. die GeschOrdn. des preuß. Landtags §§ 59—64).

B. Die a.preußVerfUrk. Art. 88 Abs. 2 lautet: „Kein Mitglied einer Kammer kann ohne deren Genehmigung während der Sitzungsperiode wegen einer mit Strafe bedrohten Handlung zur Untersuchung gezogen oder verhaftet werden, außer wenn es bei Ausübung der Tat oder im Laufe des nächstfolgenden Tages nach derselben ergriffen wird."

---

[1]) Das war der 13. Juli 1920.

Übereinstimmend a.RVerf. Art. 31 Abs. 1 und jetzt RVerf. Art. 37 Abs. 1 (nicht aber Abs. 2; s. hier sogleich zu b). Es bedarf der Genehmigung des Landtags — wodurch das Immunitätsrecht wegfällt und die Verfolgbarkeit eintritt —, wenn ein Abgeordneter

a) während der Sitzungsperiode, aber auch nach deren Schluß und nach Ablauf der Wahlperiode wegen einer mit Strafe bedrohten Handlung zur Untersuchung gezogen oder verhaftet werden soll, es sei denn, daß das Mitglied bei Ausübung der Tat oder spätestens im Laufe des folgenden Tages festgenommen ist;

b) sonst in seiner persönlichen Freiheit beschränkt werden soll, wodurch die Ausübung des Abgeordnetenberufs beeinträchtigt wird. Dahin gehören außer der Untersuchungshaft und der vorläufigen Festnahme und Verhaftung nach der richtigen Zusammenstellung von Giese, 2. Aufl., S. 154: die Strafhaft, die Zivilhaft (wegen Zeugnisverweigerung im Zivil- oder Strafprozeß — s. aber unten zu D I —, wegen Nichtleistung des Offenbarungseides zur Erzwingung einer nicht vertretbaren Handlung, wegen Zuwiderhandlung gegen die rechtskräftig festgestellte Verpflichtung zu einer Unterlassung oder Duldung, zur Vollziehung des persönlichen Sicherheitsarrestes, als Sicherheitsmaßnahme gegenüber einem Gemeinschuldner), Schutzhaft, zwangsweise Vorführung im Zivil- und Strafprozeß, Aufenthaltsbeschränkungen.

C. **Jedes Strafverfahren** (Erkenntnis- und Vollstreckungsverfahren) gegen ein Mitglied des Landtags und jede Haft (Untersuchungshaft, Strafhaft, Zivilhaft [ZPO. § 905], Schutzhaft) oder sonstige Beschränkung seiner persönlichen Freiheit, die die Ausübung seines Abgeordnetenberufs beeinträchtigt, wird auf Verlangen des Hauses für die Dauer der Sitzungsperiode aufgehoben. Dieser Satz der RVerf. Art. 37 Abs. 3 entspricht, abgesehen von der Aussetzung des Vollstreckungsverfahrens, der a.preuß. VerfUrk. Art. 87 Abs. 4, a.RVerf. Art. 31 Abs. 3. Die Haft oder sonstige Freiheitsbeschränkung wird vorübergehend unterbrochen und nach Beendigung der Tagung (Sitzungsperiode) fortgesetzt. Ebenso Giese S. 155. § 69 StGB. bestimmt über das Ruhen der Verfolgungsverjährung.

D. Im Gegensatze zum früheren Reichs- und Landesrecht, das diese Bestimmung nicht kannte, steht nach der RVerf. Art. 38 ein Zeugnisverweigerungsrecht zu den Mitgliedern des Reichstags und der Landtage über Personen, die ihnen in ihrer Eigenschaft als Abgeordnete Tatsachen anvertrauen oder denen sie in Ausübung ihres Abgeordnetenberufs solche anvertraut haben, sowie über diese Tatsache selbst. Bisher galt nur gemäß §§ 382, 402, ZPO. §§ 49, 72 StPO. daß ohne Genehmigung einer gesetzgebenden Versammlung ein Mitglied während der Sitzungsperiode und seines Aufenthalts am Orte der Versammlung nicht als Zeuge oder Sachverständiger an einem anderen Orte vernommen werden darf. Diese Vorschriften bleiben weiter in Geltung. Auch in bezug auf Beschlagnahme von Schriftstücken (StPO. §§ 94 Abs. 2, 95 Abs. 2, 97) stehen sie den Personen gleich, die ein gesetzliches Zeugnisverweigerungsrecht (StPO. §§ 102 ff.) haben. Eine Durchsuchung oder Beschlagnahme darf in den Räumen (des Reichstags und auch) des Landtags nur mit Zustimmung des Präsidenten vorgenommen werden. Vgl. bei der Frage des Asylrechts oben S. 117.

Zur Literatur: Altsmann, Zur Auslegung des Art. 3 der a.RVerf. **1** 589 ff.; Arndt, RVerf., 5. Aufl., S. 177 f., 179, 194; Derselbe, RVerf. 1919 S. 70 ff., 72 ff.; v. Bar, Die Redefreiheit der Mitglieder usw. 1868; Dambitsch, RVerf. S. 458 ff., 465 ff., 463; Fuld im Gerichtssaal **35** 529 ff.; Doerkes-Boppard, Die Immunität der Reichstagsabgeordneten 1907; Hubrich, Die parlamentarische Redefreiheit und Disziplin 1897 S. 322 ff., 371; Erich Kaufmann, Grundfragen der künftigen RVerf. 1919 S. 28 f.; v. Kißling, Die Unverantwortlichkeit des Abgeordneten, 2. Aufl., 1885; Laband, RStR., 5. Aufl., **1** 355, 357; Meyer-Anschütz, StR., 7. Aufl., S. 374 f., 377 ff., 517 ff.; v. Seydel, VerfUrk., 2. Aufl., S. 211 ff.; Sonntag, Der besondere Schutz der Mitglieder des Reichstags 1895; Weismann in der Zeitschr. für die gesamte Strafrechtswiss. **9** 379 ff. Über das Zeugnisverweigerungsrecht Laband, Sonntag Roth, in DJZ. 1906 S. 953, 1010, 1361; Müller-Meiningen, Annalen des Deutschen Reichs 1906 S. 641 ff.

Tätigkeit des Landtages. Erlaß der Geschäftsordnung.

Artikel 29.

(1) Der Landtag beschließt über die Gesetze nach Maßgabe dieser Verfassung; er genehmigt den Haushaltsplan in Einnahme und Ausgabe; er stellt die Grundsätze für die Verwaltung der Staatsangelegenheiten auf und überwacht ihre Ausführung. Staatsverträge bedürfen seiner Genehmigung, wenn sie sich auf Gegenstände der Gesetzgebung beziehen.

(2) Der Landtag gibt sich seine Geschäftsordnung im Rahmen dieser Verfassung.

Entw. § 24. — AusschProt. Sp. 128—130, 251, 311. — 2. VollBer. StenBer. Sp. 13348.

Inhaltsübersicht.

1. **Zur Entstehungsgeschichte.** Die Vorschrift ist gegenüber dem Entw. geändert dadurch, daß einmal neu hinzugekommen sind die Worte „nach Maßgabe dieser Verfassung"; sodann ist statt des Zwischensatzes „er genehmigt den Haushaltsplan in Einnahme und Ausgabe" vorgeschlagen gewesen: „er stellt die Einnahmen und Ausgaben des Staatshaushalts fest."

2. **Für den Landtag, als die einzige Kammer der Volksvertretung, sind durch den vorliegenden Artikel fünf Rechte begründet worden:**

A. Die Beschlußfassung über die Gesetze nach Maßgabe dieser Verfassung.

a) Der Landtag ist als Folgerung aus dem Grundsatze der Volkssouveränität der alleinige Gesetzgeber, im Gegensatz zur bisherigen monarchischen Verfassung, die diese Stellung dem König zugewiesen hatte. Das Recht, Gesetze vorzuschlagen, steht auch dem Staatsministerium (Art. 50) und durch letzteres auch dem Staatsrat zu (Art. 40 Abs. 3). Die Verkündung verfassungsmäßig zustande gekommener Gesetze binnen Monatsfrist ist Pflicht des Staatsministeriums (Art. 60, 61 Abs. 3), das daher zu prüfen hat, ob der verfassungsmäßige Weg der Gesetzgebung beschritten worden ist (vgl. Art. 21, 22 und Erltg. hierzu oben S. 118—122). Die Verbindlichkeit des Gesetzes hängt davon ab, ob es verfassungsmäßig zustande gekommen und vom Staatsministerium in der vorgeschriebenen Form verkündet worden ist. Gesetzesvorlagen, die der Landtag abgelehnt hat, können in demselben Sitzungsabschnitte nicht wieder vorgebracht werden, es sei denn, daß ein rechtswirksames Volksbegehren vorliegt (Art. 62). Diese Vorschriften sowie diejenigen über die Verfassungsänderung (Art. 30) und die über die Beschlußfassung nach erfolgtem Einspruch des Staatsrats (Art. 42 Abs. 3 u. 4) geben den Worten „nach Maßgabe dieser Verfassung" ihren besonderen Inhalt.

b) Die deutsche Staatsrechtswissenschaft hat den Begriff des materiellen und formellen Gesetzes ausgebildet. Bis auf wenige Schriftsteller gilt diese Unterscheidung als herrschende Meinung. Gesetz im materiellen Sinne ist jede rechtsverbindliche Anordnung einer Rechtsregel (Rechtssatz, Rechtsnorm), die auch der Form des Gesetzes entbehren kann und z. B. die einer Verordnung oder eines Staatsvertrages annimmt. Dagegen ist formelles Gesetz jede in den Formen des Gesetzes vor sich gehende staatliche Willensäußerung, rechtsverbindliche Anordnung in konstitutionellem Sinne. Der Inhalt des formellen Gesetzes muß keine Rechtsregel, kann vielmehr auch eine Verwaltungsnorm oder eine Verwaltungshandlung sein, z. B. Feststellung des Haushaltsplans, Konfiskation des Vermögens einer Dynastie (die Beschlagnahme des preuß. Kronfideikommißvermögens und des Vermögens des preuß. Königshauses erfolgte zwar nicht durch Gesetz, sondern durch Bekanntmachungen vom 13. und 30. November 1918 [GSS. 189, 193]; jedoch gab es damals keinen Landtag), eine Dotation, Amnestie (RVerf. Art. 49 Abs. 2). Auch politische Thesen, Lehrsätze, politische Versprechungen kann ein formelles Gesetz enthalten.

Vgl. zur Literatur: Fleischmann, Die materielle Gesetzgebung;

Schön, Die formellen Gesetze, beide im Handbuch der Politik, 3. Aufl., **1** (1920) 219 ff., 241 ff.; Anschütz, Die gegenwärtigen Theorien über den Begriff der gesetzgebenden Gewalt, 2. Aufl., 1901; Artikel Gesetz und Verordnung in Stengel-Fleischmanns Wörterbuch des Staats- und Verwaltungsrechts, 2. Aufl., **2** (1913) 212 ff., **3** (1914) 673 ff., beide mit wichtigem Schrifttum; Grundzüge des Staatsrechts in Kohler-Holtzendorffs Enzyklopädie der Rechtswissenschaft, 7. Aufl., **4** (1914) 151 ff.; Arndt, Das Verordnungsrecht des Deutschen Reichs 1884; Das selbständige Verordnungsrecht 1902; RStR. 1901 S. 156 ff.; PreußVerfUrk., 7. Aufl., S. 242 ff.; Bornhak, PreußStR., 2. Aufl., **1** (1911) 503 ff.; Dyroff, Rechtssatz und Gesetz, Annalen des Deutschen Reichs 1889; Hänel, Das Gesetz im formellen und materiellen Sinne 1888; Derselbe, StR. **1** (1892) 238 ff.; R. Hommelsheim, Der Begriff des Gesetzes 1904 S. 70 ff.; Hubrich, Die reichsgerichtliche Judikatur über den Gesetzes- und Verordnungsbegriff nach preuß. Staatsrecht, Annalen des Deutschen Reichs 1904 S. 770 ff., 801 ff., 911 ff.; Das Reichsgericht über den Gesetz- und Verordnungsbegriff nach Reichsrecht 1905; Die Grundlage des monarchischen Staatsrechts Preußens, im VerwArch. **16** 389 ff., 513 ff. und **17** 43 ff.; G. Jellinek, Gesetz und Verordnung 1887; W. Jellinek, Gesetz, Gesetzesanwendung und Zweckmäßigkeitserwägung 1913 S. 109 ff.; Kelsen, Hauptprobleme der Staatsrechtslehre 1911, besonders S. 3 ff., 412 ff., 537 ff.; Kloeppel, Gesetz und Obrigkeit 1891; Laband, RStR., 5. Aufl., **2** 1—124; v. Martitz, Über den konstitutionellen Begriff des Gesetzes, Zeitschr. für die gesamte Staatswissenschaft **36** 241 ff.; Otto Mayer, Deutsches Verwaltungsrecht, 2. Aufl., **1** (1914) 65 ff.; Meyer-Anschütz, DStR., 7. Aufl., S. 637 ff. mit zahlreichen Literaturangaben; Schack, Die Prüfung der Rechtmäßigkeit von Gesetz und Verordnung 1918; Derselbe, Die Frage der richterlichen Prüfung von Gesetz und Verordnung während der Umwälzung im Reich bis zur Nationalversammlung und im zukünftigen Verfassungsrecht, Annalen des Deutschen Reichs 1919 S. 285—296; H. Schulz, Preußisches Staatsrecht, 2. Aufl., **2** (1880) 1 ff.; Seligmann, Der Begriff des Gesetzes in materiellem und in formellem Sinne 1886; v. Seydel, RVerf., 2. Aufl., S. 41 ff., 171 ff.; Spiegel, Gesetz und Recht 1913; Felix Somló, Juristische Grundbegriffe 1917; Zorn, RStR., 2. Aufl., **1** (1893) 392 ff., 407 ff.

Eine einläßliche Untersuchung würde den Rahmen eines Kommentars zur preußVerfUrk. überschreiten. Es genügt die Beantwortung der Frage, ob sie den Unterschied von materiellem und formellem Gesetz kennt. Ich bejahe die Frage. Gemäß Art. 63 Abs. 2 Satz 2 wird der Haushaltsplan vor Beginn des Rechnungsjahres durch ein Gesetz festgestellt. Diese Feststellung ist — zumal der Haushaltsplan, der nach Abs. 3 Satz 2 daselbst keine Vorschriften enthalten darf, die sich nicht auf die Einnahmen und Ausgaben des Staates oder ihre Verwaltung beziehen — rechtlich der Erlaß eines Verwaltungsaktes. Dasselbe gilt von der Regelung des Finanzwesens der ertragswirtschaftlichen Unternehmungen des Staates in Gemäßheit des Art. 69. Sodann dürfen nach Art. 54 Abs. 3 allgemeine Straferlasse und die Niederschlagung einer bestimmten Art gerichtlich anhängiger Strafsachen oder einer einzelnen gerichtlich anhängigen Strafsache nur auf Grund eines Gesetzes ausgesprochen werden. Dadurch wird klar, daß auch die VerfUrk. gewisse Verwaltungsnormen oder Verwaltungshandlungen in Gesetzesform bringen muß, und es ist unzweifelhaft, daß sie solche noch in beliebiger Zahl bringen kann. Die Hauptbedeutung der Lehre von dem materiellen Gesetz aber liegt darin, daß es lediglich zur Verfügung der gesetzgebenden Faktoren stand und sog. selbständige Verordnungen des Königs über Rechtsnormen unzulässig waren. In dieser Hinsicht hat die Einführung der Republik und der parlamentarischen Regierungsweise zwar das Problem gegenstandslos gemacht, soweit der Monarch in Frage kam, aber nicht schlechthin; denn infolge des Übergangs der Befugnisse, die nach den früheren Gesetzen, Verordnungen und Verträgen dem König zustanden, auf das Staatsministerium (Art. 82 Abs. 1), könnte die Streitfrage sich in der neuen Fassung wiederholen, ob das Staatsministerium zum selbständigen Verordnungsrecht befugt ist. Sie ist jedoch zu verneinen. Es deckt die allgemeine Formel des Art. 82 Abs. 1 nicht die Zuständigkeit des Staatsministeriums zum Erlasse von Verordnungen; denn sein Verordnungsrecht ist besonders geregelt in Art. 51, indem dort das Staatsministerium zum Erlasse nur von Ausführungsverordnungen ermächtigt wird, soweit das Gesetz diese Aufgabe nicht einzelnen Staatsministern zuweist und in Art. 55, wo der Erlaß der Notverordnung unter genau angegebenen Voraussetzungen für statthaft erklärt ist. Außerdem ist vor Erlaß von Ausführungsvorschriften zu Reichs- und Staatsgesetzen sowie vor Erlaß allgemeiner organisatorischer Anordnungen (die ebenfalls die Form der Verordnungen annehmen), die Anhörung des Staatsrats oder seines zuständigen Ausschusses vorgeschrieben (Art. 40 Abs. 4). Aus dieser letzteren Vorschrift ergibt sich gleichzeitig, daß neben Art. 51 auch nach Art. 40 das Recht zum Erlasse von Ausführungsvorschriften, und zwar sowohl zu Reichs- wie zu Landesgesetzen zur Zuständigkeit des Staatsministeriums gehört und ferner zu Verordnungen, die allgemeine organisatorische Anordnungen enthalten. Es ist selbstverständlich, daß sich dies nicht auf die durch Gesetz eingeführten Organisationen der Behörden bezieht, weil diese nur durch Gesetze abgeändert oder aufgehoben werden können. Ferner ist eine andere besondere Verordnungsgewalt dem Staatsministerium erteilt in bezug auf ein vereinfachtes Enteignungsverfahren durch die (rechtsgültigen) Verordnungen vom 11. September 1914 (GSS. 159 u. 174) in der Fassung der Verordnungen vom 27. März 1915 (GSS. 57 u. 115), 25. September 1915 (GS. 1915 S. 141 und 1916 S. 9), vom 10. April 1918 (GSS. 41) und 15. August 1918 (GSS. 144); die vorletzt erwähnte war eine Notverordnung; ihr hat die VerfgPrLandesV. die Genehmigung erteilt. Bek. vom 5. August 1919 (GSS. 142). Auf dem Gebiete des Finanzwesens sind dem Staatsministerium in Art. 64 neue wichtige Ermächtigungen erteilt worden; sie schließen m. E. das Recht ein, wenn von ihnen Gebrauch gemacht wird, hierzu die Form der Verordnung zu wählen. Jedenfalls ist die Form des Gesetzes ausgeschaltet, weil die nicht rechtzeitige gesetzliche Feststellung des Haushaltsplans vorausgesetzt ist; es kann aber auch eine bloße Verwaltungsverfügung in Frage kommen.

c) Der Landtag ist nicht der alleinige Gesetzgeber. Als solcher tritt auch das Volk in den Fällen des Volksbegehrens und Volksentscheides auf. Vgl. Art. 6 und Art. 42 Abs. 2 u. 3.

d) Der Reichsrat ist nicht Gesetzgeber, doch hat er vier hierhergehörige Befugnisse:

aa) Vor Einbringung von Gesetzesvorlagen hat ihm das Staatsministerium Gelegenheit zur gutachtlichen Äußerung zu geben. Er kann seine abweichende Ansicht dem Landtag schriftlich darlegen (Art. 40 Satz 2).

bb) Er ist berechtigt, Gesetzesvorlagen durch das Staatsministerium an den Landtag zu bringen (a. a. O. Abs. 3).

cc) Es steht ihm gegen die vom Landtag beschlossenen Gesetze der Einspruch zu, über den im einzelnen Art. 42 Abs. 1—3 handelt.

dd) Die Zustimmung des Staatsrats ist erforderlich, wenn der Landtag Ausgaben beschließen will, die über den vom Staatsministerium vorgeschlagenen oder bewilligten Betrag hinausgehen (Abs. 4 daselbst und Art. 63 Abs. 2, 65).

B. Der Landtag hat das Recht zur Genehmigung des Haushaltsplans in Einnahme und Ausgabe (Art. 29 Abs. 1). Es steht in engster Beziehung zu der Vorschrift des Art. 63 Abs. 2, wonach alle Einnahmen und Ausgaben des Staates für jedes Rechnungsjahr veranschlagt und auf den Haushaltsplan gebracht werden müssen, der vor Beginn des Rechnungsjahres durch ein Gesetz festgestellt wird. Vgl. die Erltg. zu diesem Artikel unten S. 197, 200 f.

C. Der Landtag stellt die Grundsätze für die Verwaltung der Staatsangelegenheiten auf. Damit greift er zwar nicht unmittelbar, aber mittelbar in die Verwaltung ein, verläßt daher das ihm in erster Linie zustehende Gebiet der Gesetzgebung. Die Ausführungsgewalt hat sich dieser Einwirkung des Landtags zu fügen; doch ist dabei zu beachten, daß angesichts der — infolge der gegenseitigen Abhängigkeit der Minister und der Mehrheit der Volksvertretung — engen Verbindung von gesetzgebender und exekutiver Gewalt in der Republik der parlamentarischen Regierungsweise die harte Gegensätzlichkeit des rein konstitutionellen Systems des neunzehnten Jahrhunderts selten in die Erscheinung treten wird. Es ist auch daran zu erinnern, daß es ein anderes ist, wenn die RVerf. Art. 10 dem Reich die Zuständigkeit gibt, im Wege der Gesetzgebung Grundsätze für gewisse Rechtsstoffe aufzustellen, wie: Rechte und Pflichten der Religionsgemeinschaften, das Schulwesen, Recht der Beamten aller öffentlichen Körperschaften usw. Diese Grundsätze richten sich an die Adresse des Landesgesetzgebers, also hier des preuß. Landtags, während Art. 29 der preußVerfUrk. sich an die Verwaltung wandte. Dasselbe gilt auch für RVerf. Art. 11, wonach das Reich im Wege der Gesetzgebung Grundsätze über die Zulässigkeit und Erhebungsart von Landesabgaben aus gewissen näher bezeichneten Gründen aufstellen kann; auch hier ist der Adressat der Landesgesetzgeber.

D. Der Landtag überwacht die Ausführung der Staatsverwaltungsangelegenheiten. Darin liegt an und für sich keine Neuerung, denn es war auch im konstitutionellen Staat stets Aufgabe der Volksvertretung, die Verwaltung zu kontrollieren, Beschwerden geltend zu machen und auf deren Abstellung zu drängen. Selbst nach der a.preußVerfUrk. Art. 81 hatte jede Kammer für sich das Recht, Adressen an den König zu richten, die an sie gerichteten Schriften an die Minister zu überweisen und von ihnen Auskunft über eingehende Beschwerden zu verlangen. Nach Art. 32 stand das Petitionsrecht allen Preußen zu. Vgl. jetzt VerfUrk. Art. 27 oben S. 133 ff. Die besondere Note erhält das Überwachungsrecht durch die Begrenzung, die es infolge der Reichsaufsicht erfährt (Laband, RStR., 5. Aufl., 1 113 f., 381, 2 119 f.; Triepel, Reichsaufsicht 1917 S. 372 ff.; Giese S. 100 ff.; Poetzsch, RVerf. S. 44 f.). Nach der RVerf. Art. 14 werden die Reichsgesetze durch die Landesbehörden ausgeführt, soweit nicht die Reichsgesetze etwas anderes bestimmen. Gemäß Art. 15 Abs. 1 übt die Reichsregierung die Aufsicht in den Angelegenheiten aus, in denen dem Reich das Recht der Gesetzgebung zusteht. Dieses steht ihm aber auch auf dem Boden der sog. konkurrierenden Reichskompetenz des Art. 7 RVerf. zu, also auch auf Rechtsgebieten, auf denen das Reich von seinem Gesetzgebungsrechte keinen Gebrauch gemacht hat, so daß die Länder das Recht der Gesetzgebung behalten haben (Art. 12 Abs. 1 daselbst). Es wäre also unrichtig, zu sagen, daß die Reichsaufsicht sich nur auf diejenigen Angelegenheiten der Verwaltung, insbesondere Ausführung der Gesetze, erstreckt, bei denen die Landesbehörden Reichsgesetze ausführen, während sich das Aufsichtsrecht des Landtags vorwiegend auf diejenigen Verwaltungsangelegenheiten beziehe, in denen Landesgesetze zur Ausführung gelangen. Denn es ist eben klargestellt worden, daß die Reichsaufsicht auch in solchen Angelegenheiten ausgeübt wird, in denen dem Reiche das Gesetzgebungsrecht zusteht, während es davon noch keinen Gebrauch gemacht hat. Die Lösung der Frage wird daher m. E. in folgendem gesucht werden müssen. In gewissen Fällen besteht ein doppeltes Aufsichtsrecht, sowohl das des Reiches als das des Landes; jenes nach RVerf. Art. 15, dieses nach der preußVerfUrk. Art. 29 durch den Landtag ausgeübt. Letzteres bezieht sich aber auch darauf, ob die Landesregierung ihre aus Art. 15 Abs. 3 Satz 1 RVerf. folgenden gerade auf dem Gebiete der Reichsaufsicht übertragenen Verpflichtungen erfüllt hat, nämlich Mängel, die bei der Ausführung der Reichsgesetze hervorgetreten sind, zu beseitigen. Zwar hat hieran in erster Linie das Reich, in zweiter aber auch das Land ein Interesse, teils wegen der Erfüllung seiner Mitgliedschaftspflichten am Reich (RVerf. Art. 48 Abs. 1), teils wegen der politischen Bedeutung reichsverfassungsmäßiger Verwaltung. Hierbei muß berücksichtigt werden, daß nach Art. 14 daselbst Reichsgesetze in der Regel durch die Landesbehörden ausgeführt werden, also auch diejenigen Gesetze, die in Geltendmachung der ausschließlichen Reichskompetenz (Art. 6 a. a. O.) ergangen sind. Es braucht nicht ausgeführt zu werden, daß die der Überwachung des Landtags unterliegenden Staatsverwaltungsangelegenheiten sich nicht erschöpfen in der Ausführung, sei es von Reichsgesetzen, sei es von Landesgesetzen. — Der Staatsrat, der zur Vertretung der Provinzen auch bei der Verwaltung gebildet wird, nimmt an der Kontrolle der Staatsregierung durch die Bestimmung der preußVerfUrk. Art. 40 teil, indem er vor Erlaß von Ausführungsbestimmungen und allgemeiner organisatorischer Anordnungen des Staatsministeriums zu hören ist. Nicht eine Aufsicht über die Regierung, sondern über den Landtag bedeutet dagegen das Erfordernis der Zustimmung des Staatsrats, wenn der Landtag Ausgaben beschließen will, die über den vom Staatsministerium vorgeschlagenen oder bewilligten Betrag hinausgehen (Art. 42 Abs. 4).

E. Staatsverträge bedürfen der Genehmigung des Landtags, wenn sie sich auf Gegenstände der Gesetzgebung beziehen. Nach der a.preußVerfUrk. Art. 48 bedurften Verträge mit fremden Regierungen zu ihrer Gültigkeit nur dann der Zustimmung der Kammern, sofern es Handelsverträge waren oder wenn dadurch dem Staate Lasten oder einzelnen Staatsbürgern Verpflichtungen auferlegt werden. Die a.RVerf. Art. 11 Abs. 3 bestimmt, daß insoweit die Verträge mit fremden Staaten sich auf solche Gegenstände beziehen, welche nach Art. 4 (der hauptsächlich die Materien aufführte, die der Gesetzgebungszuständigkeit des Reichs unterlagen) in den Bereich der Gesetzgebung gehören, zu ihrem Abschluß die Zustimmung des Bundesrats und zu ihrer Gültigkeit die Genehmigung des Reichstags erforderlich ist. Nach Wegfall des Bundesrats erklärt jetzt RVerf. Art. 45 Abs. 3 sachlich übereinstimmend: Bündnisse und Verträge mit fremden Staaten, die sich auf Gegenstände der Reichsgesetzgebung beziehen, bedürfen der Zustimmung des Reichstags. Vgl. auch Art. 82 Abs. 3, 88 Abs. 5 daselbst. Hierauf kann hier im einzelnen nicht eingegangen werden; doch ist darauf hinzuweisen, daß infolge der Einschränkung der völkerrechtlichen Befugnisse der Länder (RVerf. Art. 78) der Abschluß von Staatsverträgen sich hauptsächlich im Verhältnis der einzelnen Länder vollziehen wird.

F. Der Landtag hat das Recht, sich seine Geschäftsordnung zu geben. Die zur Zeit geltende GeschOrdn. ist vom 28. Februar 1920 (Druckf. Nr. 2052). Sie ist entstanden aus dem Entw. einer endgültigen Geschäftsordnung für die VerfgPrLandesV. nach den Beschlüssen des Geschäftsordnungsausschusses (Druckf. Nr. 1900 B). Auf die Geschäftsordnung wird in der VerfUrk. mehrfach verwiesen, z. B. Art. 21 Abs. 2, 22 Abs. 2, 26 Satz 3, 29 Abs. 2. Vgl. noch Weiß, Der deutsche Reichstag und seine Geschäftsordnung 1906.

Beschlüsse auf Änderung der Verfassung.

Artikel 30.

Ein Beschluß des Landtags, die Verfassung zu ändern, ist nur gültig, wenn mindestens zwei Drittel der gesetzlichen Mitgliederzahl anwesend sind und mindestens zwei Drittel der Anwesenden zustimmen.

Entw. § 66. — AusschProt. Sp. 243—245, 295, 310. — 2. VollBer. StenBer. Sp. 13348.

1. Zur Entstehungsgeschichte.

A. Die a.preußVerfUrk. hatte im Art. 107 bestimmt: „Die Verfassung kann auf dem ordentlichen Wege der Gesetzgebung abgeändert werden, wobei in jeder Kammer die gewöhnliche absolute Stimmenmehrheit, bei zwei Abstimmungen, zwischen welchen ein Zeitraum von mindestens einundzwanzig Tagen liegen muß, genügt." Nach der a.RVerf. Art. 78 erfolgten Veränderungen der Verfassung im Wege der einfachen Gesetzgebung. Sie galten als abgelehnt, wenn sie im Bundesrate vierzehn Stimmen gegen sich hatten. Diejenigen Vorschriften der RVerf., durch welche bestimmte Rechte einzelner Bundesstaaten in deren Verhältnis zur Gesamtheit festgestellt sind, konnten nur mit Zustimmung des berechtigten Bundesstaats abgeändert werden. Zu beachten blieb auch Art. 5 Abs. 2, wonach bei Gesetzesvorschlägen, also auch bei auf Verfassungsänderung abzielenden, über das Militärwesen, die Kriegsmarine und gewisse indirekte Abgaben (Art. 35), wenn im Bundesrat eine Meinungsverschiedenheit stattfand, die Stimme Preußens den Ausschlag gab, wenn sie sich für die Aufrechterhaltung der bestehenden Einrichtung aussprach.

B. Die RVerf. hat sich aber wieder zu Erschwerungen entschlossen. Im Art. 76 erfordern Verfassungsänderungen die Anwesenheit von zwei Dritteln der gesetzlichen Mitgliederzahl der Reichstagsabgeordneten und die Zustimmung von wenigstens zwei Dritteln der Anwesenden. Auch Beschlüsse des Reichsrats auf Abänderung der Verfassung bedürfen einer Mehrheit von zwei Dritteln der abgegebenen Stimmen. Soll auf Volksbegehren durch Volksentscheid eine Verfassungsänderung beschlossen werden, so ist die Zustimmung der Mehrheit der Stimmberechtigten erforderlich. Hat der Reichstag gegen den Einspruch des Reichsrats eine Verfassungsänderung beschlossen, so darf der Reichspräsident dieses Gesetz nicht verkünden, wenn der Reichsrat binnen zwei Wochen den Volksentscheid verlangt.

C. Der Entw. des vorliegenden Art. 30 hatte im § 66 die Vorschrift: „Änderungen der Verfassung können nur beschlossen werden, wenn wenigstens zwei Drittel der gesetzlichen Mitgliederzahl des Landtags zustimmen." In der ersten Ausschußlesung wurde die Bestimmung in folgender Fassung angenommen: „Änderungen der Verfassung können nur zustande kommen, wenn im Landtag mindestens zwei Drittel der gesetzlichen Mitgliederzahl anwesend sind und mindestens zwei Drittel der Anwesenden, die gleichzeitig mehr als die Hälfte der gesetzlichen Mitgliederzahl ausmachen müssen, zustimmen; also wurde die RVerf. nachgeahmt, die Vorschrift gleichzeitig in den Abschnitt über den Landtag, und zwar an dessen Schluß gestellt. In der zweiten VollBer. wurde der jetzige Text angenommen.

Literatur: Arndt, RVerf., 5. Aufl., S. 365 ff.; Dambitsch, RVerf. S. 679 ff.; v. Herrenritt, Die Staatsform als Gegenstand der Verfassungsänderung 1901; Haenel, Studien 1 255 f.; Hildesheimer, Über die Revisionen moderner Staatsverfassungen, in Abhandlungen aus dem Staats-, Verwaltungs- und Völkerrecht, herausgegeben von Zorn und Stier-Somlo 1918; v. Jagemann, DRVerf. S. 222 ff.; Georg Jellinek, Allgemeine Staatslehre, 3. Aufl., S. 478, 484, 534 ff.; W. Jellinek in der Kieler Zeitung Nr. 294 vom 27. Juni 1919; Kelsen, Hauptprobleme S. 416; Laband, RStR., 5. Aufl., 2 38; Lukas, Die rechtliche Stellung des Parlaments 1901 S. 111 ff., 120 ff.; dagegen Laband, ArchöffR. 17 589 ff.; Meyer-Anschütz, StR., 7. Aufl., S. 661 f., 683, 689 ff., 716; v. Rauchhaupt, Verfassungsänderungen nach deutschem Landesstaatsrecht, insbesondere Preußens 1908; Reincke, RVerf. S. 324; Seydel, VerfUrk., 2. Aufl., S. 411 ff.; Wiese, Verfassungsänderungen nach Reichsrecht 1906.

2. **Verfassungsänderung** liegt nicht nur dann vor, wenn der Text der VerfUrk. selbst geändert wird, sondern wenn das Gesetz geeignet ist, den sachlichen Inhalt des Verfassungsrechts unter Belassung des bisherigen Wortlauts, einer Bestimmung der VerfUrk., abzuändern oder aufzuheben. So wäre z. B. ein Wahlgesetz ein verfassungsänderndes, wenn es ein anderes Lebensalter als zwanzig Jahre für das aktive Stimmrecht setzen oder bestimmen wollte, daß Wohnsitz in Preußen nicht erforderlich ist. Denn diese Regelung würde Art. 4 VerfUrk. abzuändern bestimmt sein. Vgl. aber auch Meyer-Anschütz, Staatsrecht, 7. Aufl., S. 690 und dortige Literatur. Etwas anderes ist es aber, ob, wenn in einem einfachen Gesetz etwas bestimmt werden soll, was einer Vorschrift der Verfassung zuwider ist, zuvor oder mindestens gleichzeitig der Text der Verfassung abgeändert werden muß. Eine Zwangsvorschrift besteht nicht; das Sondergesetz ist gültig, aber m. E. nur, wenn es in den Formen des verfassungsändernden Gesetzes erlassen worden ist. Siehe v. Rönne-Zorn, PreußStR. 3 89; Laband, RStR. 2 39 f.; Fleischmann a. a. O. S. 118, 119. Dagegen macht Verweisung der VerfUrk. auf ein einfaches Gesetz (wie in Art. 4 Abs. 3, 6 Abs. 7, 12 Abs. 5, 22 Abs. 2, 28 Abs. 3, 43, 48, 58 Abs. 2, 76 Abs. 2, 77 Abs. 2, 80 Abs. 2, 83 [zweifelhaft 82 Abs. 3]) dieses letztere nicht zum Verfassungsgesetz, so daß seine Änderung keine Verfassungsänderung ist. Die Entscheidung darüber, ob ein Verfassungsgesetz vorliegt, das daher nur in den erschwerenden Formen des Art. 30 geändert werden kann, liegt bei der einfachen Mehrheit des Landtags. Nur wenn ein rechtswirksames Volksbegehren auf Verfassungsänderung vorliegt (Art. 6 Abs. 1 Nr. 2, Abs. 2 u. 6), entscheidet hierüber das Volksbegehren.

Abschnitt IV.

Der Staatsrat.

Vorbetrachtung.

I. Der Entwurf hatte in seinen §§ 50—57 die Bildung eines Finanzrates zur Mitwirkung bei Gesetzen von finanzieller Bedeutung vorgeschlagen. Ihm sollten angehören

1. die nach Art. 63 RVerf. von den Provinzialverwaltungen bestellten preußischen Mitglieder des Reichsrats,
2. kraft amtlicher Stellung für die Dauer des von ihnen bekleideten Amts der Präsident der Oberrechnungskammer, der Präsident der preuß. Staatsbank (Seehandlung), der Präsident der Hauptverwaltung der Staatsschulden und der Präsident der Zentralgenossenschaftskasse,
3. die durch den Landtag zu wählenden Mitglieder, die an Zahl zusammen mit den unter 2 Genannten so viel betragen müssen wie die unter 1 angeführten Mitglieder.

Im übrigen war geplant, die zu wählenden Mitglieder vom Landtag in geheimer Wahl nach den Grundsätzen der Verhältniswahl zu wählen. Wählbar ist ohne Unterschied des Geschlechts, wer seit mindestens drei Jahren die preußische Staatsangehörigkeit besitzt, mindestens ebensolange in Preußen seinen Wohnsitz und das 35. Lebensjahr vollendet hat. Landtagsabgeordnete scheiden mit Annahme der Wahl aus dem Landtage aus. Die Wahl erfolgt auf sechs Jahre in der Weise, daß alle zwei Jahre ein Drittel der Gewählten ausscheidet und durch Neuwahl, bei der Wiederwahl zulässig ist, ersetzt wird. Die erstmalig nach zwei bzw. vier Jahren Ausscheidenden werden durch das vom Vorsitzenden zu ziehende Los bestimmt. Den Mitgliedern des Finanzrats wurde dabei Verantwortungsfreiheit wie den Abgeordneten nach RVerf. Art. 36 zugedacht. Für seine Zuständigkeit war vorgesehen: Die Zustimmung des Finanzrats ist einzuholen:

1. wenn der Landtag Ausgaben beschließen will, die über den von der Staatsregierung vorgeschlagenen oder bewilligten Betrag hinausgehen (vgl. jetzt Art. 42 Abs. 4),
2. für neue Steuern,
3. für die Aufnahme von Anleihen und Übernahme von Bürgschaften (vgl. jetzt Art. 65),
4. für Ausgaben, für die noch keine Deckung vorhanden ist oder für die die Deckung durch Anleihen erfolgen soll (vgl. jetzt Art. 63 Abs. 1).

Beanstandet der Finanzrat ein unter Nr. 1—4 fallendes Gesetz oder einen unter diese Vorschriften fallenden Beschluß, so hat er dies innerhalb zweier Wochen dem Landtage mitzuteilen und innerhalb weiterer zwei Wochen schriftlich zu begründen. Die Angelegenheit unterliegt alsdann erneuter Beschlußfassung des Landtags. Beschließt der Landtag mit Zweidrittelmehrheit, an seinem früheren Beschlusse festzuhalten, so hat es bei letzterem sein Bewenden, soweit nicht die Staatsregierung von dem Recht der Auflösung des Landtags Gebrauch machen will (vgl. Art. 42 Abs. 1—3). Schon der Finanzrat stellte sich als ein auf das finanzielle Gebiet beschränkter Staatsrat dar. Der Ausschuß hat dessen Funktionen nach eingehenden Beratungen, sowohl im Vollausschuß wie in einem von ihm eingesetzten Unterausschuß, auf das gesamte Gebiet staatlicher Tätigkeit erweitert und auch seine Zusammensetzung anderweitig geregelt. Es hängt dies zusammen mit der Frage, ob neben dem Landtag noch ein zweiter selbständiger politischer Faktor zu schaffen sei. Als solcher kam ein Staatspräsident, eine Erste Kammer oder ein Staatsrat in Frage. Weshalb man sich nicht für den ersten oder die zweite entschlossen hat, ist bereits erörtert worden (s. oben S. 57, 82; vgl. auch AusschProt. Sp. 39—82, 94—96, 177—183, 185—195, 260—271, 312). Die Gefahr, im Staatsrat ein „retardierendes Element" zu schaffen, wurde schließlich nicht für drohend angesehen, zumal auch der Reichsrat trotz seiner Zusammensetzung sich nicht als ein solches Element erwiesen hat, weder beim Versailler Frieden noch beim Betriebsrätegesetz. Eine berufsständische Vertretung, sog. Kammer der Arbeit, aus dem Staatsrat zu machen, wurde fallen gelassen, während die große Frage der Provinzialautonomie, die mit dem Staatsrat in Verbindung gebracht wurde, immer mehr in den Vordergrund rückte. In der zweiten VollBer. (StenBer. Sp. 13348 bis 13364, 13368—13437, 13444—13460) kam es zu der Ausgestaltung des Staatsrats, wie er jetzt im Abschnitt IV vorliegt.

II. Seiner rechtlichen Natur nach ist der Staatsrat eines der obersten Staatsorgane zur Vertretung der Provinzen bei der Gesetzgebung und Verwaltung des Staates, die demnach an dessen Zentralleitung teilnehmen, indes gleichzeitig ihre Selbstverwaltungsbefugnisse erheblich erweitert werden (Art. 72, 73). Er ist aber keine Erste Kammer, obwohl seinen Mitgliedern zum Teil Befugnisse zugewiesen sind, die sonst nur Abgeordneten einer Volksvertretung zuzukommen pflegen (Art. 34 bis 36, 41) und mit der viel umkämpften Bestimmung, daß niemand gleichzeitig Mitglied des Landtags und des Staatsrats sein darf (Art. 32 Abs. 2 Satz 1), ein Anklang an eine Erste Kammer entstand. Auch seine Gestaltung im einzelnen und seine Geschäftsformen sind nach parlamentarischen Vorbildern geschaffen (Art. 37, 38 Abs. 2, 39). Der Staatsrat ist mit dem Reichsrat zu vergleichen; wie dieser zur Vertretung der deutschen Länder, ist jener zu der der Provinzen bestimmt; auch seine Befugnisse sind ähnlich. Seine Zusammensetzung und Wahl ist in den Art. 32, 33 geordnet. Vorbehältlich der näheren Erläuterung bei den einzelnen Artikeln lassen sich die Vorschriften über die Rechte des Staatsrats folgendermaßen zusammenfassen:

A. Auf dem Gebiete der Gesetzgebung hat er

a) ein aufschiebendes Veto in Gestalt des Einspruchs gegen die vom Landtag beschlossenen Gesetze (vgl. oben S. 86 und unten Art. 40 Abs. 1—3). Der Einspruch hat zur Folge, daß das Gesetz dem Landtag zur nochmaligen Beschlußfassung vorgelegt werden muß; findet das Gesetz im Landtag eine Zweidrittelmehrheit, so gilt der Einspruch als erledigt; der Vorschlag, auf Antrag des Staatsrats einen Volksentscheid herbeizuführen, drang nicht durch. Wird bei der erneuten Beschlußfassung des Landtags für den früheren Beschluß nur eine einfache Mehrheit erreicht, so ist der Beschluß hinfällig, falls er nicht durch einen vom Landtag herbeigeführten Volksentscheid bestätigt wird.

b) Der Staatsrat hat ein absolutes Veto, wenn der Landtag Ausgaben beschließen will, die über den vom Staatsministerium vorgeschlagenen oder bewilligten Betrag hinausgehen. Stimmt der Staatsrat nicht zu, so ist der Beschluß des Landtags nur wirksam, soweit er mit dem Vorschlag und der Bewilligung des Staatsministeriums übereinstimmt. Ein Volksentscheid ist in diesem Falle unzulässig (Art. 41 Abs. 4).

c) Der Staatsrat hat das Recht der Gesetzesinitiative, d. h. er kann Gesetzesvorlagen durch das Staatsministerium an den Landtag bringen (Art. 40 Abs. 3). Dadurch werden die Provinzen in die Lage versetzt, auch ihrerseits mit Gesetzesvorschlägen an den Landtag heranzutreten.

d) Er hat ein Recht der Anhörung (zur gutachtlichen Äußerung) vor Einbringung von Gesetzesvorlagen durch das Staatsministerium (Art. 40 Abs. 2), nicht wenn die Gesetzesvorlagen aus dem Landtage kommen. Durch jene Vorschrift wird in manchen Fällen ein späterer Einspruch des Staatsrats unnötig werden, wenn schon bei der Ausarbeitung eines Gesetzentwurfs seine Auffassung berücksichtigt wird. Seine vom Staatsministerium abweichende Ansicht ist der Staatsrat berechtigt, dem Landtage darzulegen.

B. Auf dem Gebiete der Verwaltung:

a) Das Staatsministerium hat den Staatsrat über die Führung der Staatsgeschäfte auf dem laufenden zu halten (Art. 40 Abs. 1).

b) Vor Erlaß von Ausführungsvorschriften zu Reichs- und Staatsgesetzen sowie vor Erlaß allgemeiner organisatorischer Anordnungen des Staatsministeriums ist der Staatsrat oder sein zuständiger Ausschuß zu hören (daselbst Abs. 4).

Bei der Bestimmung der Rechte spielte auch die Erwägung eine Rolle, nach Ablehnung eines Staatspräsidenten und einer Ersten Kammer in dem Vorsitzenden des Staatsrats ein Organ zu schaffen, dem insbesondere durch Ernennung der Minister und Auflösungsbefugnis des Landtags die Aufgabe eines gewissen Ausgleichs gegenüber dem drohenden Parlamentsabsolutismus zufiele (s. oben S. 57, 82, 86). Die Mehrheit im Ausschuß und in der Vollversammlung des Landtags gab jedoch diesen Anregungen keine Folge.

c) Mitwirkung bei der Auflösung des Landtags (Art. 14 Abs. 1).

Aufgabe und Zweck des Staatsrats.

Artikel 31.

Zur Vertretung der Provinzen bei der Gesetzgebung und Verwaltung des Staates wird ein Staatsrat gebildet.

AusschBeschl. § 24a. — AusschBer. Sp. 4—6, 11. — AusschProt. S. 39—82, 94—96, 177—183, 185—195, 260—271, 312. — 2. VollBer. StenBer. Sp. 13348 ff., 13353—13357, 13368—13419. — 3. VollBer. StenBer. Sp. 14063.

1. **Zur Entstehungsgeschichte.** Vgl. zunächst die Vorbetrachtung oben S. 151 ff. sowie diejenige zu Abschnitt VIII unten S. 211 ff. Der schon dort erwähnte Gedanke der Provinzialautonomie blieb Sieger. Der Bericht-

erstatter des Ausschusses und andere Abgeordnete, u. a. Dr. Lauscher (Z.), betonten: Es bestehe die Notwendigkeit, die Provinzen bei der Zentrale für die Zukunft in bedeutsamer und einflußreicher Weise vertreten sein und mitwirken zu lassen. Es könne nicht davon die Rede sein, daß Preußen einstweilen in straffer Geschlossenheit erhalten bleiben solle; der deutsche Einheitsstaat müsse gegliedert werden auf Grund der Stammeszugehörigkeit und der wirtschaftlichen Zusammengehörigkeit. Auch Abgeordneter Hirsch (USd.) erwog, daß man die Wünsche der Provinzen berücksichtigen müsse; wenn alles von Berlin ausgehe und die Provinzen gar nicht zur Mitwirkung an den Staatsgeschäften herangezogen würden, wäre den Absplitterungsbestrebungen Tür und Tor geöffnet. Es sei Aufgabe einer klugen Politik, hier vorbeugend zu wirken, die Schaffung eines Staatsrats sei hierfür geeignet. Der Bestellung des Staatsrats lediglich aus Vertretern der Provinzen wurde das Bedenken entgegengehalten, daß nach den bei dem Vereinigten Landtag von 1847 in Preußen gemachten Erfahrungen eine Summe von partikularen Vertretern zu erwarten sei. Gerade dadurch werde die Gefahr des Zerfalls Preußens herbeigeführt (Abgeordneter Dr. Hötzsch [Dn.]). Dem war entgegenzuhalten, daß der Vereinigte Landtag ständisch bestellt gewesen sei, während der Staatsrat aus Provinziallandtagen hervorgehen wird, die auf Grund des freiesten Wahlrechts der Welt zustande kommen und keinerlei ständische Gliederung enthalten werden (Berichterstatter Abg. Dr. Berndt). Von ausschlaggebender Bedeutung für die jetzige Gestaltung des IV. Abschnittes gab die Erwägung, daß die Gewährung von weitgehenden Rechten an die Provinzen ein Auseinanderfallen Preußens hindern, eine übermäßige Zentralisation es dagegen beschleunigen würde. Die schärfsten Worte fand dafür der Abg. Dr. Lauscher (Z.): „Wenn es nicht anders möglich ist, den preußischen Staat zusammenzuhalten als mit den veralteten Methoden des mechanischen Zwanges, wie es die Vergangenheit getan hat, wenn man kein weiteres Mittel kennt oder zulassen will, um den preußischen Staat aufrechtzuerhalten, als daß man die Politik der Gewaltsamkeiten, wie die Vergangenheit sie zunächst in Einzelhandlungen wie Friedensschlüssen, Verträgen u. dgl. schuf und dann weiter zu dauernden politischen Zuständen sich verfestigen ließ, dann bin ich der Meinung, daß der preußische Staat verloren ist, daß er naturnotwendig auseinanderfallen muß." „Deutschland geht über Preußen. Preußen ist ein historisches Gebilde, das einer anderen politischen Formgebung, einer anderen Organisationsmethode weichen kann, wenn uns nur Deutschland erhalten bleibt. Das deutsche Volk stirbt nicht. Die vorübergehenden historischen Formen seiner politischen Struktur werden und können sich wandeln, sie können vergehen und durch neue ersetzt werden, wenn nur das deutsche Volk erhalten bleibt, wenn nur das deutsche Volk wieder den Weg zur Gesundheit und zur Größe findet!" (2. VollBer. StenBer. Sp. 13397 u. 13415 f.).

2. **Dem Staatsrat ist vor allem zur Aufgabe gemacht** worden die Vertretung der Provinzen bei der Gesetzgebung und der Verwaltung des Staats. Er ist keine Vertretung der wirtschaftlichen Gruppen,

der Geburts- oder Berufsstände. Wenn dem Staatsrat auch berufsständische Vertreter angehörten, würde er ein vollkommen uneinheitliches Gebilde sein, das nicht von einem einheitlichen Gedanken getragen würde. Es würde eine Interessenvertretung der Berufsstände, nicht der Allgemeinheit sein. Bei der Gesetzgebung wirkt der Staatsrat mit in den vier in der Vorbetrachtung dargelegten Fällen; hinsichtlich der Teilnahme an der Verwaltung dachte man auf der einen Seite nur an „gewisse allerdings nur sehr beschränkte Rechte der Einholung von Auskünften", auf der anderen aber an recht weitgehende Befugnisse mit Hilfe von Art. 40 Satz 1 (s. dort und oben S. 153 f., sowie zu den Art. 70 ff. unten S. 224 f.).

Zusammensetzung. Zahl der Mitglieder des Staatsrats.

Artikel 32.

(1) Der Staatsrat besteht aus Vertretern der Provinzen. Als Provinzen gelten hierbei Ostpreußen, Brandenburg, Stadt Berlin, Pommern, Grenzmark Posen-Westpreußen, Niederschlesien, Oberschlesien, Sachsen, Schleswig-Holstein, Hannover, Westfalen, Rheinprovinz und Hessen-Nassau.

(2) Auf je 500000 Einwohner einer Provinz entfällt ein Vertreter, jedoch entsendet jede Provinz mindestens drei Vertreter in den Staatsrat. Ein Rest von mehr als 250000 Einwohnern wird vollen 500000 gleich gerechnet.

(3) Außerdem entsenden die Hohenzollernschen Lande einen Vertreter.

(4) Die Zahl der Vertreter der Provinzen wird durch das Staatsministerium nach jeder allgemeinen Volkszählung und bei Veränderungen des Gebiets der Provinzen neu festgesetzt.

AusschBeschl. § 24b. — AusschBer. und -Prot. wie zu § 24a. — 2. VollBer. StenBer. Sp. 13348 ff., 13335—13357, 13419—13434. — 3. VollBer. StenBer. S. 14064 fg.

Die Vorschrift blieb nach ausführlichen Beratungen in der Fassung der Beschlüsse der ersten Ausschußlesung bestehen. Längere Erörterungen rief die neue zu schaffende verwaltungstechnische Gliederung der Grenzmark Posen-Westpreußen hervor (AusschProt. Sp. 260—267).

Wahl, Wählbarkeit, Unvereinbarkeit der Mitgliedschaft im Staatsrat mit der im Landtag. Amtsdauer. Neuwahl.

Artikel 33.

(1) Die Mitglieder des Staatsrats und ihre Stellvertreter werden von den Provinziallandtagen (in Berlin von der Stadtverordnetenversammlung, in den Hohenzollernschen Landen und in der Grenzmark Posen-Westpreußen von den Kommunallandtagen) gewählt.

In den Hohenzollernschen Landen wird nach den Grundsätzen der Mehrheitswahl, im übrigen nach den Grundsätzen der Verhältniswahl gewählt. Wählbar ist jeder Stimmberechtigte, der das fünfundzwanzigste Lebensjahr vollendet und seinen Wohnsitz ein Jahr in der Provinz hat.

(2) Niemand darf gleichzeitig Mitglied des Landtags und des Staatsrats sein. Landtagsabgeordnete scheiden mit Annahme der Wahl in den Staatsrat aus dem Landtag aus. Mitglieder des Staatsrats scheiden mit Annahme der Wahl in den Landtag aus dem Staatsrat aus.

(3) Die Mitglieder des Staatsrats üben ihr Amt bis zum Eintritt ihrer Nachfolger aus.

(4) Die Mitglieder des Staatsrats werden unmittelbar nach der Neuwahl der einzelnen Provinziallandtage (Stadtverordnetenversammlung, Kommunallandtage) neu gewählt.

AusschBeschl. § 24c. — Im übrigen dieselben Gesetzesmaterialien wie zu Art. 32 und 2. VollBer. StenBer. Sp. 13435. — 3. VollBer. StenBer. Sp. 14066.

1. Die Vorschrift entspricht im wesentlichen den Vorschlägen des Ausschusses. In diesem war aber der Abs. 2 nicht enthalten. Siehe Erltg. 3.

Zu Abs. 1.

2. Es sind von grundlegender Bedeutung das G., betr. die Wahlen zu den Provinziallandtagen und zu den Kreistagen, vom 3. Dezember 1920 (GS. 1921 S. 1) nebst Wahlordnung vom 31. Dezember 1920 (GS. 1921 S. 8), die deshalb hier im Anhang abgedruckt werden. Aber auch sonst bedarf die Vorschrift noch der Ausführung. Es besteht z. B. noch keine Organisation für die Grenzmark Posen-Westpreußen; hier ist der Kommunallandtag erst zu bilden und zu organisieren, damit er die Staatsratsmitglieder wählen kann.

Zu Abs. 2.

3. Man nahm an, es sei ein Unding, daß ein **Mitglied des Landtags dem Staatsrat angehören könne,** der das Recht hat, gegen vom Landtag beschlossene Gesetze Einspruch zu erheben. Der Einfluß und die Rechte des Staatsrats könnten gelähmt werden, wenn die Parteien die Möglichkeit besitzen, als ihre Provinzialvertreter Mitglieder des Landtags in den Staatsrat zu entsenden. Dieser würde sich zu einem größeren Ausschuß des Landtags entwickeln, wenn dieselben Personen dem Landtage und dem Staatsrat angehören dürften. Der Staatsrat hat die Aufgabe eines Kontrollorgans, die er nicht erfüllen könnte, wenn seine Mitglieder gleichzeitig Landtagsmitglieder wären.

Zu Abs. 3 u. 4.

Beide Absätze hängen organisch zusammen. Weil die Staatsratsmitglieder unmittelbar nach der Neuwahl der sie entsendenden Provinziallandtage neu zu wählen sind, müssen die Staatsratsmitglieder ihr Amt stets bis zur Neuwahl ihrer Nachfolger ausüben (Abs. 4). Es ist daher dem Staatsrat keine feste Lebensdauer, z. B. von fünf oder vier oder weniger Jahren gesetzt, sondern bestimmt, daß nach den Neuwahlen der Provinziallandtage die von diesen abgeordneten Staatsratsmitglieder neu zu wählen sind. Durch diese letztere Regelung gelangt man zu einer allmählichen Ergänzung der Mitglieder, bei der der Staatsrat als Ganzes niemals mehr aufgelöst würde. Dadurch wird eine große Stetigkeit für die Arbeiten des Staatsrats gewährleistet. Hieran knüpft auch die Bestimmung des Art. 38 Abs. 1 Satz 1 an, daß zum ersten Male der Staatsrat vom Staatsministerium berufen wird; später kommt eine Einberufung nicht mehr in Frage. In Abs. 4 des vorliegenden Artikels ist daher nicht an einen gleichzeitigen Wechsel aller Staatsratsmitglieder gedacht. Durch Abs. 4 ist auch ein Hemmnis für die Ausgestaltung des Staatsrats zu einer Kammer aufgerichtet (vgl. AusschProt., insbesondere Sp. 192 f.).

Entschließungsfreiheit der Staatsratsmitglieder bei der Stimmabgabe.

Artikel 34.

Die Mitglieder des Staatsrats stimmen nach ihrer freien, nur durch die Rücksicht auf das Volkswohl bestimmten Überzeugung; an Aufträge und Weisungen sind sie nicht gebunden.

AusschBeschl. § 24d. — AusschBer. und AusschProt. wie zu Art. 31.

Ohne Volksvertretung zu sein, hat der Staatsrat gewisse Formen einer Kammer und Bestimmungen über die Rechte von deren Abgeordneten übernommen. Die hier getroffene Regelung entspricht vollkommen dem Art. 10. Es ist daher auf die dortigen Erläuterungen zu verweisen.

Verantwortungsfreiheit der Staatsratsmitglieder.

Artikel 35.

Kein Mitglied des Staatsrats darf zu irgend einer Zeit wegen seiner Abstimmung oder wegen der in Ausübung seines Amtes getanen Äußerungen gerichtlich oder dienstlich verfolgt oder sonst außerhalb der Versammlung zur Verantwortung gezogen werden.

AusschBeschl. § 24e. — Im übrigen dieselben Gesetzesmaterialien wie zu Art. 31.

Die Bestimmung ist wörtlich dieselbe wie für die Reichs- und Landtagsmitglieder vorgesehene in Art. 26 RVerf., über den oben zu Art. 29 S. 131 f. das Nötige gesagt ist.

Beamte, Angestellte und Arbeiter als Staatsratsmitglieder.

Artikel 36.

(1) Beamte, Angestellte und Arbeiter des Staates und der Körperschaften des öffentlichen Rechtes bedürfen zur Ausübung des Amtes als Mitglieder des Staatsrats keines Urlaubs.

(2) Gehalt und Lohn sind weiter zu zahlen.

AusschBeschl. § 24f. — Im übrigen wie zu Art. 31.

Die Vorschrift stimmt sachlich überein mit Art. 11 Abs. 1 u. 3; die Erläuterungen hierzu sind einzusehen oben S. 91—95.

Wahl des Vorsitzenden und der Schriftführer. Geschäftsordnung.

Artikel 37.

Der Staatsrat wählt seinen Vorsitzenden und seine Schriftführer sowie deren Stellvertreter und regelt seinen Geschäftsgang durch eine Geschäftsordnung.

AusschBeschl. § 24g. — Im übrigen wie zu Art. 31 und ferner 2. VollBer. StenBer. Sp. 13436, 13450. — 3. VollBer. StenBer. Sp. 14071.

Nicht in der Verfassung geregelt worden ist die Amtsdauer der Vorsitzenden. Sie kann zweckmäßigerweise durch die Geschäftsordnung auf ein oder zwei Jahre oder auf die Dauer seiner Zugehörigkeit zum Staatsrate bemessen werden.

Einberufung des Staatsrats. Beschlußfähigkeit. Abstimmung.

Artikel 38.

(1) Zum ersten Male wird der Staatsrat vom Staatsministerium einberufen. Im übrigen versammelt er sich auf Einladung seines Vorsitzenden, so oft die Geschäfte es erfordern. Der Vorsitzende hat den Staatsrat einzuberufen, wenn ein Fünftel seiner Mitglieder, die sämtlichen Vertreter einer Provinz oder das Staatsministerium es verlangen.

(2) Der Staatsrat ist beschlußfähig, wenn mehr als die Hälfte der Mitglieder anwesend ist. Bei Abstimmungen entscheidet die einfache Mehrheit der Abstimmenden.

(3) Bei Beschlüssen des Staatsrats nach Artikel 14 und Artikel 42 Abs. 1 muß die Abstimmung namentlich sein.

AusschBeschl. § 24h. Im übrigen dieselben Gesetzesmaterialien wie zu Art. 31.

1. Zur Entstehungsgeschichte:

In der 2. VollBer. ist der jetzige Abs. 2 hinzugekommen auf Grund eines Antrags der Abg. Siering, Dr. Porsch und Dominicus (Nr. 3368).

Zu Abs. 1.

2. Wie bereits zu Art. 33 Abs. 3 u. 4 dargelegt, ist infolge der dort getroffenen Regelung der **Staatsrat** als **ein sich ständig erneuerndes**, nie völlig neu gestaltendes **Organ** anzusehen. Für die erste Einberufung aber mußte Anordnung getroffen werden. Es ist hierfür das Staatsministerium bestimmt worden. Im übrigen hat der Staatsrat das durch seinen Vorsitzenden auszuübende Selbstversammlungsrecht, der zur Einberufung verpflichtet ist auf Verlangen von einem Fünftel seiner Mit-

glieder oder der sämtlichen Vertreter einer Provinz oder des Staatsministeriums. Die Ähnlichkeit mit der Vorschrift des Art. 17 Abs. 3 für den Landtag ist augenfällig.

Zu Abs. 2 u. 3.

3. Die Bestimmung entspricht vollkommen dem Art. 21 Abs. 1 und Art. 22 Abs. 1 für den Landtag, findet aber seine Ergänzung durch Abs. 3, wo eine namentliche Abstimmung vorgesehen ist. Es handelt sich um Beschlüsse im Ausschuß, der die Landtagsauflösung anordnen kann und um den Einspruch gegen ein vom Landtag beschlossenes Gesetz. Die Erläuterungen zu Art. 14 (siehe oben S. 104 ff.) und 42 Abs. 1 sind zu vergleichen.

Öffentlichkeit der Vollsitzungen des Staatsrats. Ausschluß der Öffentlichkeit. Verlangen der Anwesenheit der Minister.

Artikel 39.

(1) Die Vollsitzungen des Staatsrats sind öffentlich. Der Staatsrat kann mit Zweidrittelmehrheit die Öffentlichkeit für einzelne Gegenstände der Tagesordnung ausschließen. Über einen Antrag, die Öffentlichkeit auszuschließen, wird in geheimer Sitzung verhandelt.

(2) Artikel 24 gilt entsprechend.

AusschBeschl. § 24i. — Im übrigen die Gesetzesmaterialien wie zu Art. 31.

Die Vorschrift entspricht dem hierdurch mit seinen Erläuterungen in Bezug genommenen Art. 23 für den Landtag, mit der Unterscheidung, daß dort der Antrag von fünfzig Abgeordneten vorausgesetzt wird, hier nicht. Es können nicht nur Mitglieder des Staatsrats einen Antrag auf Ausschließung der Öffentlichkeit stellen, sondern es steht dieses Recht auch der Regierung zu. Ferner gelten die Vorschriften des Art. 24 entsprechend. Siehe oben S. 124 ff.

Rechte des Staatsrats.

Artikel 40.

(1) Der Staatsrat ist vom Staatsministerium über die Führung der Staatsgeschäfte auf dem Laufenden zu halten.

(2) Vor Einbringung von Gesetzesvorlagen hat das Staatsministerium dem Staatsrate Gelegenheit zur gutachtlichen Äußerung zu geben. Der Staatsrat kann seine abweichende Ansicht dem Landtage schriftlich darlegen.

(3) Der Staatsrat ist berechtigt, Gesetzesvorlagen durch das Staatsministerium an den Landtag zu bringen.

(4) Vor Erlaß von Ausführungsvorschriften zu Reichs- und Staatsgesetzen, sowie vor Erlaß allgemeiner organisatorischer Anordnungen des Staatsministeriums ist der Staatsrat oder dessen zuständiger Ausschuß zu hören.

AusschBeschl. § 24k. — Im übrigen die Gesetzesmaterialien wie zu Art. 31.

Zu Abs. 1.

1. Die **Rechte des Staatsrats** sind hier und in den Art. 14 und 42 enthalten. Das Staatsministerium ist verpflichtet, den Staatsrat über die Führung der Staatsgeschäfte auf dem laufenden zu halten; er hat also ständig Gelegenheit, sich über diese zu unterrichten und auch Einblick in die Verwaltung, die dem Landtage in dieser Form versagt ist. Das scheint auffällig, ist aber in der Kontrollfunktion des Staatsrats und darin begründet, daß der Landtag in erster Reihe und weitaus überwiegend die gesetzgebende Gewalt ausübt und nur in zweiter Reihe an der Verwaltung beteiligt ist. Durch sein Recht, Grundsätze für die Verwaltung der Staatsangelegenheiten aufzustellen und deren Ausführung zu überwachen, ist ihm jedoch in der Art der praktischen Handhabung keine geringere Zuständigkeit als dem Staatsrat hinsichtlich der Verwaltungskontrolle gewährt.

Zu Abs. 2—4.

Hier wird das schon mehrfach erwähnte **Recht** gewährt, **Gelegenheit zur gutachtlichen Äußerung vor Einbringung von Gesetzesvorlagen durch das Staatsministerium zu erhalten und durch schriftliche Darlegungen die abweichende Ansicht gegenüber dem Landtage** zum Ausdruck zu bringen. Abs. 3 verleiht das Recht der **Initiative,** wenn auch die Gesetzesvorlagen durch Vermittlung des Staatsministeriums an den Landtag zu bringen sind; Abs. 4 das **Recht des Angehörtwerdens** vor Erlaß von Ausführungsvorschriften, Vorschriften zu Reichs- und Staatsgesetzen sowie vor Erlaß **allgemeiner organisatorischer** (also nicht besonderer und nicht etwas anderes als die Organisation betreffender) **Anordnungen des Staatsministeriums.** Hierin ist ein sehr wertvolles Recht auf dem Gebiete der Verwaltung zu erblicken. Als allgemein organisatorische Anordnungen gelten z. B. die Regulative über die Gestaltung des inneren Lebens der Schule auf Grund der Reichs- und Landesschulgesetze, Ordnung des Fortbildungsschulwesens, Erlaß einer Kasseninstruktion, Regelung der Gestaltung des Lebens in den Gefängnissen usw. Die Geschäftsordnung muß für die Vorlegung aller wichtigen Angelegenheiten an die Vollversammlung Sorge tragen, da viele sonstige Geschäfte in den Ausschüssen erledigt werden können (vgl. AusschProt. Sp. 194).

Reisekosten. Aufwandsentschädigung für die Staatsratsmitglieder.

Artikel 41.

Die Mitglieder des Staatsrats erhalten Reisekosten und Aufwandsentschädigung nach Maßgabe des Gesetzes. Ein Verzicht hierauf ist unstatthaft.

AusschProt. § 241 und die Gesetzesmaterialien wie zu Art. 31.

Die Bestimmung entspricht Art. 28, ist aber noch unvollständiger als dieser. Die Vorschrift ist durch ein besonderes Gesetz auszuführen.

Einspruch des Staatsrats gegen Gesetze.

Artikel 42.

(1) Gegen die vom Landtage beschlossenen Gesetze steht dem Staatsrate der Einspruch zu.

(2) Der Einspruch muß innerhalb zweier Wochen nach der Schlußabstimmung im Landtage beim Staatsministerium eingebracht und spätestens binnen zwei weiteren Wochen mit Gründen versehen sein.

(3) Im Falle des Einspruchs wird das Gesetz dem Landtage zur nochmaligen Beschlußfassung vorgelegt. Wenn der Landtag seinen früheren Beschluß mit Zweidrittelmehrheit erneuert, so bleibt es bei seinem Beschlusse. Wird bei der erneuten Beschlußfassung des Landtags für den früheren Beschluß nur eine einfache Mehrheit erreicht, so ist der Beschluß hinfällig, falls er nicht durch einen vom Landtage herbeigeführten Volksentscheid bestätigt wird.

(4) Die Zustimmung des Staatsrats ist erforderlich, wenn der Landtag Ausgaben beschließen will, die über den vom Staatsministerium vorgeschlagenen oder bewilligten Betrag hinausgehen. Stimmt der Staatsrat nicht zu, so ist der Beschluß des Landtags nur wirksam, soweit er mit dem Vorschlag oder der Bewilligung des Staatsministeriums übereinstimmt. Ein Volksentscheid ist in diesem Falle nicht zulässig.

AusschBeschl. § 24m. — Gesetzesmaterialien wie zu Art. 31; ferner 2. VollBer. StenBer. Sp. 13436, 13450. — 3. VollBer. StenBer. Sp. 14069.

Der Einspruch des Staatsrats kann den Landtag hindern, einen höheren Posten einzusetzen. Auch die Gefahr der Arbeitsunfähigkeit des Landtags wurde ins Auge gefaßt, wenn eine große Partei es wolle. Durch die Regelung ist beiden Teilen die Parität gewährt worden hinsichtlich der Herbeiführung des Volksentscheids (vgl. oben S. 72ff., 103ff.).

Gesetzliche Regelung.

Artikel 43.

Das Nähere wird durch Gesetz geregelt.

AusschBeschl. § 24n. — Dieselben Gesetzesmaterialien wie zu Art. 31; ferner 2. VollBer. StenBer. Sp. 13436 f.

Ergangen ist bereits das

Gesetz über die Wahlen zum Staatsrate.

Vom 16. Dezember 1920.

(GS. 1921 S. 90.)

§ 1.

(1) Die Mitglieder des Staatsrats und ihre Stellvertreter werden nach den Grundsätzen der Verhältniswahl, in den Hohenzollernschen Landen nach den Grundsätzen der Mehrheitswahl gewählt.

(2) Wähler sind die Mitglieder der Wahlkörper (Provinziallandtage, Stadtverordnetenversammlung in Berlin, Kommunallandtage der Grenzmark Posen-Westpreußen und der Hohenzollernschen Lande).

(3) Wählbar sind alle reichsdeutschen Männer und Frauen, die das fünfundzwanzigste Lebensjahr vollendet und ihren Wohnsitz ein Jahr im Bezirke des Wahlkörpers haben.

(4) Ausgeschlossen von der Wählbarkeit ist:

1. wer entmündigt ist oder unter vorläufiger Vormundschaft oder wegen geistiger Gebrechen unter Pflegschaft steht;
2. wer die bürgerlichen Ehrenrechte nicht besitzt.

§ 2.

(1) Die Wahl findet, vorbehaltlich der Bestimmung im § 29, in der ersten Tagung des Wahlkörpers nach seiner Neuwahl statt.

(2) Die Wahl erfolgt auf Einladung des Staatskommissars beim Provinziallandtag (Kommunallandtag), in Berlin des Oberpräsidenten.

(3) Die Einladung ist spätestens zwei Wochen vor dem Tage der Wahl den Mitgliedern des Wahlkörpers zuzustellen. Sie muß die Zahl der zu wählenden Mitglieder des Staatsrats enthalten und auf die Bestimmungen über die Wählbarkeit zum Staatsrate hinweisen.

(4) Soweit nach den Grundsätzen der Verhältniswahl gewählt wird, muß die Einladung ferner die Aufforderung enthalten, Wahlvorschläge bei der vom Staatskommissar (Oberpräsidenten) bezeichneten Stelle bis zu einem bestimmten Zeitpunkt einzureichen.

§ 3.

(1) Für jedes Mitglied des Staatsrats wird im gleichen Wahlgang ein Stellvertreter gewählt.

(2) Stellvertreter des an erster (zweiter, dritter usw.) Stelle gewählten Mitglieds ist der den gewählten Mitgliedern an erster (zweiter, dritter usw.) Stelle auf demselben Wahlvorschlage folgende Bewerber.

(3) Bei vorübergehender Behinderung des Mitglieds ist der Stellvertreter zur Teilnahme an den Verhandlungen des Staatsrats auch ohne besondere Einladung berufen.

(4) Scheidet ein Mitglied dauernd aus, so tritt an seine Stelle sein Stellvertreter und an dessen Stelle derjenige Ersatzmann, der hinter dem an letzter Stelle zum Stellvertreter Gewählten als nächster auf dem Wahlvorschlage steht.

(5) Das Ausscheiden eines Mitglieds wird durch Beschluß des Staatsrats festgestellt. In dem Beschlusse wird gleichzeitig festgestellt, wer als Mitglied und als Stellvertreter nachrückt. Gegen den Beschluß steht jedem Mitgliede des Staatsrats sowie demjenigen, dessen Ausscheiden durch den Beschluß festgestellt ist, binnen zweier Wochen die Klage beim Oberverwaltungsgerichte zu. Der Beschluß wird erst mit der Rechtskraft wirksam.

(6) Bis zum Beginne der Sitzung des Staatsrats, in der über das Ausscheiden eines Mitglieds Beschluß gefaßt werden soll, kann der Vertrauensmann (§ 5) an Stelle des nach dem Wahlvorschlag an erster Stelle zum Nachrücken bestimmten Ersatzmanns (Abs. 4) einen der anderen auf demselben Wahlvorschlage benannten Bewerber für die freigewordene Stelle als Stellvertreter bezeichnen.

(7) Dem endgültigen Ausscheiden eines Mitglieds steht der Fall der Ablehnung der Wahl gleich.

§ 4.

In den Wahlvorschlägen sind die Bewerber nach Zu- und Vornamen, Stand oder Beruf, Wohnort und Wohnung in erkennbarer Reihenfolge aufzuführen.

§ 5.

(1) Die Wahlvorschläge müssen von mindestens drei Mitgliedern des Wahlkörpers unterzeichnet sein. Der erste Unterzeichner gilt als Vertrauensmann, wenn nicht ein anderer als solcher bezeichnet ist. Der Vertrauensmann ist zur Änderung und Rücknahme des Wahlvorschlags befugt.

(2) Mit den Wahlvorschlägen ist die Erklärung der Bewerber einzureichen, daß sie der Aufnahme ihrer Namen in den Wahlvorschlag zustimmen.

§ 6.

Der Name des ersten Bewerbers auf jedem Wahlvorschlage dient als Bezeichnung des ganzen Wahlvorschlags.

§ 7.

Eine Verbindung von Wahlvorschlägen findet nicht statt.

§ 8.

Die Wahlvorschläge mit den im § 5 Abs. 2 genannten Erklärungen müssen spätestens vierundzwanzig Stunden vor der festgesetzten Wahlzeit bei dem Staatskommissar (Oberpräsidenten) oder der von ihm bezeichneten Stelle eingegangen sein. Später eingehende Wahlvorschläge dürfen nicht berücksichtigt werden.

§ 9.

Den Wahlvorstand bilden der Vorsitzende und zwei von ihm als Beisitzer zu benennende Mitglieder des Wahlkörpers. Der Vorsitzende bestellt einen der Beisitzer zum Schriftführer.

§ 10.

(1) Vor Beginn der Wahl prüft der Wahlvorstand die Wahlvorschläge; er veranlaßt nötigenfalls die Vertrauensmänner zur Beseitigung von Mängeln, insbesondere zur Ersetzung von Bewerbern, gegen deren Wählbarkeit Bedenken vorliegen.

(2) Bewerber sind zu streichen:

1. wenn sie nicht wählbar sind;
2. wenn ihre Persönlichkeit nicht einwandfrei feststeht;

3. wenn sie in verschiedenen Wahlvorschlägen benannt sind und sich nicht rechtzeitig für einen bestimmten Wahlvorschlag erklären, nachdem der Vorsitzende den Vertrauensmann darauf aufmerksam gemacht hat;
4. wenn die nach § 5 Abs. 2 erforderlichen Erklärungen fehlen.

(3) Nach Abschluß der Prüfung entscheidet der Wahlvorstand über die Zulassung der Wahlvorschläge. Änderungen, insbesondere auch die Zurücknahme von Wahlvorschlägen, sind hiernach nicht mehr zulässig.

§ 11.

Die Wahl findet in öffentlicher Sitzung des Wahlkörpers ohne Aussprache statt.

§ 12.

Der Vorsitzende gibt bei Beginn der Wahl die eingereichten Wahlvorschläge unter Hervorhebung ihrer Bezeichnung (§ 6) bekannt und teilt mit, ob sie von dem Wahlvorstande zugelassen sind.

§ 13.

(1) Gewählt wird mit verdeckten Stimmzetteln.

(2) Die Wähler werden in der Buchstabenfolge aufgerufen. Jeder aufgerufene Wähler legt den Stimmzettel zusammengefaltet in die Wahlurne.

§ 14.

Der Schriftführer vermerkt die Stimmabgabe jedes Wählers nebst dessen Namen in der Liste.

§ 15.

Jeder Wähler kann stimmen, bis der Vorsitzende die Wahl für geschlossen erklärt hat.

§ 16.

Ungültig sind Stimmzettel, die
1. mit einem Kennzeichen versehen sind,
2. keinen Namen oder keine Angabe enthalten, aus der die Bezeichnung des Wahlvorschlags oder die Person mindestens eines Bewerbers unzweifelhaft zu erkennen ist,
3. eine Verwahrung oder einen Vorbehalt enthalten,
4. die Bezeichnung verschiedener Wahlvorschläge oder Namen aus verschiedenen Wahlvorschlägen enthalten,
5. ausschließlich auf Personen lauten, die in den zugelassenen Wahlvorschlägen (§ 12) nicht aufgeführt sind.

§ 17.

Über die Gültigkeit der Stimmzettel entscheidet der Wahlvorstand. Ungültige Stimmzettel werden als nicht abgegeben betrachtet.

§ 18.

Zwecks Verteilung der Mitglieder des Staatsrats und ihrer Stellvertreter auf die Wahlvorschläge wird die Summe der auf die einzelnen Wahlvorschläge entfallenen Stimmen nacheinander durch 1, 2,

3, 4 usw. geteilt, bis von den sich hierbei ergebenden Teilzahlen so viele Höchstzahlen der Größe nach ausgesondert werden können, wie Mitglieder zu wählen sind. Von jedem Wahlvorschlag sind so viele Mitglieder und Stellvertreter gewählt, wie auf ihn Höchstzahlen entfallen. Wenn die an letzter Stelle stehende Höchstzahl auf mehrere Wahlvorschläge zugleich entfällt, so entscheidet das vom Vorsitzenden zu ziehende Los.

§ 19.

Der Vorsitzende verkündet das vom Wahlvorstande festgestellte Ergebnis der Wahl unter Angabe der Zahl der auf die einzelnen Wahlvorschläge entfallenen gültigen Stimmen sowie der Namen der Gewählten.

§ 20.

Über die Wahlhandlung (§§ 9 bis 19) ist eine Niederschrift aufzunehmen, die von allen Mitgliedern des Wahlvorstandes unterschrieben werden soll.

§ 21.

Der Vorsitzende hat die Gewählten, soweit sie anwesend sind, mündlich, anderenfalls schriftlich von der auf sie gefallenen Wahl sofort zu benachrichtigen und sie aufzufordern, sich im Falle der Anwesenheit sofort, im Falle der Abwesenheit binnen einer Woche nach Zustellung der Nachricht über die Annahme der Wahl zu erklären. Schweigen oder Annahme unter Vorbehalt gilt als Ablehnung. In diesem Falle wird nach § 3 Abs. 4 und 6 verfahren.

§ 22.

Der Vorsitzende hat die gesamten Verhandlungen über die Wahl und über die Ermittlung des Wahlergebnisses unverzüglich dem Minister des Innern zur Vorlage an den Staatsrat einzureichen.

§ 23.

(1) Auf einstimmigen Beschluß des Wahlkörpers kann an Stelle der Einreichung von Wahlvorschlägen und der Wahl mit verdeckten Stimmzetteln nach folgendem vereinfachten Verfahren gewählt werden.

(2) Die Richtungen oder Gruppen des Wahlkörpers vereinbaren die Verteilung der auf den Wahlkörper entfallenden Sitze im Staatsrat untereinander. Sie überreichen dem Vorsitzenden die Namen der von ihnen zu benennenden Mitglieder und Stellvertreter sowie der für den Fall des Ausscheidens oder Nachrückens eines Stellvertreters berufenen Ersatzmänner (§ 3 Abs. 4 und 6) unter Angabe von Stand oder Beruf, Wohnort und Wohnung nebst den im § 5 Abs. 2 vorgeschriebenen Erklärungen. Sie benennen ferner die zur Abgabe von Erklärungen gemäß § 3 Abs. 6 bevollmächtigten Vertrauensmänner.

(3) Der Wahlvorstand stellt die Wählbarkeit der Vorgeschlagenen fest und veranlaßt erforderlichenfalls ihre Ersetzung. Die Wahl der Vorgeschlagenen erfolgt sodann nach Bekanntgabe der Vorschläge durch den Vorsitzenden durch Zuruf.

§ 24.

(1) Das Ergebnis der Wahlen ist öffentlich bekanntzumachen.

(2) Gegen die Gültigkeit der Wahl kann jedes Mitglied des Wahlkörpers binnen zweier Wochen nach der Bekanntmachung Einspruch beim Vorsitzenden erheben. Über den Einspruch beschließt der Staatsrat. Auch im übrigen prüft der Staatsrat die Gültigkeit der Wahlen von Amts wegen. Gegen den Beschluß des Staatsrats steht dem, der den Einspruch erhoben hat, und dem, dessen Wahl für ungültig erklärt ist, binnen zweier Wochen die Klage beim Oberverwaltungsgericht zu. Die Klage hat im Falle der Ungültigkeitserklärung einer Wahl aufschiebende Wirkung.

(3) Wird die Ungültigkeitserklärung im Verwaltungsstreitverfahren bestätigt, so gelten, wenn nach den Grundsätzen der Verhältniswahl gewählt worden war, folgende Bestimmungen:

1. Ist die ganze Wahl oder ein ganzer Wahlvorschlag für ungültig erklärt worden, so findet bei der nächsten Tagung des Wahlkörpers eine Nachwahl statt.
2. Ist die Wahl nur eines oder einzelner Mitglieder des Staatsrats unter Aufrechterhaltung der Wahl der übrigen in demselben Wahlgang Gewählten für ungültig erklärt worden, so gilt § 3 Abs. 4 und 6.

§ 25.

(1) Auf die Wahl des Vertreters der Hohenzollernschen Lande finden die §§ 2 Abs. 4; 3 Abs. 2, 4, 6; 4 bis 8; 10; 12; 13; 16; 18; 19; 23 keine Anwendung.

(2) Gewählt wird durch Zuruf, wenn sich kein Widerspruch dagegen erhebt.

(3) Wird Widerspruch erhoben, so wird mit verdeckten Stimmzetteln gewählt.

(4) Der Stimmzettel muß die Bewerber nach Zu- und Vornamen, Stand oder Beruf, Wohnort und Wohnung genau bezeichnen und erkennen lassen, wer als Mitglied des Staatsrats und wer als Stellvertreter benannt wird.

(5) Ungültig sind Stimmzettel, die

a) mit einem Kennzeichen versehen sind,
b) keinen Namen oder keine Angabe enthalten, aus der die Person des Mitglieds des Staatsrats und des Stellvertreters unzweifelhaft zu erkennen ist,
c) die Namen nicht wählbarer Personen enthalten,
d) eine Verwahrung oder einen Vorbehalt enthalten.

(6) Gewählt ist, wer mehr als die Hälfte der abgegebenen gültigen Stimmen erhalten hat. Ergibt sich beim ersten Wahlgang keine solche Stimmenmehrheit, so wird zu einer engeren Wahl zwischen den beiden als Mitglieder (Stellvertreter) benannten Bewerbern geschritten, welche die meisten Stimmen erhalten haben. Bei Stimmengleichheit entscheidet das vom Vorsitzenden zu ziehende Los.

(7) Der Vorsitzende verkündet das vom Wahlvorstand festgestellte Ergebnis der Wahl unter Angabe des Namens des gewählten Mitglieds des Staatsrats und seines Stellvertreters sowie im Falle der Wahl durch Stimmzettel der Zahl der auf die einzelnen Bewerber entfallenen gültigen Stimmen.

(8) Die vorstehenden Bestimmungen gelten auch für die Nachwahl, wenn eine Wahl für ungültig erklärt worden ist (§ 24).

§ 26.

Scheidet der Vertreter der Hohenzollernschen Lande dauernd aus dem Staatsrat aus, so tritt an seine Stelle sein Stellvertreter. Das Amt des Stellvertreters wird alsdann im Wege der Nachwahl gemäß § 25 neu besetzt.

§ 27.

Die Kosten der Wahlen fallen den Provinzialverbänden (der Stadt Berlin, dem Landeskommunalverband Hohenzollern) sowie in der Grenzmark Posen-Westpreußen den beiden beteiligten Provinzialverbänden nach dem Maßstabe der Einwohnerzahl zur Last.

§ 28.

Für die erste Wahl der Vertreter der Grenzmark Posen-Westpreußen wird ein Wahlkörper von dreißig Mitgliedern gebildet, der in unmittelbarer, geheimer, gleicher Wahl nach den für die Wahlen zu den Provinziallandtagen geltenden Bestimmungen von der Bevölkerung des Regierungsbezirks Schneidemühl gewählt wird.

§ 29.

Für Berlin und die Hohenzollernschen Lande wird der Zeitpunkt der ersten Wahl durch das Staatsministerium festgesetzt.

§ 30.

Der Minister des Innern erläßt die zur Ausführung dieses Gesetzes erforderlichen Vorschriften.

§ 31.

Das Gesetz tritt mit dem Tage seiner Verkündung in Kraft.

Abschnitt V.

Vorbetrachtung.

Das Staatsministerium.

I. Durch die RVerf. Art. 17 Abs. 1 Satz 3 ist bestimmt: „Die Landesregierung bedarf des Vertrauens der Volksvertretung." Die parlamentarische Führung der Geschäfte im Sinne der Landtagsmehrheit ist daher reichsgesetzlich vorgeschrieben. Der Entw. der preußVerfUrk. hatte demgemäß dem Staatsministerium, bestehend aus dem Ministerpräsidenten und den Staatsministern (Art. 44), eine dieser Grundbestimmung gemäße Stellung zugewiesen, die derjenigen des Reichsministeriums entspricht: Der Ministerpräsident bestimmt die Richtlinien der Regierungspolitik und ist dafür dem Landtage verantwortlich; innerhalb dieser Richtlinien leitet jeder Minister den ihm anvertrauten Geschäftskreis selbständig und unter eigener Verantwortung gegenüber dem Landtag (Art. 46). Die Ausgestaltung des parlamentarischen Systems zeigt im einzelnen bemerkenswerte Abweichungen von der RVerf., um übereilte Mißtrauensvoten zu hindern. Das Staatsministerium als solches und jeder einzelne Staatsminister bedürfen zu ihrer Amtsführung des Vertrauens des Volkes, das dieses durch den Landtag bekundet, der dem Staatsministerium oder einem einzelnen Staatsminister durch ausdrücklichen Beschluß auf Antrag von mindestens dreißig Abgeordneten sein Vertrauen entziehen kann. Der Beschluß ist aber nicht zulässig, wenn ein rechtswirksames Volksbegehren vorliegt, den Landtag aufzulösen; denn der neu zu wählende Landtag wird ja diejenige Mehrheit bestimmen, aus der das Staatsministerium zu nehmen sein wird, sei es das bisherige, sei es ein anderes Ministerium. Über den Antrag darf frühestens am zweiten Tage nach seiner Besprechung abgestimmt werden; er muß binnen vierzehn Tagen nach seiner Einbringung zur Erledigung kommen. Über die Vertrauensfrage muß namentlich abgestimmt werden. Der Beschluß auf Entziehung des Vertrauens ist nur wirksam, wenn ihm mindestens die Hälfte der Abgeordneten zustimmt, aus denen zur Zeit der Abstimmung der Landtag besteht. Wird der Beschluß gefaßt, so müssen die davon betroffenen Minister zurücktreten, der Ministerpräsident jedoch nur dann, wenn er von seiner Befugnis, die Auflösung des Landtags zu beantragen, keinen Gebrauch macht oder wenn sein Antrag vom Ausschuß abgelehnt worden ist. Auf das Muster westlicher Demokratien weist es hin, daß diese Bestimmungen entsprechend für den Fall gelten, daß das Staatsministerium in seiner Gesamtheit oder ein Staatsminister die Vertrauensfrage stellt (Art. 57 Abs. 7). Die Tragweite und Wirksamkeit dieser neuen Vorschriften wird sich erst in der parlamentarischen Praxis erweisen. Die Rechtsstellung wird auch hier, wie in der RVerf., durch die Möglichkeit der Anklage durch den Staatsgerichtshof vervollständigt; vorausgesetzt ist, daß der Minister schuldhaft die Verfassung oder das Gesetz verletzt hat. Auch hier muß der Antrag auf Erhebung der Anklage von mindestens hundert Mitgliedern des Landtags unterzeichnet sein und bedarf der Zustimmung der Mehrheit, die für Verfassungsänderungen vorgesehen ist, also von mindestens zwei Dritteln (Art. 58 Abs. 1, 30).

II. Die hochwichtige Frage, wer den Ministerpräsidenten und auf dessen Vorschlag die übrigen Staatsminister zu ernennen hat, hängt mit den Erörterungen über die dem Staatsrat zu gewährende Stellung eng zusammen (vgl. oben S. 151—154). Der Entw. hatte die Kabinettsbildung dem Landtagspräsidenten übertragen wollen. Der Unterausschuß der Kommission hat beschlossen, die Kabinettsbildung dem Präsidenten des Staatsrats zuzuweisen, jedoch mit der Maßgabe, daß dieser von einer Körperschaft zu wählen sei, der außer den Mitgliedern des Staatsrats die gleiche Anzahl von Mitgliedern des Landtags angehört, die von den politischen Parteien des Landtags nach Verhältnis ihrer Größe abgeordnet werden. Der Vollausschuß lehnte diesen Beschluß ab, da hierdurch der Staatsratspräsident höher gestellt würde als der Landtagspräsident, und stellte sich auf den Boden des Entwurfs. Bereits in der zweiten Lesung des Ausschusses hat aber dieser beschlossen, daß der Landtag ohne Aussprache den Ministerpräsidenten wählt und dieser die übrigen Staatsminister ernennt. Hierbei verblieb es (Art. 45).

III. Die Rechte des Staatsministeriums sind dahin zusammenzufassen:

1. Es ist die oberste vollziehende und leitende Behörde des Staates (Art. 7); auf es sind alle Rechte übergegangen, die nach den Gesetzen, Verordnungen und Verträgen dem König zustanden. Nur die Rechte, die dem König als Vertreter des landesherrlichen Kirchenregiments zustanden, werden von drei durch das Staatsministerium zu bestimmenden Ministern evangelischen Glaubens ausgeübt, solange nicht die evangelischen Kirchen diese Rechte durch staatsgesetzlich bestätigte Kirchengesetze auf kirchliche Organe übertragen haben (Art. 82 Abs. 1 u. 2).

2. Vertretung nach außen. Dies gilt sowohl in dem bescheidenen Rahmen der völkerrechtlichen Vertretung, die den Ländern noch verblieben ist (RVerf. Art. 78), als auch vor allem in der Vertretung des Fiskus und als oberste Verwaltungsbehörde (Art. 49).

3. Gesetzesinitiative. Das Staatsministerium beschließt über Gesetzesvorlagen, die an den Landtag zu bringen sind (Art. 50).

4. Erlaß:

A. von Ausführungsverordnungen, soweit das Gesetz diese Aufgabe nicht einzelnen Staatsministern zuweist; Ausführungsvorschriften zu Reichs- und Landesgesetzen; allgemeine organisatorische Anordnungen;

B. von Notverordnungen (Art. 51, 40 Abs. 4, 55).

5. Ernennung der unmittelbaren Staatsbeamten und der Mitglieder des Reichsrats, soweit sie nicht von den Provinzialverwaltungen bestellt werden (Art. 52, 53).

6. Recht der Begnadigung. Doch kann dieses Recht zugunsten eines Ministers, der wegen seiner Amtshandlungen verurteilt worden ist, nur auf Antrag des Landtags ausgeübt werden (Art. 54 Abs. 1 u. 2).

7. Beschluß über die Zuständigkeit der einzelnen Staatsminister, soweit hierüber nicht gesetzliche Vorschriften getroffen sind, und über Meinungsverschiedenheiten hinsichtlich solcher Fragen, die den Geschäftsbereich mehrerer Staatsminister berühren (Art. 47 Abs. 2 u. 3).

8. Verkündung der verfassungsmäßig zustande gekommenen Gesetze und der vom Landtag genehmigten Staatsverträge in der Gesetzsammlung (Art. 60).

IV. Was die persönliche Stellung des Ministerpräsidenten und der einzelnen Minister angeht, so ist jener Vorsitzender im Staatsministerium und leitet dessen Geschäfte. Er wie die anderen Minister haben Anspruch auf Besoldung. Alle haben einen Amtseid zu leisten. Jeder Minister kann jederzeit von seinem Amte zurücktreten. Wenn das ganze Staatsministerium zurücktritt, so führen die zurückgetretenen Minister die laufenden Geschäfte bis zu deren Übernahme durch die neuen Minister weiter (Art. 47 Abs. 1, 48, 56, 59). Auch hier ist der Ministeranklage zu gedenken (Art. 58 Abs. 1).

Zusammensetzung des Staatsministeriums.

Artikel 44.

Das Staatsministerium besteht aus dem Ministerpräsidenten und den Staatsministern.

Entw. § 25. — AusschBer. S. 6, 11 ff. — AusschProt. S. 131 ff., 251, 312.

1. **Das bisherige Recht** über die Minister enthält die a.preußVerf-Urk. Art. 60, 61. Vgl. Arndt, PreußVerfUrk., 7. Aufl., S. 229—242; v. Rönne-Zorn **1** 248—257, **2** 366 f.; Bornhak, PreußStR., 2. Aufl., **1** 40, 53, 138 ff., 144 ff., 193, 208, 213 f., 228, 434, 452 ff., 464, 491, 493, 502 f.; **2** 53, 94, 401, 405, 407, 418; Zorn, Die staatsrechtliche Stellung des preuß. Gesamtministeriums, 1892; Gneist, Die verfassungsmäßige Stellung des preuß. Gesamtministeriums, VerwArch. **3** 433; Brie, Artikel „Staatsminister" in Stengel-Fleischmanns Wörterbuch **2** 877 ff.; Schwartz, VerfUrk. S. 125, 128, 130, 139, 142, 171, 173, 177, 180, 181, 188, 192, 235. Wegen des engen Zusammenhanges mit dem Reichsrecht s. auch die Literatur zu diesem: Jellinek, Ausgewählte Schriften **2** 89 ff., 271 ff.; Meyer-Anschütz, StR., 7. Aufl., §§ 108, 184—186; Löning, VerwR. §§ 10, 12—24; ferner Dupriez, Les ministres dans les pays principaux 1892/93.

2. **Geltendes Recht.**

A. Vgl. zunächst Vorbetrachtung oben S. 168 ff. Die Regelung enstpricht RVerf. Art. 52, wo der Präsident des Staatsministeriums Reichskanzler heißt und gibt, wie jener Artikel keinen sicheren Anhaltspunkt dafür, ob es sich um das Premierministersystem oder das Kollegialsystem handelt. Für das letztere spricht, daß jeder Minister den ihm anvertrauten Geschäftskreis selbständig und unter eigener Verantwortung gegenüber dem Landtag leitet, jedoch steht dem gegenüber, daß er dies innerhalb der vom Ministerpräsident bestimmten Richtlinien der Regierungspolitik zu tun hat (Art. 46) und insoweit gebunden, aber auch m. E. dem Ministerpräsidenten politisch verantwortlich ist, weil dieser nach dem letzterwähnten Artikel und weil er den Staatsminister ernennt (Art. 45), Anspruch auf Einhaltung dieser Richtlinien (freilich auch nur dieser) hat. Für das Kollegialsystem spricht ferner, daß in Ermanglung gesetzlicher Bestimmungen das Staatsministerium als solches über die Zuständigkeit der einzelnen Staatsminister sowie über Meinungsverschiedenheiten, die den Geschäftsbereich mehrerer Staatsminister betreffen, beschließt (Art. 47). Das Staatsministerium als solches, nicht der Ministerpräsident, ist auch die oberste vollziehende und leitende Staatsbehörde (Art. 7). Aus der Vorschrift, daß der Ministerpräsident den Vorsitz im Staatsministerium hat und dessen Geschäfte leitet (Art. 47 Abs. 1), ist m. E. auch kein Schluß auf das Premierministersystem zu ziehen, weil hier nur Vorsitz und Geschäftsleitung zum Ausdrucke kommen, nicht aber eine materielle über den Einzelminister erhöhte Stellung. Daß dies politisch der Fall ist, wird nicht in Abrede zu stellen sein, denn er ernennt die Staatsminister und hat darin freie Hand, er gibt ihnen sein Programm (Art. 45 Satz 2, 46); jedoch sind diese Rechtsbefugnisse eben nur Wirkungen politischer Notwendigkeiten oder Zusammenhänge und gegenüber den hier angeführten Bestimmungen nicht ausreichend, um die Stellung des Staatsministeriums als eine kollegiale (trotz Vorhandenseins gewisser Zweifel) ernstlich in Frage zu stellen.

B. Die Zahl der Minister ist gesetzlich nicht festgelegt. Es gab bis zur Staatsumwälzung im November 1918 folgende Minister: 1. den des Innern, 2. der Finanzen, 3. der geistlichen und Unterrichtsangelegenheiten, 4. für Handel und Gewerbe, 5. für Landwirtschaft, Domänen und Forsten, 6. für öffentliche Arbeiten, 7. für auswärtige Angelegenheiten, 8. für das Heerwesen (Kriegsminister). Seither erhielt der Minister zu 3 die Bezeichnung „für Wissenschaft, Kunst und Volksbildung"; der zu 6 wird infolge Übernahme der Eisenbahnen auf das Reich durch den Reichsverkehrsminister ersetzt (RVerf. Art. 7 Nr. 19, Art. 90, 92, 93, 171; G., betr. den Staatsvertrag zwischen Preußen und dem Deutschen Reiche über die Übertragung der preuß. Staatsbahnen auf das Reich, vom 29. April 1920 [GSS. 97 ff.]). Die Pflege der Beziehungen zu den auswärtigen Staaten ist zwar ausschließlich Sache des Reichs geworden (RVerf. Art. 78). Es bleiben aber für die Länder gewisse Aufgaben, besonders im Verkehr miteinander. Der Kriegsminister (oben zu 8) ist infolge der Neuregelung der Wehrverfassung und Reichsverteidigung (RVerf. Art. 6, 79) weggefallen. Neu hinzugekommen ist der Minister für Volkswohlfahrt. Vgl. Beschl. der Staatsregierung vom 7. Nov. 1919 (GSS. 173). Es ist eine Frage der Zukunft, ob das Finanzministerium als selbständiges Ministerium beizubehalten sein wird, ob ein besonderes Ministerium für Handel und Gewerbe unter den jetzigen Umständen noch am Platze und nicht besser mit dem Landwirtschaftsministerium zu einem preußischen Wirtschaftsministerium zu vereinigen ist (AusschProt. Sp. 132). Jedenfalls kann der Landtag bei der Beratung des Haushaltsplans in jedem Jahr einen Ministerposten streichen. Neben den Ministern für einen bestimmten Geschäftszweig können auch solche ohne Portefeuille ernannt werden. Ein Vizepräsident des Staatsministeriums ist bisher nicht vorgesehen. Siehe dagegen Art. 45 Erltg. 2 und Art. 46 Erltg. 1.

Wahl des Ministerpräsidenten. Ernennung der übrigen Staatsminister.

Artikel 45.

Der Landtag wählt ohne Aussprache den Ministerpräsidenten. Der Ministerpräsident ernennt die übrigen Staatsminister.

Entw. § 26. — AusschBer. S. 6, 11 ff. — AusschProt. Sp. 133—140, 251, 270 ff., 312. — 2. VollBer. StenBer. Sp. 13450. — 3. VollBer. StenBer. Sp. 14071.

1. Zur Entstehungsgeschichte und Grundsätzliches. Nach der a.preuß. VerfUrk. Art. 45 ernannte und entließ der im ausschließlichen Besitz der vollziehenden Gewalt befindliche König die Minister. Dies entsprach der alten, mit der parlamentarischen Regierungsweise unbekannten, konstitutionellen Einrichtung. Die a.RVerf. kannte nur ein Reichsministerium, den Reichskanzler, der vom Kaiser ernannt wurde (Art. 15); daneben gab es Staatssekretäre nach dem RG., betr. die Stellvertretung des Reichskanzlers vom 17. März 1878 (RGBlS. 7). Nach der RVerf. Art. 53 werden der Reichskanzler und auf seinen Vorschlag die Reichsminister vom Reichspräsidenten ernannt und entlassen. Das Fehlen eines Staatspräsidenten in Preußen hat die Lösung der Frage, wer die Minister ernennen soll, außerordentlich erschwert. Nach lebhaften Erörterungen fiel die Entscheidung zugunsten des Landtags selbst. Gegen den Präsidenten des Landtags sprach, daß ihm hierdurch eine über den Landtag erhöhte Stellung zugewiesen worden wäre (s. oben S. 151—154, 168—171), da man ihn hierdurch vielleicht zu einem verkappten Staatspräsident gemacht hätte. Er würde durch das Ernennungsrecht den Landtagspräsidenten in bezug auf das Ansehen in der Öffentlichkeit ganz in den Hintergrund gedrängt haben. Um dem Einwande zu begegnen, daß die Möglichkeit besteht, der Staatsratspräsident könnte den Ministerpräsidenten einseitig auswählen und dem Landtag keinerlei Einfluß auf die Wahl einräumen, hatte man im Ausschuß den Vorschlag gemacht, den Präsidenten des Staatsrats und seine Stellvertreter von einer Körperschaft wählen zu lassen, der, außer den Mitgliedern des Staatsrats, die gleiche Zahl von Mitgliedern des Landtags angehört, die von den politischen Parteien des Landtags nach Verhältnis ihrer Größe abgeordnet werden würden. Aber auch mit dieser Maßgabe war das Recht des Staatsratspräsidenten zur Ernennung des Ministerpräsidenten nicht zu erreichen. Gegen den Landtagspräsidenten wurde in der hier fraglichen Beziehung eingewandt, daß er zu sehr im Parteibetriebe stehe, auch er zu einem „verschleierten Staatspräsidenten" werden könnte und außerdem ein überparteimäßiges Organ für die Ernennung notwendig sei. Die in Art. 45 schließlich erfolgte Regelung ist gewiß nicht ideal; jedoch ist zu beachten, daß es sich darum handelte, die beim Fehlen eines Staatspräsidenten vorhandene Lücke auszufüllen und daß bei der parlamentarischen Regierungsweise es schließlich auf jeden Fall der Landtag sein würde, von dem praktisch-politisch die Berufung des Staatsministeriums abhinge. Sowohl einem Staatspräsidenten wie dem Staatsratspräsidenten wäre — ohne Gefahr größter Konflikte — im wesentlichen nur die Ausführung des Willens der Landtagsmehrheit und eine recht beschränkte Auswahl unter den von den Mehrheitsparteien vorgeschlagenen Ministeranwärtern übriggeblieben. In zweiter Lesung des Ausschusses ist nach sehr eingehenden Erörterungen der jetzige Gesetzestext angenommen worden. Für die Wahl des Landtags gilt einfache Stimmenmehrheit, doch kann eine Ausnahme hierfür vorgeschrieben werden. Dasselbe gilt für die Beschlußfähigkeit (Art. 21, 22). Es fehlt auch die Vorschrift, daß nach jeder Landtagsneuwahl das Gesamtministerium neu zu bilden ist.

2. Andere deutsche Verfassungen. Nach der bayrVerf. § 58 Abs. 1 wird das Gesamtministerium durch den Landtag bestellt; er wählt den Ministerpräsidenten. Zur Gültigkeit der Wahl ist die Zustimmung der Mehrheit der gesetzlichen Mitgliederzahl erforderlich. Der Ministerpräsident unterbreitet dem Landtag eine Vorschlagsliste für die übrigen Ministerien. Er besetzt diese im Einverständnis mit dem Landtage. Bei Erledigung einzelner Ministerien wird in gleicher Weise verfahren. Die sächsVerf. Art. 25, 26 kennt ein Gesamtministerium als oberste Staatsbehörde, in der der Ministerpräsident den Vorsitz führt. Er wird vom Landtag bei Anwesenheit von zwei Dritteln der gesetzlichen Zahl der Abgeordneten gewählt. Sind bei der Abstimmung nicht zwei Drittel der gesetzlichen Zahl der Abgeordneten anwesend, so ist die Wahl in der nächsten Sitzung ohne Rücksicht auf die Zahl der Anwesenden vorzunehmen. Gewählt ist, wer mehr als die Hälfte der angegebenen Stimmen erhalten hat. Der Ministerpräsident ernennt und entläßt die übrigen Mitglieder des Gesamtministeriums und bestimmt einen Minister als seinen Stellvertreter. Nach jeder Neuwahl des Landtags ist das Gesamtministerium neu zu bilden. Nach der württ-Verf. §§ 47—49 wird die Staatsleitung durch den Landtag dem Staatsministerium übertragen. An seiner Spitze steht der Ministerpräsident, der die Amtsbezeichnung „Staatspräsident" führt. Er wird durch den Landtag gewählt, beruft die übrigen Mitglieder und bestellt unter ihnen seinen Stellvertreter. Nach jeder Neuwahl des Landtags findet auch eine Neuwahl des Staatspräsidenten und eine Neubildung des Staatsministeriums statt. Der Landtag ist berechtigt, das Staatsministerium abzuberufen oder die Entlassung einzelner Minister zu verlangen. Die badVerf. §§ 52, 53 bestimmt, daß die Mitglieder des Staatsministeriums aus den zum Landtag wählbaren Staatsbürgern unter Bezeichnung der von ihnen zu verwaltenden Ministerien vom Landtag in öffentlicher Sitzung gewählt werden. Aus den Ministern ernennt der Landtag alljährlich den Präsidenten, der die Amtsbezeichnung „Staatspräsident" führt, und seinen Stellvertreter. Der Landtag kann jederzeit durch einen Beschluß, dem die Mehrheit sämtlicher Abgeordneten zustimmt, die Mitglieder des Staatsministeriums oder einzelne derselben abberufen.

Befugnisse des Ministerpräsidenten und der Minister. Verantwortlichkeit.

Artikel 46.

Der Ministerpräsident bestimmt die Richtlinien der Regierungspolitik und ist dafür dem Landtage verantwortlich; innerhalb dieser Richtlinien leitet jeder Staatsminister den ihm anvertrauten Geschäftszweig selbständig und unter eigener Verantwortung gegenüber dem Landtage.

Entw. § 27. — AusschBer. Sp. 6, 11 ff. — AusschProt. Sp. 140—142, 251, 312 ff.

1. Zur Entstehungsgeschichte und Grundsätzliches. Der Entw. § 27 hatte folgenden Wortlaut: „Der Ministerpräsident bestimmt die Richtlinien der Regierungspolitik. Er führt im Ministerrat, dem sämtliche Staatsminister angehören, den Vorsitz. Seine Stimme gibt bei Abstimmungen im Falle der Stimmengleichheit den Ausschlag. Er bestimmt seinen Vertreter für den Fall der Behinderung. Im übrigen sind der Ministerpräsident und die Staatsminister gleichgestellt. Jeder Staatsminister regelt die Angelegenheiten seines Ministeriums selbständig; die Geschäftsverteilung und der Geschäftsbetrieb des Staatsministeriums werden durch eine vom Staatsministerium zu erlassende Geschäftsordnung geregelt." Die jetzige Fassung des Art. 46 entspricht genau der RVerf. Art. 56. Der Antrag, daß Zahl und Geschäftskreis der Ministerien durch Gesetz geregelt w rden sollen, ist abgelehnt worden. Dagegen hat das Staatsministerium nach Art. 47 Abs. 2 seine Beschlüsse über die Geschäftsordnung unverzüglich dem Landtage vorzulegen und auf sein Verlangen abzuändern oder außer Kraft zu setzen. Daß der Ministerpräsident den Vorsitz im Staatsministerium führt, ist jetzt im Art. 47 Abs. 2 aufgenommen. Daß seine Stimme bei Abstimmungen im Falle der Stimmengleichheit den Ausschlag gibt, ist gestrichen worden, daher nicht Rechtens; die Einführung durch Geschäftsordnung wäre m. E. unzulässig. Die Bestellung eines Vertreters ist aber denkbar, freilich nicht als Dauervertreter, d. h. Vizepräsident. Dies könnte nur der Landtag bei der Berufung des Ministeriums bestimmen, da nun einmal die ausdrückliche Befugnis hierzu im Entw. gestrichen worden ist. Allerdings ist im Ausschuß auch die Meinung vertreten worden, daß die Frage durch die Geschäftsordnung geregelt werden kann.

2. Der Artikel zerfällt in zwei Teile.

A. Der eine betrifft die **Richtlinien der Politik.** Diese zu bestimmen ist der Ministerpräsident allein berechtigt, nicht das Gesamtministerium; dafür trägt er auch persönlich die Verantwortung gegenüber dem Landtag. Die Verantwortlichkeit bezieht sich auf die Politik der Regierung. Praktische Politik ist schöpferische, neue Werte schaffende, erstrebende oder erhaltende Tätigkeit im Interesse des Staates. Es ist die bestmögliche Erfüllung bestimmter Staatszwecke. Vgl. Stier-Somlo, Politik, 5. Aufl., 1921; Derselbe, Grund- und Zukunftsfragen deutscher Politik, 1917. Der Ministerpräsident ist verantwortlich für die Politik in ihrer Gesamtheit, in ihren großen Zügen; für die Durchführung im einzelnen nur insofern, als er außerdem Leiter eines Geschäftszweiges ist.

B. Der zweite Teil des Artikels bringt einmal die Regelung der Verantwortlichkeit der einzelnen Minister und die hauptsächliche Abgrenzung ihrer Stellung von derjenigen des Ministerpräsidenten. Ihre Verantwortlichkeit beschränkt sich auf die Angelegenheiten des ihnen anvertrauten Geschäftszweiges; doch ist ihre Selbständigkeit eben durch jene für sie maßgebenden Richtlinien umgrenzt. Vgl. die Ausführungen über Kollegial- und Premierministersystem oben S. 82 ff., 171 und Erltg. 1 zu diesem Artikel. Es ist aber doch zu beachten, daß in allen Angelegenheiten, in denen das Staatsministerium als Ganzes auftritt (s. Vorbetrachtung oben S. 168 ff.) der einzelne Minister seine Mitverantwortung für die Beschlußfassung, Staatshandlung oder Unterlassung nicht ablehnen kann. Beziehen sich umgekehrt Beschlüsse des Staatsministeriums auch auf den Geschäftsbereich eines Einzelministers, so ist jener, und zwar in erster Reihe der Ministerpräsident, mitverantwortlich. Es bleibt hiervon unberührt, daß der Ministerpräsident nur dann für die Einzelheiten der Ressortverwaltung verantwortlich ist, wenn er selbst einen besonderen Geschäftskreis leitet. Eine Beschränkung der einzelnen Staatsminister liegt auch darin, daß das gesamte Staatsministerium über ihre Zuständigkeit entscheidet, wenn keine gesetzlichen Vorschriften hierüber vorhanden sind. Wenn diese Beschlüsse nicht auf Verlangen des Landtags abgeändert oder außer Kraft gesetzt werden, sind sie endgültig bindend (Art. 47 Abs. 2). Aus dem Dargelegten ergibt sich, daß der Wortlaut der Verfassungsbestimmung die Frage der Verantwortlichkeit nicht nach allen Seiten erschöpfend regelt. Entstehen Konflikte zwischen dem Ministerpräsidenten und einem einzelnen Ressortminister, so muß in Ermanglung einer Einigung entweder jener oder dieser zurücktreten. Handelt es sich um Meinungsverschiedenheiten über Fragen, die den Geschäftsbereich mehrerer Staatsminister gleichzeitig berühren, dann entscheidet das Staatsministerium endgültig ohne die Möglichkeit eines nachträglichen Eingreifens des Landtags (Art. 47 Abs. 3). Es können aber auch Konflikte entstehen, die sich nicht auf die Zuständigkeit und nicht auf den Geschäftsbereich beziehen, z. B. solche über Änderung der Richtlinien des Ministerpräsidenten oder über bestimmte Maßnahmen hochpolitischer Art außerhalb der eigentlichen Ressorterledigung; auch in diesen Fällen bleibt nur der Rücktritt des einen oder anderen Ministers zur Lösung übrig. Hier ist auch der Fall zu erwähnen, daß der Landtag sein Mißtrauen ausspricht. Es müssen lediglich die davon betroffenen Minister zurücktreten, der Ministerpräsident nur dann, wenn er von seiner Befugnis, die Auflösung des Landtags zu beantragen, keinen Gebrauch macht, oder wenn sein Antrag vom Ausschuß abgelehnt worden ist (Art. 57 Abs. 3). Natürlich kann auch er zurücktreten (Art. 59).

3. **Zum Schrifttum.** Großen Einfluß auf die Entstehung des hier vorbildlichen Art. 56 der RVerf. hat ausgeübt die Schrift von Redslob, Die parlamentarische Regierung in ihrer wahren und in ihrer unechten Form, 1918. Vgl. hierüber Lukas, Die organisatorischen Grundgedanken der RVerf., 1920 S. 27 ff.; vgl. ferner Stier-Somlo, Grund- und Zukunftsfragen deutscher Politik, 1917, und Politik, 5. Aufl., 1920; Max Weber, Parlament und Regierung im neugeordneten Deutschland 1917 und Deutschlands künftige Staatsform 1919; Piloty, Das parlamentarische System. Eine Untersuchung seines Wesens und Wertes, 2. Aufl., 1917, sowie dessen Vorschläge über ein Reichsoberhaus im ArchöffR. **38** 103 f., ferner dessen Aufsatz, Verantwortliche Regierung und persönliches Regiment, DJZ. 1918 S. 716—721; Anschütz, Die Parlamentarisierung der Reichsleitung, daselbst 1917 Sp. 697 ff.; Derselbe, Parlament und Regierung im Deutschen Reich 1918; Arndt, Neuorientierung der RVerf., DJZ. 1917 S. 772; Wittmayer, Deutscher Reichstag und Reichsregierung 1918; Gmelin, Zur Frage der Einführung der parlamentarischen Regierung im Reich, Zeitschr. f. Politik 1918 S. 294—307; Hasbach, Die

parlamentarische Kabinettsregierung 1919 S. 19—35, 259 ff.; **Thoma** im Arch. f. soz. Wissenschaft **46** (1920) 830; Theod. **Vogelstein**, Das parlamentarische System 1919, bes. S. 7 ff.; **Hübner**, Die Staatsform der Republik 1920 S. 208 ff.

Beschlüsse des Staatsministeriums. Meinungsverschiedenheiten.

Artikel 47.

(1) Der Ministerpräsident führt den Vorsitz im Staatsministerium und leitet dessen Geschäfte.

(2) Das Staatsministerium beschließt über die Zuständigkeit der einzelnen Staatsminister, soweit hierüber nicht gesetzliche Bestimmungen getroffen sind. Die Beschlüsse sind unverzüglich dem Landtage vorzulegen und auf sein Verlangen zu ändern oder außer Kraft zu setzen.

(3) Meinungsverschiedenheiten über Fragen, die den Geschäftsbereich mehrerer Staatsminister berühren, sind dem Staatsministerium zur Beratung und Beschlußfassung zu unterbreiten.

AusschBeschl. § 27a. — AusschBer. Sp. 6, 11 ff. — AusschProt. Sp. 142 bis 148, 149—158, 251 ff., 312. — 3. VollBer. StenBer. Sp. 14072.

1. **Zur Entstehungsgeschichte und Grundsätzliches.** Der Entw. enthielt diese Bestimmung nicht. In der ersten Ausschußlesung wurde ein Antrag angenommen, dessen Abs. 1 sich deckt mit dem Abs. 1 des vorliegenden Artikels. Abs. 2 Satz 2 jenes Antrags stimmt überein mit Abs. 2 Satz 2 des jetzigen Art. 47. In der zweiten Ausschußlesung kam auch Satz 1 des letzteren und Abs. 3 hinzu. Dagegen enthielt § 27a der AusschBeschl. in Abs. 2 noch die aus der RVerf. Art. 58 übernommene Bestimmung: „Das Staatsministerium faßt seine Beschlüsse mit Stimmenmehrheit; bei Stimmengleichheit entscheidet die Stimme des Vorsitzenden" (s. oben S. 175 Erltg. 1). Dieser Satz ist nicht in die Verfassung übernommen und damit dem Ministerpräsidenten nicht dieses Sonderrecht verliehen worden. Auch ein Zusatz, daß die Geschäftsverteilung und der Geschäftsbetrieb des Staatsministeriums durch eine Geschäftsordnung geregelt wird, ist nicht angenommen worden. Bisher hatte das preuß. Staatsministerium *keine* Geschäftsordnung; man dachte an eine solche nur, weil die RVerf. Art. 55 sie für die Reichsregierung vorsieht. Der Etat setzt zwar die einzelnen Ministerien fest, ebenso die Geschäftsverteilung, aber es können bei Grenzfragen Zweifel über die Zugehörigkeit der Angelegenheit zu dem einen oder anderen Ministerium entstehen; hierüber ist jetzt nach Art. 47 Abs. 2 (und nicht durch eine Geschäftsordnung) zu entscheiden. Die Mitwirkung des Landtags ist auch schon wegen der in Frage kommenden Geldbewilligungen angebracht, aber auch deshalb, weil sonst durch das Staatsministerium starke Veränderungen in der Zuständigkeit (Dezernatverschiebungen) entstehen könnten. Es wäre möglich, den Umfang eines Ministeriums im Gegensatz zu der bei seiner Errichtung durch den Landtag herrschenden Auffassung einzuengen

oder zu erweitern. Es mußte auch verhütet werden, durch bloßen Staatsministerialbeschluß oder im Verordnungswege eine ganze Position von einem Etat auf einen anderen zu übertragen. Ohne Mitwirkung des Landtags hätte man auch der Minderheit jede Möglichkeit genommen, auf die Organisation der Ministerien, das Wichtigste, was es überhaupt in der Verwaltung gibt, einen Einfluß auszuüben. Beispiele bieten die Übertragung der Zuständigkeit einer ganzen Reihe von Ministerien auf das Ministerium für Volkswohlfahrt durch den Staatsministerialbeschluß vom 7. November 1919 (GSS. 173), die Verweisung der Hochbauverwaltung bei Übergang der Eisenbahnen auf das Reich an ein anderes Ministerium als das der öffentlichen Arbeiten; auch die Frage, wohin das Fortbildungsschulwesen gehört, ist im Flusse, und die Behandlung dieser Einrichtung würde vielleicht ganz verschieden ausfallen, je nachdem man sie dem Handelsminister oder dem Minister für Wissenschaft, Kunst- und Volksbildung überweist. Auch die Frage, wie das Vorgesetztenverhältnis gegenüber dem Ruhrsiedlungsverbande zu regeln ist, inwieweit der Minister des Innern oder der Wohlfahrtsminister die Aufsichtsbehörde ist, bereitet große Schwierigkeiten (AusschProt. 142—146). Die erfolgte Regelung erregt freilich noch das Bedenken, daß der Landtag nach erfolgter organisatorischer Änderung, die sehr schwer rückgängig zu machen ist, gefragt wird. Immerhin ist zu beachten, daß bei der parlamentarischen Regierungsweise die einzelnen Minister meist rechtzeitig mit ihren Parteien sich in Verbindung setzen werden. Endlich ist festzustellen, daß die Beschlußfassung des Staatsministeriums nach Abs. 2 Satz 1 dann nicht statthaft ist, wenn bereits eine gesetzliche Regelung getroffen ist. Im übrigen sind die Einzelbestimmungen des Art. 47 bereits bei dem vorhergehenden Artikel mit erläutert. Vgl. oben S. 174 ff.

Besoldung. Ruhegehalt und Hinterbliebenenversorgung der Minister.

Artikel 48.

Die Minister haben Anspruch auf Besoldung. Über Ruhegehalt und Hinterbliebenenversorgung bestimmt ein besonderes Gesetz.

AusschBeschl. § 27b. — AusschBer. Sp. 6, 11 ff. — AusschProt. Sp. 252, 312. — 2. VollBer. StenBer. Sp. 13453—13460.

1. **Zur Entstehungsgeschichte und zum Artikel selbst.** Im Ausschuß erster Lesung wurde der Antrag gestellt, einen § 27b einzufügen mit folgendem Wortlaut: „Die Minister haben Anspruch auf Besoldung. Ruhegehalt und Hinterbliebenenversorgung stehen ihnen, soweit sie nicht durch frühere Tätigkeit im Staatsdienst Anspruch darauf erworben haben, nicht zu. Das Nähere wird durch Gesetz geregelt.“ Die hier gesperrt gedruckten Worte sind bei der endgültigen Beschlußfassung fortgefallen. Man begnügte sich nicht mit der Entschließung, bei Ausarbeitung des Ministerbesoldungsgesetzes Vorsorge zu treffen, daß ausscheidenden Mitgliedern des Ministeriums ihr bisheriges Gehalt für eine Frist von

sechs Monaten, vom Ablauf des Entlassungsmonats ab gerechnet, als Übergangsgeld weiter gezahlt wird, um ihnen den Wiedereintritt in einen bürgerlichen Beruf zu erleichtern. Man würde sonst auch die Minister schlechter gestellt haben als die politischen Beamten, die auch bei viel kürzerer Amtszeit gemäß der VO. vom 26. Febr. 1919 (GSS. 33) in den einstweiligen Ruhestand mit Wartegeld versetzt werden können. So blieb es dabei, daß die Minister Anspruch haben auf Besoldung und daß es von der Regelung durch ein einfaches Gesetz abhängt, in welcher Weise ihr Ruhegehalt und ihre Hinterbliebenenversorgung geordnet wird, insbesondere wie hoch es nach bestimmten Amtsjahren ist.

2. Nebenbeschäftigung der Minister. In dem Erltg. 1 erwähnten Beschluß ist ferner folgender Satz eingefügt worden: „Die Minister dürfen während ihrer Amtsdauer ein anderes besoldetes Amt, einen Beruf oder ein Gewerbe weder persönlich noch durch Stellvertreter ausüben." Zur Begründung war angeführt, daß es heute von der größten Bedeutung sei, unter allen Umständen die Integrität der leitenden Staatsbeamten im Staate zu wahren und auch den Schein eines persönlichen Interesses der Minister an der Gestaltung der Gesetzgebung und Verwaltung zu vermeiden. Der Staatsminister soll sich von seinen bisherigen wirtschaftlichen und beruflichen Beziehungen lösen und sich mit seiner ganzen Person ausschließlich in den Dienst der Gesamtheit stellen. Bei Annahme dieses Vorschlages würde man aber große Kreise des deutschen Volkes von der Möglichkeit ausgeschlossen haben, aus ihnen jemand zum Minister zu ernennen. Die Frage sei die des Taktes. Er müsse, wer Minister wird, wissen, Geschäfte welcher Art er betreibe und woran er finanziell beteiligt sei. Der Antrag ist wegen der erheblichen Schwierigkeiten, die er in der Praxis mit sich gebracht hätte, abgelehnt werden. Geltendes Recht ist es daher, daß den Ministern nicht verboten ist, Nebenbeschäftigungen und Nebenerwerb zu haben. Ob diese mit ihren Pflichten als Minister vereinbar sind, unterliegt der Beurteilung des Landtags, der ihnen sein Vertrauen entziehen kann.

Vertretungsbefugnis der Minister nach außen.

Artikel 49.

Das Staatsministerium vertritt den Staat nach außen.

Entw. § 28. — AusschProt Sp. 159, 312. — 2. VollBer. StenBer. Sp. 13461.

RVerf. Art. 45 Abs. 1 Satz 1 bestimmte, daß der Reichspräsident das Reich völkerrechtlich vertritt. Für Preußen kommt eine völkerrechtliche Vertretung nur im engen Rahmen der RVerf. Art. 78 (vgl. oben S. 26) in Frage. Insofern, z. B. bei Staatsverträgen mit anderen deutschen Ländern, aber auch in allen anderen staatsrechtlichen und wirtschaftlichen (fiskalischen) Beziehungen, vertritt das Staatsministerium den Staat Preußen nach außen. Inwieweit die Vertretung vom Staatsministerium den einzelnen Ressortministern übertragen wird, ist eine durch die Verfassung nicht geregelte Frage. Sie handeln dann als Vertreter des Staatsministeriums. Dessen Recht ist übrigens (in Ermanglung eines Staatspräsidenten) im Einklang mit Art. 82 Abs. 1, nach welchem die Befugnisse des Königs grundsätzlich auf das Staatsministerium übergegangen sind.

Beschlußfassung des Staatsministeriums über Gesetzesvorlagen.

Artikel 50.

Das Staatsministerium beschließt über Gesetzesvorlagen, die an den Landtag zu bringen sind.

Entw. § 29. — AusschProt. Sp. 159. — 2. VollBer. Sp. 13461

Das hier ausgesprochene Recht der Gesetzesinitiative ist bereits in weiterem Zusammenhange erwähnt (oben S. 170).

Verordnungsrecht der Minister zur Ausführung von Gesetzen.

Artikel 51.

Das Staatsministerium erläßt die Verordnungen zur Ausführung der Gesetze, soweit das Gesetz diese Aufgabe nicht einzelnen Staatsministern zuweist.

Entw. § 31 — AusschProt. Sp. 160 ff, 312. — 2. VollBer. StenBer. Sp. 13461.

Diese vom Entw. an unverändert gebliebene Vorschrift entspricht im wesentlichen dem bisherigen Rechte. Neu ist, daß das Staatsministerium nur insofern das Recht zu Ausführungsverordnungen hat, als nicht das Gesetz die einzelnen Minister zu deren Erlaß für befugt erklärt. Die Veröffentlichung sämtlicher Ausführungsverordnungen in der Gesetzessammlung wurde von dem Vertreter der Staatsregierung für unmöglich erklärt. Es bleibt also bei der Zersplitterung des Stoffes in zahlreichen Ministerialblättern. Zu beachten ist, daß Ausführungsverordnungen niemals neue Rechtsnormen aufstellen dürfen und die Grenze des Gesetzes, zu dessen Ausführung sie bestimmt sind, nicht überschreiten dürfen. Hiergegen ist in der Praxis sehr viel gesündigt worden, was von größter Tragweite insofern ist, als die Behörden sich vielfach nur an die Ausführungsbestimmungen zu halten pflegen, diese aber die Staatsangehörigen nur insoweit binden, als sie mit dem Gesetze in Einklang stehen.

Ämterbesetzungsrecht.

Artikel 52.

Das Staatsministerium ernennt die unmittelbaren Staatsbeamten.

Entw. § 32. — AusschProt. Sp. 161, 253, 300 ff. — 2. VollBer. StenBer Sp. 13461—13467.

Die a.preußVerf. Art. 47 bestimmt, daß der König alle Stellen im Heere sowie in den übrigen Zweigen des Staatsdienstes besetzt, sofern nicht das Gesetz ein anderes verordnet. Näheres: Arndt, PreußVerfUrk.,

7. Aufl., S. 192 ff.; Schwartz S. 135 f. Nach der a.RVerf. Art. 18 ernannte der Kaiser die Beamten, ließ sie für das Reich vereidigen und verfügte erforderlichenfalls deren Entlassung. RVerf. Art. 46 gibt das Recht, Reichsbeamte und Offiziere zu ernennen und zu entlassen, dem Reichspräsidenten, soweit nicht das Gesetz etwas anderes bestimmt. Er kann das Ernennungs- und Entlassungsrecht durch andere Behörden ausüben lassen. Der vorliegende Art. 52 gibt nur für unmittelbare Staatsbeamte das Ernennungsrecht dem Staatsministerium; die mittelbaren werden von den zuständigen Stellen, insbesondere die der Selbstverwaltungskörper, vor allem der Gemeinden und Gemeindeverbänden von den nach den Stadt-, Landgemeinde-, Kreis- und Provinzialordnungen bestimmten Organen bestellt. Nach diesen Normen richtet sich auch das Vorhandensein und die Art des staatlichen Bestätigungsrechts. Der in der RVerf. enthaltene Zusatz „soweit nicht gesetzlich etwas anderes bestimmt ist" erscheint nicht notwendig, weil er sich von selbst versteht. Nicht geregelt ist die Frage der Errichtung und Umänderung von Behörden. Es bleibt in dieser Beziehung beim außerhalb der VerfUrk. bestehenden, jedoch auf diese zurückzuführenden Verfassungsrecht. Danach ist die Neuerrichtung von Behörden Sache des Staatsministeriums, als des Nachfolgers des Königs, dem bisher die Behördenorganisationsgewalt zustand. Soweit, wie in der Regel, damit finanzielle Aufwendungen verbunden sind, bedarf es der Zustimmung des Landtags, insbesondere in den Formen der Feststellung des Staatshaushalts. Bezüglich der Umänderung von Behörden ist zu unterscheiden. Soweit sie auf Grund Gesetzes errichtet worden sind, bedarf es auch hierzu des Gesetzes, insbesondere bei den sog. Organisationsgesetzen; soweit das nicht der Fall ist, steht es genau so wie bei der Neuerrichtung, d. h. die Zuständigkeit des Staatsministeriums ist nur durch das Geldbewilligungsrecht des Landtags beschränkt. Bei der parlamentarischen Regierungsweise wird aber das Staatsministerium, ohne Gefährdung seiner Stellung, auch bei Verwaltungsakten, zu denen es der Zustimmung des Landtags nicht bedarf, mit den Parteien Fühlung nehmen. Hat ein Gesetz das Staatsministerium oder einen einzelnen Minister zur Umänderung von Behörden ermächtigt, so hat es natürlich hierbei sein Bewenden. Dies geschah z. B. in dem Gesetze über die Landeskulturbehörden vom 30. Juni 1919 (GSS. 101) § 8, nach dem der Landwirtschaftsminister die Möglichkeit erhält, den Sitz der Kulturämter nachträglich wieder zu ändern. Durch die gesetzliche Regelung der erweiterten Provinzialautonomie wird bei Besetzung aller wichtigen Staatsämter der Provinzen eine enge Fühlungnahme zwischen der Staatsregierung und den Provinzialausschüssen vorzusehen sein. Doch gilt bereits jetzt schon, daß die Oberpräsidenten, die Regierungspräsidenten, die Vorsitzenden des Provinzialschulkollegiums und des Landeskulturamts im Einvernehmen mit dem Provinzialausschuß zu ernennen sind (Art. 72, 86). Das Staatsministerium braucht nicht alle unmittelbaren Staatsbeamten selbst zu ernennen; es kann einem einzelnen Minister und dieser wieder einzelnen unter ihm stehenden Behörden das Ernennungsrecht weiter übertragen (Delegationsrecht).

Ernennung der Reichsratsmitglieder.

Artikel 53.

Das Staatsministerium ernennt die Mitglieder des Reichsrats, soweit sie nicht nach Artikel 63 der Reichsverfassung von den Provinzialverwaltungen bestellt werden.

Entw. § 33. — AusschProt. S. 161 ff., 175, 176, 312. — 2. VollBer. StenBer. Sp. 13467.

RVerf. Art. 36 lautet: „Die Länder werden im Reichsrat durch Mitglieder ihrer Regierungen vertreten. Jedoch wird die Hälfte der preußischen Stimmen nach Maßgabe eines Landesgesetzes von den preuß. Provinzialbehörden bestellt (Abs. 1). Die Länder sind berechtigt, so viel Vertreter in den Reichsrat zu senden, wie sie Stimmen führen (Abs. 2). Die Fassung des vorliegenden Art. 53 gibt dem Staatsministerium freie Hand in bezug auf die Ernennung der Reichsratsmitglieder mit zwei Beschränkungen. Einmal muß es Mitglieder seiner Regierung in den Reichsrat senden, sodann muß die Hälfte der preußischen Stimmen von den preußischen Provinzialbehörden gestellt werden. RVerf. Art. 168 bestimmte, daß bis zum Erlaß des in Art. 63 vorgesehenen Landesgesetzes, aber höchstens auf die Dauer eines Jahres, die sämtlichen preußischen Stimmen im Reichsrat von Mitgliedern der Regierung abgegeben werden können. Die hier gesperrt gedruckten Worte sind durch Reichsgesetz vom 6. August 1920 (RGBl. S. 1565) ersetzt durch „bis zum 1. Juli 1921". Ein solches Gesetz ist noch nicht ergangen. Doch ist dem Landtage unter dem 12. April 1920 vom Staatsministerium der Entw. eines Gesetzes über die Bestellung von Mitgliedern des Reichsrats durch die Provinzialverwaltungen vorgelegt (Drucks. Nr. 2183) und durch Beschluß des Hauses vom 22. April 1920 dem Verfassungsausschuß überwiesen worden. Dessen Bericht (Nr. 2538) ist unter dem 21. Juni erstattet worden.

Begnadigungsrecht. Niederschlagung in Strafsachen.

Artikel 54.

(1) Das Staatsministerium übt namens des Volkes das Recht der Begnadigung aus.

(2) Zugunsten eines Ministers, der wegen seiner Amtshandlungen verurteilt worden ist, kann dieses Recht nur auf Antrag des Landtags ausgeübt werden.

(3) Allgemeine Straferlasse und die Niederschlagung einer bestimmten Art gerichtlich anhängiger Strafsachen oder einer einzelnen gerichtlich anhängigen Strafsache dürfen nur auf Grund eines Gesetzes ausgesprochen werden.

Entw. § 34. — AusschProt. Sp. 162—164, 253 ff., 312. — 2. VollBer StenBer. Sp. 13462—13473.

1. Zur Entstehungsgeschichte und Allgemeines. Die a.preußVerfUrk. Art. 49 bestimmte, daß der König das Recht der Begnadigung und Strafmilderung hat (Abs. 1), daß zugunsten eines wegen seiner Amtshandlungen verurteilten Ministers dieses Recht nur auf Antrag derjenigen Kammer ausgeübt werden kann, von welcher die Anklage ausgegangen ist (Abs. 2), und daß der König bereits eingeleitete Untersuchungen nur auf Grund eines besonderen Gesetzes niederschlagen kann (Abs. 3). Die StPO. § 484 übertrug dem Kaiser das Begnadigungsrecht in denjenigen Sachen, in den das Reichsgericht in erster Instanz zu erkennen hat. Vgl. § 136 GVG.; G. über die Prisengerichtsbarkeit vom 3. Mai 1884; Prisengerichtsordnung vom 15. Dezember 1889 § 27; Prisenordnung vom 30. September 1899 (RGBl. 1904 S. 275); Pohl, Deutsche Prisengerichtsbarkeit S. 37; Konsulargerichtsbarkeits G. vom 7. April 1900 (RGBl S. 213) § 73; Schutzgebiets G. vom 25. Juli 1900 (RGBl S. 809) § 3; Reichsbeamten G. vom 18. Mai 1907 § 118; MStGO. §§ 418, 422. Nach der RVerf. Art. 49 übt jetzt für das Reich der Reichspräsident das Begnadigungsrecht aus (Abs. 1); Reichsamnestien bedürfen eines Reichsgesetzes (Abs. 2). Im Entw. § 34 wurde dem vorliegenden Art. 54 Abs. 1 noch beigefügt, „es (das Staatsministerium) kann dieses Recht einzelnen Staatsministern übertragen". Dies wurde gestrichen. Im Abs. 3 war nur von allgemeinen Straferlassen die Rede, nicht von der Niederschlagung von Strafsachen. Der übrige Inhalt des Abs. 1 ist durch den Ausschuß in die Verfassung gekommen.

Zu Abs. 1.

2. Das Staatsministerium als Ganzes übt namens des Volkes die Begnadigung aus.

a) Begnadigung bedeutet die gänzliche oder teilweise Aufhebung oder Milderung des strafgerichtlich festgestellten Strafvollzuges. Die Abolition dagegen verzichtet auf das Strafklagerecht, auf die richterliche Feststellung des staatlichen Strafanspruchs, bedeutet mithin Verzicht auf den evtl. Strafanspruch (Binding, Handb. d. Strafr. **1** 863, 867; Jellinek, System der subjektiven öffentlichen Rechte S. 318; Dellaquis, Art. „Begnadigung" in Stengel-Fleischmanns Wörterbuch des Staats- und Verwaltungsrechts **1** 374; Fleischmann daselbst **1** 50 ff.), nach anderer Formulierung die Befreiung von der Einleitung, Fortführung oder Beendigung eines strafgerichtlichen Verfahrens bis zum Erlaß des Urteils (Giese S. 181). Das Abolitionsrecht kann nur auf Grund eines Gesetzes erfolgen. Die Begnadigung ist weder ein Sondergesetz noch eine Befreiung von Gesetzen, sondern ein Verwaltungsakt. Die Wirkung des Verzichts ist unabhängig von der Annahme und dem Willen des Begnadigten, erstreckt sich aber nicht auf privatrechtliche Ansprüche der begangenen Straftat. Vgl. Arndt, PreußVerfUrk, 7. Aufl., S. 200. Die Begnadigung trifft immer den Einzelfall. Eine Amnestie ist ein genereller Ausschluß der Strafvollstreckung oder des Strafvollzugs bei ganzen Gruppen von Personen, die bestimmte strafbare Handlungen begangen haben (Giese S. 182; vgl. noch Loeb, Das Begnadigungsrecht 1881; Elsaß, Über das Begnadigungsrecht 1888; Heimberger, Das landesherrliche Abolitionsrecht 1901; Fritzchen über denselben Gegenstand 1906; Alsberg, Reichsamnestiegesetze 1919; Löwenstein, Die Reichsamnestie der Friedensverträge und Revolutionsgesetze 1919). „Begnadigung" umfaßt auch teilweise Straferlaß, die Umwandlung der Strafe in eine andere, und wirkt auch in Disziplinarsachen, z. B. kann sie auf Wiedereinsetzung in ein Amt gerichtet sein; sie bezieht sich ferner auf Nebenstrafen, z. B. den Verlust der bürgerlichen Ehrenrechte.

b) Obwohl ein darauf gerichteter Satz gestrichen worden ist, wurde es doch allgemein anerkannt, daß das Staatsministerium das Begnadigungsrecht einzelnen Ministern übertragen kann, in der Regel wohl dem Justizminister. Dagegen darf das Begnadigungsrecht nicht vom Einzelminister weiter an die Unterbehörden delegiert werden. Die Staatsanwälte, der Oberstaatsanwalt evtl. der Erste Staatsanwalt können allerdings die bedingte Strafaussetzung gewähren, an die sich später bei Bewährung die Begnadigung anschließt. Diese selbst aber hat das Staatsministerium bzw. der Justizminister auszusprechen. Da der gestrichene Satz „Das Staatsministerium kann das Begnadigungsrecht einzelnen Staatsministern übertragen" sowohl eine generelle wie eine spezielle Delegation umfaßte, so ist, weil trotz der Streichung des Satzes über seine Geltung Einmütigkeit herrschte, auch eine allgemeine Delegation an den Einzelminister zulässig. Der Vorschlag, das Nähere durch einfaches Gesetz zu bestimmen, wurde in der 2. VollVer. abgelehnt. Es würde daher zur Abänderung der hier festgestellten Grundsätze eines verfassungsändernden Gesetzes bedürfen. Dagegen ist gegen die Entscheidung des einzelnen Staatsministers, z. B. in Fällen politischer Vergehen, eine Beschwerde an das Staatsministerium nicht gegeben, aber auch nicht erforderlich. Bei weniger wichtigen Sachen soll das Staatsministerium nicht belästigt werden, bei wichtigen wird der Ressortminister die Sache schon aus eigenem Antrieb im Staatsministerium zur Sprache bringen, weil sich daran in der Regel allgemeine politische Fragen knüpfen (AusschProt. S. 162). Im übrigen greift das Begnadigungsrecht nur in Landesjustizsachen Platz, also insoweit, als nicht die Zuständigkeit des Reichspräsidenten besteht.

Zu Abs. 2.

3. Die Bestimmung, welche den Gedanken der a.preußVerfUrk. Art. 49 Abs. 2 (vgl. Erltg. 1) aufgenommen hat, bestimmt, daß die Begnadigung zugunsten eines Ministers, der wegen seiner Amtshandlung verurteilt worden ist (StGB. §§ 331 f., VerfUrk. Art. 58) nur auf Grund eines Gesetzes ausgesprochen werden kann.

Zu Abs. 3.

4. Die Vorschrift betrifft die Amnestien (allgemeine Straferlasse) und die Niederschlagung schwebender Straffälle (Abolition). Sie erfordern Gesetze (vgl. oben Erltg. 2).

Notverordnungsrecht.

Artikel 55.

Wenn die Aufrechterhaltung der öffentlichen Sicherheit oder die Beseitigung eines ungewöhnlichen Notstandes es dringend erfordert, kann, sofern der Landtag nicht versammelt ist, das Staatsministerium in Übereinstimmung mit dem im Artikel 26 vorgesehenen ständigen Ausschusse Verordnungen, die der Verfassung nicht zuwiderlaufen, mit Gesetzeskraft erlassen. Diese Verordnungen sind dem Landtage bei seinem nächsten Zusammentritte zur Genehmigung vorzulegen. Wird die Genehmigung versagt, so ist die Verordnung durch Bekanntmachung in der Gesetzsammlung alsbald außer Kraft zu setzen.

Entw. § 35. — AusschProt. Sp. 164—168, 254. — 2. VollBer. StenBer. Sp. 13473.

1. Zur Entstehungsgeschichte.

A. Die a.preußVerfUrk. Art. 63 bestimmte im wesentlichen gleichlautend: „Nur in dem Falle, wenn die Aufrechterhaltung der öffentlichen Sicherheit oder die Beseitigung eines ungewöhnlichen Notstandes es dringend erforderte, können, insofern die Kammern nicht versammelt sind, unter Verantwortlichkeit des gesamten Staatsministeriums Verordnungen, die der Verfassung nicht zuwiderlaufen, mit Gesetzeskraft erlassen werden. Dieselben sind aber den Kammern bei ihrem nächsten Zusammentritt zur Genehmigung vorzulegen." Vgl. Arndt, PreußVerfUrk., 7. Aufl., S. 263 ff.; Derselbe, ArchöffR. **4** 438 ff.; Schwartz S. 206 ff.; Bornhak, 2. Aufl., **1** 455, 538 ff., 545 f.; v. Rönne-Zorn, PreußStR. **3** 21 ff.; Georg Meyer-Anschütz, StR., 7. Aufl., S. 676 ff., 708; Anschütz, Artikel „Verordnung" in v. Stengel-Fleischmanns Wörterbuch des Staats- und Verwaltungsrechts **3** (1914) 673 ff.; Bischof, Das Notrecht der Staatsgewalt in Gesetzgebung und Regierung 1860; Hatschek, Der Ursprung der Notverordnung, Grünhuts Zeitschr. **27** 1 ff.; Glatzer, Recht der provisorischen Gesetzgebung 1899; Friedmann, Geschichte und Sanktion der Notverordnungen usw. 1903; Hansel, Die Notverordnung nach deutschem Staatsrecht 1904; Menzel in der Festgabe für Laband **1** (1908) 367 ff.; Neubürger, Die Notverordnung nach bayrischem Recht 1905; Robert Held, Das württembergische Notverordnungsrecht unter Vergleich mit dem Notverordnungsrecht anderer Staaten 1905; Glockner, Über provisorische Gesetze, Zeitschr. für badische Verwaltung 1916 Nr. 13—16, auch als Sonderabdruck; Schoen, Die Verordnung im Handbuch der Politik, 3. Aufl., **1** (1920) 248 ff., insbesondere S. 255 f.

B. Das Verfassungsrecht des Kaiserreichs kennt so wenig wie die jetzige RVerf. ein allgemeines Notverordnungsrecht (Laband, RStR. **2** 90 f.; Arndt, RStR. S. 200; unrichtig die gegenteilige Meinung von Jagemanns, RVerf. S. 96 ff.). Erst durch den Weltkrieg ist auf Grund des ErmächtigungsG. vom 4. August 1914 (RGBlS. 327) dem Bundesrat eine gesetzliche Ermächtigung weiten Umfangs erteilt worden (hierüber Waldecker, Annalen des Deutschen Reichs 1914 S. 658, 1915 S. 328 Anm. 4; Schmidt, Zur Theorie der Kriegsnotgesetze, Zeitschr. f. Strafrechtswissenschaft **37** 69 ff.; Schiffer, DJZ. **20** 746, 1158 ff.; Laband daselbst 858 ff.; Levin daselbst 966 ff.; RG. vom 21. Mai 1915, daselbst 1033). Die spätere Gesetzgebung hat die Ermächtigungsgesetze in teilweise neuer Gestalt wiederholt. Spezialgesetzliche Ermächtigungen sind auch im Reichsrecht häufig vorgenommen worden.

C. Die Einführung des Art. 55 in die preußVerf. ist vom Berichterstatter als im Widerspruch mit der RVerf. Art. 48 stehend bekämpft worden. Nach dieser Vorschrift hat der Reichspräsident die zur Wiederherstellung der öffentlichen Sicherheit und Ordnung nötigen Maßnahmen zu treffen, wenn jene erheblich gestört oder gefährdet wird. Bei Gefahr im Verzuge kann die Landesregierung für ihr Gebiet einstweilige Maßnahmen treffen, die auf Verlangen des Reichspräsidenten oder des Reichstags außer Kraft zu setzen sind. Die Landesregierungen seien also nur insoweit zuständig, als Gefahr im Verzuge sei. Wenn der Reichspräsident und der Reichstag die Maßnahme aufrechterhalten wollten, der Landtag sie aber nicht für notwendig erachtet, könnten Konflikte entstehen. Allerdings wird der in Art. 55 vorgesehene Fall des ungewöhnlichen Notstandes von der RVerf. Art. 48 nicht mit erfaßt; aber für diesen Fall braucht man das Notverordnungsrecht nicht zu gewähren, denn bei seinem Vorliegen könne die Staatsregierung jederzeit den Landtag einberufen und mit ihm zusammen die nötigen Maßnahmen treffen. Sollte die Einberufung infolge der politischen und sonstigen Verhältnisse nicht möglich sein, dann liege eben der Fall der Aufrechterhaltung der Sicherheit vor; dann würde die Regierung nach RVerf. Art. 48 handeln können. Dem wurde entgegengehalten, daß man den Landtag bei Auftreten von ansteckenden Krankheiten und der dadurch bedingten Notwendigkeit polizeilicher Sicherheitsmaßregeln, die an sich einer gesetzlichen Regelung bedürften, oder bei Feuersbrünsten, Hochwasserkatastrophen nicht von heute auf morgen einberufen könne. Ferner nimmt RVerf. Art. 48 den Landesregierungen nicht das Recht, im Falle der Gefährdung der öffentlichen Sicherheit ein Gesetz zu erlassen, an Stelle dessen bei Gefahr im Verzuge die Notverordnung tritt. Auch der Hinweis darauf, daß das Reich bisher ohne Notverordnung ausgekommen ist, ist nicht durchschlagend, denn in Fällen, wie den hier gemeinten, hat stets das Land einzutreten gehabt. Natürlich kann die Notverordnung nur im Rahmen der RVerf. erlassen werden und darf schon deshalb nicht gegen sie verstoßen. Ein Mißbrauch des Verordnungsrechts wird durch die Mitwirkung des ständigen Ausschusses und die Genehmigungsnotwendigkeit des Landtags, nicht zuletzt durch die Abhängigkeit des Staatsministeriums vom Landtag, nicht zu befürchten sein.

2. **Die Voraussetzungen des Notverordnungsrechts des Staatsministeriums** sind folgende:

A. Der Erlaß muß zur Aufrechterhaltung der öffentlichen Sicherheit oder der Beseitigung eines ungewöhnlichen Notstandes dringend erforderlich sein. Es muß Gefahr im Verzuge und die Annahme gerechtfertigt sein, daß das die besondere Lage die Einberufung des Landtags entweder nicht gestattet oder nicht ermöglicht, oder daß es hierzu zu spät wäre. Ein solcher außergewöhnlicher Notstand ist auch dann angenommen worden, wenn infolge übernommener Verbindlichkeiten aus Staatsverträgen bestimmte Anordnungen unverzüglich getroffen werden müssen (StenBer. des preuß.

AbgH. 1855 S. 94 f.). Soweit es sich um finanzielle Dinge handelt, dürfte jetzt Art. 64 Nr. 1 b aushelfen. Der Notstand darf kein solcher sein, der bei pflichtmäßiger Aufmerksamkeit entweder nach seinem Vorhandensein oder nach seiner Größe vorausgesehen werden konnte, bzw. nach seinem Umfange oder nach der Zeit seines Eintritts nicht ungewöhnlich ist, sich also schon mehrfach wiederholt hat (Schwartz a. a. O.).

B. Der Landtag ist nicht versammelt; wenn seine schleunige Einberufung nach Art. 17 Abs. 3 möglich ist, wird eine Notverordnung nur erlassen werden dürfen, wenn der Zusammentritt des Landtags doch zu spät käme.

C. Der ständige Landtagsausschuß stimmt zu (vgl. Art. 26 oben S. 131 ff.)

D. Die Verordnung läuft der Verfassung nicht zuwider. Das tut sie nicht, wenn die Regelung sonst durch einfaches Gesetz erfolgen würde (z. B. Art. 6 Abs. 7, 12 Abs. 5, 22 Abs. 2, 27 Abs. 3, 43, 48 Satz 2, 54 Abs. 3, 58 Abs. 2, 69, 72 Abs. 2, 76 Abs. 2, 82 Abs. 3), wohl aber dann, wenn ein verfassungsänderndes Gesetz nötig wäre. Dagegen kann an Stelle des Haushaltsgesetzes (Art. 63) seiner Natur nach, aber auch wegen der besonderen Ermächtigung des Art. 64, die insofern die Notverordnung ersetzt, m. E. nicht eine Notverordnung erlassen werden. Die Notverordnung darf nicht anordnen, was die VerfUrk. verbietet, noch auch den Wortlaut oder Grundsätze der Verfassung selbst aufheben oder etwas gegen deren Sinn bestimmen.

3. **Wirkung der Notverordnung.** Sind diese Voraussetzungen, zu denen auch die Veröffentlichung in der Gesetzsammlung gehört, gegeben, so hat die Notverordnung Gesetzeskraft, aber zunächst nicht für die Dauer. Denn sie muß dem Landtag bei seinem nächsten Zusammentritt (unverzüglich) zur Genehmigung vorgelegt werden. Wird diese versagt, so ist die Verordnung durch Bekanntmachung in der Gesetzsammlung (auch wenn sie nicht dort veröffentlicht sein sollte) alsbald (auch hier ohne schuldhaftes Zögern) außer Kraft zu setzen. Die Frage, ob die Beendigung der Gesetzeskraft der Notverordnung von dem Beschlusse des Landtags oder von der Verkündung der Bekanntmachung gerechnet werden muß, ist aus Gründen der Rechtssicherheit im letzteren Sinne zu beantworten (ebenso für das bisherige Recht Meyer-Anschütz, StR. S. 679; v. Rönne-Zorn, PrStR. **3** 28 ff.; Arndt, VerfUrk., 7. Aufl., S. 205 f.; Bornhak, PreußStR. **1** 546; Glatzer a. a. O. S. 85 f.; Schwartz S. 210 ff.). Um aber die bei der Abhängigkeit des Ministeriums von der Volksvertretung ohnedies nicht sehr große Gefahr, daß die Verkündung der Bekanntmachung herausgezögert wird, zu vermeiden, ist es m. E. möglich, daß der Landtag die Aufhebung mit rückwirkender Kraft vom Tage ihres Beschlusses ab beschließt. „Der Wegfall der Verordnung wirkt nur für die Zukunft, nicht für die Vergangenheit; deshalb bestehen die unter ihrer Herrschaft entstandenen Rechtsverhältnisse fort und sind nach ihr zu beurteilen. Durch die Notverordnung aufgehobene Gesetze treten mit ihrem Wegfall von selbst wieder in Kraft" (Schoen a. a. O. S. 256). Wenn die a.preußVerfUrk. Art. 63 noch die Worte gebraucht, daß der Erlaß der Notverordnung „unter Verantwortlichkeit des gesamten Staatsministeriums" erfolgt, so versteht

sich das jetzt von selbst; die früher vielerörterte Frage der Gegenzeichnung aller Minister fällt in Ermanglung einer monarchischen Spitze und eines Staatspräsidenten fort.

Eidesleistung der Minister.

Artikel 56.

Die Staatsminister leisten beim Amtsantritte den Eid, daß sie ihre Geschäfte unparteiisch, zum Wohle des Volkes und getreu der Verfassung und den Gesetzen führen wollen.

Entw. § 36.

Die Vorschrift blieb vom Entw. an unverändert.

Vertrauensfrage. Ministerverantwortlichkeit. Parlamentarismus.

Artikel 57.

(1) Das Staatsministerium als solches und jeder einzelne Staatsminister bedürfen zu ihrer Amtsführung des Vertrauens des Volkes, das dieses durch den Landtag bekundet. Der Landtag kann dem Staatsministerium oder einem einzelnen Staatsminister durch ausdrücklichen Beschluß sein Vertrauen entziehen. Der Beschluß ist nicht zulässig, wenn ein rechtswirksames Volksbegehren vorliegt, den Landtag aufzulösen.

(2) Der Antrag auf Herbeiführung eines solchen Beschlusses muß von mindestens dreißig Abgeordneten unterzeichnet sein.

(3) Über den Antrag darf frühestens am zweiten Tage nach seiner Besprechung abgestimmt werden. Er muß binnen vierzehn Tagen nach seiner Einbringung zur Erledigung kommen.

(4) Über die Vertrauensfrage muß namentlich abgestimmt werden.

(5) Der Beschluß auf Entziehung des Vertrauens ist nur wirksam, wenn ihm mindestens die Hälfte der Abgeordneten zustimmt, aus denen zur Zeit der Abstimmung der Landtag besteht.

(6) Wird der Beschluß gefaßt, so müssen die davon betroffenen Minister zurücktreten, der Ministerpräsident jedoch nur dann, wenn er von seiner Befugnis, die Auflösung des Landtags zu beantragen, keinen Gebrauch macht oder wenn sein Antrag vom Ausschuß abgelehnt worden ist.

(7) Diese Bestimmungen gelten entsprechend für den Fall, daß das Staatsministerium in seiner Gesamtheit oder ein Staatsminister die Vertrauensfrage stellt.

Entw. § 37. — AusschProt. Sp. 168—171, 254.

1. **Zur Entstehungsgeschichte.** Abs. 1 entspricht in seinen ersten beiden Sätzen dem Abs. 1 des Entw. Satz 3 kam durch den Ausschuß in die Verfassung. Abs. 2 des Entw. lautete: „Der Antrag auf Stellung der Frage,

ob ein Staatsminister das Vertrauen des Landtags besitzt, muß von mindestens dreißig Abgeordneten unterzeichnet sein. Er kann als Urantrag oder bei beliebiger Besprechung eingebracht werden." Der erste Satz kehrt sachlich unverändert im jetzigen Abs. 2 wieder, der zweite Satz ist gestrichen. Von Abs. 3 enthielt der Entw. nur den ersten Satz, den zweiten fügte der Ausschuß hinzu. Abs. 4 und 5 blieben unverändert. Abs. 6 lautete: „Wird der Beschluß gefaßt, so müssen die davon betroffenen Minister zurücktreten." Das Recht des § 10 (der die Befugnis zur Auflösung des Landtags gab) steht dem Staatsministerium nicht mehr zu. An Stelle der hier gesperrt gedruckten Worte ist der nach dem Worte „zurücktreten" folgende Teil des Abs. 6 des jetzigen Textes gestrichen. Abs. 7 blieb sachlich unverändert. Siehe Literatur des Art. 45 ff. über die parlamentarische Regierungsweise oben S. 176 f.

Zu Abs. 1 und 7.

2. Die Vertrauensfrage ist das entscheidende Mittel der Durchsetzung der Ministerverantwortlichkeit und der parlamentarischen Regierungsweise. Schon bei den bisherigen Erörterungen ist hierzu das Wichtigste gesagt worden. Es genügt hierauf zu verweisen (s. oben S. 168 ff., 171, 173, 175 f., 177 f.).

A. Der erste Satz erinnert an RVerf. Art. 54, nur ist in dem vorliegenden Art. 57 das Vertrauen des Volkes, das dieses durch den Landtag bekundet, hervorgehoben und eines der Anzeichen, daß die mittelbare Demokratie durch kennzeichnende Züge der unmittelbaren Demokratie durchsetzt werden sollte. Ein anderes Anzeichen ist der Volksentscheid. Andererseits ist das Mißtrauensvotum und die Rücktrittspflicht des Ministeriums oder einzelner Minister an gewisse Voraussetzungen geknüpft, die sich in der RVerf. nicht finden und die gegenüber der RVerf. vom demokratischen Standpunkte aus einen entschiedenen Rückschritt bedeuten.

B. Die Entziehung des Vertrauens muß durch ausdrücklichen Beschluß erfolgen, „sonst könnte man schließlich jede sachliche Abstimmung, die gegen die Regierung ausfällt, unter Umständen als Mißtrauensvotum ansehen" (AusschProt. Sp. 169). Damit ist aber jede andere Form des Mißtrauens als die durch ausdrückliche Beschlußfassung rechtlich wirkungslos gemacht, obwohl die Entwicklung der anderen Staaten mit parlamentarischer Regierungsweise auch andere Formen als den ausdrücklichen Beschluß ausgebildet hat. In einigem Widerspruch mit Abs Satz 2 steht Abs. 7, wo die Stellung der Vertrauensfrage seitens des Staatsministeriums in seiner Gesamtheit oder eines Ministers vorgesehen ist; hier wird wohl kaum ein „ausdrücklicher Beschluß", sondern eine Abstimmung mit Ja oder Nein vorliegen. Wenn schließlich der in westlichen Demokratien bekannte Weg zur bedingten oder unbedingten „Annahme der Tagesordnung", die das Ministerium vorschlägt, nicht mehr weit ist, so wird sich die Beschränkung auf den „ausdrücklichen Beschluß" eine ausdehnende Auslegung gefallen lassen müssen.

C. Wenn ein rechtswirksames Volksbegehren vorliegt, den Landtag aufzulösen, darf ein Beschluß, der das Vertrauen entzieht, nicht mehr erfolgen. Hätte man diesen Satz nicht, so könnte unter Umständen ein Landtag, der aller Voraussicht nach durch Auflösung infolge Volksentscheids beseitigt wird, die kurze Zeit seines Bestehens dazu benutzen, einen Minister durch Erteilung eines Mißtrauensvotums abzuberufen,

Zu Abs. 2—5.

3. **Erschwerungen des Mißtrauensvotums** sind hier angehäuft.

A. Ein Antrag auf einen Mißtrauensbeschluß muß von mindestens dreißig Abgeordneten unterzeichnet sein. Diese Zahl ist nicht sehr hoch. Wäre, wie auch vorgeschlagen, eine geringere Zahl gewählt worden, so hätte „sich eine ganz kleine oppositionelle Fraktion bei jeder Gelegenheit das Vergnügen machen" können, den Antrag auf Beseitigung eines Ministers zu stellen. Das würde aber zur Schädigung der Geschäfte des Parlaments führen müssen.

B. Dadurch, daß über den Antrag frühestens am zweiten Tage nach seiner Besprechung abgestimmt werden darf und daß er binnen vierzehn Tagen nach seiner Einbringung zur Erledigung kommen muß, wird zweierlei erreicht. einmal, daß der Landtag so vollzählig als möglich wird, den meisten Abgeordneten Gelegenheit zum Erscheinen gegeben wird, sodann, daß der Mißtrauensbeschluß nicht nur infolge einer Zufallsentscheidung der anwesenden Abgeordneten erfolgt.

C. Eine weitere Erschwerung bedeutet es, daß über die Vertrauensfrage namentlich abgestimmt werden muß und daß der Beschluß auf Entziehung des Vertrauens nur wirksam ist, wenn mindestens die Hälfte der vorhandenen Gesamtzahl der Abgeordneten zustimmt. Da aber nun stets eine Reihe von Abgeordneten an der Abstimmung verhindert sein wird, ergibt sich, daß sehr häufig das Ministerium im Amte bleibt, auch wenn die Mehrheit der Abgeordneten ihm das Vertrauen versagen will. Es hätte genügt, die Forderung der Entscheidung der Mehrheit der anwesenden Abgeordneten vorzuschreiben.

Zu Abs. 6.

4. **Die Wirkung des Mißtrauensvotums.** Sie besteht darin, daß grundsätzlich die davon betroffenen Minister zurücktreten müssen. Für den Ministerpräsidenten ist aber bestimmt, daß dies nur dann für ihn zutrifft, wenn er von der Befugnis, die Auflösung des Landtags zu beantragen, keinen Gebrauch macht oder wenn sein Antrag vom Ausschuß abgelehnt worden ist. Gemeint ist der ständige Ausschuß und seine ihm in Art. 14 Abs. 1 zugewiesene Aufgabe. Diese Regelung, die eine weitere Erschwerung des Ministerwechsels bedeutet, ist wenig sinnvoll. Denn zum Beschluß auf Landtagsauflösung ist nach der letzterwähnten Vorschrift ein Beschluß erforderlich, dem auch die Präsidenten des Landtags und des Staatsrats zustimmen müssen. Dadurch, daß diese beiden Gruppen sich zur Landtagsauflösung in einem bestimmten Falle nicht entschließen können, folgt aber — da sie besondere Gründe haben mögen, die sich aus der politischen Lage ergeben — keineswegs immer, daß das Mißtrauensvotum unbegründet

und der Rücktritt des Ministeriums, den der Landtag trotz so vieler im Art. 57 angehäufter Hemmnisse beschlossen hat, politisch unerwünscht ist.

Ministeranklage. Staatsgerichtshof.

Artikel 58.

(1) Der Landtag ist berechtigt, jeden Minister vor dem Staatsgerichtshof anzuklagen, daß er schuldhaft die Verfassung oder die Gesetze verletzt habe. Der Antrag auf Erhebung der Anklage muß von mindestens hundert Mitgliedern des Landtags unterzeichnet sein und bedarf der Zustimmung der für Verfassungsänderungen vorgesehenen Mehrheit.

(2) Die Zusammensetzung des Staatsgerichtshofs, das Verfahren vor ihm und die ihm zustehenden Entscheidungen werden durch Gesetz geregelt.

Entw. § 38. — AusschProt. Sp. 170—174, 254, 312. — 2. VollBer. Sp. 13473 ff.

1. **Zur Entstehungsgeschichte.** Die Einrichtungen der Ministeranklage haben in einer Reihe von ausländischen Staaten eine lange, zum Teil in Gesetzesbestimmungen sich niederschlagende Geschichte, ohne daß eine nennenswerte Zahl von praktischen Fällen mit dem großen Aufwande der Verfassungsvorschriften in Einklang stünde. Mit der Durchführung der parlamentarischen Regierungsweise nimmt die Bedeutung der Ministeranklage ab, nicht zu. Denn eine Mehrheit wird ihre eigenen Minister kaum jemals vor den Staatsgerichtshof bringen. Immerhin kann die parlamentarische Mehrheit wechseln, und überdies ist es auch möglich, daß nicht mehr im Amte befindliche Minister unter Anklage gestellt werden. Dies hätte aber einerseits den Nachteil, daß eine neue Mehrheit gegen eine frühere politische Racheprozesse und Schaustücke inszeniert, andererseits, daß das Sondergesetz über den Staatsgerichtshof härtere Strafen als die der Entführung aus dem Amte vorsieht.

2. Die bisherige **Literatur** ist sehr umfangreich. Es seien hier hervorgehoben: Benjamin Constant, De la responsabilité des ministres 1815; Buddeus, Die Ministerverantwortlichkeit in konstitutionellen Monarchien 1833; Mohl, Die Verantwortlichkeit der Minister in Einherrschaften 1837; Kerchove de Deuterghem, De la responsabilité des ministres dans le droit public belge, 2. éd., 1847; H. Bischof, Ministerverantwortlichkeit und Staatsgerichtshöfe in Deutschland 1859, besonders S. 83 f.; J. Held, Staatsgerichtshof, im Staatslexikon von Rottek und Welcker, 3. Aufl., **13** (1865) 590 f.; Derselbe, Art. „Minister", „Ministerium", daselbst Bd. 10; A. Samuély, Das Prinzip der Ministerverantwortlichkeit in der konstitutionellen Monarchie 1869; Konstantin Rößler, Studien zur Fortbildung der preußVerf. Abt. II S. 36 ff. Beschorner, Die Ministerverantwortlichkeit und der Staatsgerichtshof im Königreich Sachsen, nebst einer vergleichenden Darstellung der bezüglichen Gesetz-

gebung einiger anderer Länder 1877 S. 24—33; (Geffcken) Die Reform der preußVerf. S. 230 ff.; Fr. Oetker, Rechtstaat und Ministerverantwortlichkeit, Augsburger Allgemeine Zeitung 1872 Beilage Nr. 33; F. Hauke, Die Lehre von der Ministerverantwortlichkeit 1880; John, Artikel „Ministerverantwortlichkeit" in von Holzendorffs Rechtslexikon **2** 776 ff.; v. Seydel-Piloty, Bayr. Staatsrecht **1** §§ 71—74; Thudichum, Die Ministeranklage nach geltendem deutschen Recht und ihre Unrätlichkeit in Reichssachen, Annalen des Deutschen Reichs 1885 S. 637 ff., 677 ff., 681 f.; Welcker, Verantwortlichkeit der Fürsten und der Minister im Staatslexikon, 3. Aufl., **14** 1886; Th. Pistorius, Der Staatsgerichtshof und die Ministerverantwortlichkeit nach heutigem deutschen Staatsrecht 1891 S. 162, 164 ff., 167, 171; A. Lucz, Ministerverantwortlichkeit und Staatsgerichtshöfe 1893, insbesondere S. 14, 15, 40 f., 42; Rehm, Allgemeine Staatslehre 1899 S. 325 f., 344 ff.; v. Frisch, Die Verantwortlichkeit der Monarchen und höchsten Magistrate 1904; Passow, Das Wesen der Ministerverantwortlichkeit in Deutschland 1904, besonders S. 18 ff.; Brie in Stengel-Fleischmanns Wörterbuch des Staats- und Verwaltungsrechts **2** 884 ff. Vgl. auch die Literatur zu Erltg. 3 und 5.

3. Die **a.preußVerfUrk. Art. 61** bestimmte, daß die Minister durch Beschluß einer Kammer wegen Brechens der Verfassungsverletzung, der Bestechung und des Verrats angeklagt werden können. Über seine Anklage entscheidet der oberste Gerichtshof der Monarchie in vereinigten Senaten. Solange noch zwei oberste Gerichtshöfe (ObTrib. und KG.) bestehen, treten dieselben zu obigem Zweck zusammen (Abs. 1). Die näheren Bestimmungen über die Fälle der Verantwortlichkeit, über das Verfahren und über die Strafen werden einem besonderen Gesetz vorbehalten (Abs. 2). Dieses Sondergesetz ist niemals erlassen worden. Die Ministeranklage blieb in Preußen auf dem Papier. Vgl. Arndt, PreußVerfUrk., 7. Aufl., S. 239 ff.; Schwartz S. 191 ff.

4. Die **a.RVerf.** kannte weder die Ministeranklage noch den Staatsgerichtshof. Vgl. die Literatur zu Erltg. 3 und 5.

5. Die **RVerf. Art. 59,** die zum Vorbilde für die preußVerfUrk. Art. 58 gedient hat, lautet: „Der Reichstag ist berechtigt, den Reichspräsidenten, den Reichskanzler und die Reichsminister vor dem Staatsgerichtshof für das Deutsche Reich anzuklagen, daß sie schuldhafterweise die Reichsverfassung oder ein Reichsgesetz verletzt haben. Der Antrag auf Erhebung der Anklage muß von mindestens hundert Mitgliedern des Reichstags unterzeichnet sein und bedarf der Zustimmung der für Verfassungsänderungen vorgeschriebenen Mehrheit. Das Nähere regelt das Reichsgesetz über den Staatsgerichtshof." Vgl. Arndt, RVerf., 5. Aufl., 1913; StR. 1901; Derselbe, Zur Frage des Reichsstaatsgerichtshofs in „Recht" 1901 S. 7; Bendix, Zuständigkeit des Staatsgerichtshofs für das Deutsche Reich, DJZ. **25** 1920 646; Binding, Bundesrat und Staatsgerichtshof, DJZ. **4** (1899) 64 ff.; Derselbe, Der vorgeschlagene Kriegsschuldgerichtshof in „Recht und Wirtschaft" 1914 Juniheft; Hübner, Die Staatsform der Republik 1920

S. 107; **Kahl**, Untersuchungsausschuß und Staatsgerichtshof, DJZ. **25** 1 ff.; **E. Kaufmann**, Untersuchungsausschuß und Staatsgerichtshof 1920; **Laband**, Die Anträge auf Errichtung eines Staatsgerichtshofs für das Deutsche Reich, DJZ. **6** (1901) 1 ff.; **Derselbe**, Der Staatsgerichtshof, daselbst **14** (1909) 396; **Derselbe**, Parlamentarische Untersuchungskommissionen, daselbst **18** (1913) Nr. 10; **Meyer-Anschütz**, StR., 7. Aufl., S. 798 ff.; **Nöldecke**, Der Gesetzentwurf über den Staatsgerichtshof, „Das demokratische Deutschland" 1818/19 Heft 23; **Stier-Somlo**, Grund- und Zukunftsfragen deutscher Politik 1918; **Triepel**, Reichsaufsicht S. 370 ff., 459 ff.; **Warmuth**, Staatsgerichtshof und parlamentarischer Untersuchungsausschuß 1920. Vgl. auch Art. 25 oben S. 126 ff.

Zu Abs. 1.

5. **Die Ministeranklage findet statt vor dem Gerichtshof** bei **Verfassungs- und Gesetzesverletzung.** In ihr prägt sich die rechtliche Verantwortlichkeit der Minister aus. Eine politische Verantwortlichkeit zieht ein Mißtrauensvotum nach sich, bei zweckwidrigem Verhalten z. B. in bezug auf die Ausführung eines Gesetzes. Dagegen ist die rechtliche Verantwortlichkeit in der Ministeranklage im Falle eines Rechtsbruches gegeben, z. B. ob die verfassungsrechtlichen Voraussetzungen des Notverordnungsrechts vorhanden waren. Eine Verquickung beider Arten von Verantwortlichkeiten bedeutete der im Ausschuß eingebrachte Antrag, den Abs. 2 dahin zu fassen: „Im Falle der Verurteilung kann nur auf eine Mißbilligung der Handlungsweise oder auf Entfernung vom Amte erkannt werden; war der Angeklagte schon vorher aus dem Amte geschieden, so hat sich das Urteil auf die Feststellung der Schuld zu beschränken." Die Mißbilligung durch den Staatsgerichtshof war mit Recht bedenklich und als ein Seitenstück des schon in Art. 57 geregelten Mißtrauensvotums erschienen (Abg. Dr. Preuß, AusschProt. S. 172 f.). Der Staatsgerichtshof hat nur auszusprechen, daß eine Verfassungs- oder Gesetzesverletzung vorliegt. Eine solche kann im Strafrecht, aber auch in anderen öffentlich-rechtlichen Gesetzen begründet sein. In letzterem Falle muß aber eine Beziehung auf das Amt des Ministers vorliegen. Verletzung zivilrechtlicher Gesetze kann die Ministeranklage nicht begründen.

Zu Abs. 2.

6. **Die Zusammensetzung des Staatsgerichtshofs, das Verfahren vor ihm und die ihm zustehenden Entscheidungen (Strafen) werden einem besonderen Gesetz vorbehalten.** Während bis zum Inkrafttreten des Reichsgesetzes über den Staatsgerichtshof seine Befugnisse nach RVerf. Art. 172 ein Senat von sieben Mitgliedern ausübt, wovon der Reichstag vier und das Reichsgericht drei aus seiner Mitte wählt, hat, trotz eines dahingehenden Vorschlages, die preußVerfUrk. ein entsprechendes Provisorium nicht geschaffen. Dies ist, besonders mit Rücksicht auf das in der a.preußVerfUrk. Art. 61 gegebene, aber niemals erfüllte Versprechen mißlich empfunden worden.

Rücktrittsrecht der Minister. Fortführung der Geschäfte.

Artikel 59.

(1) Jeder Staatsminister kann jederzeit von seinem Amte zurücktreten.

(2) Tritt das Staatsministerium in seiner Gesamtheit zurück, so führen die zurückgetretenen Minister die laufenden Geschäfte bis zu deren Übernahme durch die neuen Minister weiter.

Entw. § 39. — AusschProt. Sp. 175, 254, 312.

Die Bestimmung, die von dem Entw. an unverändert blieb, wollte ein Antrag in Abs. 2 dahin fassen: „Tritt der Ministerpräsident zurück, so ist das Staatsministerium neu zu bilden; bis zur Neubildung führen die bisherigen Minister die Geschäfte fort." Begründet wurde er damit, daß in einem wirklichen parlamentarischen Staate das Kabinett eine Einheit bilden müsse. Trete der Ministerpräsident zurück, so komme ein neuer mit neuen Richtlinien, und es müsse festgestellt werden, ob die neuen Minister mit diesen einverstanden seien. Nicht notwendig sei, daß das neue Kabinett auch aus neuen Personen gebildet werde.

Abschnitt VI.

Die Gesetzgebung.

Vorbemerkung.

Die gesetzgebende Gewalt ist teils durch Art. 3 und 6, teils durch Art. 29 zum Ausdruck gekommen. Bei diesen Gesetzesbestimmungen und bei denjenigen über die Teilnahme des Ministeriums und des Staatsrats an der Gesetzgebung (Art. 50, 55; 40, 42) ist der systematisch zusammengehörige Verfassungsrechtsstoff behandelt worden, der mit den formellen Bestimmungen der Art. 60—62 dieses Abschnitts eine geistige Einheit bildet. Indem auf die Erläuterungen zu diesen Vorschriften, die auch schon die nachfolgenden berührt haben, verwiesen wird, findet hier eine Beschränkung auf das Notwendigste statt. § 40, der im Entw. im Abschnitt VI stand, ist als Art. 50 in den Abschnitt V versetzt worden.

Verkündung der Gesetze durch das Staatsministerium.

Artikel 60.

Das Staatsministerium verkündet in der preußischen Gesetzsammlung die verfassungsmäßig zustandegekommenen Gesetze und die vom Landtage genehmigten Staatsverträge.

Entw. § 41. — AusschProt. Sp. 199—201.

Zur Entstehungsgeschichte und zum bisherigen Recht. Im Entw. § 41 wurde vorgeschlagen: „Das Staatsministerium hat die vom Landtag ordnungsmäßig beschlossenen Gesetze binnen Monatsfrist zu verkünden, wenn es nicht von seinem Rechte, den Landtag aufzulösen, Gebrauch macht. Im Ausschuß wurde beantragt, statt der Worte: „wenn . . . macht" zu setzen

„sofern kein Volksentscheid eingeholt oder der Landtag nicht aufgelöst wird", um die Vorschrift mit den übrigen beschlossenen Artikeln in freiem Wortlaut anzupassen. Statt „ordnungsmäßig beschlossenen" wurde gesetzt „verfassungsmäßig zustande gekommenen Gesetze" und die Fristbestimmung eines Monats als Abs. 3 dem § 42 hinzugefügt. Damit ist auch die ganze Frage des Staatsratseinspruchs gedeckt worden; denn dessen Berücksichtigung und Erledigung fällt in den Rahmen des Zustandekommens der Gesetze. Ob es verfassungsmäßig war, hat das Staatsministerium zu prüfen. Die Feststellung des Abg Dr. Leidig, ob das Gesetz innerhalb des Landtags ordnungsmäßig zustande gekommen ist, sei Sache des Landtags selbst und seines Präsidenten, ist nur eine persönliche Meinungsäußerung. Er selbst weist darauf hin, daß zahlreiche Beschlüsse gefaßt werden, ohne daß die Mehrheit der Abgeordneten anwesend ist, so daß die Frage entsteht, ob es Pflicht des Staatsministeriums sei, die Beschlußfähigkeit nachträglich zu prüfen, so daß ein Beschluß, bei dem dies nicht der Fall gewesen ist, ungültig wäre. Das Zustandekommen des Gesetzes innerhalb des Landtags ist aber m. E. durchaus nicht „lediglich Sache des Landtags, und wenn der Landtagspräsident den Beschluß als einen ordnungsmäßig zustandegekommenen dem Staatsministerium übersendet, so habe er alle Verantwortung des Vorstadiums". Durch solche „Feststellungen" werden staatsrechtliche Fragen und vor allem Verfassungsverletzungen gegen die Beschlußfähigkeitsbestimmung des Art. 22 Abs. 2 nicht aus der Welt geschafft. Vgl. meine Ansicht oben S. 119 ff. Bei der Verkündung brauchen nicht sämtliche Minister zu unterschreiben. Es genügt die Unterschrift des Ministerpräsidenten und seines Stellvertreters sowie des Fachministers. Daß auch die vom Landtag genehmigten Staatsverträge zu verkünden sind, ist gegenüber dem Entw. neu. Nicht genehmigte Staatsverträge können aber natürlich auch bekanntgemacht werden; eine staatsrechtliche „Verkündung" ist das nicht.

Verbindlichkeit der Gesetze. Inkrafttreten. Frist.

Artikel 61.

(1) Ein Gesetz ist verbindlich, wenn es verfassungsmäßig zustandegekommen und vom Staatsministerium in der vorgeschriebenen Form verkündet worden ist. Bei der Verkündung muß ausgesprochen sein, daß das Gesetz vom Landtag oder durch Volksentscheid beschlossen worden ist. Artikel 13 der Reichsverfassung wird hierdurch nicht berührt.

(2) Wenn das Gesetz nichts anderes bestimmt, tritt es mit dem vierzehnten Tage nach Ausgabe des die Verkündung enthaltenden Stückes der Gesetzsammlung in Kraft.

(3) Die Gesetze sind binnen Monatsfrist zu verkünden.

Entw. § 42. — AusschProt. Sp. 201.

1. **Zur Entstehungsgeschichte.** Die a.preußVerfUrk. bestimmte in Art. 106 Abs. 1: „Gesetze und Verordnungen sind verbindlich, wenn sie in

der vom Gesetz vorgeschriebenen Form bekanntgemacht worden sind." Nach der a.RVerf. Art. 17 stand dem Kaiser die Ausfertigung und Verkündung der Reichsgesetze zu. Nach der RVerf. Art. 70 hat der Reichspräsident die verfassungsmäßig zustande gekommenen Gesetze auszufertigen und binnen Monatsfrist im RGBl. zu verkünden. Art. 61 entspricht bis auf kleine durch die Anpassung an Art. 60 bedingte Abänderungen und die Hinzufügung des Abs. 3 der Regierungsvorlage.

2. **Verbindlichkeit der Gesetze.** Es ist hier nur von einer, nicht von der Voraussetzung ihrer Verbindlichkeit, nämlich der Verkündung, die Rede. Die übrigen Voraussetzungen ergeben sich aus den Vorschriften über den Weg der Gesetzgebung. Vgl. oben S. 144—147, 153 f., 170, 180. Mit Art. 61 Abs. 1 Satz 1 wollte man — so erklärte der Regierungsvertreter, Staatssekretär Dr. Freund — eine Einschränkung des richterlichen Nachprüfungsrechts schaffen, ob ein Gesetz verbindlich sei oder nicht. Die Richter haben zu sehen, ob das Gesetz vom Landtage beschlossen sei und ob es vom Staatsministerium in der vorgeschriebenen Form, d. h. in der Form, wie dieser Artikel selbst nachher vorschrieb, verkündet worden sei. Damit wird aber m. E. die Frage des richterlichen Prüfungsrechts nicht gelöst, denn ob das Gesetz verfassungsmäßig zustande gekommen ist, hängt objektiv auch von der Frage der Beschlußfähigkeit ab (Art. 22 oben S. 119 ff., 121). In der Tat fragte auch der Abg. Dr. Leidig im Ausschuß, weshalb hier von der RVerf. abgewichen sei; es bestehe kein Bedürfnis, das richterliche Prüfungsrecht weiter zu beschränken, als es die RVerf. tue. Es ist hier offensichtlich ein staatsrechtlich und praktisch ganz unerträglicher Unterschied zwischen dem richterlichen Prüfungsrechte, je nachdem es sich um ein Reichsgesetz oder ein preußisches Gesetz handelt, in die Erscheinung getreten. Die Lösung scheint mehr in der Richtung der Ausführungen oben, S. 119 ff. zu liegen. Bedenklich ist, daß im Art. 61 die Verkündung der Notverordnungen nicht erwähnt ist, obwohl sie eine der Voraussetzungen ihrer Rechtswirksamkeit ist (vgl. oben S. 187 Erltg. 3). Immerhin könnte gesagt werden, daß Art. 61 nur von der Verbindlichkeit des Gesetzes handeln will, diejenige der Notverordnung aber hier unberührt und von anderen Rechtsregeln abhängig sein läßt.

3. **Der Ausspruch, daß das Gesetz vom Landtag oder durch Volksentscheid beschlossen worden ist,** hat nur politische Bedeutung. Das Fehlen dieser Bemerkung ist ein Formfehler, der die Gültigkeit nicht in Frage stellt. Daß RVerf. Art. 13 hierdurch nicht berührt wird, ist schon deshalb selbstverständlich, weil eben Landesrecht Reichsrecht nicht beseitigen kann. Die Vorschrift des Abs. 2 entspricht dem bisherigen Rechte.

4. **Zu Abs. 3** vgl. die Erltg. zu Art. 60.

Ablehnung von Gesetzesvorlagen.

Artikel 62.

Gesetzesvorlagen, die der Landtag abgelehnt hat, können in demselben Sitzungsabschnitte nicht wieder vorgebracht werden, es sei denn, daß ein rechtswirksames Volksbegehren vorliegt.

Entw. § 43. — AusschProt. Sp. 201, 254.

Auch der Entw. enthielt diese Vorschrift, jedoch ohne den Zusatz „es sei denn, daß ein rechtswirksames Volksbegehren vorliegt". Dieser kam durch den Ausschuß in die Verfassung. Wenn ein rechtswirksames Volksbegehren vorliegt, muß das Staatsministerium in der Lage sein, Gesetzesvorlagen noch einmal in demselben Sitzungsabschnitt vorzubringen, damit der Landtag die Möglichkeit hat, dem Volksbegehren stattzugeben. Wenn das aber durch den Art. 62 verhindert würde, „so würde dadurch unter Umständen ein ganz überflüssiger Volksentscheid notwendig werden".

Abschnitt VII.

Das Finanzwesen.

Bewilligung der erforderlichen Mittel. Feststellung des Haushaltsplans.

Artikel 63.

(1) Der Landtag sorgt durch Bewilligung der erforderlichen laufenden Mittel für die Deckung des Staatsbedarfs.

(2) Alle Einnahmen und Ausgaben des Staates müssen für jedes Rechnungsjahr veranschlagt und auf den Haushaltsplan gebracht werden. Dieser wird vor Beginn des Rechnungsjahrs durch ein Gesetz festgestellt.

(3) Die Ausgaben werden in der Regel für ein Jahr bewilligt; sie können in besonderen Fällen auch für eine längere Dauer bewilligt werden. Im übrigen sind im Haushaltsgesetze Vorschriften unzulässig, die über das Rechnungsjahr hinausreichen oder sich nicht auf die Einnahmen und Ausgaben des Staates oder ihre Verwaltung beziehen.

Entw. § 44. — AusschBer. Sp. 7, 12. — AusschProt. Sp. 201, 255, 313.

1. Zur Entstehungsgeschichte. Die a.preußVerfUrk. Art. 99 bestimmte in Anlehnung an die belgische Verf. Art. 115, 117: „Alle Einnahmen und Ausgaben des Staates müssen für jedes Jahr im voraus veranschlagt und auf den Staatshaushaltsetat gebracht werden" (Abs. 1). „Letzterer wird jährlich durch ein Gesetz festgestellt". Der Art. 109 lautete: „Die bestehenden Steuern und Abgaben werden forterhoben und alle Bestimmungen der bestehenden Gesetzbücher, einzelne Gesetze und Verordnungen, welche der gegenwärtigen Verfassung nicht zuwiderlaufen, bleiben in Kraft, bis sie durch Gesetz geändert werden". Während der zweite Teil dieses Art. dem Art. 81 Abs. 2 der vorliegenden VerfUrk. entspricht, ist der erste Teil jenes Satzes jetzt in Art. 84 ausgesprochen. Seine Bedeutung für das Budgetrecht ist erheblich (s. Erltg. 3 S. 199 f.). In der a.RVerf. Art. 69 fand sich die entsprechende Formulierung: „Alle Einnahmen und Ausgaben des Reichs müssen für jedes Jahr veranschlagt und auf den Reichshaushaltsetat gebracht werden. Letzterer wird vor Beginn des Etatsjahres nach folgenden Grundsätzen [wie sie in den Art. 70 ff. enthalten waren] durch ein Gesetz festgestellt." Alle diese Vorschriften und jetzt die RVerf. enthalten nicht einen Satz wie den des Abs. 1 des vorliegenden Art. 63; dagegen stimmen überein Abs. 2 und 3 des letzteren mit RVerf. Art. 85 Abs. 1—3. In Abs. 4 desselben heißt es: „Der Reichstag kann im Entwurf des Haushaltsplans ohne Zustimmung des Reichsrats Ausgaben nicht erhöhen oder neu einsetzen" und in Abs. 5: „Die Zustimmung des Reichsrats kann gemäß den Vorschriften des Art. 74 ersetzt werden", nämlich durch Volksentscheid. Diese beide Sätze erinnern an Art. 42 Abs. 4 der vorliegenden VerfUrk., wo dem Staatsrat eine ähnliche Befugnis gegeben ist. — Der Art. 63 blieb vom Entw. an fast unverändert; nur in 3. Lesung des Ausschusses ist in Abs. 2 der Satz hinzugekommen: „Dieser (der Haushaltsplan) wird vor Beginn des Rechnungsjahres durch ein Gesetz festgestellt." Dadurch ist der Grundsatz, daß das Gesetz über den Haushaltsplan regelmäßig vor Beginn des Rechnungsjahres erlassen werden muß, verfassungsmäßig festgelegt.

2. **Grundsatz und Schrifttum.**

a) Die bisherige auf das frühere Recht bezügliche überaus reichhaltige **Literatur** dreht sich um eine Anzahl von bedeutsamen Streitfragen, insbesondere über die rechtliche Natur des Haushaltsgesetzes als eines materiellen oder formellen Gesetzes. Indem hierunter wichtigstes Schrifttum angegeben ist, wird die Meinung vertreten, daß das Haushaltsgesetz sowohl nach der RVerf. wie nach der preußVerf. formelles, aber nicht materielles Gesetz ist; daß die Unterscheidung auch für das neue Recht ihre Bedeutung beibehalten hat, ist bereits oben dargelegt worden. Das in Abs. 3 des vorliegenden Artikels enthaltene Verbot, in das Haushaltsgesetz Vorschriften aufzunehmen, die über das Rechnungsjahr hinausgehen oder sich nicht auf die Einnahmen oder Ausgaben des Staates oder ihre Verwaltung beziehen, läßt keinen Zweifel mehr daran übrig, daß der Inhalt des Staatshaushaltsgesetzes kein Rechtssatz, sondern ein Verwaltungsakt ist.

b) v. Seydel, VerfUrk., 2. Aufl., S. 386 ff.; Arndt, RVerf., 5. Aufl., S. 328 ff.; Dambitsch, RVerf. S. 621 ff. v. Jagemann, DRVerf. S. 196 ff.; Reincke, RVerf. S. 300 ff.; Laband, RStR., 5. Aufl., **4** 522 ff., 577 ff., woselbst auch weitere Literatur; Derselbe, Das Budgetrecht nach den Bestimmungen der preußVerfUrk. unter Berücksichtigung der Verfassung des Norddeutschen Bundes 1871; Derselbe in der Zeitschr. f. öffentl. Recht **1** 172 ff.; Derselbe in Stengel-Fleischmanns Wörterbuch des Staats- und Verwaltungsrechts **3** 373 ff.; Meyer-Anschütz, StR., 7. Aufl., §§ 205—207, 209; Anschütz in Holtzendorff-Kohlers Enzyklopädie S. 185 ff.; Arndt, RStR. S. 318 ff.; Derselbe im ArchöffR. **3** 533 ff.; Gneist, Budget und Gesetz nach dem konstitutionellen Staatsrecht Deutschlands mit Rücksicht auf die deutsche RVerf. 1867; Derselbe, Gesetz und Budget. Konstitutionelle Streitfragen aus der preuß. Ministerkrisis vom März 1878 (1879); Derselbe in Holtzendorff-Kohlers Rechtslexikon **3** 792 ff.; v. Martitz, Zeitschr. f. d. gesamte Staatswissenschaft **36** 207 ff.; Georg Meyer, Über den Begriff des Gesetzes und die rechtliche Natur des Staatshaushaltsetats in Grünhuts Zeitschr. **8** 1 ff.; Seidler, Budget und Budgetrecht im Staatshaushalt der konstitutionellen Monarchie

1885; Jellinek, Gesetz und Verordnung 1887 S. 130 ff., 270 ff.; Artikel „Budgetrecht" im Handwörterbuch der Staatswissenschaften **3** 308 ff.; Prazák im ArchöffR. **2** 401 ff.; Haenel, Gesetz im formellen und materiellen Sinne S. 291 ff.; Zorn, RStR., 2. Aufl., **1** 436 ff.; Derselbe in Annalen des Deutschen Reichs 1889 S. 363 ff.; M. v. Heckel, Das Budget 1898; Rehm, Annalen des Deutschen Reichs 1901 S. 641 ff.; Derselbe, Allgemeine Staatslehre 1899 S. 297 ff.; v. Rönne-Zorn, PreußStR., 5. Aufl., **3** 91 ff., 102; Anschütz, JW. 1910 S. 99 f.; Triepel, Reichsaufsicht, 1917 S. 183, 398; H. Schulze, Das Finanzrecht der Reichs- und Landtage nach älterem und neuerem Staatsrecht, Grünhuts Zeitschr. **2** 161 ff.; Derselbe, PrStR. **2** § 200; Fricker, Die Natur der Steuerbewilligung und des Finanzgesetzes, Zeitschr. f. d. gesamte Staatswissenschaft **17** 663 ff., **50** 381 ff.; Bornhak, PrStR. **3** 596.

Zu Abs. 1.

3. Kennzeichnenderweise wird im Etatsrecht ein Satz vorangestellt, der **eine Pflicht des Landtags** zum Ausdrucke bringt, nämlich durch Bewilligung der erforderlichen Mittel **für die Deckung des Staatsbedarfs zu sorgen,** d. h. diejenigen notwendigen Ausgaben, die gegenüber den nicht bewilligungsbedürftigen Einnahmen erforderlich sind. Dies ist etwas näher zu betrachten. Die a.preußVerfUrk. Art. 109 bestimmte: „Die bestehenden Steuern und Abgaben werden forterhoben und alle Bestimmungen der bestehenden ... Gesetze ... bleiben in Kraft, bis sie durch ein Gesetz abgeändert werden." Hieraus folgert Meyer-Anschütz, StR., 7. Aufl., S. 887: Das Recht und die Pflicht der Regierung, die Steuergesetze ebenso wie alle anderen Gesetze zu vollziehen, sei nicht bedingt durch das Zustandekommen des Etatsgesetzes, noch sonst durch eine periodisch nachzusuchende besondere Bewilligung des Landtags; die Steuergesetze seien nicht Jahresvollmachten, sondern sie gelten so lange, „bis sie durch ein Gesetz abgeändert werden"; die a.preußVerfUrk. kenne das Steuerbewilligungsrecht nicht. Bezeichnend war, daß ein Antrag der Kommission des Abgeordnetenhauses auch die Mehreinnahmen in § 14 Abs. 1 des G. über die Oberrechnungskammer vom 27. März 1872 einzuschalten mit Bezug darauf, daß der preußische Landtag kein Einnahmebewilligungsrecht habe, am 17. Febr. 1872 abgelehnt worden ist. Jene Folgerung von Meyer-Anschütz war richtig, jedoch nur unter Berücksichtigung des auch herangezogenen Art. 100: „Steuern und Abgaben für die Staatskasse dürfen nur, soweit sie in den Staatshaushalt aufgenommen oder durch besondere Gesetze angeordnet sind, erhoben werden." Danach durften und mußten sie auch erhoben werden, wenn sie nur auf „besonderen Gesetzen", Dauergesetzen, beruhen (Gneist, Gesetz und Budget S. 143 f.). Wie steht es nach der neuen preußVerf.? Der Satz des Art. 84 besagt: „Die bestehenden Steuern und Abgaben werden bis zu ihrer Änderung oder Aufhebung forterhoben", und Art. 81 Abs. 2 bestimmt, daß die bestehenden Gesetze und Verordnungen in Kraft bleiben, soweit ihnen diese Verfassung nicht entgegensteht. Dies würde bei der sachlichen Übereinstimmung mit Art. 109

der a.preußVerfUrk. zu derselben Folgerung wie oben führen; zu beachten bleibt jedoch, daß der Inhalt des Art. 100 der letzteren VerfUrk. nicht in die neue aufgenommen, daß die konstitutionelle Regierungsweise bis zur Staatsumwälzung vom Jahre 1918 eine vom König ernannte Regierung kannte, während jetzt ein vom Landtag ernanntes Staatsministerium dem Landtag nicht eigentlich gegenübersteht, sondern von ihm abhängt und daß es nicht die Absicht gewesen sein kann, diesem Ausschuß der Mehrheit des Parlaments Befugnisse zu geben, die denen der Zeit vor 1918 entsprechen. Aber Art. 84 steht nun einmal in der preußVerfUrk., und deshalb muß man auch für das neue Recht zu dem Ergebnis gelangen, daß es ein jährliches Steuerbewilligungsrecht des Landtags nicht gibt. Dagegen besteht ein Einnahmebewilligungsrecht nach wie vor in bezug auf Einnahmen aus neuen und aus der Erhöhung der bestehenden Steuern (natürlich im Rahmen des Reichsrechts), ferner aus Anleihen und aus der Veräußerung gewisser Teile des Staatsvermögens (Meyer-Anschütz a. a. O. S. 888). Gneist hat es (a. a. O. S. 175) treffend ausgesprochen, daß gerade wegen des Fehlens des Steuerbewilligungsrechts „ein von Jahr zu Jahr sich fortsetzender Drang, den konstitutionellen Einfluß, den man auf der Einnahmeseite verfehlt hatte, auf der Ausgabeseite zu finden". Praxis und Wissenschaft behaupteten bisher ferner ein unbeschränktes Ausgabebewilligungs- und Verweigerungsrecht. Der vorliegende Art. 63 Abs. 1 setzt aber jedenfalls der Ausgabebewilligung dadurch eine Schranke, daß sie ohne Deckung nicht erfolgen darf. Ein unbeschränktes Ausgabeverweigerungsrecht bestand schon früher nicht und besteht auch jetzt nicht. Das folgte ehedem bereits aus der Natur des Haushaltsgesetzes als eines Verwaltungsaktes, einer Festsetzung der veranschlagten Einnahmen und Ausgaben des Staates; jetzt bietet der Art. 64 sichere Handhaben, um die gesetzlichen und rechtlichen Verpflichtungen des Staates unabhängig von der jährlichen Bewilligung zu erfüllen, zunächst freilich nur dann, wenn der Haushaltsplan nicht rechtzeitig durch Gesetz festgestellt wird. Aber darüber hinaus ist mit Hilfe von Art. 81 Abs. 2 die Grenze der Ausgabeverweigerung in den Gesetzen und rechtlichen Verpflichtungen des Staates zu sehen. Zu beachten ist Art. 66, der auch den Gedanken der Deckungspflicht zum Ausdrucke bringt.

Zu Abs. 2.

4. **Alle Einnahmen und Ausgaben des Staates müssen für jedes Rechnungsjahr veranschlagt und auf den Haushaltsplan (Budget, Etat, Hauptetat) gebracht werden.** Es gehört in die Darstellung des Staats- und Verwaltungsrechts, welche Einnahmen (insbesondere nach Ausdehnung der Reichsfinanzhoheit durch die RVerf. und die große Steuerreform nach dem Weltkriege) in Frage kommen, welche Einteilung sie und die Ausgaben wissenschaftlich und finanztechnisch zu erfahren haben. Hier bedarf es nur der Feststellung, daß alle voraussichtlich eingehenden Einnahmen und alle für erforderlich gehaltenen Ausgaben des preuß. Staates veranschlagt werden. Es ist jedoch zu unterscheiden, die Minister und die sonstigen obersten Leiter der Geschäftszweige (s. auch Art. 20 wegen des Landtags-

präsidenten) stellen Vorschläge auf; danach stellt der Finanzminister den allgemeinen Staatshaushaltsvorschlag fest. Was aber in Art. 63 Abs. 2 gemeint ist, das ist die Aufstellung des Etats durch die Regierung unter Mitwirkung des Landtags; er muß mit ihm veranschlagt werden; der Haushaltsplan muß dann in der Form des **Gesetzes** festgestellt werden. Aufstellung und Vollzug sind in Preußen geregelt durch G., betr. den Staatshaushalt, sog. KompatibilitätsG. vom 11. Mai 1898 (GSS. 77) mit AusfAnw. vom 8. Juni 1898 (MinBl. S. 133). Es handelt von der Einrichtung des Voranschlags und dessen Mitteilung an die Oberrechnungskammer, die Handhabung desselben sowie Abschluß- und Rechnungslegung (Erläuterungswerk von Schreiber, 2. Aufl., 1907, und Otto Schwarz, Formelle Finanzverwaltung in Preußen und im Reich 1907). Das Voranschlagsjahr ist zur Erleichterung der rechtzeitigen Fertigstellung auf die Zeit vom 1. April bis 31. März verlegt worden (G. vom 29. Juni 1876 [GSS. 177]; Einzelheiten bei Meyer-Anschütz a. a. O., Giese S. 257 f.). Für jedes Jahr müssen die Einnahmen und Ausgaben veranschlagt und auf den Haushaltsplan gebracht werden. Die Finanzperiode ist daher eine einjährige. Der Etat kann daher nicht für mehrere Jahre durch ein Gesetz geregelt werden. Dagegen ist richtig, daß in einer Sitzungsperiode des Landtags die Etats der beiden folgenden Jahre in zwei besonderen, je ein Jahr betreffenden Gesetzen festgestellt werden können (Arndt, PreußVerfUrk., 7. Aufl., S. 342). Durch Notverordnung kann nach geltendem Recht um so weniger der Etat festgestellt werden, als für den dringenden Fall Art. 64 aushilft. Für das bisherige Recht war die Frage streitig.

Zu Abs. 3.

5. Es sind hier zwei Angelegenheiten geregelt.

A. Für die Ausgabebewilligung, deren Grenzen, wie dargelegt durch Art. 63 Abs. 1, 84 und 81 Abs. 2 gezogen werden, wird bestimmt, daß sie regelmäßig für ein Rechnungsjahr statthaft sind, nur in besonderen Fällen können sie auch für eine längere Dauer bewilligt werden. Vom Einnahmebewilligungsrecht ist hier nicht die Rede, obwohl es — wenn auch nicht als Steuerbewilligungsrecht hinsichtlich der geltenden Steuern und Abgaben — besteht.

B. Verboten ist, in das Haushaltsgesetz aufzunehmen:

a) Vorschriften, die über das Rechnungsjahr hinausreichen, also dürfen zwar (nach Satz 1) in besonderen Fällen Ausgaben auch für eine längere Dauer als ein Jahr bewilligt werden, nicht aber kann die Einnahmebewilligung, soweit zulässig, sich auf eine längere Frist als das Rechnungsjahr beziehen. Freilich ist das nicht ganz zutreffend; natürlich ist es etwas anderes, wenn durch ein neues Gesetz neue Steuern bewilligt werden; dann gilt diese Einnahmebewilligung auch für spätere Jahre so lange, bis das betreffende Gesetz selbst aufgehoben wird.

b) Unzulässig sind im Haushaltsgesetz Vorschriften, die sich nicht auf die Einnahmen und Ausgaben des Staates oder ihre Verwaltung beziehen.

Damit sind alle Rechtssätze irgendwelcher Art ausgeschlossen. Den Inhalt des Haushaltsgesetzes können daher nur die in Einnahme und Ausgabe im Gleichgewicht befindlichen Einnahme- und Ausgabeposten bilden.

Ermächtigung des Staatsministeriums bei nicht rechtzeitiger Feststellung des Haushaltsplans.

Artikel 64.

Ist bis zum Schlusse eines Rechnungsjahrs der Haushaltsplan für das folgende Jahr nicht durch Gesetz festgestellt, so ist bis zu seinem Inkrafttreten das Staatsministerium ermächtigt:

1. alle Ausgaben zu leisten, die nötig sind,
   a) um gesetzlich bestehende Einrichtungen zu erhalten und gesetzlich beschlossene Maßnahmen durchzuführen,
   b) um die rechtlich begründeten Verpflichtungen des Staates zu erfüllen,
   c) um Bauten, Beschaffungen und sonstige Leistungen fortzusetzen, für die durch den Haushaltsplan eines Vorjahrs bereits Beträge bewilligt worden sind, sowie um unter der gleichen Voraussetzung Beihilfen zu Bauten und Beschaffungen oder sonstigen Leistungen weiter zu gewähren;
2. Schatzanweisungen bis zur Höhe eines Viertels der Endsumme des abgelaufenen Haushaltsplans für je drei Monate auszugeben, soweit nicht auf besonderem Gesetze beruhende Einnahmen aus Steuern, Abgaben und sonstigen Quellen die Ausgaben unter 1 decken.

Entw. § 45. — AusschBer. S. 7, 12. — AusschProt. Sp. 201 ff., 257—260, 313. — 2. VollBer. 13474, 13476 ff.

1. **Zur Entstehungsgeschichte.** Der Wortlaut der Vorschrift weicht, von redaktionellen Änderungen abgesehen, gegenüber dem Entw. in einem wesentlichen Punkte ab. Gegenüber der allgemeinen und sehr bedenklichen Ermächtigung des Staatsministeriums zur Ausgabe von Schatzanweisungen wurde eine Begrenzung vorgenommen „bis zur Höhe eines Viertels der Endsumme des abgelaufenen Haushaltsplans für je drei Monate". In dem Vorschlage, Schatzanweisungen ohne Begrenzung ausgeben zu lassen, erblickte man eine völlige Umstürzung des Kontrollrechts des Landtags; die Staatsschuldenverwaltung würde dadurch ganz vom Ermessen des Finanzministers abgehangen haben. Wenn der Vertreter der Staatsregierung geltend machte, daß bei fehlender Möglichkeit, im Notfall Schatzanweisungen auszugeben, der viel teuere Weg des Bankdiskonts eingeschlagen werden müsse, so wurde erwidert, daß 1% Zinsen statt jener Gefahr einer Beseitigung des Überwachungsrechts des Landtags ruhig übernommen würden. Im übrigen ist es noch nicht ausgemacht, daß der Bankkredit teurer arbeitet als der Schatzanweisungskredit. Auch von einem

dritten Wege war die Rede, daß die Staatsregierung einen Notetat vorlege mit einem einzigen Paragraphen, wonach sie ermächtigt wird, Schatzanweisungen in bestimmter Höhe für bestimmte Zwecke zu verwenden. Die Ermächtigung, Beihilfen zu Bauten, Beschaffungen oder sonstigen Leistungen zu gewähren, geht außerordentlich weit. Gegenüber den Bedenken der Finanzverwaltung, die sich ohne Ermächtigung zur Ausgabe von Schatzanweisungen außerstande erklärt, die laufenden Verpflichtungen des Staates zu erfüllen, insbesondere die Beamtenbesoldungen zu zahlen, einigte man sich auf die jetzige gesetzliche Fassung, nicht ohne Bedenken, weil jetzt zweierlei Arten von Schatzanweisungen geschaffen werden: solche, die auf gesetzlicher Regelung und auf Ermächtigung des Landtags beruhen, und solche, die nur auf Grund einer Anordnung des Finanzministers ausgegeben werden. Es bleibt abzuwarten, wie dies auf den Staatskredit einwirkt. Die Staatsschuldenverwaltung muß die Ausgabe von Staatspapieren, deren Verzinsung, Tilgung und Einlösung auf Grund gesetzlicher Grundlage oder auf Grund der Verordnung im Rahmen des Art. 64 nachprüfen.

2. Zum **Inhalt der Vorschrift** vgl. die Vorbemerkungen oben S. 202. Das Ausgaberecht der Regierung für den Fall des nicht rechtzeitigen Zustandekommens des Etatsgesetzes ist fest umschrieben. Es bezieht sich auf Ausgaben, die nötig sind:

a) um gesetzlich bestehende Einrichtungen zu erhalten und gesetzlich beschlossene Maßnahmen durchzuführen. „Gesetzlich" bedeutet hier „nach jeder Rechtsnorm", d. h. es kann sich auch um Verordnung, Sonderermächtigung u. dgl. handeln. „Einrichtungen" sind solche Veranstaltungen, die den Behördenapparat, das Beamtentum (vgl. oben zu Art 52 S. 180 f.), auf die Dauer berechnete Anstalten, wenn auch nur wirtschaftlicher Art, betreffen. Dagegen sind „Maßnahmen" mehr auf vorübergehende Bedürfnisse zugeschnittene Anordnungen, produktive oder vorbeugende Eingriffe in das Staatsleben; Einrichtungen müssen erhalten werden durch die Ausgaben, es handelt sich also nicht um neue Einrichtungen;

b) um die rechtlich begründeten Verpflichtungen des Staates zu erfüllen. Hier steht (im Gegensatz zu a) dem Staate immer ein Dritter als Vertragsteil gegenüber, z. B. bei Kauf- und Mietsverträgen, Bankdiskont, Anleihezinsen. Es geht hier um die Erfüllung schon vor dem Rechnungsjahr übernommener Verpflichtungen, nicht um Übernahme neuer;

c) um Bauten, Beschaffungen und sonstige Leistungen fortzusetzen, für die durch den Haushaltsplan eines Vorjahrs bereits Beträge bewilligt worden sind. „Beschaffung" ist in der Regel der Ankauf von beweglichen oder unbeweglichen Gegenständen. „Sonstige Leistungen" ermöglichen ein sehr weites Feld des Ermessens; es kann sich hier um vieles handeln, was weder mit „Bauten" noch mit „Beschaffung" etwas zu tun hat;

d) unter der gleichen Voraussetzung wie zu c um Beihilfen zu Bauten, Beschaffungen oder sonstigen Leistungen weiter zu gewähren. Es muß also schon eine etatmäßige Bewilligung in einem der früheren Rechnungsjahre stattgefunden haben. Beihilfen sind die in der Regel den öffentlichen

Körperschaften gewährten Summen zur Gründung, Fortführung oder Erhalten gewährten Summen im Interesse von Unternehmen des Verkehrs, der Landwirtschaft usw.

Bewilligung von Mitteln im Wege des Kredits.

Artikel 65.

Im Wege des Kredits dürfen Geldmittel nur bei außerordentlichem Bedarf und in der Regel nur für Ausgaben zu werbenden Zwecken beschafft werden. Eine solche Beschaffung sowie die Übernahme einer Sicherheitsleistung zu Lasten des Staates dürfen nur durch Gesetz erfolgen.

Entw. § 46. — AusschProt. Sp. 202 ff.

1. Geschichtliches.

a) Die a.preußVerfUrk. Art. 103 bestimmte: Die Aufnahme von Anleihen für die Staatskasse findet nur auf Grund eines Gesetzes statt. Dasselbe gilt von der Übernahme von Garantien zu Lasten des Staates. Immer ist zu unterscheiden, ob die Anleihen zu Verwaltungs- oder Finanzzwecken gemacht werden. Papiergeld kann ebenso wie eine Prämienanleihe nur noch auf Grund eines Reichsgesetzes ausgegeben werden, G. vom 18. Juni 1871 (RGBlS. 210), vom 30. April 1874 (RGBlS. 40); auch auf Aufnahme einer „schwebenden Schuld" fällt unter Art. 65 (Arndt, PreußVerfUrk., 7. Aufl., S. 349); G. über das Staatsschuldbuch vom 20. Juli 1883 (GSS. 120), geändert durch G. vom 24. Juli 1904 (GSS. 167), jetzt G. vom 2. Mai 1910 (GSS. 47).

b) Die a.RVerf. Art. 73 bestimmte: „In Fällen eines außerordentlichen Bedürfnisses kann im Wege der Reichsgesetzgebung die Aufnahme einer Anleihe sowie die Übernahme einer Garantie zu Lasten des Reichs erfolgen."

2. Geltendes Recht. Nach der RVerf. Art. 87, die mit dem vorliegenden Art. 65 übereinstimmt, ist nicht nur die Anleihe, sondern jede Geldbeschaffung im Wege des Kredits, z. B. Ausstellung und Annahme von Wechseln, sonstige Kreditgeschäfte, der folgenden Voraussetzungen bedürftig:

a) Es muß sich um einen außerordentlichen Bedarf handeln, wenn die ordentlichen Einnahmen nicht ausreichen und in der Regel nur zu werbenden Zwecken, z. B. Eisenbahnen, Fabriken, Kanäle, aber nicht zur Deckung eines Fehlbetrags; ordentlicher (laufender) Finanzbedarf und unproduktive Ausgaben können nur im Wege des ordentlichen Etats gedeckt werden.

b) Es bedarf eines formellen Gesetzes, das die Grundlage für die Tätigkeit der Finanzverwaltung ist, die sich mit den Anleihegläubigern im Wege des zivilrechtlichen Vertrags verständigt.

c) Bei der Garantieübernahme (Sicherheitsleistung für fremde Schuld) ist nur die letztere Bedingung vorgesehen. Eine Notverordnung ist unzulässig. Die Staatsregierung kann in der laufenden Verwaltung nur

Bürgschaften innerhalb der laufenden Verwaltung übernehmen, für die sie niemals ein Gesetz gebraucht hat. Die bisherige Praxis wird durch den Art. 65 gedeckt. Das Gesetz gibt die rechtliche Grundlage, auf die sich der ausführende Verwaltungsakt des Finanzministers stützt, mag es sich um fundierte Schuld (durch Schuldverschreibungen) oder schwebende Schuld handeln. Vgl. Art. 64.

Berücksichtigung der Deckung der Mehrausgaben bei den Beschlüssen des Landtags.

Artikel 66.

Beschlüsse des Landtags, welche Mehrausgaben außerhalb des Haushaltsplans in sich schließen oder für die Zukunft mit sich bringen, müssen zugleich bestimmen, wie diese Mehrausgaben gedeckt werden.

Entw. § 47. — AusschProt. Sp. 203, 313.

Vgl. Art. 63 Abs. 1 und dazu Erltg. 2 oben S. 199 f. Es handelt sich um außeretatmäßige Ausgaben, sei es auf die im Plane und in den Spezialetats festgestellten Titel, sei es ohne solche Titel in Betracht kommenden. Für diese ist ebenfalls die Pflicht der Deckung durch den Landtag vorgesehen, so daß auch hier eine Begrenzung des Ausgabebewilligungsrechts vorliegt.

Haushaltsüberschreitungen und außerplanmäßige Ausgaben.

Artikel 67.

(1) Zu Haushaltsüberschreitungen und außerplanmäßigen Ausgaben ist die nachträgliche Genehmigung des Landtags erforderlich, die im Laufe des nächsten Rechnungsjahrs eingeholt werden muß.

(2) Haushaltsüberschreitungen und außerplanmäßige Ausgaben bedürfen der Zustimmung des Finanzministers. Sie darf nur im Falle eines unvorhergesehenen und unabweisbaren Bedürfnisses erteilt werden.

Entw. § 48. — AusschProt. Sp. 203 ff.

1. **Zur Entstehungsgeschichte. Begriff der Etatsüberschreitungen und Mehrausgaben.** Nach der a.preußVerfUrk. Art. 104 Abs. 1 ist zu Etatsüberschreitungen die nachträgliche Genehmigung der Kammern erforderlich gewesen. Etatsüberschreitungen sind nach § 19 Abs. 1 des G. über die Oberrechnungskammer vom 27. März 1872 (GS. 278) nur, aber auch alle Mehrausgaben, welche gegen die einzelnen Kapitel und Titel des Staatshaushaltsetats oder gegen die von der Landesvertretung genehmigten Titel der Spezialetats stattgefunden haben, es sei denn, daß einzelne Titel in den Etats ausdrücklich als übertragbar bezeichnet sind und bei solchen die Mehrausgaben bei einem Titel durch Sonderausgabe bei anderen ausgeglichen werden. Als Spezialetat in diesem Sinne ist jede Position zu verstehen, welche einer selbständigen Beschlußfassung der Landesvertretung

unterlegen hat und als Gegenstand einer solchen im Etat erkennbar gemacht ist. Als Mehrausgaben gelten auch verfrühte oder verspätete Ausgaben. (KompatibilitätsG. vom 11. Mai 1898 § 13; Arndt, RStR. S. 492 f). Weder die alte noch die neue RVerf. hat eine entsprechende Bestimmung. Nach Reichsrecht sind für die Überschreitungen die Beamten, sofern der Reichstag nicht nachträglich (Gesetzesform ist nicht notwendig) genehmigt, persönlich haftbar (Giese S. 260). Das Reichshaushaltsgesetz für das Rechnungsjahr 1919 vom 31. Oktober 1919 (RGBlS. 1839) § 9 bestimmtes: „Haushaltsüberschreitungen und außerplanmäßige Ausgaben bedürfen der vorherigen Zustimmung des Reichsministers der Finanzen. Sie darf nur im Falle eines unabweisbaren Bedürfnisses erteilt werden. Beamte, die ohne diese Zustimmung eine Zahlung über den Haushaltsplan hinaus anweisen, machen sich der Reichskasse gegenüber persönlich haftbar."

Zu Abs. 1.

2. Diese verfassungsrechtlichen Regelungen stellen die Vorbilder für Art. 67 dar. Dieser hat im Abs. 1 **die nachträgliche Genehmigung des Landtags zu Haushaltsüberschreitungen und außerplanmäßigen Ausgaben** und ferner vorgeschrieben, daß diese Genehmigung im Laufe des nächsten Jahres eingeholt werden muß. Zu beachten ist, daß nicht nur die Überschreitung des Haushalts, sondern auch außerplanmäßige Ausgaben erwähnt sind, d. h. solche, die durch den Landtag außerhalb des Haushaltsplans beschlossen worden sind (vgl. Art. 66); auch sie werden der Genehmigungspflicht unterworfen. Wenn die Genehmigung nicht oder nicht innerhalb des nächsten Rechnungsjahres erfolgt, sei es, daß sie nicht eingeholt, sei es, daß sie verweigert wird, so ist daran eine rechtliche Wirkung nicht geknüpft. Die Verweigerung oder Vorenthaltung der Entlastung durch den Landtag hindert nicht die Entlastung des Rechnungsführers durch die Oberrechnungskammer und die Staatsregierung (§ 17 des G. vom 27. März 1872); die für das bisherige Recht geltende Auffassung, die Arndt, RStR., S. 429 teilte, war jedoch bestritten. Jetzt wird die politische Lage, d. h. die Abhängigkeit des Staatsministeriums vom Landtag, Konflikte wahrscheinlich meist hintanhalten; andererseits kann der Landtag durch sein Mißtrauensvotum (Art. 57) den Rücktritt des verantwortlichen Ministers erzwingen. Durch die in Art. 64 gegebene Ermächtigung wird, normale Zeite nvorausgesetzt, die Frage der Etatsüberschreitung ohnedies geringere Bedeutung haben, wenn sie auch natürlich nicht von der rechtzeitigen Fertigstellung des Etats abhängt. Die Auffassung, daß der Landtag gebunden sei, die Genehmigung zu erteilen, wenn die Mehrausgabe gesetzlich oder sonst notwendig ist, läßt sich zwar in dieser Allgemeinheit nicht billigen; aber auch hierzu ist Art. 64 als Aushilfe anzusprechen.

Zu Abs. 2.

3. Die hier getroffene Regelung ist aus gewohnheitsrechtlichen Bildungen herausgewachsen. Vgl. oben Erltg. 1 am Schlusse. Zweierlei wird hier festgesetzt:

a) Haushaltsüberschreitungen und außerplanmäßige Ausgaben (s. hierüber Erltg. 2) bedürfen der Zustimmung des Finanzministers.

Der Grund für die Bestimmung lag in der Überzeugung, daß, wenn einzelne Ressorts Ausgaben machten ohne den Finanzminister, der nachher die Verantwortlichkeit für den Etat trägt, überhaupt zu fragen, dadurch ein unhaltbarer Zustand geschaffen würde. Andererseits ist nach zwei Richtungen das Bedürfnis einer Abschätzung des Grundsatzes gegeben.

aa) Es trifft die Vorschrift nicht kleine Ausgaben im Betriebe, die auf der Vereinbarung mit dem Finanzminister beruhen, sondern um große Meliorationen, Bauten, Einstellung von Beamten.

bb) Es läßt sich bei Gefahr im Verzuge eine vorherige Verhandlung nicht herbeiführen. So hat insbesondere der Minister für Handel und Gewerbe betont, wenn die Bergverwaltung jedesmal, wenn eine Etatsüberschreitung drohe, erst mit dem Finanzminister verhandeln müßte, würden manchmal sehr große Gefahren für den Betrieb entstehen können. Unter Umständen müsse sogar den Bergdirektionen die Befugnis gegeben werden, auf eigene Gefahr Gelder zu bewilligen, wenn in der Grube Gefahr droht. Deshalb ist auch in Art. 67 nicht eine vorherige Zustimmung des Finanzministers vorgesehen. Wertvoll war auch der Hinweis des Ministers für Handel und Gewerbe darauf, daß es überhaupt fraglich sei, ob eine bureaukratische Führung der staatlichen Betriebe in Zukunft noch aufrechterhalten werden könne. Das Reich und auch die Gemeinden seien dazu übergegangen, ihre Betriebe in Aktiengesellschaften umzuwandeln. Ein solcher Etat werde nicht so spezialisiert wie ein staatlicher. Auch bei den Bergverwaltungen wird man große Summen zusammenfassen müssen. In diesen Zeiten der Syndizierung und Sozialisierung habe man vielfach gar nicht mehr den Einfluß auf den Etat, weil diese Dinge von anderen Stellen aus geleitet würden. In Zeiten von Lohnbewegungen kommen manchmal Verständigungen zustande, die große Summen erfordern, während sonst Streik zu gewärtigen wäre (AusschProt. Sp. 203). Art. 67 darf keine Gebundenheit schaffen, indem er wörtlich ausgelegt wird. Möglich ist auch, daß der Handelsminister vom Finanzminister einen Kredit beansprucht und mit ihm eine Vereinbarung trifft. Die geltend gemachten Bedenken werden m. E. dadurch im wesentlichen ausgeschaltet, daß nach Art. 69 für ertragswirtschaftliche Unternehmungen eine abweichende Regelung vorgesehen worden ist.

b) Für Haushaltsüberschreitungen und außerplanmäßige Ausgaben darf der Finanzminister den Behörden nur im Falle eines vorübergehenden und unabweisbaren Bedürfnisses die Zustimmung erteilen. Sie müssen diese Zustimmung auch schon dann einholen, wenn der einzelne Kassenetat überschritten werden soll oder schon überschritten ist. Vgl. hierzu die Ausführungen zu a und Art. 69.

Prüfung der Rechnungen über den Haushaltsplan. Entlastung.

Artikel 68.

Die Rechnungen über den Haushaltsplan werden von der Oberrechnungskammer geprüft und festgestellt. Die allgemeine Rechnung über den Haushalt jedes Jahres und eine Übersicht der Staatsschulden werden mit den Bemerkungen der Oberrechnungskammer zur Entlastung des Finanzministers dem Landtage vorgelegt.

Entw. § 49. — AusschProt. Sp. 204 ff., 255, 313. — 2. VollBer. StenBer. Sp. 13478.

1. **Geschichtliche Vorbilder.** Die a.preußVerfUrk. Art. 104 Abs. 2 und 3 lautete: „Die Rechnungen über den Staatshaushaltsetat werden von der Oberrechnungskammer geprüft und festgestellt. Die allgemeine Rechnung über den Staatshaushalt jeden Jahres, einschließlich einer Übersicht der Staatsschulden, wird mit den Bemerkungen der Oberrechnungskammer zur Entlastung der Staatsregierung den Kammern vorgelegt (Abs. 2); ein besonderes Gesetz wird die Einrichtung und die Befugnisse der Oberrechnungskammer bestimmen (Abs. 3). Es ist dies das G. vom 27. März 1872 (GSS. 278), Reglement vom 22. September 1873 (GSS. 458) nebst Nachtrag vom 27. April 1874 (GSS. 294) und vom 11. Mai 1877 (GSS. 130). Die a.RVerf. Art. 72 besagte: „Über die Verwendung aller Einnahmen des Reichs ist durch den Reichskanzler dem Bundesrat und dem Reichstage zur Entlastung jährlich Rechnung zu legen." Die Kontrolle des Reichshaushalts führte eine Abteilung der preuß. Oberrechnungskammer unter der Benennung „Rechnungshof des Deutschen Reiches" seit dem Bundesgesetz vom 4. Juli 1868 (BGBlS. 433), dessen Geltung alljährlich weiter erstreckt wurde, sodann nach dem ReichskontrollG. vom 21. März 1910 (RGBlS. 521). Entsprechend schreibt RVerf. Art. 86 jetzt vor: „Über die Verwendung aller Reichseinnahmen legt der Reichsfinanzminister in dem vorliegenden Rechnungsjahre zur Entlastung der Reichsregierung dem Reichsrat und dem Reichstag Rechnung. Die Rechnungsprüfung wird durch Reichsgesetz geregelt."

2. Literatur: Arndt, DRVerf., 5. Aufl., S. 365 f.; Dambitsch S. 657 ff.; Meyer-Anschütz, StR., 7. Aufl., S. 923 ff.; Laband, RStR., 5. Aufl., 4 558 ff.; Bellardi, Die staatsrechtliche Entlastung nach preußischem und Reichsstaatsrecht (Abhandlungen aus dem Staats-, Verwaltungs- und Völkerrecht, hgg. von Zorn und Stier-Somlo, Bd. VII Heft 3 (1910); Thrän in Annalen des Deutschen Reichs 1902 S. 481 ff., 1903 S. 1 ff., 81 ff.

3. Die Vorschrift des vorliegenden Art. 68 ist vom Entw. an nur redaktionell, nicht sachlich geändert worden. Ein im Ausschuß gestellter Antrag, einzufügen „Der Präsident und die Mitglieder der Oberrechnungskammer dürfen nicht Mitglieder des Landtags und des Staatsrats sein", ist abgelehnt worden. Es sind daher auch diese Personen wählbar, ebenso die Mitglieder

der Staatsschuldenverwaltung, des Wahlprüfungsgerichts und des Staatsgerichtshofs. Dies gilt auch für den Direktor beim Landtage sowie auch die anderen Gehilfen des Landtags.

4. Geltendes Recht.

A. Wie nach bisherigem Recht werden die **Rechnungen über den Haushaltsplan von der Oberrechnungskammer geprüft und festgestellt.** Die Oberrechnungskammer ist als „Generalrechenkammer" 1717 durch Friedrich Wilhelm I. zur selbständigen Überwachung der gesamten Staatswirtschaft gegründet worden. Seit Erlaß der a.preußVerfUrk. hat sie die Kontrolle des gesamten Staatshaushalts. Die Rechnungen über diesen hat sie zu prüfen und festzustellen, die Ab- und Zugänge im Staatseigentum sowie die Verwaltung der Staatsschulden zu überwachen. Sie hat also neben jener Aufgabe der Kontrolle der gesamten Staatswirtschaft die Eigenschaft eines Hilfsorgans des Landtags. An dieser rechtlichen Stellung hat sich durch die Staatsumwälzung nichts geändert; das G. vom 27. März 1872 (s. oben Erltg. 1) gilt weiter (vgl. auch Art. 81 Abs. 2).

B. **Dem Landtag werden jedes Jahr vorgelegt,** d. h. es müssen vorgelegt werden:

a) die allgemeine Rechnung über den Haushalt jedes Jahres,

b) eine Übersicht der Staatsschulden,

beides mit den Bemerkungen der Oberrechnungskammer. Nach § 18 des G. vom 27. März 1872 haben sich die Bemerkungen darauf zu beziehen,

1. ob die in der Rechnung aufgeführten Beträge in Einnahme und Ausgabe mit denjenigen übereinstimmen, welche in den revidierten Kassenrechnungen nachgewiesen sind;

2. ob und inwieweit bei der Vereinnahmung und Verausgabung oder Verwendung von Staatsgeldern oder bei der Erwerbung, Benutzung und Veräußerung von Staatseigentum, Abweichungen von den Bestimmungen des gesetzlich festgestellten Staatshaushaltsetats oder der von der Landesvertretung genehmigten Titel des Spezialetats (§ 19) oder von den mit einzelnen Positionen des Etats verbundenen Bemerkungen oder von den Bestimmungen der auf die Staatseinnahmen und Staatsausgaben oder auf die Erwerbung, Benutzung und Veräußerung von Staatseigentum bezüglichen Gesetzen stattgefunden haben;

3. zu welchen Etatsüberschreitungen im Sinne des Art. 104 der a.preußVerfUrk. (vgl. jetzt VerfUrk. Art. 67) sowie zu welchen außeretatmäßigen Ausgaben (s. jetzt daselbst) die Genehmigung des Landtags noch nicht beigebracht ist. Die Bemerkungen der Oberrechnungskammer können den Landtag zu tadelnden Bemerkungen oder gar zur Verweigerung der Entlastung bestimmen. **Der Zweck der Vorlegung ist die durch Beschluß des Landtags erfolgende Entlastung des Finanzministers,** durch die die parlamentarische Rechnungskontrolle der Volksvertretung gegenüber der Finanzverwaltung zum Abschlusse kommt. Mit der Erteilung der Entlastung wird der Finanzminister für das Etatjahr politisch von jeder weiteren Verantwortlichkeit frei; aber auch staatsrechtlich, während nach bisherigem Rechte, beim Fehlen der Ausgestaltung der Ministerverantwortlichkeit, eine

solche Folge nicht bestand. Privatrechtliche Wirkungen hat die Entlastung nicht; sie ist unwesentlich für die Rechte und Pflichten der Staatsgläubiger. Wird die Entlastung nicht erteilt, dann können sich die politischen Wirkungen in der Erteilung des Mißtrauensvotums und im Rücktritt des Ministers (Art. 57), unter Umständen auch in der Ministeranklage (Art. 58) zeigen. Ein Rückgriff auf den schuldigen Beamten, von dem der fragliche Betrag eingezogen werden kann, muß vorbehalten bleiben. Daß aber die Versagung der Entlastung **nur** diese Folge haben kann, wie Arndt, RVerf. 1919 S. 14, behauptet, ist unzutreffend. Sehr bezeichnend ist es, daß während nach RVerf. Art. 86 der Reichsfinanzminister nicht nur dem Reichstage, sondern auch dem Reichsrat Rechnung zu legen hat, der preuß. Finanzminister nur dem Landtage, nicht gleichzeitig dem Staatsrate. Ferner ist vorgesehen, daß die Rechnungsprüfung durch Reichsgesetz neu geregelt wird, während für das preuß. Recht in der VerfUrk. eine ähnliche Bestimmung fehlt.

Ertragswirtschaftliche Staatsunternehmungen.

Artikel 69.

Das Finanzwesen der ertragswirtschaftlichen Unternehmungen des Staates kann durch Gesetz abweichend von den Vorschriften der Artikel 63 bis 68 geregelt werden.

AusschBeschl. § 46a. — AusschBer. Sp. 13. — AusschProt. Sp. 313. — 2. VollBer. Sp. 13478—13481.

Die Vorschrift ist im deutschen Verfassungsrecht neu. Die Beweggründe ergeben sich aus den Darlegungen zu Art. 64 oben S. 202 f. Der Zweck ist der, die Staatsregierung bezüglich der kaufmännischen Bewirtschaftung der ertragswirtschaftlichen Unternehmungen des Staates freier zu stellen und ihr die Möglichkeit zu geben, werbende Staatsbetriebe, wie Domänen, Forsten, Bergwerke, Salinen, Bäder usw., entsprechend der jeweiligen Geschäftslage nach kaufmännischen Gesichtspunkten zu leiten, ohne durch das Erfordernis eines verfassungsändernden Gesetzes hierin gehemmt zu sein. Eine Beeinträchtigung des Aufsichtsrechts des Landtags sollte dadurch nicht erfolgen. Der Finanzminister hat in Aussicht gestellt, daß erforderlichenfalls Mitglieder des Landtags in die Verwaltungsräte eintreten sollen, um das Aufsichtsrecht des Landtags zu wahren. Durch diese Regelung können große Ersparnisse erzielt werden. Z. B. war 1920 der Landesversammlung zum Bergetat mitgeteilt worden, daß wegen der Verzögerungen, die der Behördengang mit sich gebracht hatte, ein Gebäude, das ursprünglich mit 60000 M. veranschlagt war, bei der sprunghaften Steigerung der Preise schließlich auf 500000 M. gestiegen ist, und daß diese Differenz hätte vermieden werden können, wenn die einzelne Betriebsverwaltung in der Lage gewesen wäre, selbständig zu handeln. Es kann sich aber auch um Maschinen, Ausgaben bei Betriebsstörungen handeln (StenBer. S. 13479 ff.). Streng zu achten ist jedoch darauf, daß nicht jedes einzelne Werk seinen Haushaltsplan hat, über den keine Kontrolle mehr besteht; der Staatshaushaltsplan muß als Ganzes aufgelegt werden, darf sich nicht in einzelne Pläne auflösen. Der Landtag behält auch weiter die Möglichkeit und das Recht, über Einzelheiten der Verwaltung Kenntnis zu erhalten und in gewissen wichtigen Fällen auch vom Einspruchs- und Genehmigungsrecht Gebrauch zu machen.

Abschnitt VIII.

Vorbetrachtungen. **Die Selbstverwaltung.**

I. Wie die Einfügung des Staatsrats in die preuß. Verfassung im engsten Zusammenhang mit dem Gedanken der Erweiterung der provinziellen Autonomie stand, so weisen beide auf die Schicksalsfrage Preußens und des Reiches hin: die Möglichkeit der Erhaltung des jetzigen Gesamtbestandes als eines Großstaates, jedoch durch eine Lockerung der starren Zentralisation und Herstellung eines leicht federnden Gleichgewichts zwischen den in ihrer landsmannschaftlichen Eigenart und wirtschaftlichen Bedeutung sehr verschiedenen Provinzen, deren politische Geltung gegenüber dem bisherigen Rechte eine viel größere werden soll. Unverkennbar ist die Verknüpfung mit RVerf. Art. 18, der die Neugliederung des Reichs vorsieht, die unter möglichster Berücksichtigung des Willens der beteiligten Bevölkerung der wirtschaftlichen und kulturellen Höchstleistung des deutschen Volkes dienen soll. Der Ablauf der zweijährigen Sperrfrist bis zum 14. August 1921 (RVerf. Art. 167) steht bevor. Von der Ausgestaltung dieser provinziellen Autonomie wird viel abhängen (vgl. zu Art. 1 Abs. 2 oben S. 46—53, Vorbetrachtungen zum Abschnitt IV über den Staatsrat oben S. 151—154). Bis Ende Januar 1921 ist die Provinzialautonomie in neuem Sinne gesetzlich nur für Oberschlesien sichergestellt (s. oben S. 50—53), alles übrige befindet sich noch im Stadium der Vorbereitungen. Jedoch sei hingewiesen auf den Entw. eines G. über Erweiterung der Selbständigkeitsrechte der Provinzialverbände vom 14. Juli 1919 (Drucks. Nr. 604); dazu Zusammenstellung der Beschlüsse der verfassunggebenden preuß. Landesversammlung in zweiter Beratung (Drucks. Nr. 1170). Abgesehen von der Zulassung einer anderen Unterrichtssprache neben der deutschen für fremdsprachige Volksteile, wobei für den Schutz deutscher Minderheiten ausreichende Fürsorge zu treffen ist, und Zulassung einer anderen Amtssprache in gemischtsprachigen Landesteilen — diese Vorschrift findet sich jetzt in der VerfUrk. Art. 73 —, sind die Provinziallandtage berechtigt, Provinzialstatuten über folgende Angelegenheiten zu beschließen: über Beginn und Ende der Schulpflicht, über Schulversäumnisstrafen, über Besonderheiten des Provinzialverfassungsrechts, soweit das Gesetz auf statuarische Regelung verweist oder keine ausdrücklichen Vorschriften enthält. Das gleiche gilt für das provinzielle Gemeinde- und Kreisrecht, soweit es sich um die Aufrechterhaltung bestehender Zustände handelt; über die Einrichtung von Beiräten, die den Oberpräsidenten, Regierungspräsidenten und Leitern der staatlichen Polizeiverwaltungen innerhalb der Provinz beizugeben sind. Die Beiräte sind in Fragen von grundsätzlicher

Bedeutung gutachtlich zu hören. Sie werden durch den Provinziallandtag nach dem Grundsatze der Verhältniswahl gewählt. Durch Provinzialstatut sind die weiteren Anordnungen über die Zusammensetzung der Beiräte zu regeln. Die Provinzialstatuten müssen sich innerhalb der bestehenden Gesetze halten und unterliegen der Bestätigung durch die Staatsregierung. Vor Besetzung der Stellen der Oberpräsidenten, Regierungspräsidenten und der Leiter der staatlichen Polizeiverwaltungen innerhalb einer Provinz ist der Provinzialausschuß zu hören (vgl. jetzt VerfUrk. Art. 86). Eine scharfe Kritik dieses Autonomieentwurfs gibt Schmittmann, Preußen-Deutschland oder deutsches Vaterland? 1920 S. 66 ff.; s. aber auch Felix Rachfahl, Preußen und Deutschland 1919, der nicht für die Auflösung des alten Preußens eintritt, sondern lediglich das Problem vom historisch-politischen Standpunkt aus beleuchtet und die Gründe kritisch erörtert, die unter diesem Gesichtspunkte nach der einen oder anderen Seite geltend gemacht werden können. In der Schrift „Grundzüge einer Verwaltungsreform" von Staatsminister Dr. Drews, Kommissar zur Vorbereitung der Verwaltungsreform (Amtliche Ausgabe), 1919, wird zwar nicht die Frage der Autonomie der Provinzen, wohl aber die Aufrechterhaltung aller Provinzen in ihrem bisherigen Umfange verteidigt (S. 19 ff.). Bei der Beratung des Staatsrats wurde die Bedeutung der Provinzen und ihre Ansprüche viel erörtert; vgl. insbesondere die Verhandlungen der verfassunggebenden preuß. LandesV. in der 1. VollBer. StenBer. Sp. 11002—11024, 11109—11146; AusschProt. Sp. 39—82, 94—96, 177—183, 185—195, 260—271, 312; 2. VollBer. StenBer. Sp. 13348, 13353—13357, 13366 bis 13434. Die einläßlichste Erörterung fand aber die Frage der Provinzialautonomie bei Gelegenheit der Beratung des Abschnittes VIII zu den §§ 58, 59 des Entw. im Ausschuß; s. dessen Prot. Sp. 207—226, 242, 277—286, 300—308, ferner in der 2. VollBer. StenBer. Sp. 13485 bis 13497, 13510—13558. Wie die Regelung der Rechte der Provinzen in der VerfUrk. erfolgte, ist bei den Erläuterungen zu den folgenden Artikeln dargetan. Es ist bei der VerfBer. auch eine Entschließung angenommen worden, die Staatsregierung zu ersuchen:

1. mit tunlichster Beschleunigung in Ausführung des (jetzigen) Art. 71 Abs. 2 eine Vorlage zu machen, durch welche die Erweiterung der an die Provinzen überwiesenen Aufgaben und Befugnisse durchgeführt wird;

2. die Durchführung der in Art. 71 Abs. 2 vorgesehenen Gesetzgebung soll die Bestellung eines unmittelbaren Staatsorgans für die Staatsaufsicht und für die dem Staate als solchen vorbehaltenen Angelegenheiten in den Provinzen nicht ausschließen.

Entsprechend der Erklärung des Ministers des Innern hat das preuß. Staatsministerium am 15. Januar 1921 in Erfüllung der in der VerfUrk. gegebenen Zusage den vorläufigen Entwurf eines Gesetzes über die Erweiterung der Selbständigkeitsrechte der Provinzen (im Preußischen Pressedienst) veröffentlicht. Dieser Vorentwurf wird zunächst den am 20. Februar 1921 zu wählenden Provinziallandtagen zur Begutachtung vorgelegt werden. Auf Grund der Stellungnahme der Provinziallandtage wird die preuß. Staatsregierung sodann in der Lage sein, dem neu gewählten preuß. Landtage einen endgültigen Entw. eines Autonomiegesetzes vorzulegen. Der Entw. vom 14. Juli 1919 (s. oben S. 211) ist daher formell erledigt. Es ist jedoch von besonderem wissenschaftlichen und praktischen Interesse, die Auffassung, die jenem Entw. zugrunde gelegen und auch im VerfAussch. zur Geltung gebracht worden ist, nach dem Gedanken des maßgebenden Wortführers der Reform, des bereits erwähnten Staatsministers Dr. Drews, kennenzulernen und sie der aus dem Vorentwurf vom 15. Januar 1921 ersichtlichen Auffassung gegenüberzustellen. Erst so rundet sich das gegenwärtig erkennbare Bild vom Stande des Problems der Provinzialautonomie.

1. Jener Staatsmann hat (a. a. O., auch im VerfAusschProt. Sp. 277 bis 282 und in der Köln. Ztg. vom 16. Oktober 1920 Nr. 878) die sofortige entschlossene Inangriffnahme der Provinzialautonomie für Preußen als eine schwerwiegende Schicksalsfrage bezeichnet. Schon seit Jahrzehnten werde in Preußen eine durchgreifende organische Verwaltungsreform gefordert. Die Umwälzung unserer Staatsverhältnisse habe diese Forderung um so dringender werden lassen. Umfassende echte Selbstverwaltung sei 1808 nur den Städten gewährt, das Selbstbestimmungsrecht der Landgemeinden wurde auch später in engen Grenzen gehalten (LGO. vom 3. Juli 1891). Die Selbstverwaltung der Kreise ist von jeher noch beschränkter geblieben. In der Provinzialinstanz sind Selbstverwaltungsangelegenheiten und Staatsverwaltungsangelegenheiten streng geschieden geblieben; erstere werden von den Organen des Provinzialverbandes, letztere ausschließlich von unmittelbaren Staatsbehörden (Oberpräsident und Regierungspräsident usw.) verwaltet; Auftragsangelegenheiten sind den Provinzialverbänden **überhaupt nicht** übertragen. Die Tendenz unserer Entwicklung gehe unverkennbar dahin, daß das **Prinzip umfassender echter Selbstverwaltung für die eigenen wie für die staatlichen Angelegenheiten jedes Bezirks**, auch für die Kreis- und Provinzialinstanz, zur Durchführung gebracht wird. Die engeren und weiteren Gesamtpersönlichkeiten, aus denen unser Staat sich zusammensetzt, seien mündig geworden und verlangen das Recht freier Selbstbestimmung, nicht nur in ihren eigenen Angelegenheiten, sondern auch das Recht organischer auftragsweiser Selbstmitwirkung in den sie betreffenden staatlichen Angelegenheiten.

„Daß die Durchführung einer derartigen umfassenden Selbstverwaltung, die — vorbehaltlich bestimmter Ausnahmen — einen Ersatz der bisherigen unmittelbaren Staatsbehörden in der preußischen und Provinzialinstanz durch von diesen Verbänden selbst bestellten Beamten- und Behörenapparat mit sich bringen würde, mit dem Fortbestehen eines starken Staates, der sich nach wie vor durch die Gesetzgebung seines zentralen Parlaments und die Exekutive der zentralen Ministerialgewalt sehr wirksam zu betätigen vermag, durchaus vereinbar ist, beweist deutlich das Beispiel Englands während der vergangenen Kriegsjahre, in dem ein staatlicher Verwaltungsapparat in der Provinz, wie wir ihn bisher haben, überhaupt nicht besteht. Die Einwendungen, die heute gegen eine derartige Dezentralisation und Dekonzentration der Staatsgewalt geltend gemacht werden, gleichen zum Verwechseln den Einwendungen, die seinerzeit gegen die Idee der Steinschen Städteverordnung erhoben wurden. Die Gründung vieler Hunderter von Städterepubliken, welche ihre eigenen Anglegenheiten ganz unabhängig und die ihren Bezirk betreffenden staatlichen Angelegenheiten auftragsweise durch von ihnen bestellte Beamte verwalten sollten — so meinten damals zahlreiche um das Wohl des Vaterlandes ernst besorgte Männer —, müsse notwendig zur Auflösung des preußischen Staates überhaupt führen. Die tatsächliche Entwicklung hat ihnen unrecht gegeben. Nicht Zerfall, sondern neue Kraft und neues Leben war der Erfolg! . . .

„Auf dem Gebiet der legislativen Autonomie beziehen sich die Wünsche weiter Bevölkerungskreise vor allem auf das Gebiet der Schule, insbesondere auf die Konfessionalität der Schule, die dadurch bedingte Vorbildung der Lehrer, Gestaltung des Lehrstoffes usw. . . . Alle diese Dinge gehören zu den umstrittensten Fragen unserer Kulturpolitik. Sie werden gelöst werden müssen, können aber in den einzelnen Ländern erst gelöst werden, wenn das in Art. 142 ff. der RVerf. in Aussicht gestellte Reichsgesetz ergangen sein wird, durch das den Ländern vorgeschrieben wird, wie sie auf diesem Gebiete tun müssen und was sie tun dürfen. Erst dann wird es auch möglich sein, den Anteil der Provinzen an dem Erlaß bezüglicher provinzieller Rechtsnormen festzusetzen. Schon jetzt können aber verschiedene andere Materien des Schulrechts, z. B. die Einführung einer zweiten Schulsprache in gemischtsprachigen Gegenden, die Festsetzung der Dauer der Schulpflicht usw., der provinziellen Legilative überlassen werden. Verschiedene Rechtsmaterien hat bereits die bestehende staatliche Gesetzgebung nicht einheitlich für das gesamte Staatsgebiet, sondern in Anerkennung der provinziellen Sonderbedürfnisse für einzelne Provinzen besonders geregelt. Auf den meisten dieser Gebiete wird der Staat unbedenklich das Recht der Gesetzgebung (einschließlich des Rechts zur Änderung der bestehenden Staatsgesetze) den Provinzen übertragen können. In Betracht kommt hier das gesamte Wegerecht, sehr umfangreiche Gebiete des landwirtschaftlichen Rechts (Wald- und Forstpolizeirecht, Recht des landwirtschaftlichen Schulwesens, Recht der Interessentengemeinschaften, z. B. Haubergsgenossenschaften, Bullenhaltungsverbände usw.), ferner das Siedlungs-, Bebauungs- und Wohnungswesen, das Feuerwehrwesen, das Gebiet der Jugendfürsorge, Denkmal- und Heimatpflege usw., soweit die staatliche Gesetzgebung sich nicht ausdrücklich bestimmte Punkte vorbehält oder Mindestforderungen normiert.

Ausbau der administrativen Provinzialautonomie durch Erweiterung des Kreises der provinziellen Selbstverwaltungsangelegenheiten wird vor allem in der Richtung zu erfolgen haben, daß auf allen den Gebieten, auf denen die Provinz legislative Autonomie ausübt, ihr auch die Verwaltung dieser Gebiete als Selbstverwaltungsangelegenheit übetragen wird. Auch soweit die Provinz auf diesen und verwandten Gebieten (z. B. des Meliorationswesens) nicht selbst Rechtsnormen festsetzt, wird ihr die praktische Verwaltung in Ausführung der geltenden Staatsgesetze als Selbstverwaltungsangelegenheit in zahlreichen Fällen überwiesen werden können. Besonders eingehend wird die Frage zu prüfen sein, ob und welche Verwaltungsangelegenheiten polizeilichen Charakters von dem bisher für alle polizeilichen Angelegenheiten gültigen sachlichen Anweisungsrecht und der Verantwortlichkeit der staatlichen Zentralgewalt ausgenommen und zu Selbstverwaltungsangelegenheiten der Provinzen gemacht werden können.

Sehr umfassend wird der Ausbau der Provinzialautonomien durch Übertragung von Auftragsangelegenheiten sein müssen. Diese staatlichen Angelegenheiten würden dann also in der Provinzialinstanz künftig nicht mehr von unmittelbaren Staatorganen (Oberpräsident, Regierungspräsident usw.), sondern unter dem sachlichen Anweisungsrecht und der Verantwortung der Minister von dem in der Provinz bestellten Beamten- und Behördenapparat verwaltet werden. In Frage kommt hier in erster Linie das weite Gebiet der Polizei, soweit einzelne polizeiliche Angelegenheiten nicht dem Obigen gemäß zu Selbstverwaltungszwecken gemacht werden. Auch der bisherige, der Verwaltung einzelner Polizeizweige dienende unmittelbare staatliche Beamtenapparat (Kreisärzte, Kreistierärzte, Gewerbeinspektoren, Eichungsinspektoren usw.) würde dann durch einen geregelten Beamtenapparat zu ersetzen sein. Ausgenommen von der Übertragung. auch als Auftragsangelegenheit, wird für absehbare Zeiten das Gebiet der eigentlichen Sicherheitspolizei (d. h. des Schutzes von Person, Eigentum und Staatsordnung gegen gewaltsame Eingriffe) bleiben müssen. Die diesbezügliche Unsicherheit unserer inneren Verhältnisse hat uns dazu genötigt, einen umfangreichen staatlichen Sicherheitspolizeiapparat, der zur Aufrechterhaltung der Sicherheit nicht nur an einzelnen Orten, sondern im ganzen Lande dienen soll, ins Leben zu rufen. Dieser Apparat muß auch künftig, wenn anders er seinen Zweck erfüllen soll, organisatorisch und sachlich unmittelbar in der Hand des Staates bleiben. Im übrigen aber wird die Verwaltung der Polizei in der Provinzialinstanz restlos als Auftragsangelegenheit den Provinzialverbänden zu übertragen sein. Wie auf dem Gebiete der Polizei, so wird auch auf anderen Gebieten staatlicher Hoheitsrechte zu verfahren sein. Auch die Ausübung des staatlichen Schulaufsichtsrechts und des staatlichen Kommunalaufsichtsrechts wird in der Provinzialinstanz an Stelle der bisher zuständigen staatlichen Behörden (einschließlich der ihnen zugeordneten Beamten wie der staatlichen Kreisschulinspektoren) im Auftrage und nach Anweisung der staatlichen Zentralstellen von Behörden und Beamten der Provinz wahrzunehmen sein.

In unmittelbarer staatlicher Verwaltung durch direkte provinzielle Staatsbehörden würden außer der Sicherheitspolizei zweckmäßig verbleiben die großen staatlichen werbenden Betriebsverwaltungen (z. B. Domänen und Forsten); ferner diejenigen staatlichen Einrichtungen und Anstalten, deren Zweck und Bedeutung über die Grenzen der einzelnen Provinzen hinausgehen, z. B. Universitäten, Kunst- usw. Hochschulen, Verkehrsstationen, Landesgestüte usw. Die Verwaltung aller dieser Angelegenheiten würde in jeder Provinz einer staatlichen Behörde — etwa dem jetzigen Oberpräsidenten unter Beigabe des entsprechenden Beamtenstabes — verbleiben. Durch sie würde auch die Aufsicht darüber zu führen sein, daß die Provinz, die ihre gesetzlich übertragenen Aufgaben erfüllt, insbesondere die ihr übertragenen Auftragsangelegenheiten nach Maßgabe der von den zuständigen Ministern erteilten generellen oder speziellen Anweisungen erledigt."

2. Das hervorragendste Kennzeichen dieses Reformplanes ist daher, daß nicht nur die Selbstverwaltungsaufgaben der Provinz erweitert werden sollen, sondern daß die Provinzen durch eigene Organe die ihren Bezirk betreffenden staatlichen Angelegenheiten selbst verwalten sollen, soweit für diese nicht gesetzlich besondere Behörden bestellt würden. Mit Recht betont Moldenhauer, Die Stellung der Provinzen innerhalb des preuß. Staates (Köln. Zeitg. vom 31. Dezember 1920 Nr. 1092), daß in letzterem das Schwergewicht liegt. Heute bestünden als Behörden für die Durchführung der staatlichen Angelegenheiten die Landräte, die Regierungen und der Oberpräsident, für die Aufgaben der Selbstverwaltungen neben den Städten der Kreisausschuß und der Landeshauptmann bzw. Provinzialausschuß. Nach dem Vorschlage von Drews sollten den gemeindlichen und provinziellen Selbstverwaltungskörpern auch die Erledigung der staatlichen Aufgaben übertragen werden, soweit nicht besondere staatliche Behörden bestehen, z. B. die Sicherheitspolizei. Nur der Oberpräsident sollte als Staatskommissar, als Gesandter für die Provinz, mit einem kleinen Stabe erhalten bleiben. Das hätte zur Folge, „daß die Beamten der staatlichen Verwaltung durch solche der Provinz und der übrigen Kommunalverbände ersetzt worden wären, auch wäre die gesamte Schulverwaltung von den Regierungen und dem Oberpräsidium auf die Provinzen übergegangen".

3. Gegenüber so weitgehenden Forderungen kam es in der Landesversammlung zu heftiger Gegnerschaft und zu einem Kompromiß, wie er in der VerfUrk. Art. 71, 72 zum Ausdruck gelangt ist. Dieser Sachlage trägt dann Rechnung der Entwurf vom 15. Januar 1921, dessen Grundgedanken amtlich folgendermaßen zusammengefaßt wurden:

Bereits bisher war den Provinzen ein weiteres Betätigungsfeld auf dem Gebiete der Selbstverwaltung eingeräumt. Auf allen Gebieten, bei denen die Zuständigkeit nicht anderweitig geregelt ist, können sie sich auf Grund des ihnen zustehenden Rechts der Selbstverwaltung praktisch betätigen. Das trifft insbesondere für die Aufgaben auf wirtschaftlichem Gebiete und die Betätigung in der Wohlfahrtspflege zu. Über diese Betätigungsmöglichkeiten hinaus haben sodann die Reichs- und die neue preußVerf. den Provinzen wichtige politische Rechte eingeräumt. Hierher gehören insbesondere die Rechte auf Mitvertretung des Landes Preußen im Reichsrat und auf ausschließliche Benutzung des preußischen Staatsrats durch Vertreter der Provinzen, endlich auf Mitbestimmung bei der Besetzung der wichtigsten Verwaltungsposten in der Provinz. Auch die Zulassung einer anderen Unterrichtssprache in gemischtsprachigen Landesteilen ist in Zukunft in die Entscheidung der Provinz gelegt.

Nunmehr will der neue Gesetzentwurf das Programm des Art. 72 der preußVerf., in dem den Provinzen eine Erweiterung ihrer Zuständigkeit auf dem Gebiet der Verwaltung zugesagt ist, näher ausführen. Der Entwurf räumt den Provinzen neue Rechte sowohl auf dem Gebiete der provinziellen Gesetzgebung wie dem der Verwaltung ein. In Zukunft sollen auch die Provinziallandtage berechtigt sein, auf den ihnen durch das Autonomiegesetz übertragenen Gebieten bindende Rechtsnormen zugeben. Hierher gehört insbesondere der Erlaß von Ausführungsbestimmungen unter den näher im Gesetz bezeichneten Voraussetzungen sowie die gesetzliche Regelung solcher im Gesetz genannten Angelegenheiten, die wegen ihres Charakters oder ihrer örtlichen Eigenart sich besonders zu einer provinziellen Pflege eignen, wie das Wegerecht, das Forst- und Polizeirecht, das Recht der land- und forstwirtschaftlichen Interessentengemeinschaften (Realgemeinden, Haubergsgenossenschaften, Gehöftegesellschaften, Märkergesellschaften), das Erbrecht bäuerlicher Grundstücke, das Recht über das Feuerwehrwesen, das Recht der Jugendfürsorge, abgesehen vom Unterrichtswesen, sowie das Recht der Denkmal- und Heimatpflege.

Neben die Gewährung solchen Gesetzgebungsrechts an die Provinzen tritt eine wesentliche Erweiterung ihrer Zuständigkeit auf dem Gebiete der Verwaltung. Entsprechend der auch in der Verfassung vorgesehenen Einteilung ist hierbei zwischen Selbstverwaltungsangelegenheiten und Auftragsangelegenheiten zu unterscheiden. Der Kreis der ersteren, die die Provinzen im Rahmen der Gesetze ohne weiteren behördlichen Anweisungen der Zentralstellen nach eigener, freier pflichtmäßiger Entschließung verwalben können, erstreckt sich in vollem Umfange auf all die Gebiete, auf denen den Provinzen das Gesetzgebungsrecht zusteht. Daneben sollen den Provinzen als Auftragsangelegenheiten eine Reihe wichtiger staatlicher Aufgaben übertragen werden, deren Ausführung bisher den staatlichen Verwaltungsbehörden oblag. Diese Auftragsangelegenheiten bleiben wie bisher staatliche Angelegenheiten, lediglich ihre Ausführung findet in Zukunft durch provinzielle Organe statt. Wie bisher die staatlichen Behörden in der Provinz im allgemeinen, und zum Teil auch in Einzelfragen, der Anweisung der obersten Landeszentralbehörden unterstanden, so würden in Zukunft bezüglich dieser Auftragsangelegenheiten auch die provinziellen Organe den obersten Landeszentralbehörden unterstehen. Nach § 6 des G. handelt es sich hierbei um folgende Gebiete: das Kleinbahnwesen, die wichtigsten Gebiete des Wasserwesens, insbesondere das Meliorationswesen, die Baupolizei und das Fluchtlinienwesen, die Wohnungsfürsorge, das landwirtschaftliche Unterrichtswesen, das Gebiet der Arbeitsnachweise und der Berufsberatung, das Eichwesen.

Schließlich sieht der Gesetzentwurf die Einführung von Beiräten zunächst bei den Provinzialschulkollegien und den Regierungsabteilungen für Kirchen und Schulwesen vor. Diese Beiräte sind von den Provinziallandtagen nach dem Verhältniswahlrecht zu bestellen und verwalten ihr Amt ehrenamtlich. Ihre Mission ist, eine Mitwirkung der provinziellen Bevölkerung bei Verwaltungsmaßnahmen von allgemeiner oder für die Allgemeinheit besonderer Bedeutung herbeizuführen. Während diese Mitwirkung im allgemeinen der Natur der Sache entsprechend nur beratend sein kann, ist ihr bei solchen Verwaltungsmaßnahmen, die die Veränderung der Konfessionalität einer bestehenden Schule zum Gegenstande haben, ein Recht zur Zustimmung oder Ablehnung gesichert. Darüber hinaus können durch Provinzialgesetze Beiräte auch für die Ober- und Regierungspräsidenten behufs Mitberatung auf einzelnen Verwaltungsgebieten geschaffen werden.

Selbstverständlich werden den Provinzen durch die Übertragung der erwähnten neuen Zuständigkeit neue Lasten erwachsen. Bei der überaus ungünstigen Lage der Finanzen des Staates wie auch der Provinzen wird auch hier größte Sparsamkeit notwendig sein. Der Staat will den Provinzen, deren Unkosten bei der Ausführung der bisher von den staatlichen Organen durchgeführten Aufgaben in ihrer Gesamtheit voraussichtlich höher als die bisherigen staatlichen Aufwendungen sein werden, außer den für den Staat durch die Neuregelung ersparten Beträgen einen Zuschlag von 50 v. H. überweisen. Bei den Auftragsangelegenheiten verbleiben dem Staate dabei zu seinen Lasten naturgemäß alle diejenigen Ausgaben, die zur rein sachlichen Verwendung für die einzelnen Angelegenheiten bestimmt sind.

4. Bei der nicht zu übertreffenden Bedeutung der Provinzialautonomie für Preußen und das Reich sei hier wiedergegeben der nach den obigen amtlichen Ausführungen am 15. Januar 1921 veröffentlichte:

Gesetzentwurf über die Erweiterung der Selbständigkeitsrechte der Provinzen.

§ 1.

(1) Die Provinzialverbände sind befugt, durch Provinzialgesetz auf den in § 2 bezeichneten Gebieten für den Umfang der Provinz Vorschriften mit Gesetzeskraft zu erlassen:

(2) Den Provinzialgesetzen gehen vor:

1. Reichsgesetze,
2. Landesgesetze,

die entweder

a) künftig ergehen oder
b) auf anderen Gebieten ergangen sind.

Erlassene Provinzialgesetze treten insoweit außer Kraft.

(3) Rechte und Pflichten, die durch Provinzialgesetze begründet werden, müssen nach festen, gleichmäßigen Normen bemessen werden.

(4) Dem Reich und dem Staat können durch Provinzialgesetz andere Lasten oder Pflichten nicht auferlegt werden als diejenigen, welche sich für ihn als Eigentümer von Grundstücken oder als Unternehmer gewerblicher Betriebe nach den für Grundbesitzer und Gewerbetreibende allgemein geltenden Normen ergeben.

§ 2.

Der Regelung durch Provinzialgesetz unterliegen:

1. Ausführungsvorschriften zu Staatsgesetzen, soweit in diesen Gesetzen nichts anderes bestimmt ist, sowie zu Reichsgesetzen, soweit

der Erlaß solcher Vorschriften den Provinzen landesrechtlich übertragen ist;

2. Angelegenheiten, deren besondere Regelung für die einzelnen Provinzen zweckmäßig ist. Solche Angelegenheiten sind bis auf weiteres:

a) das Wegerecht,

b) das Feld- und Forstpolizeirecht,

c) das Recht der land- und forstwirtschaftlichen Interessentengemeinschaften (Realgemeinden, Hauberggenossenschaften, Gehöferschaften, Märkerschaften, Jahnschaften usw.) mit Ausnahme der Wassergenossenschaften,

d) das Erbrecht bäuerlicher Grundstücke,

e) das Recht des Feuerwehrwesens,

f) das Recht der Jugendfürsorge, abgesehen vom Unterrichtswesen,

g) das Recht der Denkmal- und Heimatpflege.

§ 3.

Der Erlaß von Provinzialgesetzen erfolgt nach den für den Erlaß von Provinzialstatuten vorgesehenen Bestimmungen.

§ 4.

(1) Soweit die Provinzialgesetze die Verwaltungsbehörden zu Anordnungen an bestimmte Personen ermächtigen, welche ein Gebot oder Verbot enthalten oder die Rechte Dritter berühren, müssen die Provinzialgesetze den durch solche Anordnung Betroffenen gegen die Anordnung innerhalb zweier Wochen den Einspruch gewähren.

(2) Für die weitere Behandlung des Rechtsmittels müssen folgende Grundsätze beachtet werden:

(3) Der Einspruch ist bei derjenigen Stelle einzulegen, welche die Anordnung erlassen hat. Gegen den auf den Einspruch ergehenden Bescheid, oder falls im Provinzialgesetz gegen diesen Beschwerde an höhere Instanzen vorgesehen ist, gegen den in letzter Instanz ergehenden Beschwerdebescheid steht den Betroffenen die Klage im Verwaltungsstreitverfahren zu unter den in § 127 Abs 3 des Landesverwaltungsgesetzes vorgesehenen Voraussetzungen.

§ 5.

(1) Den Provinzialverbänden wird als Selbstverwaltungsangelegenheit übertragen die bisher von den Ministern, den Oberpräsidenten und Regierungspräsidenten geführte Verwaltung derjenigen Angelegenheiten, die gemäß § 2 der Regelung durch Provinzialgesetz unterliegen.

(2) Die den Ministern, den Oberpräsidenten und Regierungspräsidenten in diesen Angelegenheiten zustehenden Befugnisse gehen auf den Provinzialverband über. An die Stelle des Provinzialrats und des Bezirksausschusses im Beschlußverfahren tritt der Provinzialausschuß.

(3) Insoweit es sich um polizeiliche Angelegenheiten handelt, ist die Provinzialverwaltung letzte Beschwerdeinstanz, vorbehaltlich des gesetzlich vorgesehenen Verwaltungsstreitverfahrens und der gesetzlich vorgesehenen Beanstandung durch die Aufsichtsbehörden.

(4) Im übrigen bleiben die gesetzlich festgelegten Zuständigkeiten einschließlich der Rechtsmittel unberührt.

§ 6.

(1) Den Provinzialverbänden wird als Auftragsangelegenheit übertragen die bisher vom Oberpräsidenten oder vom Regierungspräsidenten geführte Verwaltung der Angelegenheiten

a) des Kleinbahnwesens,
b) des Wassergesetzes (einschließlich des gesamten Meliorationswesens),
c) der Baupolizei,
d) des Fluchtliniengesetzes,
e) des Wohnungswesens im Rahmen der Landeswohnungsgesetzgebung,
f) des Eichwesens,
g) des landwirtschaftlichen Unterrichtswesens,
h) der Arbeitsnachweise,
i) der Berufsberatung.

(2) Die genaue Abgrenzung der Zuständigkeit der Provinzialverbände erfolgt durch Bekanntmachung des Staatsministeriums, die in der Gesetzsammlung zu veröffentlichen ist.

§ 7.

Die Verwaltung der den Provinzialverbänden übertragenen Auftragsangelegenheiten wird geführt vom Landeshauptmann oder den von ihm mit seiner Vertretung beauftragten Landesbeamten. An die Stelle des Bezirksausschusses im Beschlußverfahren tritt der Provinzialrat.

§ 8.

(1) Bei jedem Provinzialschulkollegium und bei jeder Regierungsabteilung für Kirchen- und Schulwesen wird ein Beirat von fünf Mitgliedern gebildet.

(2) Die Mitglieder der Beiräte werden von dem Provinziallandtag nach den Grundsätzen der Verhältniswahl gewählt. Für die Wählbarkeit zum Beirat, die Wahldauer und die Durchführung der Wahl gelten die für die Wahl zum Provinzialausschuß und den Provinzialkommissionen maßgebenden Bestimmungen.

(3) Die Beiräte sollen von den Stellen, denen sie beigegeben sind, in den Verwaltungsangelegenheiten von allgemeiner Bedeutung gehört werden. Sie sind berechtigt, hierin Anregungen zu geben.

(4) Verwaltungsmaßnahmen, die eine Veränderung der Konfessionalität einer bestehenden Schule oder der Gestaltung des Religionsunterrichts in einer bestehenden Schule betreffen, bedürfen der Zustimmung des Beirats.

(5) Die Mitglieder der Beiräte verwalten ihr Amt ehrenamtlich. Die durch die Beiräte entstehenden Kosten fallen dem Provinzialverband zur Last.

§ 9.

Durch Provinzialgesetz kann ferner für einzelne Verwaltungsgebiete die Einrichtung eines Beirats von höchstens fünf Mitgliedern beim Oberpräsidenten und bei den Regierungspräsidenten erfolgen. § 8 Abs. 2, 3 und 5 findet Anwendung.

§ 10.

Die Vorschriften der Artikel 73 und 86 der Verfassung werden durch dieses Gesetz nicht berührt.

§ 11.

(1) Für Selbstverwaltungsangelegenheiten überweist der Staat den Provinzen als Kostenbeitrag jährlich den Betrag, den er durch die Übertragung der in § 2 Ziffer 2 und § 5 genannten Selbstverwaltungsangelegenheiten nach dem Staatshaushaltsplan für 1920 erspart, zuzüglich eines Zuschlags von 50 v. H. Die Verteilung des Kostenbeitrags auf die Provinzen erfolgt nach einem Maßstab, den das Staatsministerium nach Anhörung des Staatsrats festgesetzt und alle drei Jahre ändern kann.

(2) Für Auftragsangelegenheiten überweist der Staat jeder Provinz als Verwaltungskostenzuschuß jährlich den Betrag derjenigen Verwaltungskosten, die er durch Übertragung der in § 6 bezeichneten Auftragsangelegenheiten nach dem Staatshaushaltsplan für 1920 in der Provinz an persönlichen Ausgaben (Besoldung usw.) und solchen sächlichen Ausgaben, die nicht zugunsten der übertragenen Angelegenheiten selbst zu verwenden sind (Geschäftsbedürfnisse, Reisekosten, Unterhaltung der Dienstgebäude usw.), erspart, zuzüglich eines Zuschlags von 50 v. H.

(3) Die Festsetzung der hiernach vom Staate zu zahlenden Beträge erfolgt durch Beschluß des Staatsministeriums.

§ 12.

Der Staat überweist jeder Provinz zu Eigentum diejenigen Grundstücke und Gebäude nebst Einrichtungen, welche für Zwecke der ihr gemäß § 5 Abs. 1 und § 6 übertragenen Verwaltungen dienen. Soweit die Grundstücke und Gebäude noch für andere staatliche Zwecke benutzt werden, räumt der Staat der Provinz auf Verlangen ein Mitbenutzungsrecht für die Zwecke der der Provinz übertragenen Verwaltung ein.

§ 13.

Die Provinzen sind verpflichtet, auf Verlangen des Staates diejenigen Staatsbeamten, Angestellten und Arbeiter in den Dienst der Provinz zu übernehmen, welche zur Zeit des Inkrafttretens dieses Gesetzes in der Provinz in einer der ihr übertragenen Verwaltungen tätig und mit der Übernahme einverstanden sind.

§ 14.

Als Provinzen im Sinne dieses Gesetzes gelten auch die Grenzmark Posen-Westpreußen und die Hohenzollernschen Lande. An die Stelle des Provinziallandtags tritt der Kommunallandtag, an die Stelle des Landeshauptmanns tritt in Hohenzollern der Vorsitzende des Landesausschusses.

II. Die Selbstverwaltung der Provinzen ist freilich keineswegs erst durch die preußVerfUrk. geschaffen. Sie begann bereits durch G. vom 5. Juni 1823 über Anordnung von Provinzialständen. Ihnen wurde unter Aufsicht und königlicher Genehmigung die Beschlußfassung über kommunale Angelegenheiten überlassen. Ferner wurde ihnen eingeräumt: Geltendmachung von Bitten und Beschwerden, die sich auf das Wohl und Interesse der Provinz beziehen; Beratung von Gesetzen, die nur die Provinz angingen, und die Entwürfe solcher Gesetze, die Veränderungen in Personen- und Eigentumsrechten und Steuern betrafen und auf die Provinz Anwendung finden sollten. Diese Mitwirkung hörte nach Einführung der Verfassung vom 31. Januar 1850 auf. Nur in Einzelfällen konnte der Provinziallandtag nach Aufforderung des Staatsministeriums Gutachten abgeben. Auf Grund jenes G. vom 5. Juni 1823 wurden in acht Provinzen während der Jahre 1823/24 Provinzialordnungen eingeführt. Die kommunale Tätigkeit wurde aber durch Staatsbehörden besorgt, die Provinzialinstitute von diesen geleitet. Der Provinz fehlte das Besteuerungsrecht. Seit der Provinzialordnung vom 29. Juni 1875 für die sechs östlichen Provinzen (Neue Fassung vom 22. März 1881) besitzt die Provinz eigene Kommunalverwaltungsorgane, den Provinziallandtag, den Provinzialausschuß und den Landeshauptmann. Außerdem hat sie das Recht zur Aufnahme von Anleihen und ein selbständiges Besteuerungsrecht, d. h. die Befugnis zur Erhebung von besonderen Kommunalsteuern. Mit einzelnen Abweichungen ist die Provinzialordnung während der Jahre 1883—88 auf alle preußischen Provinzen ausgedehnt worden, mit Ausnahme der Provinz Posen, wo noch die altständische Provinzialordnung vom 27. März 1824 in Geltung blieb. Es ist also wohl zu beachten, daß es auch schon bisher in Preußen eine Selbstverwaltung der Provinzen gab. Die neuen Strömungen und die VerfUrk. gehen aber auf eine ganz radikale Gestaltung aus, bei der auf der einen Seite die Gefahr einer Schwächung des Staates befürchtet wird, auf der anderen Seite die Hoffnung eines dauernden Zusammenhalts genährt und der neue Weg als „die einzige Möglichkeit erscheint, den Beginn der Auflösung Preußens zu vermeiden" (Drews). Eine Reichseinheit unter Wegfall der Länder bzw. ihre Umgestaltung in bloße Reichsprovinzen ist praktisch unmöglich. Der erste Versuch einer ganz unitarischen Lösung ist unternommen worden durch einen Antrag Dr. Friedberg, Graef, Dr. Porsch und Genossen vom 13. Dezember 1919, worin die preuß. Staatsregierung ersucht wurde, „sofort und noch vor Einbringung der endgültigen Verfassung die Reichsregierung zu veranlassen, mit den Regierungen aller deutschen Länder über die Errichtung eines deutschen Einheitsstaates in Verhandlungen zu treten". Mit der Durchführung dieses Antrags wären die preußischen Provinzen Reichsprovinzen geworden. Das wäre der eine Weg gewesen. Die Umwandlung der preußischen Provinzen in ebenso viele Länder oder doch die Zusammenfassung einiger in eine größere Zahl von Ländern war der zweite Weg. Das hieße aber alle Vorteile der Zugehörigkeit zu einem größeren Staate verlieren (Moldenhauer a. a. O.); so bleibt tatsächlich nur der dritte Weg übrig, die Provinzialautonomie zu erweitern. Lediglich über das Maß und die Formen kann es noch Meinungsverschiedenheiten geben.

III. Wie in der preuß. Rechtsentwicklung vor der Staatsumwälzung im Jahre 1918, so ist auch nachher den Besonderheiten der preuß. Provinzen Rechnung getragen worden.

1. Dies geschah einmal durch RVerf. Art. 63, wonach die Hälfte der preuß. Stimmen im Reichsrat von den preuß. Provinzialverwaltungen bestellt wird, nach Maßgabe eines Landesgesetzes, das aber noch nicht ergangen ist; vgl. Entw. eines G. über die Bestellung von Mitgliedern des Reichsrats durch die Provinzialverwaltungen vom 12./20. April 1920, Drucks. der VerfgPrLandesV. Nr. 2183; hierzu vorläufiger Ber. des 12. (Verfassungs-) Ausschusses, Drucks. Nr. 2058 vom 21. Juni 1920; ferner Antrag der Abg. Siering, Hirsch, Dr. Porsch und Genossen, betr. Entwurf eines Gesetzes über die Bestellung von Mitgliedern des Reichsrats durch die Provinzialverwaltungen (Drucks. Nr. 3463).

2. Sodann erfolgte die Berücksichtigung der Provinzen durch die Verfassungsbestimmungen über den Staatsrat (Art. 31 ff.), insbesondere auch durch die Vorschrift, daß auf je 500000 Einwohner einer Provinz ein Vertreter fällt, jede Provinz aber mindestens drei Vertreter in den Staatsrat sendet, ein Rest von 250000 Einwohnern vollen 500 000 Einwohnern gleichgerechnet wird. Dadurch wird Umfang und Bedeutung der Provinzen Rechnung getragen und verhindert die Vorherrschaft von Interessen der östlichen vor den westlichen Provinzen (Art. 32). Die Rechte des Staatsrats gewährleisten eine angemessene Beachtung der Wünsche der Provinzen.

3. Zu diesen Neuerungen treten nun noch die verfassungsmäßigen und später durch einfaches Gesetz des näheren auszubauenden Selbstverwaltungszuständigkeiten der Provinzen.

IV. Nicht unerwähnt gelassen sei der im Verfassungsausschuß, der Landesversammlung und in der Öffentlichkeit vielfach erörterte Plan, statt der bisherigen Einteilung der Provinzen eine solche nach wirtschaftlichen Interessen zu schaffen. Die Gründe dafür hat Quaatz, „Wirtschaftliche Nachrichten aus dem Ruhrbezirk" Nr. 28, Politik und Wirtschaft Nr. 35, Politische Provinzen und Wirtschaftsprovinzen, Köln. Zeitg. vom 4. Dezember 1920 Nr. 1016, Deutsche Bergwerkszeitung vom 4. Dezember 1920 Nr. 285 dargelegt. Ihre Durchführung begegnet aber großen sachlichen Bedenken, unter denen die wirtschaftlichen örtlichen Veränderungen nicht unbeachtet bleiben können. Jedenfalls ist Anregungen dieser

Art verfassungsrechtlich keine Folge gegeben worden. Eingehend äußert sich hierzu Drews, Wirtschaftsprovinzen, Kölnische Zeitg. vom 8. Januar 1921 Nr. 16.

V. Der Abschnitt VIII handelt aber nicht nur von dem Ausbau des Selbstverwaltungsrechts der Provinzen, verbürgt es vielmehr für politische Gemeinden und Gemeindeverbände überhaupt, bestimmt, daß die Grundsätze für die Wahlen zur Volksvertretung auch für die Wahlen zu den Kreis-, Gemeinde- und Provinzialvertretungen gelten und daß Beamte, Angestellte und Arbeiter des Staates und der Körperschaften des öffentlichen Rechts zur Ausübung der Tätigkeit als Mitglieder eines Provinzial-, Kreis- und Gemeindevertretungskörpers keines Urlaubs bedürfen. Einzelheiten ergeben sich aus den Erläuterungen zu den folgenden Artikeln, deren Klarstellung durch diese Vorbemerkung vielfach vorweggenommen ist.

Selbstverwaltung der Kommunen und Kommunalverbände.

Artikel 70.

Den politischen Gemeinden und Gemeindeverbänden wird das Recht der Selbstverwaltung ihrer Angelegenheiten unter der gesetzlich geregelten Aufsicht des Staates gewährleistet.

Entw. § 58. — AusschBer. Sp. 7, 8, 14—17; AusschProt. Sp. 207—226, 242, 277—286, 306—308. — 2. VollBer. StenBer. Sp. 13486—13497, 13509—13558. — 3. VollBer. StenBer. Sp. 14077.

Geschichte und Bedeutung der Vorschrift.

1. Durch die §§ 58, 59 des Entw., der allein den VII. Abschnitt ausmachte, war lediglich die Gewährleistung des bisherigen Rechts der Selbstverwaltung kommunaler Angelegenheiten unter der gesetzlich geregelten Aufsicht des Staates ausgesprochen und der Ausbau der Selbstverwaltung der besonderen Gesetzgebung vorbehalten. Im Ausschuß wurde die Festsetzung auf Grund allgemeiner Richtlinien für die zukünftigen Gemeindeverfassungen gewünscht, und zwar dahin, daß die Wahl zur Provinzial-, Kreis- und Gemeindevertretung auf Grund des allgemeinen, gleichen, unmittelbaren und geheimen Wahlrechts von den über zwanzig Jahre alten Männern und Frauen unter Anwendung der Grundsätze der Verhältniswahl erfolgen und eine möglichst erweiterte Selbstverwaltung Platz greifen solle. Schließlich wurde durch Erweiterung des Art. 58 des Entw. und Hinzufügung von §§ 58a, 58b, 60b der Inhalt des VII. Abschnittes äußerlich und innerlich bereichert, nachdem weitergehende Anträge im Ausschuß und in der 2. Vollversammlung abgelehnt worden waren, nach denen insbesondere auch das Ernennungsrecht des Oberpräsidenten und des Regierungspräsidenten durch das Staatsministerium wegfallen und auf die Provinzen übergehen sollte. Das Ergebnis des Kompromisses ergibt sich aus den nachfolgenden Artikeln und aus den beigefügten Erläuterungen.

2. Schon die RVerf. Art. 127 bestimmte: „Gemeinden und Gemeindeverbände haben das Recht der Selbstverwaltung innerhalb der Schranken der Gesetze (vgl. Stier-Somlo, Handbuch des kommunalen Verfassungs- und Verwaltungsrechts in Preußen, 3 Bände, 1916—1919, insbesondere 1 7 ff., 390 ff., 418 ff., 544 ff., 635 ff., 678 ff., 689 ff., 722 ff.). Die Wiederholung in der preußVerfUrk. ist rechtlich ohne besondere Bedeutung. Das Unterscheidende zwischen der Staatsverwaltung und der Kommunalverwaltung liegt nach bisherigem Rechte darin, daß jene mit ursprünglicher, diese nur mit abgeleiteter Gewalt ausgestattet ist. Die Autonomie der Gemeinden und Gemeindeverbände gilt nur innerhalb der ihnen vom Staate zugewiesenen Grenzen. Die Kommunen unterliegen stets der Einwirkung der staatlichen Gesetzgebung und, freilich in einem sehr verschiedenen Maße, der Aufsicht des Staates. Durch die Gesetzgebung kann die Zuständigkeit der Gemeinden und Gemeindeverbände erweitert oder beschränkt werden. Es ist rechtlich zulässig, die Macht der lokalen Gewalten auszudehnen bis zur äußersten Grenze, aber auch sie ganz zu beseitigen, wie wenig letzteres auch aus politischen Gründen erwünscht und angebracht ist, zumal die Entwicklung dahin geführt hat, eine Erweiterung und nicht eine Einengung des kommunalen Wirkungskreises herbeizuführen. Immerhin beruht rechtlich die selbständige Betätigung der Gemeinden und Gemeindeverbände auf der staatlichen Rechtsnorm. Es kann daher nicht davon die Rede sein, daß die Kommunen mit ursprünglicher Gewalt ausgestattet sind. Derlei Behauptungen kommen häufig vor; sie haben ihre Wurzeln in der schon in der französischen großen Revolution und auch im neunzehnten Jahrhundert vielfach vertretenen Ansicht von einer selbständigen Munizipalgewalt. Dieser Theorie entspricht weder die RVerf. Art. 127 noch die preußVerfUrk. Art. 70.

3. Die Selbstverwaltung der Gemeinden und Gemeindeverbände wird in besonderen Gesetzen geregelt. Von diesen hängt es ab, wie die Selbstverwaltung im einzelnen ausgestaltet ist, welche Freiheit vom Staate den Kommunen gewährt, wie deren Verhältnisse zu ihm in allen Einzelbeziehungen gestaltet sind. Die programmatische Erklärung des vorliegenden Art. 70 ist daher nicht mehr als der Ausspruch eines an und für sich unbestrittenen und unbestreitbaren politischen Grundsatzes, dessen Tragweite sich nach der konkreten Einzelgesetzgebung richtet.

Gliederung in Provinzen.

Artikel 71.

(1) Der Staat gliedert sich in Provinzen.

(2) Die Gliederung der Provinzen in Kreise, Städte, Landgemeinden und andere Gemeindeverbände, sowie die Verfassung, die Rechte und Pflichten der Gemeindeverbände werden durch Gesetz geregelt.

AusschBeschl. § 58 Abs. 1 u. 4; im übrigen die Gesetzesmaterialien wie zu Art. 70 und 3. VollBer. StenBer. Sp. 14077.

Der erste Absatz enthält eine Selbstverständlichkeit. Welche Provinzen das sind, ergibt sich aus Art. 32. Dem im Abs. 2 vorgesehenen Gesetz sind zwei Aufgaben zugewiesen: Die eine, die Gliederung der Provinzen in Kreise, Städte, Landgemeinden und andere Gemeindeverbände zu regeln, bietet angesichts der auch in dieser Beziehung selbstverständlichen Ordnung der fraglichen Dinge weiter keine Besonderheiten. Dagegen ist die zweite Aufgabe, wonach die Rechte und Pflichten der Gemeindeverbände durch Gesetz geregelt werden, dadurch, wie dies gesagt und was hierdurch nicht gesagt wird, von besonderem rechtlichen Interesse. Nach der positiven Seite wird man nämlich darin die verfassungsmäßige Zusage neuer Städte-, Landgemeinde-, Kreis- und Provinzialordnungen zu erblicken haben. Dagegen liegt negativ für die Kenner der parlamentarischen Verhandlungen das Durchdringen der Auffassung zutage, daß die verfassunggebende Landesversammlung nicht befugt war, innerhalb der Staatsverfassung auch noch die Gemeindeverfassungen zu regeln.

Provinzialautonomie.

Artikel 72.

(1) Die Provinzen verwalten nach Maßgabe des Gesetzes durch ihre eigenen Organe:

a) selbständig die ihnen gesetzlich obliegenden oder freiwillig von ihnen übernommenen eigenen Angelegenheiten (Selbstverwaltungsangelegenheiten),

b) als ausführende Organe des Staates die ihnen übertragenen staatlichen Angelegenheiten (Auftragsangelegenheiten).

(2) Das Gesetz wird den Kreis der den Provinzen überwiesenen Selbstverwaltungsangelegenheiten erweitern und ihnen Auftragsangelegenheiten übertragen.

AusschBeschl. § 58 Abs. 2 u. 3; im übrigen die Gesetzesmaterialien wie zu Art. 70 und 3. VollBer. StenBer. Sp. 14077.

1. Die **Unterscheidung zwischen Selbstverwaltungs- und Auftragsangelegenheiten** war auch dem bisherigen preuß. Rechte vollkommen geläufig (vgl. die zusammenfassende Darstellung bei Stier-Somlo, Handbuch des kommunalen Verfassungs- und Verwaltungsrechts 1 4—28). Hinsichtlich der **Provinzialautonomie** ist in Übereinstimmung mit der grundlegenden, auch in der Ausschußberatung zur Geltung gekommenen Auffassung, insbesondere des Staatskommissars Dr. Drews, ist auseinanderzuhalten: die legislative und die administrative (gesetzgeberische und verwaltungsmäßige) Autonomie.

A Die legislative Autonomie liegt darin, daß der Staat für bestimmte Gebiete auf die Ausübung des Gesetzgebungsrechts verzichtet und den Provinzialverbänden das Recht überträgt, Rechtsnormen mit verbindlicher Kraft zu erlassen. Diese Rechtsnormen sind dann verbindlich für alle staatlichen Behörden und schaffen objektives Recht, an das sich auch die Gerichte halten müssen. Typus dafür ist die Bestimmung über die

Einführung einer zweiten Amts- und Schulsprache in gemischtsprachigen Gegenden durch Provinzialstatuten (s. Art. 73).

B. Die administrative Autonomie bedeutet, daß die Verwaltung auf bestimmten Gebieten von den staatlichen Organen übertragen wird auf Organe die von dem Provinzialverband bestellt werden. Hier sind wieder zu unterscheiden Selbstverwaltungsangelegenheiten und Auftragsangelegenheiten.

a) Die Übertragung als Selbstverwaltungsangelegenheit bedeutet, daß diese Angelegenheit in Zukunft aufhört, staatliche Angelegenheit zu sein und daß sie ganz dem Selbstverwaltungsverbande übertragen wird. Dieser hat kein Anweisungsrecht der Staatsbehörden über das, was er tun und lassen wolle, entgegenzunehmen. Der Staat hat lediglich eine Aufsichtskontrolle, die ihn nur berechtigt, dafür zu sorgen, daß keine Rechtswidrigkeiten geschehen und der Gang der Verwaltung ordnungsmäßig aufrechterhalten bleibt. In letzter Instanz haben darüber meist die Verwaltungsgerichte zu entscheiden. Die Verantwortlichkeit für das Tun oder Unterlassen trägt der Selbstverwaltungsverband. Der leitende Minister hat in dieser Beziehung keine Verantwortung gegenüber dem Landtag, da er nicht befugt ist, entscheidend einzugreifen. Typus hierfür ist z. B. die Übertragung der Chausseebauverwaltung zu Anfang der 1870er Jahre auf die Provinzen.

b) Die Übertragung einer Angelegenheit als Auftragsangelegenheit bedeutet, daß die Sache Staatsangelegenheit bleibt. Der Minister hat als höchste Instanz zu bestimmen, ob, was und wie etwas geschehen soll und trägt gegenüber dem Landtage hierfür die Verantwortung. Die Selbstverwaltungsorgane sind hierbei lediglich ausführende Organe des Staatswillens, dessen Anweisungen sie unter allen Umständen zu gehorchen haben, auch wenn sie etwas für unzweckmäßig und unberechtigt halten. Typus solcher Übertragung ist die der Ortspolizeiverwaltung in Städten an den Bürgermeister, der in Ermanglung von Anweisungen zwar selbst das Nötige zu veranlassen hat, aber nach Empfang von Anweisungen der staatlichen übergeordneten Behörden ihnen nachkommen muß. Betont wurde, daß solche Übertragung einer Auftragsangelegenheit eine erhebliche Stärkung der Position der Kommunalverbände bedeutet, da die eigentliche Exekutive dann in der Hand von Beamten des Selbstverwaltungsverbandes, nicht mehr von Staatsbeamten liegt.

2. Die einleitenden Worte des Art. 72 **„die Provinzen verwalten nach Maßgabe des Gesetzes durch ihre eigenen Organe"** sind nach zwei Richtungen hin bemerkenswert:

a) Mit der Fassung „durch ihre eigenen Organe" soll nicht gesagt sein, daß der Oberpräsident und die Regierudgspräsidenten von den Provinzen ernannt werden sollen; das würde einer Abdankung des Staates gleichkommen. Dagegen ist ein Einfluß auf die Ernennung in Art. 86 gewahrt worden.

b) Die Verwaltung der Provinzen erfolgt „nach Maßgabe der Gesetze", d. h. sowohl der Provinzialordnungen wie sonstiger die Provinzialverwaltung betreffender Gesetze, insbesondere des besonderen Autonomiegesetzes (s. oben S. 218 ff.), aber auch anderer Sondergesetze, z. B. über Dotationen. Dagegen hat die VerfUrk. nur einige allgemeine Grundsätze im Abschnitt VII aufgestellt (Art. 71, 72 Abs. 1), eine Zusage auf Erweiterung der Selbstverwaltungsangelegenheiten und Übertragung von Auftragsangelegenheiten gegeben (Art. 72 Abs. 2), die Zuständigkeit der provinziellen Legislative in einem wichtigen Punkte (Unterrichts- und Amtssprache) begründet (Art. 73), die Bestimmungen über die Landtagswahl im wesentlichen auch für die Gemeinden und Gemeindeverbände vorgeschrieben (Art. 74) und die für die Landtags- und Staatsratsmitglieder bestehende Vorschrift über urlaubslose Ausübung der Tätigkeit in den betreffenden Körperschaften durch Beamte, Angestellte und Arbeiter des Staates auch für die Mitgliedschaft in der Provinzial-, Kreis- und Gemeindevertretung bestimmt (Art. 75).

3. Die Verwaltung der Selbstverwaltungsangelegenheiten (nach Maßgabe des Gesetzes durch ihre eigenen Organe) ist unter Abs. 1a des Art. 72 dahin genauer umschrieben, daß sie selbständig erfolgt und sich bezieht teils auf die ihnen gesetzlich obliegenden, teils auf die freiwillig von ihnen übernommenen eigenen Angelegenheiten. Die Selbständigkeit bedeutet hier die Freiheit von Anweisungen der Staatsbehörden, wogegen die Grenze des Gesetzes auch hier beschränkend wirkt, und zwar, wie sich aus dem Wortlaut ergibt, in doppeltem Sinne: Einmal wirkt der Selbstverwaltungsverband immer „nach Maßgabe des Gesetzes" (Eingangsworte), sodann ist seine Tätigkeit durch das Gesetz in vielen Fällen obligatorisch gestaltet (Abs. 1a). Handelt es sich dagegen um freiwillig übernommene Aufgaben, so bleibt natürlich nur die allgemeine Begrenzung der Eingangsworte „nach Maßgabe des Gesetzes" übrig. Die Angelegenheiten sind „eigene", indem sie grundsätzlich nicht staatliche, sondern eben provinzielle, Kreis- oder Gemeindeangelegenheiten sind.

4. Die Auftragsangelegenheiten unter Abs. 1b sind dagegen deutlich als solche Angelegenheiten hervorgehoben, bei denen es sich um die den Selbstverwaltungsverbänden nicht eigene, sondern ihnen übertragene staatliche Angelegenheiten handelt; es zeigt sich, daß sie hier ausführende Organe sind, während sie in den Selbstverwaltungsangelegenheiten ihre eigenen, nicht die staatlichen Angelegenheiten besorgen und das Nötige selbst ausführen bzw. durch ihre Angestellten ausführen lassen. Über die begriffliche Scheidung hinaus bleibt es aber eine praktische Sonderfrage des Staats- und Verwaltungsrechts, welche Angelegenheiten Auftragsangelegenheiten sind; offenbar — soweit die Provinz in Frage kommt, die bisher in Preußen keine Auftragsangelegenheiten auszuführen hatte — alle diejenigen, die bisher als reine Staatsangelegenheiten bearbeitet worden sind. Nach Abs. 2 werden ihnen Auftragsangelegenheiten, also gewisse vorläufig noch nicht als solche feststehende Angelegenheiten, übertragen. Hierüber im einzelnen zu bestimmen, wird dem Provinzialautonomiegesetz (s. oben S. 218 ff.) und etwaigen späteren Gesetzen beschieden sein. Da nach demselben Absatz

die bereits den Provinzen zustehenden Selbstverwaltungsangelegenheiten (s. oben S. 222 ff.) erweitert werden, kommt es darauf an, ob das Gesetz bestimmen wird, auf welchen Gebieten der Staat sich seine Exekutive noch vorbehält, so daß alles übrige in die Zuständigkeit der Provinzen fiele, oder ob es möglich sein wird, durch Aufzählung von Kompetenzen den Aufgabenkreis der Provinz deutlich zu umreißen. Jedenfalls kann die Polizei als solche in ihrer Gesamtheit niemals als Selbstverwaltungsangelegenheit übertragen werden; sonst hätte der Staat keine Befugnis mehr, Anweisungen zu erteilen, die hinsichtlich der Sicherheits-, aber auch der Gesundheitspolizei bei der Zentrale des Staates liegen müssen. Anders ist es mit der Baupolizei (die freilich mit der Gesundheitspolizei eng zusammenhängt) und mit der landwirtschaftlichen, Forst- und Feldpolizei, die der provinziellen Gesetzgebung überlassen werden können. Auch auf dem Gebiete des Wegerechts und der Feuerwehr kann die Festsetzung der Rechtsnormen und die Exekutive den Provinzen als Selbstverwaltungsangelegenheit überlassen werden. In weitem Umfange muß aber die administrative Autonomie der Provinzen ausgebaut werden durch Übertragung polizeilicher Angelegenheiten als Auftragsangelegenheiten (AusschProt. Sp. 281 und oben S. 215 f., 217, 219).

Unterrichts- und Amtssprache.

Artikel 73.

Die Provinziallandtage können durch Provinzialgesetz neben der deutschen Sprache zulassen:

a) eine andere Unterrichtssprache für fremdsprachige Volksteile, wobei für den Schutz deutscher Minderheiten zu sorgen ist,

b) eine andere Amtssprache in gemischtsprachigen Landesteilen.

AusschBeschl. § 60b; im übrigen die Gesetzesmaterialien wie zu Art. 70 und 3. VollBer. StenBer. Sp. 14084.

Zur Erläuterung sei verwiesen auf die Ausführungen zu Art. 1 Abs. 4 oben S. 54 f. und die Vorbetrachtungen zu diesem Abschnitt oben S. 211 bis 224. Bemerkenswert ist das Wort Provinzialgesetz. Abg. Dr. Leidig führte mit Recht hierzu aus: Unter Selbstverwaltung habe man bisher jedenfalls eine unabhängige Legislative nicht verstanden, die Provinzialstatuten könnten als Legislative nicht bezeichnet werden. Es müsse also klargestellt werden, ob eine Legislative in der Form gemeint sei, wie sie nach der RVerf. die Landesgesetzgebung habe, daß also letztere an gewisse Richtlinien des Reichs gebunden ist, aber innerhalb dieser Richtlinien ihre Gesetzgebung frei gestalten kann; ob man eine Erweiterung des bisherigen Zustandes anstrebe, daß also die nachgeordneten Organe (gemeint sind wohl die Selbstverwaltungskörper) des Staates für ihr angehörige gewisse Gebiete innerhalb bestimmter Richtlinien, aber nur nach Nachprüfung und Bestätigung durch den Staat, verbindlich ordnen könnten. M. E. ist das Wort Provinzialgesetz durchaus im Sinne eines Gesetzes, nicht eines bloßen Statuts, gemeint. Im übrigen wird, um auf diesem

Gebiete endgültige Klarheit herbeiführen zu können, auf das in Aussicht stehende Provinzialautonomiegesetz und auf den Sinn zu achten sein, der dort dem Worte Gesetz bzw. Statut beigelegt werden wird.

Wahlen zu den Provinzial-, Kreis- und Gemeindevertretungen.

Artikel 74.

Die Grundsätze für die Wahlen zur Volksvertretung gelten auch für die Wahlen zu den Provinzial-, Kreis- und Gemeindevertretungen. Bei den Wahlen zu den Gemeindevertretungen kann jedoch durch Gesetz die Wahlberechtigung von einer bestimmten Dauer des Aufenthalts in der Gemeinde abhängig gemacht werden.

AusschBeschl. § 58a; im übrigen die Gesetzesmaterialien wie zu Art. 70 und 3. VollBer. StenBer. Sp. 14079—14083.

Die Verwirklichung des hier ausgesprochenen Grundsatzes ist bereits erfolgt durch das in diesem Werke (s. S. 272 ff.) abgedruckte G., betr. die Wahlen zu den Provinziallandtagen und zu den Kreistagen, vom 3. Dezember 1920. Die Gemeindewahlgesetze sind bisher nur in vorläufigen Gesetzen bzw. Verordnungen der Jahre 1918/19 niedergelegt. Sie werden mit den Stadt- und Landgemeindeordnungen geregelt werden.

Beamte, Angestellte und Arbeiter.

Artikel 75.

(1) Beamte, Angestellte und Arbeiter des Staates und der Körperschaften des öffentlichen Rechts bedürfen zur Ausübung der Tätigkeit als Mitglieder einer Provinzial-, Kreis- und Gemeindevertretung keines Urlaubs.

(2) Gehalt und Lohn sind weiterzuzahlen.

AusschBeschl. § 58b. — AusschProt. Sp. 255 ff.; im übrigen Gesetzesmaterialien wie zu Art. 70 und 3. VollBer. StenBer. Sp. 14084.

Die Vorschrift entspricht genau den Art. 11 Abs. 1 u. 3, 36. Vgl. die Erläuterungen hierzu.

Abschnitt IX.

Die Religionsgesellschaften.

Austritt aus der Kirche.

Artikel 76.

(1) Wer aus einer Religionsgemeinschaft öffentlichen Rechts mit bürgerlicher Wirkung austreten will, hat den Austritt bei Gericht zu erklären oder als Einzelerklärung in öffentlich beglaubigter Form einzureichen. Die Steuerpflicht des Ausgetretenen erlischt frühestens

am Ende des Steuerjahres, in dem die Austrittserklärung abgegeben worden ist.

(2) Das Nähere wird durch Gesetz bestimmt.

AusschBer. S. 17—19. — AusschProt. Sp. 227—234, 292—295. — 3. VollBer. StenBer. Sp. 14084 ff.

Im Ausschuß ist der Versuch gemacht worden, einen Abschnitt über **Religion und Schule** einzuschieben in der Erwägung, daß die beiden großen Kulturgebiete, Kirche und Schule, auch in der preußVerfUrk. berücksichtigt werden müßten. Nach eingehenden Erörterungen ist jedoch nur der vorliegende Artikel angenommen worden. Es wäre bedenklich gewesen, einen solchen Abschnitt in die Verfassung aufzunehmen, nachdem das Reich von der Befugnis der RVerf. Art. 10, Grundsätze hierüber aufzustellen, in den Art. 135 ff. Gebrauch gemacht hat. Das Landesrecht kann nicht neue oder gar abweichende Grundsätze aufstellen. Soweit die Kirchen- und Schulfragen in der RVerf. noch nicht geregelt sind, kann das Reich nach Art. 10 jederzeit auch für diese Angelegenheiten Grundsätze aufstellen. Die Durchführung der Bestimmungen der RVerf. ist nach Art. 137 Abs. 1 der Landesgesetzgebung übertragen; die Behandlung der Kirchengüter ist in Art. 138 Abs. 2 RVerf. grundsätzlich geregelt. Es können nur noch Ausführungsbestimmungen in Frage kommen, die nicht in die Verfassung gehören. Die Frage des **Austritts aus der Kirche** ist durch G., betr. die Erleichterung dieses Austritts aus der Kirche und aus den jüdischen Synagogengemeinden, vom 13. Dezember 1918 (GSS. 199) geregelt. Die namentliche Abstimmung über einen Entw., betr. den Austritt aus den Religionsgesellschaften öffentlichen Rechts (Drucks. Nr. 2937), hat am 21. September 1920 die Beschlußunfähigkeit der Landesversammlung ergeben. Die am 29. September 1920 vorgenommene wiederholte Schlußabstimmung über das Gesetz ergab wiederum die Beschlußunfähigkeit des Hauses. Jedenfalls läßt weder diese Tatsache, noch irgend eine andere, einen genügenden Grund erkennen, die Frage in der VerfUrk. zu regeln. Durch Art. 76 wird der Austritt auch gegenüber dem G. vom 13. Dezember 1918 dahin erleichtert, daß er neben der persönlichen auch eine schriftliche Erklärung in öffentlich beglaubigter Form zuläßt. Eine Sammelerklärung ist nicht statthaft. Neben der bürgerlichen Wirkung steht die steuerrechtliche. Hierüber entscheidet jetzt Abs. 1 Satz 2 des vorliegenden Artikels.

Abschnitt X.

Die Staatsbeamten.

Vorbemerkung.

Der Entw. enthielt in seinem Abschnitt VIII lediglich einen § 60, der in seinen beiden Absätzen mit dem jetzigen Art. 79 übereinstimmt. Abs. 3 besagte: „Ruhegehalt und Hinterbliebenenversorgung werden gesetzlich geregelt. Die wohlerworbenen Rechte der Beamten sind unverletzlich." Dieser Absatz ist nicht in die Verf. aufgenommen worden. Der erste Satz ist einerseits selbstverständlich, andererseits durch die Pensions- und Hinterbliebenenversorgungsgesetze bereits durchgeführt; übrigens steht er ebenso wie der zweite Satz in der RVerf. Art. 129 Abs. 1. Auch sonst sind während der Beratung Anträge in reicher Fülle eingebracht worden, die sich in Wiederholungen der reichsverfassungsrechtlichen Grundsätze gefielen. Einzelheiten sind bei den folgenden Artikeln zu erwähnen. Bei der weitgehenden Übereinstimmung mit den bezeichneten Artikeln der RVerf. (dessen Erläuterungswerke zu vergleichen sind) s. auch die systematische Darstellung der RVerf. von Stier-Somlo, 2. Aufl., 1920 wo auch das Schrifttum berücksichtigt ist. — Der Begriff des Staatsbeamten umfaßt den unmittelbaren wie den mittelbaren, also auch die Beamten der politischen Gemeinden und Gemeindeverbände; ob die Beamten der Handels-, Handwerkskammern usw., unbeschadet der bejahenden Äußerung des Staatssekretärs Dr. Freund, als Staatsbeamten gelten oder nicht, ist zweifelhaft; die Entscheidung muß jedoch von Fall zu Fall der Wissenschaft und Rechtsprechung vorbehalten bleiben. Vgl. die Erläuterungen zu den folgenden Artikeln.

Befähigung zum Staatsbeamten.

Artikel 77.

(1) Zu Staatsbeamten können alle Reichsangehörige ohne Rücksicht auf Geschlecht und bisherigen Beruf bestellt werden, wenn sie die Befähigung für das Amt besitzen.

(2) Die für die einzelnen Ämter erforderliche Befähigung schreibt das Gesetz vor.

AusschBeschl. § 60a. — AusschBer. S. 17. — AusschProt. Sp. 235—243, 275 ff., 290 ff., 314 ff. — 3. VollBer. StenBer. Sp. 14085 ff.

1. Zur Entstehungsgeschichte. Die a.preußVerfUrk. hatte im Art. 4 bestimmt: „Alle Preußen sind vor dem Gesetze gleich. Standesvorrechte finden nicht statt. Die öffentlichen Ämter sind, unter Einhaltung der von den Gesetzen festgestellten Bedingungen, für alle dazu Befähigten gleich zugänglich." Hierdurch sollten die geburtsständischen Vorrechte beseitigt werden. Auch für den dritten Satz ist diese Absicht für die Auslegung maßgebend. Es handelt sich im Art. 4 nicht um Berufsstände, so daß es ohne Widerspruch mit dem dritten Satz zulässig war, bestimmte Berufsstände bei der Besetzung gewisser öffentlicher Ämter heranzuziehen, z. B. Kaufleute für die Stelle der Handelsrichter (GVG. § 113). Jeder hat das Recht, sich um ein Amt zu bewerben, aber einen Anspruch auf Anstellung im Staatsdienst gibt es nach Reichsrecht und preuß. Recht nicht. So richtig Anschütz, VerfUrk. S. 128, 129, 130; Meyer-Anschütz, DStR., 7. Aufl., S. 506; Rosin, DJZ. 12 845; Arndt, PreußVerfUrk. S. 78 ff., 311 f. — Die RVerf. Art. 128 bestimmt: „Alle Staatsbürger ohne Unterschied sind nach Maßgabe der Gesetze und entsprechend ihrer Befähigung und ihren Leistungen zu den öffentlichen Ämtern zuzulassen" (Abs. 1). „Alle Ausnahmebestimmungen gegen weibliche Beamte werden beseitigt "(Abs. 2). „Die Grundlagen des Beamtenverhältnisses sind durch Reichsgesetz zu regeln" (Abs. 3).

2. **Geltendes Recht.** Im vorliegenden Art. 77 ist hervorgehoben, daß alle Reichsangehörige zu preuß. Staatsbeamten bestellt werden können; das war schon bisher rechtens und bedeutet ein erfreuliches Gegenstück zur RVerf. Art. 16, wonach die mit der unmittelbaren Reichsverwaltung in den Ländern betrauten Beamten in der Regel Landesangehörige sein sollen. Die Bestimmung, daß die Staatsbeamteneigenschaft ohne Rücksicht auf das Geschlecht begründet werden könne, hat mit der Frage des Zölibats der weiblichen Beamten nichts zu tun; diese Frage ist schon nach der soeben wiedergegebenen Bestimmung der RVerf. Art. 128 Abs. 2 entschieden. Daß der bisherige Beruf kein Hindernis bieten kann, ist an sich selbstverständlich, hat aber insofern besondere Bedeutung, als dadurch für diejenigen Beamtenstellungen, für die eine besondere Berufsvorbildung nicht oder nicht mehr gefordert wird, die Herübernahme aus jedem Lebens- und Berufskreise auch verfassungsrechtlich für möglich erklärt wird. Was ist unter Befähigung für das Amt zu verstehen? Man kann zunächst alle diejenigen Berufe, die eine Berufsvorbildung verlangen, z. B. Richter, Medizinal- und Polizeibeamte usw., die durch diese Vorbildung und Prüfungen verbürgte Befähigung verstehen. Gemeint ist aber auch die praktische Fähigkeit, die Verwaltungsbegabung oder die politische Eignung, z. B. bei den sog. politischen Beamten, wie Unterstaatssekretären, Ober- und Regierungspräsidenten, Landräten. Diese letztere Befähigung kann natürlich kein Gesetz vorschreiben. Der Sinn des Abs. 2 ist also der, daß, soweit es sich um ein Amt handelt, für das bestimmte Berufsvoraussetzungen gegeben sind, diese gesetzlich festzulegen sind, demnach nicht durch Verordnung erlassen werden können.

3. Die **Geschäfte der Staatsverwaltung besorgt der Staat** außer durch Selbstverwaltungsorgane im Wege der „Auftragsangelegenheiten" (vgl. Vorbetrachtung zu Abschnitt VIII oben S. 215 f., 217, 219 und Erltg. zu Art. 72 oben S. 226—229) durch besonders ausgebildete Berufsbeamte (Bureaukratie im technischen Sinne). Die Berufsbeamten der höheren Verwaltung haben in Preußen nach dem G. vom 10. August 1906 (GSS. 378) in der Fassung vom 3. Juli 1920 (GSS. 388) [früher vom 11. März 1879, dazu Regulativ vom 30. November 1883] die Befähigung für den höheren Verwaltungsdienst zu erlangen. Erforderlich ist hierzu ein mindestens dreijähriges Universitätsstudium der Rechte und der Staatswissenschaften, ferner Ablegung von zwei Prüfungen. Die erste ist die erste juristische, die sog. Referendarprüfung. Die zweite, die sog. große Staatsprüfung, ist abzulegen vor der „Prüfungskommission für höhere Verwaltungsbeamte". Zwischen der ersten und zweiten Prüfung ist ein Vorbereitungsdienst von mindestens drei Jahren (bisher vier Jahren) zurückzulegen. Der Vorbereitungsdienst beginnt mit einer sechsmonatigen Beschäftigung als

Referendar bei den Gerichtsbehörden (bisher ein Jahr). Nach vorschriftsmäßiger Beendigung der Beschäftigung bei den Gerichtsbehörden wird der Gerichtsreferendar von dem Präsidenten derjenigen Regierung, in deren Bezirk er beschäftigt werden will, zum Regierungsreferendar ernannt. Nach der Anordnung des Regierungspräsidenten wird er während eines Zeitraums von mindestens zwei Jahren und sechs Monaten im Verwaltungsdienst beschäftigt (bisher drei Jahre). Die näheren Anweisungen über die Beschäftigung der Regierungsreferendare erlassen die Minister der Finanzen und des Innern mit der Maßgabe, daß jeder Referendar bei einem Landrat, bei einer Regierung, bei einem Bezirksausschuß und bei einer Selbstverwaltungsbehörde beschäftigt werden muß. Nach Ablauf des Vorbereitungsdienstes ist der Regierungsreferendar, sofern er nach dem Zeugnis des Regierungspräsidenten für die zweite Prüfung genügend vorbereitet ist, zu dieser zuzulassen. Die zweite Prüfung ist eine schriftliche und mündliche. Sie erstreckt sich auf das in Preußen geltende öffentliche und private Recht, insbesondere auf das Verfassungs- und Verwaltungsrecht, sowie auf die Volks- und Staatswirtschaftslehre. Bei der Prüfung ist festzustellen, ob der Regierungsreferendar für befähigt anzusehen ist, eine selbständige Stellung im höheren Verwaltungsdienst einzunehmen. Wird die zweite Prüfung bestanden, so wird der Regierungsreferendar von den Ministern der Finanzen und des Innern zum Regierungsassessor ernannt.

Die Befähigung zum höheren Verwaltungsdienst ist die Voraussetzung für die Berufung zu den Stellen

1. der Abteilungsdirektoren und der Mitglieder einer Regierung sowie der dem Oberpräsidenten und dem Regierungspräsidenten zugeordneten höheren Verwaltungsbeamten, mit Ausnahme der Justitiare und der technischen Beamten. Die Stelle der Dirigenten bei den Kirchen- und Schulabteilungen der Bezirksregierungen sind mit Persönlichkeiten zu besetzen, die entweder aus dem Schulfach hervorgegangen sind oder die Befähigung zum höheren Verwaltungsdienst haben (dies ist neu);

2. derjenigen Mitglieder des OVG. und der durch Ernennung bestellten Mitglieder der Bezirksausschüsse, welche nicht die Befähigung zum Richteramte besitzen müssen;

3. die Oberamtsmänner in den Hohenzollernschen Landen. Zur Bekleidung der Stellung eines Mitgliedes einer Provinzialsteuerdirektion ist die Befähigung zum höheren Verwaltungs- oder Justizdienste sowie eine praktische Vorbereitung im Steuerdienst erforderlich.

Die Bestellung zum Justitiar einer Verwaltungsbehörde setzt die erlangte Befähigung zum höheren Justizdienst voraus. Die Minister der Finanzen und des Innern sind ermächtigt, Personen, welche die Befähigung zum höheren Justizdienste erlangt haben, in Ausnahmefällen auch andere Personen, die auf Grund ihrer fachlichen Vorbildung und mindestens dreijähriger Tätigkeit in einem öffentlichen Dienste für die Stellung eines höheren Verwaltungsbeamten besonders geeignet erscheinen, als befähigt zum höheren Verwaltungsdienst zu erklären.

Die Minister der Finanzen und des Innern sind ferner ermächtigt, Personen, die in einem anderen Bundesstaat oder Elsaß-Lothringen nach den dort geltenden Vorschriften die Befähigung zum höheren Verwaltungsdienste erlangt haben, als zu diesem befähigt zu erklären.

Referendare, welche zur Zeit des Inkrafttretens dieses Gesetzes (mit dem Tage der Verkündung!) bereits im Verwaltungsdienste der Justiz oder Verwaltung beschäftigt sind, können zur zweiten Prüfung zugelassen werden, wenn die gesamte Vorbereitungszeit drei Jahre betragen hat. Die näheren Bestimmungen treffen die Minister des Innern und der Finanzen.

Die genannten Minister bleiben ferner ermächtigt, die auf drei Jahre herabgesetzte Vorbereitungszeit für Kriegsteilnehmer in Gemäßheit des G. vom 7. April 1917 (GSS. 53) um ein weiteres Jahr abzukürzen. Nach § 1 desselben ist den Ministern des Innern und der Finanzen die Ermächtigung gegeben worden, die Vorbereitungszeit für den höheren Verwaltungsdienst für Kriegsteilnehmer um die Zeit des Kriegsdienstes, jedoch höchstens um ein Jahr, abzukürzen. § 3 bestimmt, daß es sich nach den Vorschriften über die Anrechnung des Kriegsdienstes auf das Dienstalter der Staatsbeamten richtet, was als Kriegsdienst anzusehen ist.

Zur Vermeidung von Härten, die sich mit dem früheren Zeitpunkt des G. für die Dauer des Vorbereitungsdienstes der Gerichtsreferendare vom 6. Mai 1920 (GSS. 158) zuungunsten der Regierungsreferendare ergeben, werden die Minister der Finanzen und des Innern ferner ermächtigt, besondere Bestimmungen zu erlassen, die eine Gleichstellung der Gerichts- und Regierungsreferendare hinsichtlich des später festzusetzenden Dienstalters gewährleisten. Das letzterwähnte Gesetz bestimmt, daß die Gerichtsreferendare, bevor sie zur zweiten, der großen Staatsprüfung zugelassen werden können, eine Vorbereitungszeit von drei Jahren im praktischen Dienste zurückgelegt haben müssen. § 1 Satz 3 AG. vom 24. April 1878 zum GVG. wurde gestrichen. Auch wurde dort bestimmt, daß der Justizminister befindet, inwieweit die Abkürzung des Vorbereitungsdienstes auf die beim Inkrafttreten dieses G. vom 6. Mai 1920 vorhandenen Referendare Anwendung findet.

Speziell für das Landratsamt waren nach den Kreisordnungen für die sieben östlichen Provinzen, Hessen-Nassau, Hannover, Schleswig-Holstein, Rheinprovinz und Westfalen (§§ 74 bzw. 24, 22, 66, 30), nur solche Personen geeignet, die entweder die Befähigung zum höheren Verwaltungsdienst oder Justizdienst erlangt haben oder dem betreffenden Kreise seit mindestens einem Jahre angehört und vier Jahre lang bei einer Selbstverwaltungsbehörde oder als Referendar in der Justiz oder Verwaltung tätig gewesen sind. Nach der VO., betr. die Zusammensetzung der Kreistage und einige weitere Änderungen der Kreisordnungen, vom 18. Februar 1919 (GSS. 23) § 12 erhielten die zuletzt gedachten Bestimmungen folgende Fassung:

Der Landrat wird vom Staatsministerium ernannt.

Der Kreistag ist befugt, für die Besetzung des erledigten Landratsamtes geeignete Personen in Vorschlag zu bringen.

Es wird demnach seither keine besondere Bildungsqualifikation vorausgesetzt.

Zu den Beamten, die jederzeit einstweilig in den Ruhestand versetzt werden können, gehören gemäß der VO. vom 26. Februar 1919, betr. die einstweilige Versetzung der unmittelbaren Staatsbeamten in den Ruhestand (GSS. 33), § 3 außer dem Landrat noch: Unterstaatssekretäre, Ministerialdirektoren, Oberpräsidenten, Regierungspräsidenten sowie der Vorsitzende der Ansiedlungskommission für Westpreußen und Posen, Beamte der Staatsanwaltschaft bei den Gerichten, Vorsteher staatlicher Polizeibehörden, Gesandte und diplomatische Agenten.

Eid des Staatsbeamten.

Artikel 78.

Jeder Staatsbeamte hat einen Eid dahin zu leisten, daß er das ihm übertragene Amt unparteiisch nach bestem Wissen und Können verwalten und die Verfassung gewissenhaft beobachten werde.

Dieselben Gesetzesmaterialien wie zu Art. 77.

Die Vorschrift entspricht der a.preußVerfUrk. Art. 108 und Entw. § 67. Sie bietet zu Erörterungen keinen Anlaß.

Grundrechte der Staatsbeamten.

Artikel 79.

(1) Die Staatsbeamten können wider ihren Willen nur unter den gesetzlich vorgeschriebenen Voraussetzungen und Formen entlassen, einstweilig oder endgültig in den Ruhestand oder in ein anderes Amt mit geringerem Gehalt versetzt werden.

(2) Für ihre vermögensrechtlichen Ansprüche und für die ihrer Hinterbliebenen steht der Rechtsweg offen.

Dieselben Gesetzesmaterialien wie zu Art. 77.

Das Vorbild gab RVerf. Art. 129 Abs. 1 Satz 1 u. 4 und Abs. 2 ab. Danach erfolgt die Einstellung der Beamten auf Lebenszeit, soweit nicht durch Gesetz etwas anderes bestimmt ist. Für die vermögensrechtlichen Ansprüche der Beamten steht der Rechtsweg offen. Die Beamten können nur unter den gesetzlich bestimmten Voraussetzungen und Formen vorläufig ihres Amtes enthoben, einstweilen oder endgültig in den Ruhestand oder in ein anderes Amt mit geringerem Gehalt versetzt werden. Es ist auf die Erläuterungen zu diesen Artikeln der RVerf. zu verweisen. Für Preußen kommen noch in Betracht: G., betr. Dienstvergehen der Richter und die unfreiwillige Versetzung derselben auf eine andere Stelle oder in den Ruhestand, vom 7. Mai 1851 (GSS. 318); G., betr. die

Dienstvergehen der nichtrichterlichen Beamten, die Versetzung derselben auf eine andere Stelle oder in den Ruhestand, vom 21. Juli 1852 (GSS. 465) mit den Änderungen des Kriegsgesetzes zur Vereinfachung der Verwaltung vom 13. Mai 1918 (GSS. 53) Art. 6; VO., betr. die Zuständigkeit des Disziplinarhofes zur Entscheidung über die Berufung in Disziplinarsachen, vom 18. Februar 1919 (GSS. 29); VO., betr. die einstweilige Versetzung der unmittelbaren Staatsbeamten in den Ruhestand, vom 26. Februar 1919 (GSS. 33), mit den Änderungen des Beamtendiensteinkommengesetzes vom 7. Mai 1920 (GSS. 198); VO., betr. die Genehmigung der Übernahme von Nebenämtern und Nebenbeschäftigungen der Staatsbeamten, vom 31. Juli 1920 (GSS. 417); G., betr. die Einführung einer Altersgrenze, vom 15. Dezember 1920 (GSS. 621); G., betr. die Beseitigung der Konfliktserhebung bei gerichtlicher Verfolgung von Beamten und Personen des Soldatenstandes wegen Amts- oder Diensthandlungen und bei Klagen gegen den Staat wegen Amtspflichtverletzungen von Beamten bei Ausübung der öffentlichen Gewalt, vom 16. November 1920 (GS. 1921 S. 65).

Beamtengesetz.

Artikel 80.

Im übrigen wird das Beamtenrecht im Rahmen des Reichsrechts durch Gesetz geregelt.

AusschBeschl. § 60c. — AusschBer. Sp. 17; im übrigen dieselben Gesetzesmaterialien wie zu Art. 77.

Auch die preuß. Beamtenschaft hat ihre Grundrechte schon in der RVerf. Art. 128—131 sichergestellt erhalten. Im Rahmen des Reichsrechts ist aber für Sonderregelung Raum; diese soll durch Gesetz erfolgen, also unter Ausschluß des Verordnungsweges. Nicht gesagt ist, daß es ein einheitliches Beamtenrechtsgesetz geben müsse.

Das Beamtenrecht ist zerstreut in eine große Anzahl von Gesetzen. Außer dem ALR. Teil II Tit. 10 und den zu Art. 79 erwähnten Disziplinargesetzen usw. seien hervorgehoben: das Beamtendiensteinkommengesetz vom 7. Mai 1920 (GSS. 191); G., betr. die Zahlung der Beamtenbesoldung und des Gnadenvierteljahrs, vom 7. März 1908 (GSS. 35); Reisekostengesetz vom 26. Juli 1910 (GSS. 150); Umzugskostengesetz vom 24. Februar 1877 (GSS. 15); das Pensionsgesetz vom 27. März 1872 (GSS. 268); das Beamtenruhegehaltsgesetz vom 7. Mai 1920 (GSS. 260); das Beamtenhinterbliebenengesetz vom 20. Mai 1882 (GSS. 298); das Kommunalbeamtengesetz vom 30. Juli 1899 (GSS. 141); Volksschullehrer-Diensteinkommengesetz vom 17. Dezember 1920 (GSS. 623); Volksschullehrer-Altruhegehaltsgesetz vom 17. Dezember 1920 (GSS. 655).

Im übrigen sollte durch Art. 80 zum Ausdruck gebracht werden, daß das Reichsrecht für das preuß. Beamtenrecht nur insoweit maßgebend ist, als es allgemeine Grundsätze für alle Beamten und nicht nur für die Reichsbeamten enthält.

Abschnitt XI.

Übergangs- und Schlußbestimmungen.

Vorbemerkung.

Die Vorschriften behandeln sehr verschiedene Rechtsstoffe. Entsprechend den Beschlüssen zur Provinzialautonomie ist Art. 86 eingefügt worden. Er steht daher in engster Beziehung zu Abschnitt VIII „Die Selbstverwaltung" (vgl. oben S. 211 ff.). Der Satz, daß die bestehenden Steuern und Abgaben bis zu ihrer Änderung oder Aufhebung forterhoben werden (Art. 84), beantwortet eine wichtige Frage des Budgetrechts, gehört daher sachlich in den Abschnitt VII über das Finanzwesen (vgl. oben S. 197 ff.). Der das kirchliche Patronat betreffende Art. 83 hat auch nach seiner Entstehungsgeschichte Beziehung zu Abschnitt IX über die Religionsgesellschaften. Art. 85, wonach bis zum Zusammentritt des ersten Landtags die Landesversammlung als Landtag gilt, hat nur formale Bedeutung. Die übrigen Artikel sind etwas näher zu betrachten. Auch in den bisherigen Erläuterungen sind sie schon vielfach herangezogen worden.

Aufhebung der bisherigen Verfassungsbestimmungen. Inkraftbleiben früherer Gesetze.

Artikel 81.

(1) Die Verfassung vom 31. Januar 1850 und das Gesetz zur vorläufigen Ordnung der Staatsgewalt in Preußen vom 20. März 1919 sind aufgehoben.

(2) Im übrigen bleiben die bestehenden Gesetze und Verordnungen in Kraft, soweit ihnen diese Verfassung nicht entgegensteht.

Entw. § 61. — AusschBer. Sp. 9. — AusschProt. Sp. 225.

Abs. 1 blieb vom Entw. an unverändert. An Stelle des § 62 „Bis zum Erlasse der in dieser Verfassung vorgesehenen Gesetze verbleibt es bei den bestehenden Gesetzen und Verordnungen" ist Abs. 2 des Art. 81 gesetzt worden. Die Frage, ob die Gesetze und Verordnungen an und für sich noch in Geltung geblieben sind, ist im Rahmen der zulässigen richterlichen und verwaltungsmäßigen Nachprüfung unabhängig von der vorliegenden Bestimmung zur Entscheidung offengeblieben, z. B. ob ein veraltetes Gesetz zur Anwendung gelangt oder nicht. Der Satz hat nur den Sinn, daß die vor Erlaß der VerfUrk. erlassenen Gesetze und Verordnungen durch *diese* VerfUrk. selbst nur dann außer Kraft gesetzt werden, wenn sie ihr entgegenstehen, d. h. ihrem Wortlaut oder Sinn. Das wird für eine große Zahl von Gesetzen, die mit den monarchischen Einrichtungen unlösbar verknüpft waren, zutreffen, doch bedarf dieser Satz stets einer Prüfung von Fall zu Fall. Andererseits bleiben auch auf weitestem Gebiete Gesetze und Verordnungen als gültig in Wirksamkeit, die anderen verfassungsgeschichtlichen Epochen angehören, die weit zurück liegen; so ist z. B. ein großer Teil des öffentlichen Rechts des ALR. von 1794 noch weiter in Geltung, z. B. für das Beamten-, Polizei- und Schulrecht. Vgl. über die Notverfassung die allgemeine und geschichtliche Einführung oben S. 16 ff.

Übergang der Rechte des Königs auf das Staatsministerium.

Artikel 82.

(1) Die Befugnisse, die nach den früheren Gesetzen, Verordnungen und Verträgen dem Könige zustanden, gehen auf das Staatsministerium über.

(2) Die Rechte, die dem König als Träger des landesherrlichen Kirchenregiments zustanden, werden von drei durch das Staatsministerium zu bestimmenden Ministern evangelischen Glaubens ausgeübt, solange nicht die evangelischen Kirchen diese Rechte durch staatsgesetzlich bestätigte Kirchengesetze auf kirchliche Organe übertragen haben.

(3) Die sonstigen bisher vom Könige gegenüber den Religionsgesellschaften ausgeübten Rechte werden im Sinne des Artikel 137 der Reichsverfassung neu geregelt.

Entw. § 63. — AusschProt. Sp. 243 ff. — 3. VollBer. StenBer. Sp. 14 264—14 270.

Bereits das G. zur vorläufigen Ordnung der Staatsgewalt in Preußen vom 20. März 1919 (GSS. 53 [s. oben S. 16 ff.]) hatte bestimmt: „Die Befugnisse, die nach den Gesetzen und Verordnungen dem König zustanden, übt bis auf weiteres die Staatsregierung aus mit der Maßgabe, daß eine Schließung und förmliche Vertagung der verfassunggebenden Landesversammlung ausgeschlossen ist. Die Rechte des Königs als Trägers des landesherrlichen Kirchenregiments gehören hierzu nicht. Diese gehen bis zum Erlaß der künftigen Verfassung auf drei von der Staatsregierung zu bestimmenden Staatsminister evangelischen Glaubens über." Vgl. auch Friedrich Koch, Die rechtliche Lage des Kirchenregiments in der altpreußischen Landeskirche nach dem Wegfall des Königtums, Preuß. Pfarrarchiv **11** (1919) 165—178.

Gegenüber dem Entw. ist Abs. 3 neu hinzugefügt. Die Verwirklichung des Abs. 2 ist schon begonnen durch G., betr. die Neuregelung der Verfassung der evangelischen Landeskirche in den älteren Provinzen Preußens, vom 8. Juli 1920 (GSS. 401). Siehe auch die Erörterungen über die rechtliche Stellung des Staatsministeriums oben S. 170, ferner RVerf. Art. 137.

Patronat.

Artikel 83.

Auf Antrag eines Beteiligten ist ein bestehendes Patronat aufzuheben, sobald die vermögensrechtlichen Verpflichtungen abgelöst sind. Das Gesetz regelt das Verfahren und stellt die Grundsätze für die Ablösung auf.

Entw. § 63a. — AusschBer. S. 18. — AusschProt. Sp. 317. — 3. VollBer. StenBer. Sp. 14270 ff.

In dem Ausschuß war unter den Anträgen, die zum Abschnitt IX „Die Religionsgesellschaften" eingebracht waren, auch folgender § 5: „Die Regelung der kirchlichen Patronatsrechte bleiben den Religionsgesellschaften überlassen (Abs. 1). Auf Antrag eines Beteiligten ist ein bestehendes Patronat aufzuheben, sobald die dem Patronat obliegenden vermögensrechtlichen Verpflichtungen abgelöst sind. Die Regelung des Verfahrens, einschließlich der Aufstellung der Grundsätze für die Ablösung, erfolgt durch das Staatsministerium im Einvernehmen mit den beteiligten Religionsgesellschaften (Abs. 2). Bezüglich des fiskalischen Patronats bleibt es bis zur Ablösung der auf Patronatsrecht beruhenden Staatsleistungen gemäß Art. 138 Abs. 1 der RVerf. bei den bestehenden Bestimmungen (Abs. 3). Gleichzeitig lag dem Ausschuß eine Eingabe des Evangelischen Oberkirchenrats vom 16. September 1920 vor, der um Regelung des Patronatsrechts in der Verfassung bittet. Die in dieser Eingabe gemachten Vorschläge sind in den erwähnten § 5 des Antrages übernommen worden. Es wurde geltend gemacht, daß es sich, wie schon aus Art. 137 der RVerf. ersichtlich, um eine innerkirchliche Angelegenheit handle. Aufgabe der Landesgesetzgebung könne es nur sein, allgemeine Grundsätze für die Ablösung der Patronatslasten aufzustellen und das hierbei zu beachtende Verfahren zu regeln. Diese Regelung dem Staatsministerium im Einvernehmen mit den beteiligten Religionsgesellschaften zu übertragen, sei bedenklich; bei einer so wichtigen Frage dürfe die Volksvertretung nicht ausgeschaltet werden, die Regelung könne vielmehr nur durch Landesgesetz erfolgen. Der Oberkirchenrat war bereit, dieser Auffassung des Ausschusses Rechnung zu tragen, hegte aber den dringenden Wunsch, daß in der Verfassung ausdrücklich festgestellt werde, daß die Regelung der kirchlichen Patronatsverhältnisse den Religionsgesellschaften überlassen bliebe. Es war ihm zweifelhaft, ob Art. 137 der RVerf. so weit ausgedehnt werden könne, daß darunter auch die Gesetzgebung bezüglich des Patronatsrechts mit Ausnahme der Frage der Ablösung der Patronatslasten falle. Die Kirchen haben aber ein lebhaftes Interesse daran, daß das ausschließliche Recht der Kirchen, durch Kirchengesetze über die Regelung des Patronatsrechts zu entscheiden, in der Verfassung festgelegt werde; es sei sonst zu befürchten, daß es z. B. über die Beseitigung gewisser Ehrenrechte der Patrone zu Streitigkeiten zwischen Kirchen und Patrone kommen könne. Der Begriff des Patronats wird im Kirchenrecht bestimmt als der Inbegriff der Befugnisse und Pflichten, die einer Person hinsichtlich einer Kirche oder eines kirchlichen Amts, namentlich bei dessen Besetzung auf Grund eines besonderen, nicht der hierarchischen Stellung entspringenden Grundes zustehe. Es ist ein Stück staatlich anerkannten kirchlichen Sozialrechts, also öffentlich-rechtlich, wenn auch mit privatrechtlichen Ausflüssen

(Friedberg, Lehrbuch des katholischen und evangelischen Kirchenrechts, 6. Aufl., 1909 S. 377 ff., 396, 383 f., 395; Stutz, Kirchenrecht in Holtzendorff-Kohlers Enzyklopädie der Rechtswissenschaft, 7. Aufl., 4 451 ff. — Für das preuß. Recht vgl. ALR. Teil II Tit. 11 §§ 568 ff.; a.VerfUrk. Art. 17, ferner RVerf. Art. 137).

Forterhebung bestehender Steuern und Abgaben.

Artikel 84.

Die bestehenden Steuern und Abgaben werden bis zu ihrer Änderung oder Aufhebung forterhoben.

Entw. § 64. — AusschProt. Sp. 226.

Die Bedeutung dieser Vorschrift zeigen die obigen Ausführungen zu dem Abschnitt VII „Das Finanzwesen“, insbesondere S. 197, 199. Sie ist keine Übergangs-, sondern eine Schlußvorschrift. Der Verfassungskonflikt von 1862—64 ist auf diesem Artikel aufgebaut gewesen. Die Steuern werden nicht auf Grund der Bewilligung des Haushalts erhoben, sondern es laufen die Steuern weiter, ob der Haushalt abgelehnt wird oder nicht. Die Annahme, daß hier „das Steuerhoheitsrecht des Staates statuiert sei“, ist offenbar unrichtig, jedenfalls staatsrechtlich belanglos. Der Staat braucht sich ein solches besonderes Hoheitsrecht nicht noch beizulegen, er hat es von selbst.

Landesversammlung.

Artikel 85.

Bis zum Zusammentritte des ersten Landtags gilt die Landesversammlung als Landtag.

Die Vorschrift hat nur formelle Bedeutung.

Mitwirkung des Provinzialausschusses.

Artikel 86.

Bis nach Durchführung der im Artikel 72 vorgesehenen Gesetzgebung sind die Oberpräsidenten, die Regierungspräsidenten und die Vorsitzenden des Provinzialschulkollegiums und des Landeskulturamts im Einvernehmen mit dem Provinzialausschusse zu ernennen.

Vgl. Vorbetrachtungen zu Abschnitt VIII oben S. 211 ff.

Staatsgerichtshof.

Artikel 87.

Verfassungsstreitigkeiten werden vom Staatsgerichtshof entschieden.

Entw. § 68.

Vgl. Art. 58 Abs. 2, wonach die Zusammensetzung des Staatsgerichtshofs, das Verfahren vor ihm und die ihm zustehenden Entscheidungen durch Gesetz geregelt werden (vgl. oben S. 193). Unter Verfassungsstreitigkeiten können nur Streitigkeiten zwischen der Regierung und der

Volksvertretung oder zwischen diesen beiden und Staatsrat verstanden werden. Mit Rücksicht auf das noch ausstehende Staatsgerichtshofsgesetz ist ein näheres Eingehen auf Einzelheiten zwecklos.

Inkrafttreten.

Artikel 88.

Die Verfassung tritt mit dem Tage ihrer Verkündung in Kraft, mit Ausnahme der Artikel 31 bis 43, 72 und 86. Diese Bestimmungen treten erst in Kraft, wenn die Provinziallandtage gemäß Artikel 74 neu gewählt sind.

Entw. § 69. — 3. VollBer. StenBer. Sp. 14272.

Die in bezug genommenen Art. 31—43 handeln vom Staatsrat, 72 von der grundsätzlichen Verleihung der provinziellen Autonomie in bezug auf Auftragsangelegenheiten, Sicherung und Erweiterung des Rechts auf Selbstverwaltungsangelegenheiten, während Art. 86 die Mitwirkung des Provinzialausschusses bei der Ernennung der Oberpräsidenten, der Regierungspräsidenten und der Vorsitzenden des Provinzialschulkollegiums und des Landeskulturamts vorsieht.

Berlin, den 30. November 1920.

Die Preußische Staatsregierung.

Braun. Fischbeck. Haenisch. am Zehnhoff.
Oeser. Stegerwald. Severing. Lüdemann.

Anhang.

I

Landeswahlgesetz.

Vom 3. Dezember 1920.

(GS. 559.)

Die verfassunggebende Preußische Landesversammlung hat folgendes Gesetz beschlossen, das hiermit verkündet wird:

I. Wahlrecht und Wählbarkeit.

§ 1. (1) Wähler zum Landtage sind alle über zwanzig Jahre alten reichsdeutschen Männer und Frauen, die in Preußen wohnen.

(2) Jeder Wähler hat eine Stimme.

§ 2. (1) Die Ausübung des Wahlrechts ruht für die Soldaten während der Dauer der Zugehörigkeit zur Wehrmacht.

(2) Ausgeschlossen von der Ausübung des Wahlrechts ist:

1. wer entmündigt ist oder unter vorläufiger Vormundschaft oder wegen geistiger Gebrechen unter Pflegschaft steht;
2. wer die bürgerlichen Ehrenrechte nicht besitzt.

(3) Behindert in der Ausübung ihres Wahlrechts sind Personen, die wegen Geisteskrankheit oder Geistesschwäche in einer Heil- oder Pflegeanstalt untergebracht sind, ferner Straf- und Untersuchungsgefangene sowie Personen, die infolge gerichtlicher oder polizeilicher Anordnung in Verwahrung gehalten werden. Ausgenommen sind Personen, die sich aus politischen Gründen in Schutzhaft befinden.

§ 3. Wählen kann nur, wer in eine Wählerliste oder eine Wahlkartei eingetragen ist oder einen Wahlschein hat.

§ 4. Wählbar sind die Wahlberechtigten, die das fünfundzwanzigste Lebensjahr vollendet haben.

§ 5. (1) Ein Abgeordneter verliert seinen Sitz:

1. durch Verzicht;
2. durch nachträglichen Verlust des Wahlrechts;
3. durch strafgerichtliche Aberkennung der Rechte aus öffentlichen Wahlen;
4. durch Ungültigerklärung der Wahl oder sonstiges Ausscheiden beim Wahlprüfungsverfahren;

5. durch nachträgliche Änderung des Wahlergebnisses.

(2) Der Verzicht ist dem Landtagspräsidenten schriftlich zu erklären; er kann nicht widerrufen werden.

II. Wahlvorbereitung.

§ 6. Das Staatsministerium bestimmt im Einvernehmen mit dem Ältestenrate der Landesversammlung den Tag der Hauptwahl (Wahltag).

§ 7. Die Wahlkreiseinteilung und die Bildung von Wahlkreisverbänden regelt die Anlage.

§ 8. Zur Vorprüfung und Feststellung der Wahlergebnisse im ganzen Lande ernennt der Minister des Innern einen Landeswahlleiter und einen Stellvertreter.

§ 9. Für die Stimmabgabe wird jeder Wahlkreis in Wahlbezirke geteilt, die möglichst mit den Gemeinden zusammenfallen. Große Gemeinden können in mehrere Wahlbezirke zerlegt, kleine Gemeinden oder Teile von Gemeinden mit benachbarten Gemeinden oder Gemeindeteilen zu einem Wahlbezirke vereinigt werden.

§ 10. (1) Für jeden Wahlbezirk wird ein Wahlvorsteher und ein Stellvertreter ernannt.

(2) Der Wahlvorsteher beruft aus den Wählern des Wahlbezirkes drei bis sechs Beisitzer und einen Schriftführer, der auch den Wählern eines anderen Wahlbezirkes entnommen werden kann.

(3) Wahlvorsteher, Stellvertreter des Wahlvorstehers, Beisitzer und Schriftführer bilden den Wahlvorstand.

§ 11. (1) In jedem Wahlbezirke wird für die dort wohnhaften Wähler eine Wählerliste oder Wahlkartei angelegt.

(2) Wahlberechtigte preußische Staatsbeamte, Arbeiter in preußischen Staatsbetrieben, die ihren Wohnsitz nicht in Preußen, aber nahe der Landesgrenze haben, und wahlberechtigte Angehörige ihres Hausstandes werden auf Antrag in die Wählerliste oder Wahlkartei einer benachbarten preußischen Gemeinde eingetragen.

(3) Die Wahlordnung bestimmt, unter welchen Voraussetzungen Wähler auf ihren Antrag in der Wählerliste oder Wahlkartei zu streichen und mit einem Wahlscheine zu versehen sind.

§ 12. (1) Die Wählerlisten und Wahlkarteien werden spätestens vier Wochen vor dem Wahltage mindestens acht Tage lang öffentlich ausgelegt. Die Gemeindebehörde gibt Ort und Zeit öffentlich bekannt und weist auf die Einspruchsfrist hin.

(2) Einsprüche sind bis zum Ablaufe der Auslegungsfrist bei der Gemeindebehörde anzubringen und innerhalb der nächsten vierzehn Tage zu erledigen. Hierauf werden die Listen oder Karteien geschlossen.

§ 13. Der Wähler kann nur in dem Wahlbezirke wählen, in dessen Wählerliste oder Wahlkartei er eingetragen ist. Inhaber von Wahlscheinen können in jedem beliebigen Wahlbezirke wählen.

§ 14. (1) Für jeden Wahlkreis werden ein Kreiswahlleiter und ein Stellvertreter ernannt.

(2) Beim Kreiswahlleiter sind spätestens am einundzwanzigsten Tage vor dem Wahltage die Kreisvorschläge einzureichen.

(3) Die Kreiswahlvorschläge müssen von mindestens zwanzig Wählern des Wahlkreises unterzeichnet sein. Die Namen der Bewerber müssen in erkennbarer Reihenfolge aufgeführt sein.

(4) In den Wahlvorschlag darf nur aufgenommen werden, wer seine Zustimmung dazu schriftlich erklärt hat.

(5) In dem einzelnen Wahlkreise darf ein Bewerber nur einmal vorgeschlagen werden.

§ 15. (1) Für jeden Wahlkreisverband werden ein Verbandsleiter und ein Stellvertreter ernannt.

(2) Innerhalb eines Wahlkreisverbandes können mehrere Kreiswahlvorschläge miteinander verbunden werden. Die Verbindung ist nur dann wirksam, wenn diese Kreiswahlvorschläge nicht verschiedenen Landeswahlvorschlägen angeschlossen sind.

(3) Die Verbindung muß von den auf den Kreiswahlvorschlägen bezeichneten Vertrauenspersonen oder deren Stellvertretern übereinstimmend, spätestens am vierzehnten Tage vor dem Wahltage, dem Leiter des Wahlkreisverbandes schriftlich erklärt werden.

§ 16. (1) Beim Landeswahlleiter können, und zwar spätestens am sechzehnten Tage vor der Wahl, Landeswahlvorschläge eingereicht werden. Sie müssen von mindestens zwanzig Wählern unterzeichnet sein. Die Namen der Bewerber müssen in erkennbarer Reihenfolge aufgeführt sein.

(2) In den Wahlvorschlag darf nur aufgenommen werden, wer seine Zustimmung dazu schriftlich erklärt hat. Die Erklärung muß spätestens am sechzehnten Tage vor dem Wahltage beim Landeswahlleiter eingegangen sein; andernfalls wird der Bewerber gestrichen.

(3) Ein Bewerber darf nur in einem Landeswahlvorschlage benannt werden. Die Benennung in einem Landeswahlvorschlage schließt die Benennung in einem Kreiswahlvorschlage nicht aus, wenn die Erklärung nach § 18 sich auf diesen Landeswahlvorschlag bezieht.

§ 17. (1) In jedem Kreis- und Landeswahlvorschlage muß ein Vertrauensmann und ein Stellvertreter bezeichnet werden, die zur Abgabe von Erklärungen gegenüber dem Kreiswahlleiter und dem Wahlausschusse, bei Landeswahlvorschlägen gegenüber dem Landeswahlleiter und dem Landeswahlausschusse bevollmächtigt sind. Fehlt diese Bezeichnung, so gilt der erste Unterzeichner als Vertrauensmann, der zweite als sein Stellvertreter.

(2) Erklärt mehr als die Hälfte der Unterzeichner eines Wahlvorschlags schriftlich, daß der Vertrauensmann oder sein Stellvertreter durch einen anderen ersetzt werden soll, so tritt dieser an die Stelle des früheren Vertrauensmanns, sobald die Erklärung dem Wahlleiter zugeht.

§ 18. Für die Kreiswahlvorschläge kann erklärt werden, daß ihre Reststimmen einem Landeswahlvorschlage zuzurechnen sind. Die Erklärung muß spätestens am zehnten Tage vor dem Wahltage schriftlich beim Kreiswahlleiter eingereicht sein. Sonst scheiden die Reststimmen des Wahlkreises beim Zuteilungsverfahren für das Land aus.

§ 19. Eine telegraphische Erklärung gilt als schriftliche Erklärung im Sinne des § 14 Abs. 2, 4, § 15 Abs. 3, § 16 Abs. 1, 2, § 18, wenn sie durch eine spätestens am vierten Tage nach Ablauf der Frist eingegangene schriftliche Erklärung bestätigt wird.

§ 20. (1) Zur Prüfung der Kreiswahlvorschläge wird für jeden Wahlkreis ein Wahlausschuß gebildet, der aus dem Kreiswahlleiter als Vorsitzendem und vier Beisitzern besteht, die dieser aus den Wählern beruft. Der Wahlausschuß beschließt mit Stimmenmehrheit.

(2) Die Wahlvorschläge können nach ihrer Festsetzung nicht mehr geändert oder zurückgenommen werden.

§ 21. (1) Zur Prüfung der Verbindungserklärungen wird im Bedarfsfalle für jeden Wahlkreisverband ein Verbandswahlausschuß gebildet, der aus dem Verbandswahlleiter als Vorsitzendem und vier Beisitzern besteht, die dieser aus den Wählern beruft. Der Verbandswahlausschuß beschließt mit Stimmenmehrheit.

(2) Der Verbandswahlleiter teilt die Verbindungserklärungen so, wie sie zugelassen sind, den Kreiswahlleitern der beteiligten Wahlkreise mit.

§ 22. (1) Zur Prüfung der Landeswahlvorschläge wird ein Landeswahlausschuß gebildet, der aus dem Landeswahlleiter als Vorsitzendem und sechs Beisitzern besteht, die dieser aus den Wählern beruft. Der Landeswahlausschuß beschließt mit Stimmenmehrheit.

(2) Der Landeswahlleiter veröffentlicht die Landeswahlvorschläge so, wie sie zugelassen sind, in fortlaufender Nummernfolge. Die Veröffentlichung soll spätestens am dreizehnten Tage vor dem Wahltag erfolgen. Nach der Veröffentlichung können die Landeswahlvorschläge nicht mehr geändert oder zurückgenommen werden.

§ 23. Der Kreiswahlleiter gibt spätestens am vierten Tage vor der Wahl die Kreiswahlvorschläge samt Verbindungserklärungen sowie die Landeswahlvorschläge, denen sich Wahlvorschläge aus dem Wahlkreis angeschlossen haben, in der zugelassenen Form öffentlich bekannt.

§ 24. (1) Der Stimmzettel darf nur Namen aus einem einzigen Kreiswahlvorschlag enthalten. Ein Name genügt.

(2) An Stelle der Namen oder neben ihnen darf der Stimmzettel auch die Bezeichnung des Kreiswahlvorschlags mit der Nummer aus der amtlichen Bekanntgabe oder das Kennwort enthalten. Als Kennwort gilt auch der Name einer Partei.

(3) Weitere Angaben machen den Stimmzettel ungültig.

§ 25. Im Falle der Verbindung der Landtagswahl mit anderen Wahlen oder Abstimmungen kann der Minister des Innern anordnen, in welcher Weise zur Unterscheidung von den Stimmzetteln für die anderen Wahlen oder Abstimmungen die für die Landtagswahl bestimmten kenntlich zu machen sind.

III. Wahlhandlung und Ermittlung des Wahlergebnisses.

§ 26. Wahlhandlung und Ermittlung des Wahlergebnisses sind öffentlich.

§ 27. Gewählt wird mit Stimmzetteln in amtlich gestempelten Umschlägen. Abwesende können sich weder vertreten lassen noch sonst an der Wahl teilnehmen.

§ 28. Über die Gültigkeit der Stimmzettel entscheidet der Wahlvorstand mit Stimmenmehrheit. Bei Stimmengleichheit gibt der Wahlvorsteher den Ausschlag. Nachprüfung im Wahlprüfungsverfahren bleibt vorbehalten.

§ 29. Zur Ermittlung des Wahlergebnisses stellt der Wahlausschuß fest, wieviel gültige Stimmen abgegeben sind und wieviel davon auf jeden Kreiswahlvorschlag entfallen.

§ 30. Jedem Kreiswahlvorschlage werden so viel Abgeordnetensitze zugewiesen, daß je einer auf 40000 für ihn abgegebene Stimmen kommt. Stimmen, deren Zahl für die Zuteilung eines oder eines weiteren Abgeordnetensitzes an einen Kreiswahlvorschlag nicht ausreicht (Reststimmen), werden, soweit sie auf verbundene Wahlvorschläge gefallen sind, dem Wahlverbandsausschuß und, soweit sie auf Wahlvorschläge gefallen sind, die nur einem Landeswahlvorschlag angeschlossen sind, dem Landeswahlausschusse zur Verwertung überwiesen.

§ 31. (1) Der Verbandswahlausschuß zählt die im Wahlkreisverband auf die verbundenen Wahlvorschläge gefallenen Reststimmen zusammen. Auf je 40000 in dieser Weise gewonnener Reststimmen entfällt ein weiterer Abgeordnetensitz. Diese Sitze werden den Kreiswahlvorschlägen nach der Zahl ihrer Reststimmen zugeteilt. Bei gleicher Zahl von Reststimmen auf mehreren Kreiswahlvorschlägen entscheidet über die Reihenfolge das Los.

(2) Die bei der Verrechnung der Reststimmen im Wahlkreisverbande nicht verbrauchten oder nicht berücksichtigten Reststimmen werden ihrem Landeswahlvorschlag überwiesen.

§ 32. (1) Der Landeswahlausschuß zählt die in allen Wahlkreisen oder Wahlkreisverbänden auf die Landeswahlvorschläge gefallenen Reststimmen zusammen und teilt jedem Landeswahlvorschlag auf je 40000 Reststimmen einen Abgeordnetensitz zu. Ein Rest von mehr als 20000 Stimmen wird vollen 40000 gleichgeachtet.

(2) Einem Landeswahlvorschlage kann höchstens die gleiche Zahl der Abgeordnetensitze zugeteilt werden, die auf die ihm angeschlossenen Kreiswahlvorschläge entfallen sind.

§ 33. Die Abgeordnetensitze werden auf die Bewerber nach ihrer Reihenfolge in den Wahlvorschlägen verteilt.

§ 34. (1) Wenn ein Kreiswahlvorschlag weniger Bewerber enthält, als Abgeordnetensitze auf ihn entfallen, so gehen die übrigen Sitze im Falle der Verbindung auf die verbundenen Kreiswahlvorschläge, wenn auch diese erschöpft sind, sowie in den übrigen Fällen, auf den zugehörigen Landeswahlvorschlag über. § 31 Abs. 1 Satz 3 gilt sinngemäß.

(2) Enthält ein Landeswahlvorschlag weniger Bewerber, als Abgeordnetensitze auf ihn fallen, so bleiben die übrigen Sitze unbesetzt.

§ 35. (1) Wenn ein zum Abgeordneten Berufener die Wahl ablehnt oder ein Abgeordneter ausscheidet, so stellt der Landeswahlausschuß fest, wer an seiner Stelle berufen ist.

(2) Auch dabei wird nach §§ 33, 34 verfahren.

§ 36. (1) Wird im Wahlprüfungsverfahren die Wahl eines Wahlkreises für ungültig erklärt, so verteilt der Landeswahlausschuß auf Grund des Nachwahlergebnisses von neuem die gesamten Reststimmen.

(2) Ergibt sich dabei, daß auf verbundene Kreiswahlvorschläge oder einen Landeswahlvorschlag mehr Sitze als bisher fallen, so wird die entsprechende Zahl neuer Abgeordnetensitze nach § 33 besetzt. Fallen auf verbundene Kreiswahlvorschläge oder einen Landeswahlvorschlag weniger Sitze als bisher, so erklärt der Landeswahlausschuß die entsprechende Zahl von Abgeordnetensitzen für erledigt. Für das Ausscheiden gelten dieselben Grundsätze wie für das Eintreten von Ersatzmännern; doch scheiden die zuletzt eingetretenen Abgeordneten zuerst aus.

§ 37. (1) Ist in den einzelnen Wahlbezirken die Wahlhandlung nicht ordnungsgemäß vorgenommen worden, so kann das Wahlprüfungsgericht dort die Wiederholung der Wahl beschließen. Der Minister des Innern hat den Beschluß alsbald auszuführen.

(2) Ist die Verhinderung der ordnungsgemäßen Wahlhandlung in einzelnen Wahlbezirken zweifelsfrei festgestellt, so kann der Minister des Innern auf Antrag des Kreiswahlausschusses und mit Zustimmung des Landeswahlausschusses dort die Wiederholung der Wahl anordnen.

(3) Die Anordnung des Ministers unterliegt im Wahlprüfungsverfahren der Nachprüfung durch das Wahlprüfungsgericht.

(4) Die Wiederholungswahl darf nicht später als sechs Monate nach der Hauptwahl stattfinden.

(5) Bei der Wiederholungswahl wird nach denselben Kreiswahlvorschlägen und auf Grund derselben Wahllisten oder Wahlkarteien wie bei der Hauptwahl gewählt.

(6) Auf Grund der Wiederholungswahl wird das Wahlergebnis für den ganzen Wahlkreis oder Wahlkreisverband neu wie bei der Hauptwahl ermittelt (§§ 29 bis 32 und 36).

IV. **Übergangs- und Schlußbestimmungen.**

§ 38. (1) Das Staatsministerium kann mit Rücksicht auf die nach dem Friedensvertrage vorgesehenen Abstimmungen für einzelne Landesteile einen besonderen Wahltag bestimmen. In diesem Falle ist der Minister des Innern ermächtigt, Änderungen in der Wahlkreiseinteilung vorzunehmen und die näheren Vorschriften für die später abzuhaltenden Wahlen zu treffen. Er ist ferner ermächtigt, über die Verwendung der Reststimmen in den betroffenen Wahlkreisen Bestimmungen zu treffen.

(2) Über den Aufschub der Wahlen ist dem Landtage Mitteilung zu machen.

(3) Werden Wahlen aufgeschoben, so gelten bis zur Neuwahl die Abgeordneten der verfassunggebenden Preußischen Landesversammlung aus dem bisherigen Wahlkreise 10 (Regierungsbezirk Oppeln, Provinz Oberschlesien) als Mitglieder des Landtags.

§ 39. Von den Kosten, die den Gemeinden aus den Landtagswahlen entstehen, werden ihnen $^4/_5$ vom Lande ersetzt. Alle übrigen Wahlkosten trägt das Land allein.

§ 40. Der Minister des Innern erläßt die Bestimmungen zur Ausführung des Gesetzes (Wahlordnung für den Preußischen Landtag).

§ 41. Das Gesetz tritt mit dem Tage seiner Verkündung in Kraft.

Berlin, den 3. Dezember 1920.

Die Preußische Staatsregierung.

Braun. Fischbeck. Haenisch. am Zehnhoff.
Oeser. Stegerwald. Severing. Lüdemann.

Anlage.
(Zu § 7.)

Die Wahlkreise und die Wahlkreisverbände.

A. Die Wahlkreiseinteilung.

Nummer des Wahlkreises	Name des Wahlkreises	Umfang des Wahlkreises	Zahl d. Einwohner nach der Volkszählung v. 8. Okt. 1919 in den Verwaltungsbezirken	im Wahlkreise	Name des Wahlkreisverbandes
1	Ostpreußen	Regierungsbezirk Königsberg	966 252		
		" Gumbinnen	535 645		
		" Allenstein	530 015		
		" Marienwerder (Rest)	162 514	2 194 426	Ostpreußen-Pommern
2	Berlin	Der frühere Stadtkreis Berlin	1 897 864	1 897 864	Brandenburg I
3	Potsdam II	Kreis Beeskow-Storkow	49 257		
		Der frühere Stadtkreis Charlottenburg	325 172		
		" " " Neukölln	263 678		
		" " " Berlin-Schöneberg	183 444		
		" " Kreis Teltow	535 878		
		" " Stadtkreis Berlin-Wilmersdorf	141 816	1 499 245	Brandenburg I
4	Potsdam I	Kreis Angermünde	62 813		
		Stadtkreis Brandenburg (Havel)	53 040		
		" Eberswalde	27 310		
		Kreis Jüterbog-Luckenwalde	73 538		
		Der frühere Stadtkreis Berlin-Lichtenberg	143 440		
		" " Kreis Niederbarnim	448 088		
		Kreis Oberbarnim	74 470		
		" Osthavelland	83 903		

		Kreis Prenzlau	60 675		
		„ Ruppin	76 448		
		Der frühere Stadtkreis Spandau	95 832		
		Kreis Templin	49 655		
		„ Westhavelland	67 485		
		„ Westprignitz	86 131		
		„ Zauch-Belzig	86 384	1 617 365	Brandenburg II
5	Frankfurt a. O.	Regierungsbezirk Frankfurt	1 220 380		
		Verwaltungsbezirk Westpreußen-Posen	320 223	1 540 603	Brandenburg II
6	Pommern	Regierungsbezirk Stettin	881 860		
		„ Köslin	644 068		
		„ Stralsund	239 858		
		Kreis Neustadt i. Westpr. (Rest)	1 939	1 767 725	Ostpreußen-Pommern
7	Breslau	Regierungsbezirk Breslau	1 760 645	1 760 645	Schlesien
8	Liegnitz	Regierungsbezirk Liegnitz	1 159 841	1 159 841	Schlesien
9	Oberschlesien	Provinz Oberschlesien	2 265 416	2 265 416	Schlesien
10	Magdeburg	Regierungsbezirk Magdeburg	1 239 360	1 239 360	Sachsen
11	Merseburg	Regierungsbezirk Merseburg	1 330 409	1 330 409	Sachsen
12	Erfurt	Regierungsbezirk Erfurt	542 756		
		Kreis Herrschaft Schmalkalden	45 270	588 026	Sachsen
13	Schleswig-Holstein	Regierungsbezirk Schleswig	1 449 751	1 449 751	Schleswig-Holstein-Hannover
14	Weser-Ems	Regierungsbezirk Aurich	273 748		
		„ Osnabrück	407 088	680 836	Schleswig-Holstein-Hannover
15	Ost-Hannover	Regierungsbezirk Stade	430 823		
		„ Lüneburg	560 290	991 042	Schleswig-Holstein-Hannover

Nummer des Wahlkreises	Name des Wahlkreises	Umfang des Wahlkreises	Zahl d. Einwohner nach der Volkszählung v. 8. Okt. 1919 in den Verwaltungsbezirken	im Wahlkreise	Name des Wahlkreisverbandes
16	Süd-Hannover	Regierungsbezirk Hannover	767 936		Schleswig-Holstein-
		" Hildesheim	562 633	1 330 569	Hannover
17	Westfalen-Nord	Regierungsbezirk Münster	1 165 701		
		" Minden	758 990		
		Kreis Grafschaft Schaumburg	46 861	1 971 552	Westfalen
18	Westfalen-Süd	Regierungsbezirk Arnsberg	2 545 940	2 545 940	Westfalen
19	Hessen-Nassau	Regierungsbezirk Cassel (ohne die Kreise Grafschaft Schaumburg und Herrschaft Schmalkalden)	942 504		
		Regierungsbezirk Wiesbaden	1 226 258		Hessen-Nassau-
		Kreis Wetzlar	66 339	2 235 101	Rheinland-Süd
20	Köln-Aachen	Regierungsbezirk Köln	1 333 574		Hessen-Nassau-
		" Aachen	631 998	1 965 572	Rheinland-Süd
21	Coblenz-Trier	Regierungsbezirk Coblenz (ohne Kreis Wetzlar)	692 413		
		Regierungsbezirk Trier	447 294		Hessen-Nassau-
		" Sigmaringen	70 044	1 209 751	Rheinland-Süd
22	Düsseldorf-Ost	Stadtkreis Barmen	158 369		
		" Düsseldorf	402 726		
		Landkreis Düsseldorf	102 605		
		Stadtkreis Elberfeld	157 176		
		" Essen	439 094		
		Landkreis Essen	164 163		
		[illegible]	[illegible]		

		„ Solingen	49 005		
		Landkreis Solingen	167 949	1 912 154	Rheinland-Nord
23	Düsseldorf-West	Kreis Cleve	72 474		
		Stadtkreis Crefeld	124 737		
		Landkreis Crefeld	43 618		
		Kreis Dinslaken	50 359		
		Stadtkreis Duisburg	201 233		
		Kreis Geldern	59 648		
		„ Gladbach	118 418		
		„ Grevenbroich	50 324		
		Stadtkreis Hamborn	110 151		
		Kreis Kempen i. Rheinpr.	98 538		
		„ Mörs	154 628		
		Stadtkreis Mülheim a. d. Ruhr	126 967		
		„ München-Gladbach	64 399		
		„ Neuß	39 942		
		Landkreis Neuß	33 547		
		Stadtkreis Oberhausen	99 119		
		Kreis Rees	76 129		
		Stadtkreis Rheydt	43 186		
		„ Sterkrade	46 435	1 613 852	Rheinland-Nord

B. Die Wahlkreisverbände.

Nr. d. Wahlkreisverbandes	Name des Wahlkreisverbandes	Umfang des Wahlkreisverbandes
I	Ostpreußen-Pommern	die Wahlkreise 1 und 6
II	Brandenburg I	„ „ 2 „ 3
III	Brandenburg II	„ „ 4 „ 5
IV	Schlesien	„ „ 7, 8 und 9
V	Sachsen	„ „ 10, 11 und 12
VI	Schleswig-Holstein-Hannover	„ „ 13, 14, 15 und 16
VII	Westfalen	„ „ 17 und 18
VIII	Hessen-Nassau-Rheinland-Süd	„ „ 19, 20 und 21
IX	Rheinland-Nord	„ „ 22 und 23

II
Landeswahlordnung.[1])

Vom 10. Dezember 1920.

(GSS. 571.)

Unter Berücksichtigung der Verordnung über die Abänderung der Landeswahlordnung. Vom 18. Januar 1921 (GSS. 109).

Auf Grund des § 40 des Landeswahlgesetzes vom 3. Dezember 1920 (Gesetzsamml. S. 559) wird folgende Verordnung erlassen:

Landeswahlordnung.

Übersicht über die Abschnitte.

I. Wahlunterlagen.

1. Allgemeines.

§ 1. Nach Ausschreibung einer Landtagswahl haben die Gemeinden eine Liste der Landtagswähler nach Zu- und Vorname, Alter, Beruf, Wohnort oder Wohnung in alphabetischer Ordnung unter fortlaufender Nummer

---

[1]) Die Anlagen (Formulare) sind hier nicht abgedruckt.

aufzustellen. Vor dem Eintrage jeder einzelnen Person ist ihr Wahlrecht genau zu prüfen.

Die Listen können nach Geschlechtern getrennt angelegt werden.

Die Listen können auch in der Art angelegt werden, daß die Straßen nach der alphabetischen Reihenfolge ihrer Namen oder die Stadtbezirke nach der Reihenfolge ihrer Nummern oder Buchstaben, innerhalb der Straßen oder Stadtbezirke die Häuser nach ihrer Nummer und innerhalb jedes Hauses die Wähler eingetragen werden.

§ 2. In die Listen sind alle Landtagswähler einzutragen, die in der Gemeinde ihren Wohnort haben.

Personen, deren Wahlrecht ruht, sind nicht in die Listen aufzunehmen. Das gleiche gilt für Personen, die in der Ausübung des Wahlrechts behindert sind, es sei denn, daß anzunehmen ist, daß der Behinderungsgrund am Wahltage nicht mehr besteht. Sind sie gleichwohl in die Listen eingetragen, so ist in der Spalte „Bemerkungen" einzutragen „ruht" oder „behindert".

Personen, deren Wahlrecht ruht, sind nur die Soldaten der Wehrmacht für die Dauer der Zugehörigkeit zu ihr. Zu den Soldaten zählen die Mannschaften, Unteroffiziere, Deckoffiziere sowie die Offiziere einschließlich der Sanitäts-, Veterinär-, Feuerwerks- und Zeugoffiziere des Reichsheeres und der Reichsmarine. Die Militärbeamten dagegen gehören nicht zu den Soldaten der Wehrmacht.

§ 3. Die Listen sollen mindestens vier Spalten zur Aufnahme der Vermerke über die erfolgte Stimmabgabe enthalten, damit sie für Wiederholungs- und Nachwahlen zum Landtag oder sonstige Wahlen und Abstimmungen, die mit der Landtagswahl zusammenfallen oder ihr in kurzer Frist folgen, verwendbar sind.

Die Listen müssen ferner eine Spalte für „Bemerkungen" enthalten.

2. Arten der Wählerverzeichnisse.

§ 4. Die Listen können in Heftform nach dem in der Anlage 1 beigefügten Vordruck (Wählerliste) oder in Kartothekform (Wahlkartei) angelegt werden.

Die Wahlkartei muß so beschaffen sein, daß die Karten für jeden Wahlbezirk in einem oder mehreren Behältern verwahrt werden. Der Behälter muß mit Vorrichtungen versehen sein, die jede einzelne Karte festhalten und nach Abschluß der Wahlkartei jede willkürliche Herausnahme oder Einfügung von Karten unmöglich machen. Jede Karte muß Spalten zur Aufnahme der Vermerke über die erfolgte Stimmabgabe enthalten.

Für den Vermerk der erfolgten Stimmabgabe zur Landtagswahl ist gleichmäßig ein und dieselbe Spalte im ganzen Wahlbezirke vorzuschreiben.

3. Wahlscheine.

§ 5. Ein Wähler, der in der Wählerliste oder Wahlkartei eingetragen ist, ist auf Antrag mit einem Wahlschein zu versehen:

1. wenn er in Ausübung des Berufs oder zur Erledigung persönlicher oder öffentlicher (Wahl-) Angelegenheiten am Wähltag außerhalb seines Wohnorts sich aufhält oder ihn so frühzeitig verlassen muß

oder an ihn so spät zurückkehrt, daß er innerhalb der Wahlzeit dort nicht mehr wählen kann. Hierzu gehören namentlich
a) Schiffer und Schiffsleute auf See- und Binnenschiffen einschließlich der mitfahrenden Angehörigen ihres Hausstandes,
b) Floßführer und Floßleute,
c) Bahn- und Postbedienstete,
d) Geschäftsreisende und Wandergewerbetreibende,
e) Wahlhelfer;
2. wenn er am Wahltag zu Kur- oder Erholungszwecken außerhalb seines Wohnorts sich aufhält;
3. wenn er infolge eines körperlichen Leidens oder Gebrechens in seiner Bewegungsfreiheit behindert ist und durch den Wahlschein die Möglichkeit erhält, einen für ihn günstiger gelegenen Wahlraum aufzusuchen.

§ 6. Verlegt ein Wähler nach Ablauf der Frist zur Auslegung der Wählerliste oder Wahlkartei seine Wohnung in einen anderen Wahlbezirk, so ist er berechtigt, sich einen Wahlschein ausstellen zu lassen.

§ 7. Ohne Eintragung in eine Wählerliste oder Wahlkartei sind auf Antrag mit einem Wahlscheine zu versehen:
1. Wähler, die wegen Ruhens des Wahlrechts oder wegen Behinderung in seiner Ausübung in die Wählerliste oder Wahlkartei nicht eingetragen waren, wenn der Grund hierfür nachträglich weggefallen ist;
2. Auslanddeutsche und ehemalige Angehörige der Abtretungsgebiete, die nach Ablauf der Frist zur Auslegung der Wählerlisten und Wahlkarteien ihren Wohnort in das Inland verlegt haben;
3. Wähler, die in die Wählerliste oder Wahlkartei nicht eingetragen waren, aber nachweisen, daß sie ohne ihr Verschulden die Frist zur Einlegung eines Einspruchs hiergegen versäumt haben.

Wähler, deren Eintragung in der Wählerliste oder Wahlkartei mit dem Vermerk „ruht" oder „behindert" versehen worden ist, sind den nicht eingetragenen gleichzuachten, wenn der Grund des Vermerks nachträglich weggefallen ist.

§ 8. Zuständig zur Ausstellung des Wahlscheins ist in den Fällen der §§ 5 und 7 die Gemeindebehörde des Wohnorts, in den Fällen des § 6 die Gemeindebehörde des bisherigen Wohnorts.

Der Grund zur Ausstellung eines Wahlscheins ist auf Erfordern glaubhaft zu machen. Über seine Berechtigung zur Antragstellung oder zur Empfangnahme des Wahlscheins muß sich der Antragsteller oder Empfänger gehörig ausweisen. Über die ausgestellten Wahlscheine führt die Gemeindebehörde ein Verzeichnis.

§ 9. Wahlscheine können noch am Tage vor der Wahl ausgestellt werden.

In den größeren Gemeinden kann die Entgegennahme von Anträgen auf Ausstellung von Wahlscheinen schon am zweitletzten Tage vor dem Wahltage geschlossen werden. Der Gemeindevorstand hat dies vorher in ortsüblicher Weise bekanntzugeben.

§ 10. Der Wahlschein ist nach dem als Anlage 2 beigefügten Vordruck auszustellen.

§ 11. Haben Wähler einen Wahlschein erhalten, so ist in der Spalte „Bemerkungen" der Wählerliste oder Wahlkartei in auffälliger Weise einzutragen: „Gestrichen, Wahlschein".

Ist im Zeitpunkt der Ausstellung des Wahlscheins die Wählerliste oder Wahlkartei dem Wahlvorsteher bereits ausgehändigt, so ist ihm bis zum Beginn der Wahlhandlung ein Verzeichnis der Wähler zu übermitteln, die wegen nachträglicher Ausstellung eines Wahlscheins in der Liste oder Kartei zu streichen sind.

§ 12. Die Gemeindebehörde hat die Zahl der ausgestellten Wahlscheine dem Kreiswahlleiter mitzuteilen. Sind keine Wahlscheine ausgestellt, so ist Fehlanzeige zu erstatten. Der Kreiswahlleiter hat die Angaben nach kleineren Verwaltungsbezirken zusammenzustellen und die Zusammenstellung dem Landeswahlleiter einzusenden.

4. Auslegung und Berichtigung der Wählerlisten und Wahlkarteien.

§ 13. Der Minister des Innern bestimmt den Tag, von dem ab die Wählerlisten oder Wahlkarteien auszulegen sind. Die Gemeindebehörde kann bestimmen, daß die Wählerlisten oder Wahlkarteien länger als acht Tage, und zwar bis zu vierzehn Tagen ausgelegt werden.

Der Gemeindevorstand hat vor der Auslegung der Wählerlisten oder Wahlkarteien in ortsüblicher Weise bekanntzugeben, wo, wie lange und zu welchen Tagesstunden die Wählerlisten oder Wahlkarteien zu jedermanns Einsicht ausgelegt werden, sowie in welcher Zeit und in welcher Weise Einsprüche gegen die Wählerlisten oder Wahlkarteien erhoben werden können.

§ 14. Wer die Wählerliste oder Wahlkartei für unrichtig oder unvollständig hält, kann dies bis zum Ablaufe der Auslegungsfrist bei der Gemeindebehörde oder einem von ihr ernannten Beauftragten schriftlich anzeigen oder zur Niederschrift geben. Soweit die Richtigkeit seiner Behauptungen nicht offenkundig ist, hat er für sie Beweismittel beizubringen.

Wenn der Einspruch nicht sofort für begründet erachtet wird, entscheidet über ihn die nach § 91 zuständige Behörde.

Die Entscheidung muß binnen vierzehn Tagen nach Ablauf der Auslegungsfrist erfolgt und den Beteiligten bekanntgegeben sein.

§ 15. Im Falle einer Berichtigung der Wählerliste oder Wahlkartei sind die Gründe der Streichungen in Spalte „Bemerkungen" anzugeben. Wenn das Wahlrecht eines Wählers ruht oder wenn der Wähler in der Ausübung des Wahlrechts behindert ist, so ist nach § 2 Abs. 2 Satz 3 zu verfahren. Ergänzungen sind im Nachtrag in die Wählerliste oder die Wahlkartei aufzunehmen. Etwaige Belege sind der Wählerliste oder Wahlkartei beizufügen.

§ 16. Nach Ablauf der Auslegungsfrist können Wähler nur in Erledigung rechtzeitig angebrachter Einsprüche in die Wählerliste oder Wahlkartei aufgenommen oder darin gestrichen werden.

§ 17. Die bisherige Wählerliste oder Wahlkartei ist vom Gemeindevorstand abzuschließen. Hierbei hat er zu bescheinigen, daß und wie lange die Wählerliste oder Wahlkartei ausgelegen hat, daß die Bekanntmachung hierüber und ebenso die im § 47 vorgeschriebenen ortsüblichen Bekanntmachungen erfolgt sind, endlich, wieviel Wähler in die Liste oder Kartei eingetragen sind, deren Namen nicht mit einem Vermerk „ruht", „behindert" oder „gestrichen" versehen wurden.

Die Behälter der Wahlkarteien sind durch Schlösser, Plomben oder Siegel so zu verschließen, daß eine Entnahme oder Einfügung von Karten nicht möglich ist.

§ 18. Der Gemeindevorstand hat die Wählerliste oder Wahlkartei dem Wahlvorsteher zu übersenden.

In Wahlbezirken, die aus mehr als einer Gemeinde bestehen, heften die Wahlvorsteher die ihnen aus den einzelnen Gemeinden zugehenden Wählerlisten zu einer Wählerliste zusammen. Dagegen sind Wahlkarteien nicht zu vereinigen.

Der Wahlvorsteher hat die Wählerliste oder Wahlkartei bei Beginn der Wahlhandlung nach dem Verzeichnis der nachträglich ausgestellten Wahlscheine zu berichtigen und am Schluß der Liste oder Kartei einen Vermerk über die Zahl der nachträglich gestrichenen und der hiernach noch verbleibenden Wahlberechtigten anzufügen.

§ 19. Die Gemeindebehörden sollen, soweit möglich, gegen Erstattung der Auslagen Abschriften der Wählerlisten oder Wahlkarteien erteilen oder die Anfertigung von Abschriften zulassen.

II. **Wahlvorschläge.**

1. Ernennung der Wahlleiter.

§ 20. Die Kreis- und Verbandswahlleiter sowie ihre Stellvertreter sind unverzüglich nach Ausschreibung der Wahlen zu ernennen. Die Ernennung ist öffentlich bekanntzumachen und dem Landeswahlleiter mitzuteilen.

Zum Verbandswahlleiter soll in der Regel einer der beteiligten Kreiswahlleiter ernannt werden

§ 21. Die Kreis- und Verbandswahlleiter ernennt, falls sich die Wahlkreise und Wahlkreisverbände auf mehrere Regierungsbezirke der gleichen Provinz erstrecken, sowie für den Wahlkreis 2 (früherer Stadtkreis Berlin) der Oberpräsident, falls sich die Wahlkreise und Wahlkreisverbände auf mehrere Provinzen erstrecken, der Minister des Innern, sonst der Regierungspräsident.

2. Einreichung und Verbindung der Wahlvorschläge.

§ 22. Zur Einreichung von Kreiswahlvorschlägen hat der Kreiswahlleiter, zur Einreichung von Erklärungen über die Verbindung von Kreiswahlvorschlägen der Verbandswahlleiter durch eine Bekanntmachung in Blättern des Wahlkreises beziehungsweise des Wahlkreisverbandes, die zu amtlichen Veröffentlichungen dienen, aufzufordern. Ist ein Kreiswahlleiter zugleich Verbandswahlleiter, so kann er eine gemeinschaftliche Bekanntmachung erlassen. Der Landeswahlleiter hat zur Einreichung von Landeswahlvorschlägen durch eine Bekanntmachung im Reichsanzeiger und Preußischen Staatsanzeiger einzuladen.

§ 23. Die Bekanntmachung des Kreis- und des Landeswahlleiters soll spätestens vier, die des Verbandswahlleiters spätestens drei Wochen vor dem Wahltag erfolgen.

§ 24. In der Bekanntmachung sind die Kalendertage zu bezeichnen, an denen spätestens die Wahlvorschläge einzureichen, die Verbindungen von Kreiswahlvorschlägen innerhalb der Wahlkreisverbandes und die Zurechnung ihrer Reststimmen auf einen Landeswahlvorschlag zu erklären sind.

Die Bekanntmachung soll die Vorschriften über Beschaffenheit und Inhalt der Wahlvorschläge wiedergeben. Die Bekanntmachung des Kreiswahlleiters soll außerdem auf die Möglichkeit der Verbindung von Wahlvorschlägen hinweisen und ersehen lassen, bei welchem Verbandswahlleiter und bis zu welchem Tage solche Verbindungserklärungen abzugeben sind. In der Bekanntmachung des Kreis- und des Landeswahlleiters ist ferner auf die Möglichkeit des Anschlusses von Kreiswahlvorschlägen an Landeswahlvorschläge und die rechtliche Tragweite eines solchen Anschlusses oder eines Nichtanschlusses hinzuweisen.

§ 25. Wahlvorschläge, Verbindungs- und Anschlußerklärungen können auch vor der öffentlichen Aufforderung eingereicht werden, sobald der Kreiswahlleiter, der Verbandswahlleiter oder der Landeswahlleiter ernannt ist.

3. Inhalt der Wahlvorschläge.

§ 26. In den Wahlvorschlägen sollen die Bewerber mit Zu- und Vornamen aufgeführt und ihr Stand oder Beruf sowie ihr Wohnort und ihre Wohnung so deutlich angegeben werden, daß über ihre Persönlichkeit kein Zweifel besteht. Sie sind in erkennbarer Reihenfolge aufzuführen.

§ 27. Die Unterzeichner der Wahlvorschläge sollen ihren Unterschriften die Angabe ihres Berufs oder Standes und ihres Wohnorts und ihrer Wohnung beifügen.

Mit dem Wahlvorschlage sind einzureichen:

1. die Erklärung der Bewerber, daß sie der Aufnahme ihrer Namen in den Wahlvorschlag zustimmen;
2. die gemeindebehördliche Bescheinigung, daß die Bewerber am Wahltage das fünfundzwanzigste Lebensjahr vollendet haben, Reichsangehörige sind, in Preußen wohnen und vom Wahlrecht nicht ausgeschlossen sind;
3. die gemeindebehördliche Bescheinigung, daß die Unterzeichner des Wahlvorschlags in die Wählerliste oder Wahlkartei eingetragen oder mit einem Wahlschein versehen worden sind.

Die Gemeindebehörden haben die Bescheinigungen auf Antrag gebührenfrei auszustellen.

§ 28. Jeder Wahlvorschlag soll mit einem auf die Parteistellung der Bewerber hinweisenden oder einem sonstigen Kennworte versehen sein, das ihn von allen anderen Wahlvorschlägen deutlich unterscheidet. Irreführende Kennwörter sind unzulässig.

Der Wahlvorschlag muß nach § 17 des Landeswahlgesetzes einen Vertrauensmann und einen Stellvertreter bezeichnen, die möglichst am Sitze des Kreiswahlleiters wohnen.

4. Mängelbeseitigung.

§ 29. Die Wahlleiter haben die Vertrauensmänner unverzüglich zur Beseitigung von Mängeln der Wahlvorschläge oder der Erklärungen nach §§ 15 und 18 des Landeswahlgesetzes oder zur Nachbringung der Bescheinigungen nach § 27 Abs. 2 der Landeswahlordnung aufzufordern.

Mängel können nicht mehr beseitigt werden bei Kreiswahlvorschlägen, wenn diese festgesetzt, bei Landeswahlvorschlägen, wenn diese veröffentlicht sind. Das gleiche gilt für die Erklärungen über die Verbindung von Wahlvorschlägen, wenn der Verbandswahlausschuß über ihre Zulassung beschlossen hat, für die Erklärungen über den Anschluß von Kreiswahlvorschlägen an Landeswahlvorschläge, wenn die Frist des § 18 Satz 2 des Landeswahlgesetzes abgelaufen ist.

Bewerber, die auf mehreren Wahlvorschlägen desselben Wahlkreises oder mehreren Landeswahlvorschlägen benannt sind, müssen dem Wahlleiter innerhalb der von ihm gesetzten Frist erklären, für welchen Wahlvorschlag sie sich entscheiden.

§ 30. Bewerber, gegen deren Wählbarkeit der Wahlleiter Bedenken erhebt, können bei Kreiswahlvorschlägen bis zu ihrer Festsetzung, bei Landeswahlvorschlägen bis zu ihrer Veröffentlichung durch andere ersetzt werden.

§ 31. Der Wahlleiter soll darauf hinwirken, daß nicht dieselben Unterschriften unter mehreren Wahlvorschlägen stehen. Die gleichen Personen können nicht als Vertrauensmänner für mehrere Landeswahlvorschläge oder mehrere Kreiswahlvorschläge benannt werden.

§ 32. Sind Erklärungen abgegeben worden, nach denen Kreiswahlvorschläge, die sich verschiedenen Landeswahlvorschlägen angeschlossen haben, sich verbinden wollen, so hat der Verbandswahlleiter durch eine Verhandlung mit den Vertrauensmännern auf Einhaltung der Vorschriften über die Verbindung von Wahlvorschlägen hinzuwirken.

§ 33. Der Vertrauensmann kann gegen Verfügungen, die der Wahlleiter auf Grund der §§ 29 bis 32 erläßt, die Entscheidung des Wahlausschusses anrufen.

5. Bildung der Wahlausschüsse.

§ 34. Zur Bildung des Wahlausschusses beruft der Kreiswahlleiter vier Wähler aus dem Wahlkreis, zur Bildung des Verbandswahlausschusses der Verbandswahlleiter vier Wähler aus dem Wahlkreisverband, zur Bildung des Landeswahlausschusses der Landeswahlleiter sechs Wähler aus beliebigen Wahlkreisen und verpflichtet sie durch Handschlag. Für jeden einzelnen Beisitzer bestimmt der Wahlleiter Stellvertreter, die bei Behinderung oder beim Ausscheiden des Beisitzers für ihn einzutreten haben.

Beisitzer eines Kreiswahlausschusses können gleichzeitig Beisitzer eines Verbandswahlausschusses sein. Die Beisitzer der Kreis- und Verbandswahlausschüsse sowie ihre Stellvertreter sollen aus den verschiedenen, in den beteiligten Bezirken vertretenen Parteien, die des Landeswahlausschusses aus den größten Parteien des Landes berufen werden. Wegen der Auswahl soll der Wahlleiter die Parteileitungen hören.

Der Landeswahlausschuß ist beschlußfähig, wenn außer dem Vorsitzenden vier Beisitzer oder Stellvertreter anwesend sind.

Die Vertrauensmänner und ihre Stellvertreter können nicht Beisitzer sein.

§ 35. Die Namen der Beisitzer und der Stellvertreter sind von den Wahlleitern öffentlich bekanntzugeben. Die Bekanntmachung des Kreiswahlleiters ist tunlichst mit der Bekanntmachung über die Einreichung von Kreiswahlvorschlägen, die Bekanntmachung des Verbandswahlleiters mit der Bekanntmachung über die Einreichung von Verbindungserklärungen, die Bekanntmachung des Landeswahlleiters mit der Bekanntmachung über die Einreichung von Landeswahlvorschlägen zu verbinden. Sonst erfolgt die Bekanntmachung nach den Bestimmungen des § 23.

§ 36. Die Wahlleiter haben zu den Verhandlungen der Wahlausschüsse Schriftführer zuzuziehen, die in gleicher Weise wie die Beisitzer zu verpflichten sind.

§ 37. Die Beisitzer der Ausschüsse erhalten keine Vergütung. Sie sind daher möglichst aus den Wählern des Sitzes des Wahlausschusses zu berufen. Soweit sie außerhalb ihres Wohnorts tätig sind, erhalten sie Reisekosten und Tagegelder nach den Sätzen, die für die Mitglieder der höheren Verwaltungsbehörden gelten.

6. Zulassung der Wahlvorschläge und der Verbindungserklärungen.

§ 38. Der Wahlleiter bestimmt Zeit und Ort der Sitzungen des Wahlausschusses und gibt sie öffentlich bekannt.

Die Wahlausschüsse entscheiden in öffentlicher Sitzung über die Zulassung der Wahlvorschläge und der Verbindung von Kreiswahlvorschlägen innerhalb eines Wahlkreisverbandes.

§ 39. In den Wahlvorschlägen werden die Namen der Bewerber gestrichen, deren Persönlichkeit nicht feststeht, deren Zustimmungserklärung fehlt, die nachgewiesenermaßen nicht wählbar sind oder die auf mehreren Kreiswahlvorschlägen desselben Wahlkreises oder auf mehreren Landeswahlvorschlägen benannt sind. Ferner werden Bewerber eines Landeswahlvorschlags, die zugleich in einem Kreiswahlvorschlag benannt sind, im Landeswahlvorschlag gestrichen, wenn die Erklärung nach § 18 des Landeswahlgesetzes sich auf einen anderen Landeswahlvorschlag bezieht.

Bewerber, die auf demselben Wahlvorschlag mehrmals benannt sind, gelten als nur einmal vorgeschlagen.

§ 40. Nicht zuzulassen sind Wahlvorschläge oder Verbindungen von solchen, die verspätet eingereicht oder erklärt sind oder den gesetzlichen Erfordernissen nicht entsprechen.

Kommt bei der Verhandlung nach § 32 eine Einigung nicht zustande, so sind die in Betracht kommenden Verbindungen nicht zuzulassen.

§ 41. Trägt ein Wahlvorschlag kein Kennwort, so gilt der Name des Bewerbers, der in dem Wahlvorschlag an erster Stelle genannt ist, als Kennwort des Wahlvorschlags.

7. Bekanntgabe der Wahlvorschläge, der Verbindungs- und Anschlußerklärungen.

§ 42. Der Kreiswahlleiter teilt die Kreiswahlvorschläge unmittelbar nach ihrer Festsetzung, die Anschlußerklärungen unmittelbar nach Ablauf der Einreichungsfrist dem Verbandswahlleiter und dem Landeswahlleiter, der Verbandswahlleiter die Verbindungserklärungen so, wie sie zugelassen sind, dem Landeswahlleiter und den Kreiswahlleitern der beteiligten Wahlkreise mit.

§ 43. Der Landeswahlleiter veröffentlicht die Landeswahlvorschläge so, wie sie zugelassen sind, in fortlaufender Nummernfolge und mit Angabe des Kennworts, jedoch unter Weglassung der Namen der Unterzeichner und Vertrauensmänner, im Reichsanzeiger und Preußischen Staatsanzeiger und teilt sie gleichzeitig den Leitern der beteiligten Wahlkreise und Wahlkreisverbände mit.

§ 44. Der Kreiswahlleiter hat spätestens am vierten Tag vor der Wahl die Kreiswahlvorschläge samt den Verbindungs- und Anschlußerklärungen sowie die Landeswahlvorschläge, denen sich Wahlvorschläge aus dem Wahlkreis angeschlossen haben, in der zugelassenen Form, jedoch unter Weglassung der Namen der Unterzeichner und Vertrauensmänner der Wahlvorschläge, durch Blätter bekanntzumachen, die innerhalb des Wahlkreises amtlichen Veröffentlichungen dienen. Die Kreiswahlvorschläge sind als solche zu bezeichnen und mit fortlaufender Nummer zu versehen.

In der Bekanntmachung soll die rechtliche Bedeutung der Kreiswahlvorschläge, ihrer Verbindung im Wahlkreisverband und des Anschlusses der Kreis- an Landeswahlvorschläge kurz erläutert werden.

III. Sonstige Wahlvorbereitung.

1. Bildung der Wahlbezirke.

§ 45. Die Abgrenzung der Wahlbezirke erfolgt nach den örtlichen Verhältnissen. Hierbei ist davon auszugehen, allen Wählern die Teilnahme an der Landtagswahl möglichst zu erleichtern. Kein Wahlbezirk soll mehr als 2500 Einwohner umfassen. Die Wahlbezirke dürfen jedoch nicht so klein gemacht werden, daß das Wahlgeheimnis beeinträchtigt werden könnte. Die Verwaltungsbezirksgrenzen sollen eingehalten werden.

Die zuständigen Behörden haben die Abgrenzung der Wahlbezirke dem Kreiswahlleiter unverzüglich mitzuteilen.

2. Bestimmung der Wahlräume.

§ 46. Bei der Ernennung des Wahlvorstehers und seines Stellvertreters ist von der zuständigen Behörde zugleich der Raum zu bestimmen, in dem die Wahl vorzunehmen ist.

In großen Wahlbezirken, in denen sich eine Teilung der Wählerlisten oder Wahlkarteien als zweckmäßig erweist, sowie in Wahlbezirken, in denen nach Geschlechtern getrennt gewählt wird (§ 1 Abs. 2), können die Wahlen gleichzeitig in zwei verschiedenen Räumen desselben Gebäudes oder in zwei verschiedenen Gebäuden oder an zwei verschiedenen Tischen desselben Wahlraums vorgenommen werden. Für jeden Wahlraum oder Wahltisch ist ein besonderer Wahlvorstand zu bilden.

3. Bekanntmachung der Wahl.

§ 47. Die Abgrenzung der Wahlbezirke, die Ernennung des Wahlvorstehers und seines Stellvertreters, die Bestimmung des Wahlraums sowie Tag und Stunde der Wahlen sind vor dem Wahltag von den Gemeindevorständen in ortsüblicher Weise bekanntzugeben. Als ortsübliche Bekanntgabe genügt die Veröffentlichung mittels Plakatanschlags.

Die Bekanntmachung soll spätestens am siebenten Tag vor dem Wahltag erfolgen. Ein Abdruck der Bekanntmachung ist dem Wahlvorsteher zur Benutzung bei der Wahl auszuhändigen.

IV. **Stimmabgabe.**

§ 48. Die Wahlzeit dauert in der Zeit vom 1. April bis 30. September von 8 Uhr vormittags bis 5 Uhr nachmittags, sonst von 9 Uhr vormittags bis 6 Uhr nachmittags. In Wahlbezirken mit weniger als 1000 Einwohnern kann die zur Abgrenzung der Wahlbezirke zuständige Behörde die Wahlzeit abkürzen; die Wahlzeit darf jedoch nicht später als 10 Uhr vormittags beginnen und, unbeschadet der Bestimmung des § 56 Abs. 2, nicht vor 5 Uhr nachmittags schließen.

§ 49. Der Wahlvorsteher beruft unter Berücksichtigung der verschiedenen Parteien aus den Wählern seines Wahlbezirkes drei bis sechs Beisitzer und einen Schriftführer und lädt die Mitglieder des Wahlvorstands ein, bei Beginn der Wahlhandlung zur Bildung des Wahlvorstands im Wahlraum zu erscheinen. Erscheint nicht die genügende Anzahl, so ernennt der Wahlvorsteher aus den anwesenden Wählern die erforderliche Zahl von Mitgliedern des Wahlvorstands.

Die Mitglieder des Wahlvorstands erhalten keine Vergütung.

§ 50. Der Tisch, an dem der Wahlvorstand Platz nimmt, soll so aufgestellt werden, daß er von allen Seiten zugänglich ist.

An diesen Tisch wird ein verdecktes Gefäß (Wahlurne) zum Hineinlegen der Stimmzettel gestellt. Der Boden der Wahlurne soll viereckig sein. Im Innern gemessen muß ihre Höhe mindestens 90 Zentimeter und der Abstand jeder Wand von der gegenüberliegenden Wand mindestens 35 Zentimeter betragen. Im Deckel muß die Wahlurne einen Spalt haben, der nicht breiter als 2 Zentimeter sein darf und durch den die Umschläge mit den Stimmzetteln hindurchgesteckt werden müssen. Vor dem Beginn der Abstimmung hat sich der Wahlvorstand davon zu überzeugen, daß die Wahlurne leer ist. Von da ab bis zur Herausnahme der Umschläge mit den Stimmzetteln nach Schluß der Abstimmung darf die Wahlurne nicht wieder geöffnet werden.

Durch Bereitstellung eines oder mehrerer Nebenräume, die nur durch den Wahlraum betretbar oder unmittelbar mit ihm verbunden sind, oder durch Vorrichtungen an einem oder mehreren von dem Vorstandstisch getrennten Nebentischen ist Vorsorge zu treffen, daß der Wähler seinen Stimmzettel unbeobachtet in den Umschlag zu legen vermag.

Je ein Abdruck des Landeswahlgesetzes, dieser Wahlordnung und der nach § 44 für den Wahlkreis erlassenen Bekanntmachung ist im Wahlraum auszulegen.

§ 51. Die Stimmzettel müssen von weißem oder weißlichem Papier und dürfen mit keinem Kennzeichen versehen sein; die Verwendung von Zeitungspapier ist zulässig. Durchstreichungen auf Stimmzetteln gelten nicht als Kennzeichen. Die Stimmzettel sollen 9 : 12 Zentimeter groß sein und sind von dem Wähler in einem mit amtlichem Stempel versehenen Umschlag, der kein unzulässiges Kennzeichen haben darf, abzugeben. Die Umschläge sollen 12 : 15 Zentimeter groß und aus undurchsichtigem Papier hergestellt sein; sie sind in der erforderlichen Zahl bereitzuhalten.

Im Wahlraume dürfen Stimmzettel weder aufgelegt noch verteilt werden. Der Wahlvorsteher hat die ihm zur Verwendung übergebenen Stimmzettel am Eingange zum Wahlraum oder davor so aufzulegen, daß sie von den zur Stimmabgabe erscheinenden Wählern entnommen werden können.

§ 52. Die Wahlhandlung wird damit eröffnet, daß der Wahlvorsteher den Schriftführer und die Beisitzer durch Handschlag verpflichtet und so den Wahlvorstand bildet.

In keiner Zeit der Wahlhandlung dürfen weniger als drei Mitglieder des Wahlvorstands gegenwärtig sein. Der Wahlvorsteher und der Schriftführer dürfen sich während der Wahlhandlung nicht gleichzeitig entfernen; verläßt einer von ihnen vorübergehend den Wahlraum, so ist mit seiner Vertretung der Stellvertreter des Wahlvorstehers oder ein anderes Mitglied des Wahlvorstands zu beauftragen.

§ 53. Zutritt zum Wahlraum hat jeder Wähler. Ansprachen darf niemand darin halten. Nur der Wahlvorstand darf über das Wahlgeschäft beraten und beschließen.

Der Wahlvorstand kann jeden aus dem Wahlraum verweisen, der die Ruhe und Ordnung der Wahlhandlung stört; ein Wähler des Wahlbezirks, der hiervon betroffen wird, darf vorher seine Stimme abgeben.

§ 54. Der Wahlvorsteher leitet die Wahl.

Der Wähler, der seine Stimme abgeben will, nimmt einen abgestempelten Umschlag aus der Hand einer Person, die der Wahlvorstand in der Nähe des Zugangs zu dem Nebenraum oder Nebentisch (§ 50 Abs. 3) aufgestellt hat. Er begibt sich sodann in den Nebenraum oder an den Nebentisch, steckt dort seinen Stimmzettel in den Umschlag, tritt an den Vorstandstisch, nennt seinen Namen und auf Erfordern seine Wohnung und übergibt, sobald der Schriftführer den Namen in der Wählerliste oder Wahlkartei aufgefunden hat, den Umschlag mit dem Stimmzettel dem Wahlvorsteher, der ihn sofort uneröffnet in die Wahlurne legt.

Inhaber von Wahlscheinen nennen ihren Namen und übergeben den Wahlschein dem Wahlvorsteher, der ihn nach Prüfung dem Schriftführer weiterreicht. Entstehen Zweifel über die Echtheit oder den rechtmäßigen Besitz des Wahlscheins, so hat der Wahlvorstand diese nach Möglichkeit aufzuklären und über die Zulassung oder Abweisung des Wählers Beschluß zu fassen. Der Vorgang ist in der Wahlniederschrift kurz zu schildern.

Wähler, die durch körperliche Gebrechen behindert sind, ihre Stimmzettel eigenhändig in den Umschlag zu legen und diese dem Wahlvorsteher zu übergeben, dürfen sich der Beihilfe einer Vertrauensperson bedienen.

Stimmzettel, die nicht in dem abgestempelten Umschlag oder die in einem mit einem Kennzeichen versehenen Umschlag abgegeben werden, hat der Wahlvorsteher zurückzuweisen, ebenso die Stimmzettel von Wählern, die sich nicht in den Nebenraum oder an den Nebentisch begeben haben.

Der Wahlvorsteher hat darauf zu halten, daß die Wähler in dem Nebenraum oder an dem Nebentisch nur so lange verweilen, als unbedingt erforderlich ist, um den Stimmzettel in den Umschlag zu stecken.

§ 55. Der Schriftführer vermerkt die Stimmabgabe jedes Wählers neben dessen Namen in der Wählerliste oder Wahlkartei und sammelt die Wahlscheine.

§ 56. Nach Schluß der Wahlzeit dürfen nur noch die Wähler zur Stimmabgabe zugelassen werden, die in diesem Zeitpunkt im Wahlraum schon anwesend waren. Hierauf erklärt der Wahlvorsteher die Abstimmung für geschlossen.

Haben alle in der Wählerliste oder der Wahlkartei eingetragenen Wähler abgestimmt und ist anzunehmen, daß Inhaber von Wahlscheinen nicht mehr kommen oder, falls solche noch kommen sollten, den Wahlraum eines benachbarten Wahlbezirks noch vor Schluß der allgemeinen Wahlzeit erreichen, so kann der Wahlvorsteher auf einstimmigen Beschluß des Wahlvorstands die Abstimmung schon vor dem Schluß der allgemeinen oder der besonders angeordneten Wahlzeit (§ 48 Satz 2) für geschlossen erklären.

§ 57. Nach Schluß der Abstimmung werden die Umschläge aus der Wahlurne genommen und uneröffnet gezählt. Zugleich wird die Zahl der Abstimmungsvermerke in der Wählerliste oder Wahlkartei und die Zahl der Wahlscheine festgestellt (§ 55). Ergibt sich dabei auch nach wiederholter Zählung eine Verschiedenheit, so ist dies in der Wahlniederschrift anzugeben und, soweit möglich, zu erläutern.

V. Ermittlung und Prüfung des Abstimmungsergebnisses im Wahlbezirk.

§ 58. Unmittelbar nach der Zählung der Umschläge und Abstimmungsvermerke ist die Ermittlung und Prüfung des Abstimmungsergebnisses in der Weise vorzunehmen, daß ein Beisitzer die Umschläge öffnet, die Stimmzettel herausnimmt und sie dem Wahlvorsteher übergibt, der sie laut vorliest und nebst den Umschlägen einem anderen Beisitzer zur Aufbewahrung bis zum Ende der Wahlhandlung übergibt.

§ 59. Ungültig sind Stimmzettel:

1. die nicht in einem amtlich abgestempelten Umschlag oder die in einem mit einem unzulässigen Kennzeichen versehenen Umschlag übergeben worden sind;
2. die nicht von weißem oder weißlichem Papier sind;
3. die mit einem unzulässigen Kennzeichen versehen sind;
4. die keinen Namen oder keine Angabe, aus der die Person mindestens eines Bewerbers unzweifelhaft zu erkennen ist, auch keine oder keine erkennbare Bezeichnung eines Kreiswahlvorschlags mit der Nummer aus der amtlichen Bekanntgabe und auch kein zulässiges Kennwort enthalten;
5. die eine Verwahrung oder einen Vorbehalt gegenüber allen Bewerbern enthalten;
6. die Namen aus verschiedenen Kreiswahlvorschlägen oder Bezeichnungen verschiedener Kreiswahlvorschläge enthalten, vorbehaltlich der Bestimmung im Abs. 2;
7. die ausschließlich auf andere als die in den öffentlich bekanntgegebenen Kreiswahlvorschlägen aufgeführten Personen lauten;
8. denen ein Druck- oder Schriftstück beigefügt ist.

Bei Verbindung der Wahlen zum Landtag mit anderen Wahlen oder Abstimmungen kann der Minister des Innern die Verwendung eines gemeinsamen Stimmzettels für die Landtagswahl und die anderen Wahlen oder Abstimmungen zulassen. In diesem Falle darf der Stimmzettel die Bezeichnung je eines Kreiswahlvorschlags (Wahlvorschlags) und auch Namen aus je einem Kreiswahlvorschlag (Wahlvorschlag) für jede der verbundenen Wahlen enthalten, er muß aber erkennen lassen, auf welche Wahl sich der einzelne Wahlvorschlag (Name) bezieht. Die Streichung einer auf dem Stimmzettel zur Bezeichnung der gleichzeitig stattfindenden Wahlen angebrachten Aufschrift ist ohne Belang, soweit dadurch kein Widerspruch zwischen dieser Aufschrift und dem Aufdruck auf dem Umschlag entsteht. Insoweit ein solcher Widerspruch besteht, wird die Stimme nicht gezählt. Mehrere in einem Umschlag enthaltene gleichlautende Stimmzettel gelten als eine Stimme; in einem Umschlag enthaltene, auf verschiedene Kreiswahlvorschläge lautende Stimmzettel sind ungültig.

Die gültigen Stimmzettel sind ohne Rücksicht auf ihre Vollständigkeit und die Reihenfolge der Benennungen den einzelnen Kreiswahlvorschlägen zuzurechnen.

§ 60. Der Schriftführer verzeichnet in der Zählliste jede dem einzelnen Kreiswahlvorschlag zugefallene Stimme und zählt die Stimmen laut.

Einer der Beisitzer führt gleichzeitig eine Gegenliste. Das Muster für die Zähl- und Gegenliste ergibt sich aus dem Vordruck in Anlage 3.

Zählliste und Gegenliste sind von dem Wahlvorsteher und dem Mitglied des Wahlvorstands, das die Liste geführt hat, zu unterzeichnen und der Wahlniederschrift als Anlage beizufügen.

§ 61. Unmittelbar nach Ermittlung des Abstimmungsergebnisses hat der Wahlvorsteher das Ergebnis dem Kreiswahlleiter auf schnellstem Wege (Fernsprecher, Telegramm, Eilbote) mitzuteilen. In dieser Mitteilung sind die Kreiswahlvorschläge einzeln mit der auf sie gefallenen Stimmenzahl anzugeben.

Der Kreiswahlleiter kann anordnen, daß die Ergebnisse aus sämtlichen Wahlbezirken einer größeren Gemeinde oder auch eines ganzen Verwaltungsbezirks zunächst von der Gemeindebehörde oder der unteren Verwaltungsbehörde gesammelt, zusammengestellt und in einem Gesamtergebnis dem Kreiswahlleiter gleichfalls auf schnellstem Wege mitgeteilt werden.

Der Kreiswahlleiter stellt die Ergebnisse aus allen Wahlbezirken (Gemeinden) zusammen und teilt spätestens um 8 Uhr abends am Tag nach dem Wahltag dem Landeswahlleiter telephonisch oder telegraphisch mit, wieviel Stimmen insgesamt den einzelnen Kreiswahlvorschlägen zugefallen sind, gegebenenfalls auch, aus wieviel Gemeinden das Ergebnis noch aussteht.

Sobald alle Meldungen gemäß Abs. 1 und 2 vorliegen, ist das Ergebnis durch Eilbrief dem Landeswahlleiter mitzuteilen.

§ 62. Die Stimmzettel, über deren Gültigkeit oder Ungültigkeit der Wahlvorstand Beschluß fassen muß, sind mit fortlaufenden Nummern zu versehen und der Niederschrift beizufügen. In der Niederschrift sind die Gründe kurz anzugeben, aus denen die Stimmzettel für gültig oder ungültig erklärt worden sind.

Wenn ein Stimmzettel wegen der Beschaffenheit des Umschlags für ungültig erklärt worden ist, ist auch der Umschlag anzuschließen.

§ 63. Alle Stimmzettel, die nicht nach § 62 der Wahlniederschrift beizufügen sind, hat der Wahlvorsteher in Papier einzuschlagen, zu versiegeln und der Gemeindebehörde zu übergeben, die sie verwahrt, bis die Wahl für gültig erklärt worden ist oder Neuwahlen angeordnet sind.

§ 64. Die Wählerliste oder Wahlkartei nebst den Wahlscheinen wird der Gemeindebehörde zur Aufbewahrung unter Verschluß übergeben; sie darf außer in den gesetzlich zugelassenen Fällen anderweitig erst dann verwendet werden, wenn die Wahl für gültig erklärt oder eine Neuwahl angeordnet ist.

§ 65. Der Wahlvorsteher hat die Umschläge, soweit sie nicht der Wahlniederschrift beizufügen sind, der Gemeindebehörde zur weiteren Verwendung zurückzugeben.

§ 66. Über die Wahlhandlung ist eine Niederschrift (Wahlniederschrift) nach dem in der Anlage 4, beigefügten Vordruck aufzunehmen.

§ 67. Die Wahlniederschriften mit sämtlichen zugehörigen, als Anlagen fortlaufend zu numerierenden Schriftstücken sind von den Wahlvorstehern ungesäumt den im § 91 genannten Behörden einzureichen.

Diese haben die Vorlagen der Wahlvorsteher unverzüglich auf ihre Vollständigkeit zu prüfen, zu ergänzen, Unstimmigkeiten aufzuklären und die Vorlagen gesammelt so zeitig dem Kreiswahlleiter einzureichen, daß sie spätestens im Laufe des dritten Tages nach dem Wahltag in dessen Hände gelangen.

Die Kreiswahlleiter haben dafür zu sorgen, daß die Übersendung der Wahlverhandlungen durch Sammelkuriere möglichst rasch und sicher geschieht.

VI. Feststellung des Wahlergebnisses.

§ 68. Zur Ermittlung des Wahlergebnisses beruft der Kreiswahlleiter den Wahlausschuß, sobald der Eingang sämtlicher Wahlniederschriften aus den Wahlbezirken zu erwarten ist. Er bestimmt Zeit und Ort der Sitzung.

Die Verhandlungen des Wahlausschusses sind öffentlich.

§ 69. In der Sitzung des Wahlausschusses werden die Niederschriften über die Wahlen in den einzelnen Wahlbezirken durchgesehen und die Ergebnisse der Wahlen zusammengestellt.

Geben die Wahlen in einzelnen Wahlbezirken zu Bedenken Anlaß, so kann der Kreiswahlleiter die von den Gemeindebehörden aufbewahrten Stimmzettel, Wählerlisten oder Wahlkarteien und Wahlscheine einfordern und dem Wahlausschuß zur Einsicht vorlegen.

§ 70. Der Wahlausschuß ermittelt das Wahlergebnis nach den §§ 29, 30 des Landeswahlgesetzes; Rechenfehler werden berichtigt. Sonstige Bedenken sind in der Niederschrift zu vermerken. Reststimmen, die auf verbundene Wahlvorschläge gefallen sind, werden dem Verbandswahlleiter, Reststimmen, die auf Wahlvorschläge gefallen sind, die nur einem Landeswahlvorschlag angeschlossen sind, werden dem Landeswahlleiter mitgeteilt. Werden dem Verbandswahlausschuß Reststimmen überwiesen, so ist dem Verbandswahlleiter gleichzeitig mitzuteilen, wieviel Stimmen auf den beteiligten Kreiswahlvorschlag überhaupt abgegeben worden sind.

§ 71. Der Kreiswahlleiter hat unmittelbar nach der Ermittlung des Wahlergebnisses dem Landeswahlleiter telephonisch oder telegraphisch mitzuteilen, wieviel Stimmen und wieviel Sitze den einzelnen Kreiswahlvorschlägen zugefallen sind. Die Mitteilung ist sofort durch Absendung einer Gesamtübersicht nach dem in der Anlage 5 beigefügten Vordruck durch Eilbrief zu bestätigen.

§ 72. Der Verbandswahlausschuß stellt auf Grund der Überweisungen von Reststimmen und der Mitteilung der Kreiswahlleiter nach § 31 des Landeswahlgesetzes fest, wieviel Abgeordnetensitze auf die Reststimmen der im Wahlkreisverband verbundenen Kreiswahlvorschläge entfallen und welchem Kreiswahlvorschlag Sitze hiernach noch zukommen.

Die Zuteilung der Sitze ist den beteiligten Kreiswahlleitern, die im Wahlkreisverband nicht verbrauchten oder nicht berücksichtigten Reststimmen sind dem Landeswahlleiter mitzuteilen.

Die Verhandlungen des Verbandswahlausschusses sind öffentlich. Über sie ist eine Niederschrift aufzunehmen und von sämtlichen Mitgliedern des Wahlausschusses zu unterschreiben.

Der Verbandswahlleiter hat die Niederschrift mit sämtlichen zugehörigen Schriftstücken dem Landeswahlleiter einzusenden.

§ 73. Der Kreiswahlausschuß verteilt, wenn verbundene Wahlvorschläge nicht vorhanden sind, nach Ermittlung des Wahlergebnisses (§ 70), sonst nach Eintreffen der Mitteilung des Verbandswahlleiters (§ 72) die Abgeordnetensitze auf die einzelnen Kreiswahlvorschläge, erklärt die erforderliche Anzahl von Abgeordneten für gewählt und stellt die Reihenfolge der Ersatzmänner fest.

§ 74. Unmittelbar nach der Verteilung der Abgeordnetensitze auf die einzelnen Kreiswahlvorschläge hat der Kreiswahlleiter eine Nachweisung der gewählten Abgeordneten nach dem in der Anlage 6 beigefügten Vordrucke durch Eilbrief an den Landeswahlleiter einzusenden.

§ 75. Der Kreiswahlleiter hat die Gewählten von der auf sie gefallenen Wahl zu benachrichtigen und sie unter Hinweis auf Abs. 2 aufzufordern, sich binnen einer Woche nach Zustellung der Nachricht beim Landeswahlleiter über die Annahme oder Ablehnung der Wahl zu erklären. Die Wahl gilt als angenommen, wenn innerhalb dieser Frist keine Erklärung eingeht. Annahme unter Vorbehalt gilt als Ablehnung.

Ist ein Bewerber für mehrere Wahlkreise gewählt, so hat er zu erklären, für welchen Wahlkreis er die Wahl annimmt.

Der Kreiswahlleiter veröffentlicht die Namen der für gewählt Erklärten, der Ersatzmänner sowie die Zahl der überhaupt und der für die einzelnen Wahlvorschläge abgegebenen gültigen, der überhaupt abgegebenen ungültigen Stimmen und die Zahl der Stimmen, die im Wahlkreis oder Wahlkreisverband unberücksichtigt geblieben sind.

§ 76. Über die Verhandlungen des Kreiswahlausschusses ist eine Niederschrift nach dem in Anlage 7 beigefügten Vordruck aufzunehmen und von sämtlichen Mitgliedern des Wahlausschusses zu unterschreiben.

Der Kreiswahlleiter sendet die Niederschrift mit den zugehörigen Schriftstücken sowie den Nachweisen über die Benachrichtigung und die Bekanntgabe der Gewählten, ferner die Wahlniederschriften sämtlicher Wahlbezirke samt ihren Anlagen dem Landeswahlleiter ein.

Außerdem ist spätestens am 21. Tag nach dem Wahltag eine Hauptzusammenstellung der Wahlergebnisse nach dem in Anlage 8 beigefügten Vordruck und den darin gegebenen Anweisungen dem Landeswahlleiter einzureichen.

§ 77. Der Landeswahlausschuß zählt auf Grund der Mitteilungen der Kreis- und Verbandswahlleiter die Reststimmen zusammen, die in allen Wahlkreisen und Wahlkreisverbänden auf die dem gleichen Landeswahlvorschlag angeschlossenen Kreiswahlvorschläge gefallen sind. Er teilt jedem Landeswahlvorschlag nach § 32 des Landeswahlgesetzes die ihm zukommende Zahl von Abgeordnetensitzen zu und erklärt die entsprechende Zahl von Abgeordneten für gewählt.

Über die Verhandlungen des Landeswahlausschusses ist eine Niederschrift aufzunehmen.

§ 68 Abs. 2, § 75 Abs. 1 finden Anwendung. Ist ein Bewerber auf Grund eines Kreiswahlvorschlags und eines Landeswahlvorschlags gewählt, so hat er zu erklären, welche Wahl er annimmt.

§ 78. Der Landeswahlleiter prüft die Verhandlungen der Kreis- und Verbandswahlleiter vor, stellt die Namen der auf Grund der Landeswahlvorschläge gewählten Abgeordneten sowie ihrer Ersatzmänner und ihre Reihenfolge fest. Er veröffentlicht das Gesamtergebnis der Landtagswahl im Reichsanzeiger und Preußischen Staatsanzeiger.

VII. Ausscheiden von Abgeordneten.

§ 79. Wenn ein Abgeordneter die Wahl ablehnt oder seinen Sitz verliert, hat der Landeswahlleiter die notwendigen Feststellungen herbeizuführen und den Landeswahlausschuß zu berufen.

Der Landeswahlausschuß stellt auf Grund des bekanntgemachten Gesamtergebnisses fest, wer als Ersatzmann in den Landtag eintritt. § 75 Abs. 1, 2 findet Anwendung.

Das Ergebnis ist dem Minister des Innern mitzuteilen.

§ 80. Ist ein Bewerber nicht vorhanden, der an die Stelle des Ablehnenden oder Ausscheidenden zu treten hätte, so stellt der Landeswahlausschuß dies in einem mit Gründen versehenen Beschluß fest. Der Beschluß ist dem Minister des Innern mitzuteilen.

VIII. Nach- und Wiederholungswahl.

§ 81. Wird im Wahlprüfungsverfahren die ganze Wahl in einem Wahlkreis für ungültig erklärt, so hat auf Ersuchen des Ministers des Innern die zur Ernennung des Kreiswahlleiters zuständige Behörde sofort eine Nachwahl für den Wahlkreis zu veranlassen.

§ 82. Die Nachwahl findet nach denselben Vorschriften statt wie die Hauptwahl.

Die Wahlbezirke, die Wahlräume, die Wahlvorsteher und ihre Stellvertreter bleiben unverändert, soweit nicht eine Änderung nach dem Ermessen der nach § 91 zuständigen Behörde geboten erscheint. Solche Änderungen sind gemäß § 47 öffentlich bekanntzumachen. Die Bescheinigung hierüber ist nicht der Wählerliste oder Wahlkartei beizugeben, sondern von den Gemeindevorständen den Wahlvorstehern noch vor dem Wahltag besonders einzureichen.

§ 83. Findet die Nachwahl binnen Jahresfrist nach dem Wahltag statt, so können ihr dieselben Wählerlisten oder Wahlkarteien zugrunde gelegt werden wie bei der Hauptwahl. Sie sind jedoch vorher zu berichtigen und neu auszulegen. Die Auslegungs- und Berichtigungsfristen des § 14 können vom Kreiswahlleiter gekürzt werden.

§ 84. Findet die Nachwahl später als ein Jahr nach dem Wahltag statt, so müssen die gesamten Wahlvorbereitungen erneuert werden. Wieweit Wählerlisten und Wahlkarteien der Hauptwahl nach Berichtigung und Ergänzung wieder verwendet werden können, bestimmt der Kreiswahlleiter. Der Tag, an dem die Auslegung der Wählerlisten oder Wahlkarteien beginnt, ist von der zur Ernennung des Kreiswahlleiters zuständigen Behörde festzusetzen.

§ 85. Für jede Nachwahl sind neue Kreiswahlvorschläge einzureichen. Ebenso sind die Erklärungen über die Verbindung von Kreiswahlvorschlägen und über ihren Anschluß an Landeswahlvorschläge zu erneuern.

§ 86. Soweit erforderlich, übernimmt der Kreiswahlleiter und der Kreiswahlausschuß zugleich die dem Verbandswahlleiter und dem Verbandswahlausschuß vor der Wahlhandlung obliegenden Aufgaben, es sei denn, daß die Nachwahl sich gleichzeitig noch auf andere Wahlkreise desselben Wahlkreisverbandes erstreckt. §§ 68 bis 71, §§ 73 bis 76 finden Anwendung; die Aufgaben nach § 72 übernimmt der Landeswahlausschuß.

§ 87. Im Falle einer Wiederholungswahl sind Änderungen in der Abgrenzung der Wahlbezirke unzulässig. Im übrigen gilt § 82 sinngemäß.

Wahlscheine für die Wiederholungswahl werden nur Personen ausgestellt, denen für die erste Wahl ein Wahlschein ausgestellt worden war oder bei denen die Voraussetzungen für die Ausstellung eines Wahlscheins bei der Wiederholungswahl gegeben sind.

Der Wahlvorsteher hat die Wahlniederschrift mit sämtlichen zugehörigen Schriftstücken ungesäumt dem Landeswahlleiter einzusenden.

IX. Kosten.

§ 88. Zu den Wahlkosten gehören die Kosten für die Beschaffung der Vordrucke für die Wählerlisten und für die Anlegung der Wahlkarteien, der Vordrucke für die Wahlscheine, Wahlniederschriften, Zähl- und Gegenlisten, der Druck- und Anschlagkosten für die öffentlichen Bekanntmachungen, die Post- und Telegraphengebühren, die Reisekosten und Tagegelder der Beisitzer der Wahlausschüsse und der Kuriere, ferner die Aufwendungen an Vergütungen für außerordentliche Hilfskräfte, die ausschließlich zum Zweck der Vorbereitung und Durchführung der Landtagswahl eingestellt werden. Dagegen gehören nicht zu den Kosten der Landtagswahl laufende Aufwendungen für Gehälter und Bürobedürfnisse.

Soweit erforderlich, haben die Gemeinden zur Vornahme der Wahl und zur Feststellung des Wahlergebnisses Räume in gemeindlichen Anstalten und Gebäuden unentgeltlich zur Verfügung zu stellen.

X. Gemeinsame und Schlußbestimmungen.

§ 89. Als Wohnort im Sinne der Landeswahlordnung gilt der Ort, an dem der Wähler seinen Wohnsitz oder seinen gewöhnlichen Aufenthalt hat. Ein nur für Tage oder wenige Wochen bemessener oder nur gelegentlicher Aufenthalt ist kein gewöhnlicher Aufenthalt im Sinne dieser Bestimmung.

§ 90. Als Wähler im Sinne der Landeswahlordnung gelten auch die Wählerinnen. Sie können zu Wahlleitern, Wahlvorstehern, Schriftführern und Beisitzern ernannt und berufen werden.

§ 91. Zuständig für die Abgrenzung der Wahlbezirke, die Entscheidung über Einsprüche gegen die Wählerlisten oder Wahlkarteien oder gegen die Versagung eines Wahlscheins, die Ernennung der Wahlvorsteher und ihrer Stellvertreter und die Bestimmung des Wahlraums ist auf dem Lande der

Landrat (in den Hohenzollernschen Landen der Oberamtmann), in den Städten der Magistrat (bei Bürgermeistereiverfassung der Bürgermeister).

§ 92. Den Wahlvorständen und den Wahlausschüssen können für die Prüfung der Abstimmung und die Ermittlung des Wahlergebnisses und Herstellung der Niederschriften Beamte oder sonstige geeignete Personen als Hilfsarbeiter beigegeben werden.

Zuständig zur Bestellung der Hilfsarbeiter bei den Wahlvorständen sind die für die Ernennung der Wahlvorsteher zuständigen Behörden, für die Bestellung der Hilfsarbeiter bei den Wahlausschüssen die Wahlleiter. In dringenden Fällen kann die Bestellung durch den Wahlvorsteher erfolgen.

Die Hilfsarbeiter nehmen an der Beschlußfassung nicht teil.

Berlin, den 10. Dezember 1920.

Der Minister des Innern.
Severing.

III.

Gesetz, betreffend die Wahlen zu den Provinziallandtagen und zu den Kreistagen.

Vom 3. Dezember 1920.

(GS. 1921 S. 1.)

Die verfassunggebende Preußische Landesversammlung hat für das gesamte Staatsgebiet mit Ausnahme der Hohenzollernschen Lande folgendes Gesetz beschlossen, das hiermit verkündet wird:

I. Wahlen zu den Provinziallandtagen.

§ 1. Die Provinziallandtage werden in allgemeiner, gleicher, unmittelbarer und geheimer Wahl nach den Grundsätzen der Verhältniswahl gewählt. Der Wahltag muß ein Sonntag oder öffentlicher Ruhetag sein. Er wird durch die Staatsregierung bestimmt. In allen Provinzen soll in der Regel derselbe Wahltag festgesetzt werden.

§ 2. (1) Wahlberechtigt ist jeder Deutsche männlichen oder weiblichen Geschlechts, der am Wahltage das zwanzigste Lebensjahr vollendet hat und in der Provinz seinen Wohnsitz hat.

(2) Wählen kann nur, wer in einer Wählerliste oder Wahlkartei eingetragen ist.

§ 3. (1) Die Ausübung des Wahlrechts ruht für die Soldaten während der Dauer der Zugehörigkeit zur Wehrmacht.

(2) Ausgeschlossen von der Ausübung des Wahlrechts ist:

1. wer entmündigt ist oder unter vorläufiger Vormundschaft oder wegen geistiger Gebrechen unter Pflegschaft steht;
2. wer die bürgerlichen Ehrenrechte nicht besitzt.

(3) Behindert in der Ausübung ihres Wahlrechts sind Personen, die wegen Geisteskrankheit oder Geistesschwäche in einer Heil- oder Pflege-

anstalt untergebracht sind, ferner Straf- und Untersuchungsgefangene sowie Personen, die infolge gerichtlicher oder polizeilicher Anordnung in Verwahrung gehalten werden. Ausgenommen sind Personen, die sich aus politischen Gründen in Schutzhaft befinden.

§ 4. (1) Vor jeder Wahl ist in jedem Stimmbezirke vom Gemeindevorstande (Gutsvorsteher) eine Liste der wahlberechtigten Personen (Wählerliste, Wahlkartei) aufzustellen und spätestens vier Wochen vor dem Wahltage mindestens acht Tage lang öffentlich auszulegen. Die Gemeindebehörde gibt Ort und Zeit der Auslegung öffentlich bekannt und weist auf die Einspruchsfrist hin. In diese Liste sind alle diejenigen Personen einzutragen, denen ein Wahlrecht gemäß § 2 Abs. 1 am Wahltage zusteht.

(2) Einsprüche sind bis zum Ablaufe der Auslegungsfrist bei der Gemeindebehörde anzubringen und innerhalb der nächsten vierzehn Tage zu erledigen. Hierauf werden die Listen oder Karteien geschlossen.

§ 5. Wählbar ist jeder Wahlberechtigte, der das fünfundzwanzigste Lebensjahr vollendet hat.

§ 6. (1) Die Zahl der Provinziallandtagsabgeordneten ist auf Grund der Einwohnerzahl nach folgenden Grundsätzen festzusetzen:

In jeder Provinz entfällt

innerhalb der ersten und zweiten Million Einwohner ein Abgeordneter auf eine Vollzahl von je 25000 Einwohnern,

innerhalb der dritten Million Einwohner ein Abgeordneter auf eine Vollzahl von je 35000 Einwohnern,

innerhalb der vierten Million Einwohner ein Abgeordneter auf eine Vollzahl von je 50000 Einwohnern,

innerhalb der fünften Million Einwohner ein Abgeordneter auf eine Vollzahl von je 75000 Einwohnern,

innerhalb der sechsten Million und der folgenden Millionen Einwohner ein Abgeordneter auf eine Vollzahl von je 100000 Einwohnern.

(2) Die sich hiernach ergebende Gesamtzahl von Provinziallandtagsabgeordneten wird durch den Provinzialausschuß auf Grund der jeweils letzten Volkszählung festgesetzt.

(3) Die Zahl der zu wählenden Provinziallandtagsabgeordneten ist durch den Provinzialausschuß auf die Regierungsbezirke der Provinz nach Maßgabe der Einwohnerzahl gleichmäßig zu verteilen.

§ 7. Wahlkreise sind die Land- und Stadtkreise. Land- oder Stadtkreise, deren Einwohnerzahl geringer ist als diejenige Zahl, auf welche bei gleichmäßiger Verteilung der Abgeordnetensitze wenigstens ein Sitz entfallen würde, sind durch Provinzialgesetz mit einem benachbarten Land- oder Stadtkreise zu einem Wahlkreise zu vereinigen.

§ 8. Zur Ermittlung des Wahlergebnisses ist zunächst die Gesamtzahl der in dem Regierungsbezirk abgegebenen gültigen Stimmen durch die Gesamtzahl der dem Regierungsbezirke zustehenden Abgeordneten (§ 6 Abs. 3) zu teilen und auf diese Weise die Verteilungszahl für den Regierungsbezirk festzustellen. Alsdann ist die Gesamtzahl der Stimmen, die in dem Regierungsbezirke für Wahlvorschläge mit einem gemeinsamen

Kennwort abgegeben sind, durch die Verteilungszahl zu teilen und so die Zahl der auf die Wahlvorschläge mit diesem Kennwort in dem Regierungsbezirk entfallenden Abgeordnetensitze zu ermitteln. Die Verteilung der auf solche Art festgestellten Sitze auf die durch das Kennwort bezeichneten Wahlvorschläge in den einzelnen Wahlkreisen erfolgt in der Weise, daß jedem Wahlvorschlage so viele Sitze zugeteilt werden, als sich die Zahl der für ihn abgegebenen Stimmen durch die Verteilungszahl voll teilen läßt. Die in dem Regierungsbezirk übrigbleibenden Sitze werden denjenigen Wahlvorschlägen zugeteilt, welche die höchste Zahl von Reststimmen aufweisen. Weisen mehrere Wahlvorschläge die gleiche Zahl von Reststimmen auf, so entscheidet das Los.

§ 9. Auf die Durchführung der Wahl finden im übrigen die §§ 9, 10, 14, 17, 19, 20, 23, 24, 26, 27, 28, 29, 33 des Gesetzes über die Wahlen zum Preußischen Landtage sinngemäße Anwendung mit folgenden Maßgaben:

1. Zur Ermittlung des Wahlergebnisses in der ganzen Provinz bestellt der Provinzialausschuß einen Provinzialwahlleiter und einen Stellvertreter.
2. Die Bildung von Wahlkreisverbänden, die Ernennung von Verbandswahlleitern, die Bildung von Verbandswahlausschüssen und eines Landeswahlausschusses sowie die Einreichung von Landeswahlvorschlägen findet nicht statt.
3. An die Stelle des Kreiswahlleiters tritt der Wahlkommissar, der durch den Provinzialausschuß ernannt wird. Der Wahlvorsteher und sein Stellvertreter werden vom Wahlkommissar ernannt. An die Stelle des Wahlbezirkes tritt der Stimmbezirk.
4. Wahlvorschläge werden lediglich in den einzelnen Wahlkreisen eingereicht; sie brauchen nur fünfzehn Unterschriften von im Wahlkreise wahlberechtigten Personen zu tragen und sollen ein Kennwort enthalten, das auch der Name einer Partei sein kann. Eine Verbindung von Wahlvorschlägen findet nicht statt. Im übrigen finden die für Kreiswahlvorschläge geltenden Vorschriften Anwendung, jedoch kann die Frist für die Einreichung durch Beschluß des Provinzialausschusses abgekürzt werden.
5. Im Falle der Verbindung der Wahlen zum Provinziallandtage mit anderen Wahlen oder Abstimmungen kann der Minister des Innern anordnen, in welcher Weise zur Unterscheidung von den Stimmzetteln für die anderen Wahlen oder Abstimmungen die für die Wahl zum Provinziallandtag bestimmten kenntlich zu machen sind.

§ 10. (1) Das Ergebnis der Wahl ist öffentlich bekannt zu machen.

(2) Gegen die Gültigkeit der Wahl kann jeder Wahlberechtigte binnen vier Wochen nach der Bekanntmachung Einspruch bei dem Provinzialausschuß erheben. Über den Einspruch beschließt der Provinziallandtag. Auch im übrigen prüft der Provinziallandtag die Gültigkeit der Wahlen von Amts wegen. Gegen den Beschluß des Provinziallandtags steht dem,

der den Einspruch erhoben hat, und dem, dessen Wahl für ungültig erklärt ist, binnen zwei Wochen die Klage beim Oberverwaltungsgerichte zu.

(3) Die Klage hat im Falle der Ungültigkeitserklärung einer Wahl aufschiebende Wirkung. Wird ein Beschluß des Provinziallandtags, durch den die Wahl eines Wahlkreises oder die ganze Wahl für ungültig erklärt worden ist, im Verwaltungsstreitverfahren bestätigt, so findet auf Grund derselben Wählerliste binnen längstens sechs Wochen nach Rechtskraft des Urteils eine Nachwahl mit neuer Verteilung der Sitze gemäß § 8 statt.

§ 11. (1) Die Provinziallandtagsabgeordneten werden auf vier Jahre gewählt.

(2) Fällt eine Voraussetzung der Wählbarkeit weg, so scheidet der Provinziallandtagsabgeordnete aus dem Provinziallandtag aus. Darüber, ob dieser Fall vorliegt, beschließt im Streitfalle der Provinziallandtag. Gegen den Beschluß steht dem Abgeordneten binnen zwei Wochen die Klage beim Oberverwaltungsgerichte zu. Die Klage hat aufschiebende Wirkung.

§ 12. (1) Wenn ein Provinziallandtagsabgerodneter die Wahl ablehnt oder während der Dauer seiner Wahlzeit ausscheidet, tritt an seine Stelle der Bewerber, der demselben Wahlvorschlag angehört und nach den Grundsätzen der Verhältniswahl hinter dem Gewählten an erster Stelle berufen ist. Ist ein solcher Bewerber nicht vorhanden, so bleibt die Stelle unbesetzt.

(2) Die erforderlichen Feststellungen erfolgen durch den Provinzialausschuß.

§ 13. (1) Die vorstehenden Bestimmungen finden auf die Wahlen zu den Kommunallandtagen der Bezirksverbände Cassel und Wiesbaden mit der Maßgabe Anwendung, daß auf eine Vollzahl von je 20000 Einwohnern ein Abgeordneter entfällt.

(2) Der Provinziallandtag der Provinz Hessen-Nassau besteht aus den Mitgliedern der Kommunallandtage.

II. Wahl der Kreistage.

§ 14. Die Kreistage werden in allgemeiner, gleicher, unmittelbarer und geheimer Wahl nach den Grundsätzen der Verhältniswahl gewählt. Der Wahltag muß ein Sonntag oder öffentlicher Ruhetag sein. Er wird durch den Kreisausschuß bestimmt.

§ 15. (1) Wahlberechtigt ist jeder Deutsche männlichen oder weiblichen Geschlechts, der am Wahltage das zwanzigste Lebensjahr vollendet hat und in dem Kreise seinen Wohnsitz hat.

(2) Wählen kann nur, wer in eine Wählerliste oder Wahlkartei eingetragen ist.

(3) Die Bestimmungen des § 3 finden Anwendung.

§ 16. Auf die für die Kreistagswahlen aufzustellende Wählerliste (Wahlkartei) finden die Bestimmungen des § 4 entsprechende Anwendung.

§ 17. Wählbar ist jeder Wahlberechtigte, der das fünfundzwanzigste Lebensjahr vollendet hat.

§ 18. (1) Der Kreistag besteht in Kreisen, die 30000 oder weniger

Einwohner haben, aus zwanzig Mitgliedern. In Kreisen mit mehr als 30000 Einwohnern bis zu 50 000 Einwohnern tritt für jede Vollzahl von 5000 und in Kreisen mit mehr als 50000 Einwohnern für jede über die letztere Zahl überschießende Vollzahl von 10000 Einwohnern ein Mitglied hinzu.

(2) Die Festsetzung der Zahl der Kreistagsmitglieder gemäß Abs. 1 erfolgt unter Zugrundelegung der Zahlen der jeweils letzten Volkszählung durch den Kreisausschuß.

§ 19. Der Kreis bildet einen Wahlbezirk, der sich in Stimmbezirke gliedert.

§ 20. (1) Die §§ 9 bis 12 finden auf die Wahlen zu den Kreistagen mit der Maßgabe Anwendung, daß an Stelle des Provinziallandtags (§§ 9, 10, 11) der Kreistag, an Stelle des Provinzialausschusses (§§ 9, 10, 12) der Kreisausschuß, an Stelle des Oberverwaltungsgerichts (§§ 10, 11) der Bezirksausschuß tritt. Wahlvorschläge müssen von zehn im Wahlkreise wahlberechtigten Personen unterzeichnet sein.

(2) Zur Ermittlung des Wahlergebnisses ist zunächst die Gesamtzahl der im Kreise abgegebenen gültigen Stimmen durch die Gesamtzahl der Kreistagsmitglieder (§ 18 Abs. 2) zu teilen und auf diese Weise die Verteilungszahl festzustellen. Jedem Wahlvorschlage werden so viele Sitze zugeteilt, als sich die Zahl der für ihn abgegebenen Stimmen durch die Verteilungszahl voll teilen läßt. Die übrigen Sitze werden denjenigen Wahlvorschlägen zugeteilt, welche die höchste Zahl von Reststimmen aufweisen. Weisen mehrere Wahlvorschläge die gleiche Zahl von Reststimmen auf, so entscheidet das Los.

III. Gemeinsame Bestimmungen.

§ 21. (1) Die bestehenden Provinziallandtage und Kreistage sind aufgelöst, sobald die Neuwahlen auf Grund dieses Gesetzes erfolgt sind.

(2) Der Zeitpunkt der Neuwahlen zu den Kreistagen wird erstmalig von der Staatsregierung festgesetzt.

§ 22. Für die ersten Wahlen zu den Provinziallandtagen erfolgt die Vereinigung benachbarter Kreise gemäß § 7 durch den Oberpräsidenten nach Anhörung des Provinzialausschusses.

§ 23. Für die Wahlen zum Provinziallandtage treten der Provinz Ostpreußen der Stadtkreis Elbing, die Landkreise Elbing, Marienburg, Marienwerder, Rosenberg (Westpreußen) und Stuhm sowie der bei Preußen verbliebene Teil des Kreises Danziger Niederung, der Provinz Pommern der bei Preußen verbliebene Teil des Kreises Neustadt (Westpreußen) hinzu.

§ 24. (1) Die neugewählten Provinzial- (Kommunal-) Landtage und Kreistage sind binnen dreißig Tagen nach der Wahl zusammenzuberufen.

(2) Bei der ersten Tagung der Provinzial- (Kommunal-) Landtage und Kreistage sind Neuwahlen zum Provinzial- (Landes-) Ausschuß und zu den Provinzial- (Bezirks-) Kommissionen beziehungsweise zum Kreisausschuß und zu den Kreiskommissionen vorzunehmen. Sie erfolgen nach den Grund-

sätzen der Verhältniswahl. Der Vorsitzende des Provinzialausschusses und sein Stellvertreter werden aus den Mitgliedern des Provinzialausschusses vom Provinziallandtag in getrennten Wahlhandlungen durch Stimmenmehrheit gewählt. Im übrigen werden die näheren Bestimmungen über die Wahlart durch Beschluß des neuen Provinzial- (Kommunal-) Landtags beziehungsweise des neuen Kreistags festgesetzt.

(3) Wählbar zum Provinzial- (Landes-) Ausschuß und zu den Provinzial- (Bezirks-) Kommissionen ist jeder, der zum Provinzial- (Kommunal-) Landtage, wählbar zum Kreisausschuß und den Kreiskommissionen jeder, der zum Kreistage wählbar ist.

(4) Bis zu der Neuwahl (Abs. 2) bleiben die Mitglieder des Provinzial- (Landes-) Ausschusses, der Provinzial- (Bezirks-) Kommissionen, des Kreisausschusses und der Kreiskommissionen behufs Erledigung der laufenden Geschäfte in ihren Ämtern.

§ 25. Von den Kosten, die den Gemeinden aus den Provinziallandtagswahlen und Kreistagswahlen entstehen, werden ihnen zwei Drittel von den Provinzen und den Kreisen ersetzt. Alle übrigen Wahlkosten tragen die Provinzen und Kreise allein.

§ 26. Der Minister des Innern erläßt die zur Ausführung dieses Gesetzes erforderlichen Anordnungen (Wahlordnung für die Provinziallandtags- und Kreistagswahlen).

§ 27. (1) Das Gesetz tritt am Tage seiner Verkündung in Kraft.

(2) Gleichzeitig treten die diesem Gesetz entgegenstehenden Vorschriften außer Kraft. Die Artikel IV und VB Ziffer 2 des Gesetzes über die allgemeine Landesverwaltung und die Zuständigkeit der Verwaltungs- und Verwaltungsgerichtsbehörden in der Provinz Posen vom 19. Mai 1889 (Gesetzsamml. S. 108) werden durch die entsprechenden Vorschriften der Kreisordnung für die Provinzen Ost- und Westpreußen, Brandenburg, Pommern, Schlesien und Sachsen vom 13. Dezember 1872/19. März 1881 (Gesetzsamml. 1881 S. 179) in Verbindung mit § 11 Abs. 2 bis 4 der Verordnung, betreffend die Zusammensetzung der Kreistage und einige weitere Änderungen der Kreisordnungen, vom 18. Februar 1919 (Gesetzsamml. S. 23) und des Gesetzes über die allgemeine Landesverwaltung vom 30. Juli 1883 (Gesetzsamml. S. 195) ersetzt.

(3) Der Minister des Innern ist ermächtigt, das Inkrafttreten des Gesetzes auszusetzen:

1. für Teile des Staatsgebiets, die zur Zeit nicht ausschließlich unter preußischer Verwaltung stehen;
2. für einzelne Kreise, deren Abgrenzung infolge des Friedensvertrags einer gesetzlichen Neuregelung bedarf.

Berlin, den 3. Dezember 1920.

Die Preußische Staatsregierung.

Braun. Fischbeck. Oeser. Stegerwald.
Severing. Lüdemann.

IV.

Wahlordnung für die Provinziallandtags- und Kreistagswahlen.[1])

Vom 31. Dezember 1920.

(GS. 1921 S. 8.)

Unter Berücksichtigung der Verordnung über die Abänderung der Wahlordnung für die Provinziallandtags- und Kreistagswahlen. Vom 18. Januar 1921 (GSS. 111)

Auf Grund des § 26 des Gesetzes, betreffend die Wahlen zu den Provinziallandtagen und zu den Kreistagen, vom 3. Dezember 1920 wird folgende Verordnung erlassen:

Übersicht über die Abschnitte.

A. Provinziallandtagswahlen.

I. Wahlunterlagen.

1. Allgemeines.

§ 1. Nach Ausschreibung einer Provinziallandtagswahl haben die Gemeinden eine Liste der Provinziallandtagswähler nach Zu- und Vor-

---

[1]) Die Anlagen (Formulare) sind hier nicht abgedruckt.

name, Alter, Beruf, Wohnort oder Wohnung in alphabetischer Ordnung unter fortlaufender Nummer aufzustellen. Vor dem Eintrage jeder einzelnen Person ist ihr Wahlrecht genau zu prüfen.

Die Listen können nach Geschlechtern getrennt angelegt werden.

Die Listen können auch in der Art angelegt werden, daß die Straßen nach der alphabetischen Reihenfolge ihrer Namen oder die Stadtbezirke nach der Reihenfolge ihrer Nummern oder Buchstaben, innerhalb der Straßen oder Stadtbezirke die Häuser nach ihrer Nummer und innerhalb jedes Hauses die Wähler eingetragen werden.

§ 2. In die Liste sind alle Wähler einzutragen, die in der Gemeinde ihren Wohnsitz haben.

Personen, deren Wahlrecht ruht, sind nicht in die Listen aufzunehmen. Das gleiche gilt für Personen, die in der Ausübung des Wahlrechts behindert sind, es sei denn, daß anzunehmen ist, daß der Behinderungsgrund am Wahltage nicht mehr besteht. Sind sie gleichwohl in die Listen eingetragen, so ist in der Spalte „Bemerkungen" einzutragen „ruht" oder „behindert".

Personen, deren Wahlrecht ruht, sind nur die Soldaten der Wehrmacht für die Dauer der Zugehörigkeit zu ihr. Zu den Soldaten zählen die Mannschaften, Unteroffiziere, Deckoffiziere sowie die Offiziere einschließlich der Sanitäts-, Veterinär-, Feuerwerks- und Zeugoffiziere des Reichsheers und der Reichsmarine. Die Militärbeamten dagegen gehören nicht zu den Soldaten der Wehrmacht.

§ 3. Die Listen sollen mindestens vier Spalten zur Aufnahme der Vermerke über die erfolgte Stimmabgabe enthalten, damit sie für Nachwahlen zum Provinziallandtag oder sonstige Wahlen und Abstimmungen, die mit der Provinziallandtagswahl zusammenfallen oder ihr in kurzer Frist folgen, verwendbar sind.

Die Listen müssen ferner eine Spalte für „Bemerkungen" enthalten.

2. Arten der Wählerverzeichnisse.

§ 4. Die Listen können in Heftform nach dem in der Anlage 1 beigefügten Vordrucke (Wählerliste) oder in Kartothekform (Wahlkartei) angelegt werden.

Die Wahlkartei muß so beschaffen sein, daß die Karten für jeden Stimmbezirk in einem oder mehreren Behältern verwahrt werden. Der Behälter muß mit Vorrichtungen versehen sein, die jede einzelne Karte festhalten und nach Abschluß der Wahlkartei jede willkürliche Herausnahme oder Einfügung von Karten unmöglich machen. Jede Karte muß Spalten zur Aufnahme der Vermerke über die erfolgte Stimmabgabe enthalten.

Für den Vermerk der erfolgten Stimmabgabe zur Provinziallandtagswahl ist gleichmäßig ein und dieselbe Spalte im ganzen Stimmbezirke vorzuschreiben.

§ 5. Wahlscheine werden für die Provinziallandtagswahlen nicht ausgegeben. Inhaber von Wahlscheinen, die für andere mit den Provinziallandtagswahlen verbundene Wahlen ausgestellt sind, dürfen an der Provinziallandtagswahl nicht teilnehmen.

3. Auslegung und Berichtigung der Wählerlisten und Wahlkarteien.

§ 6. Der Provinzialausschuß bestimmt den Tag, von dem ab die Wählerlisten oder Wahlkarteien auszulegen sind, sofern nicht dieser Tag für alle oder mehrere Provinzen durch den Minister des Innern einheitlich festgesetzt ist. Die Gemeindebehörde kann bestimmen, daß die Wählerlisten oder Wahlkarteien länger als acht Tage, und zwar bis zu vierzehn Tagen, ausgelegt werden.

Der Gemeindevorstand hat vor der Auslegung der Wählerlisten oder Wahlkarteien in ortsüblicher Weise bekanntzumachen, wo, wie lange und zu welchen Tagesstunden die Wählerlisten oder Wahlkarteien zu jedermanns Einsicht ausgelegt werden sowie in welcher Zeit und in welcher Weise Einsprüche gegen die Wählerlisten oder Wahlkarteien erhoben werden können.

§ 7. Wer die Wählerliste oder Wahlkartei für unrichtig oder unvollständig hält, kann dies bis zum Ablaufe der Auslegungsfrist bei der Gemeindebehörde oder einem von ihr ernannten Beauftragten schriftlich anzeigen oder zur Niederschrift geben. Soweit die Richtigkeit seiner Behauptungen nicht offenkundig ist, hat er für sie Beweismittel beizubringen. Wenn der Einspruch nicht sofort für begründet erachtet wird, entscheidet über ihn die nach § 72 zuständige Behörde.

Die Entscheidung muß binnen vierzehn Tagen nach Ablauf der Auslegungsfrist erfolgt und den Beteiligten bekanntgegeben sein.

§ 8. Im Falle einer Berichtigung der Wählerliste oder Wahlkartei sind die Gründe der Streichungen in Spalte „Bemerkungen" anzugeben. Wenn das Wahlrecht eines Wählers ruht oder wenn der Wähler in der Ausübung des Wahlrechts behindert ist, so ist nach § 2 Abs. 2 Satz 3 zu verfahren. Ergänzungen sind im Nachtrag in die Wählerliste oder die Wahlkartei aufzunehmen. Etwaige Belege sind der Wählerliste oder Wahlkartei beizufügen.

§ 9. Nach Ablauf der Auslegungsfrist können Wähler nur in Erledigung rechtzeitig angebrachter Einsprüche in die Wählerliste oder Wahlkartei aufgenommen oder darin gestrichen werden.

§ 10. Die berichtigte Wählerliste oder Wahlkartei ist vom Gemeindevorstand abzuschließen. Hierbei hat er zu bescheinigen, daß und wie lange die Wählerliste oder Wahlkartei ausgelegen hat, daß die Bekanntmachung hierüber und ebenso die im § 35 vorgeschriebenen ortsüblichen Bekanntmachungen erfolgt sind, endlich wieviel Wähler in die Liste oder Kartei eingetragen sind, deren Namen nicht mit einem Vermerke „ruht", „behindert" oder „gestrichen" versehen wurden.

Die Behälter der Wahlkarteien sind durch Schlösser, Plomben oder Siegel so zu verschließen, daß eine Entnahme oder Einfügung von Karten nicht möglich ist.

§ 11. Der Gemeindevorstand hat die Wählerliste oder Wahlkartei dem Wahlvorsteher zu übersenden.

In Stimmbezirken, die aus mehr als einer Gemeinde bestehen (§ 33), heften die Wahlvorsteher die ihnen aus den einzelnen Gemeinden zugehenden Wählerlisten zu einer Wählerliste zusammen. Dagegen sind Wahlkarteien nicht zu vereinigen.

§ 12. Die Gemeindebehörden sollen, soweit möglich, gegen Erstattung der Auslagen Abschriften der Wählerlisten oder Wahlkarteien erteilen oder die Anfertigung von Abschriften zulassen.

II. **Wahlvorschläge.**

1. Ernennung der Wahlleiter.

§ 13. Die Wahlkommissare und Provinzialwahlleiter sowie ihre Stellvertreter sind unverzüglich nach Ausschreibung der Wahlen zu ernennen. Die Ernennung ist öffentlich bekanntzumachen.

2. Einreichung der Wahlvorschläge.

§ 14. Zur Einreichung von Wahlvorschlägen hat der Wahlkommissar durch eine Bekanntmachung in Blättern des Wahlkreises, die zu amtlichen Veröffentlichungen dienen, aufzufordern.

§ 15. Die Bekanntmachung des Wahlkommissars soll spätestens vier Wochen vor dem Wahltag erfolgen.

§ 16. In der Bekanntmachung sind die Kalendertage zu bezeichnen, an denen spätestens die Wahlvorschläge einzureichen sind. Die Einreichung hat nach § 14 Abs. 2 des Landeswahlgesetzes spätestens am einundzwanzigsten Tage vor dem Wahltage zu erfolgen, sofern nicht gemäß § 9 Ziffer 4 des Gesetzes, betreffend die Wahlen zu den Provinziallandtagen und zu den Kreistagen, eine Abkürzung dieser Frist durch den Provinzialausschuß beschlossen ist.

Die Bekanntmachung soll die Vorschriften über Beschaffenheit und Inhalt der Wahlvorschläge wiedergeben.

§ 17. Wahlvorschläge können auch vor der öffentlichen Aufforderung eingereicht werden, sobald der Wahlkommissar ernannt ist.

3. Inhalt der Wahlvorschläge.

§ 18. In den Wahlvorschlägen sollen die Bewerber mit Zu- und Vornamen aufgeführt und ihr Stand oder Beruf sowie ihr Wohnort und ihre Wohnung so deutlich angegeben werden, daß über ihre Persönlichkeit kein Zweifel besteht. Sie sind in erkennbarer Reihenfolge aufzuführen.

§ 19. Die Unterzeichner der Wahlvorschläge sollen ihren Unterschriften die Angabe ihres Berufs oder Standes und ihres Wohnorts und ihrer Wohnung beifügen.

Mit dem Wahlvorschlage sind einzureichen:

1. die Erklärung der Bewerber, daß sie der Aufnahme ihrer Namen in den Wahlvorschlag zustimmen;
2. die gemeindebehördliche Bescheinigung, daß die Bewerber am Wahl-

tage das fünfundzwanzigste Lebensjahr vollendet haben, Reichsangehörige sind, in der Provinz wohnen und vom Wahlrechte nicht ausgeschlossen sind;

3. die gemeindebehördliche Bescheinigung, daß die Unterzeichner des Wahlvorschlags in die Wählerliste oder Wahlkartei eingetragen sind.

Die Gemeindebehörden haben die Bescheinigung auf Antrag gebührenfrei auszustellen.

§ 20. Jeder Wahlvorschlag soll mit einem auf die Parteistellung der Bewerber hinweisenden oder einem sonstigen Kennworte versehen sein, das ihn von allen anderen Wahlvorschlägen in demselben Wahlkreise deutlich unterscheidet. Irreführende Kennwörter sind unzulässig.

Der Wahlvorschlag muß nach § 9 des Gesetzes, betreffend die Wahlen zu den Provinziallandtagen und zu den Kreistagen, in Verbindung mit § 17 des Landeswahlgesetzes einen Vertrauensmann und einen Stellvertreter bezeichnen, die möglichst am Sitze des Wahlkommissars wohnen.

4. Mängelbeseitigung.

§ 21. Der Wahlkommissar hat die Vertrauensmänner unverzüglich zur Beseitigung von Mängeln der Wahlvorschläge oder zur Nachbringung der Bescheinigungen nach § 19 Abs. 2 dieser Wahlordnung aufzufordern.

Mängel können nicht mehr beseitigt werden, wenn die Wahlvorschläge festgesetzt sind.

Bewerber, die auf mehreren Wahlvorschlägen desselben Wahlkreises benannt sind, müssen dem Wahlkommissar innerhalb der von ihm gesetzten Frist erklären, für welchen Wahlvorschlag sie sich entscheiden.

§ 22. Bewerber, gegen deren Wählbarkeit der Wahlkommissar Bedenken erhebt, können bis zur Festsetzung der Wahlvorschläge durch andere ersetzt werden.

§ 23. Der Wahlkommissar soll darauf hinwirken, daß nicht dieselben Unterschriften unter mehreren Wahlvorschlägen stehen. Die gleichen Personen können nicht als Vertrauensmänner für mehrere Wahlvorschläge benannt werden.

§ 24. Der Vertrauensmann kann gegen Verfügungen, die der Wahlkommissar auf Grund der §§ 21 bis 23 erläßt, die Entscheidung des Wahlausschusses anrufen.

5. Bildung der Wahlausschüsse.

§ 25. Zur Bildung des Wahlausschusses beruft der Wahlkommissar vier Wähler aus dem Wahlkreis und verpflichtet sie durch Handschlag. Für jeden einzelnen Beisitzer bestimmt der Wahlkommissar Stellvertreter, die bei Behinderung oder beim Ausscheiden des Beisitzers für ihn einzutreten haben.

Die Beisitzer sowie ihre Stellvertreter sollen aus den verschiedenen im Wahlkreis vertretenen Parteien berufen werden. Wegen der Auswahl soll der Wahlkommissar die Parteileitungen hören.

Die Vertrauensmänner und ihre Stellvertreter können nicht Beisitzer sein.

§ 26. Die Namen der Beisitzer und der Stellvertreter sind vom Wahlkommissar öffentlich bekanntzugeben. Die Bekanntmachung ist tunlichst mit der Bekanntmachung über die Einreichung der Wahlvorschläge zu verbinden.

§ 27. Der Wahlkommissar hat zu den Verhandlungen des Wahlausschusses einen Schriftführer zuzuziehen, der in gleicher Weise wie die Beisitzer zu verpflichten ist.

§ 28. Die Beisitzer des Ausschusses erhalten keine Vergütung. Sie sind daher möglichst aus den Wählern des Sitzes des Wahlausschusses zu berufen. Soweit sie außerhalb ihres Wohnorts tätig sind, können sie nach näherer Bestimmung des Provinzialausschusses Reisekosten und Tagegelder erhalten.

6. Zulassung der Wahlvorschläge.

§ 29. Der Wahlkommissar bestimmt Zeit und Ort der Sitzungen des Wahlausschusses und gibt sie öffentlich bekannt.

Der Wahlausschuß entscheidet in öffentlicher Sitzung über die Zulassung der Wahlvorschläge.

§ 30. In den Wahlvorschlägen werden die Namen der Bewerber gestrichen, deren Persönlichkeit nicht feststeht, deren Zustimmungserklärung fehlt, die nachgewiesenermaßen nicht wählbar sind oder die auf mehreren Wahlvorschlägen desselben Wahlkreises benannt sind.

Bewerber, die auf demselben Wahlvorschlage mehrmals benannt sind, gelten als nur einmal vorgeschlagen.

§ 31. Nicht zuzulassen sind Wahlvorschläge, die verspätet eingereicht sind oder den gesetzlichen Erfordernissen nicht entsprechen.

7. Bekanntgabe der Wahlvorschläge.

§ 32. Der Wahlkommissar hat spätestens am vierten Tage vor der Wahl die Wahlvorschläge in der zugelassenen Form unter Angabe des Kennworts, jedoch unter Weglassung der Namen der Unterzeichner und Vertrauensmänner durch Blätter bekanntzumachen, die innerhalb des Wahlkreises amtlichen Veröffentlichungen dienen. Die Wahlvorschläge sind mit fortlaufender Nummer zu versehen.

III. Sonstige Wahlvorbereitung.

1. Bildung der Stimmbezirke

§ 33. Die Abgrenzung der Stimmbezirke erfolgt durch die im § 72 genannte Behörde nach den örtlichen Verhältnissen unter Beachtung der Grundsätze im § 9 des Landeswahlgesetzes. Hierbei ist davon auszugehen, allen Wählern die Teilnahme an der Wahl möglichst zu erleichtern. Kein Stimmbezirk soll mehr als 2500 Einwohner umfassen. Die Stimmbezirke dürfen jedoch nicht so klein gemacht werden, daß das Wahlgeheimnis beeinträchtigt werden könnte. Die Verwaltungsbezirksgrenzen sollen eingehalten werden.

Die zuständige Behörde hat die Abgrenzung der Stimmbezirke dem Wahlkommissar unverzüglich mitzuteilen.

2. Bestimmung der Wahlräume.

§ 34. Die im § 72 genannte Behörde bestimmt den Raum, in dem die Wahl vorzunehmen ist.

In großen Stimmbezirken, in denen sich eine Teilung der Wählerlisten oder Wahlkarteien als zweckmäßig erweist, sowie in Stimmbezirken, in denen nach Geschlechtern getrennt gewählt wird (§ 1 Abs. 2), können die Wahlen gleichzeitig in zwei verschiedenen Räumen desselben Gebäudes oder in zwei verschiedenen Gebäuden oder an zwei verschiedenen Tischen desselben Wahlraums vorgenommen werden. Für jeden Wahlraum oder Wahltisch ist ein besonderer Wahlvorstand zu bilden.

3. Bekanntmachung der Wahl.

§ 35. Die Abgrenzung der Stimmbezirke, die Ernennung des Wahlvorstehers und seines Stellvertreters, die Bestimmung des Wahlraums sowie Tag und Stunde der Wahlen sind vor dem Wahltage von den Gemeindevorständen in ortsüblicher Weise bekanntzugeben. Als ortsübliche Bekanntgabe genügt die Veröffentlichung mittels Plakatanschlags.

Die Bekanntmachung soll spätestens am siebenten Tage vor dem Wahltag erfolgen. Ein Abdruck der Bekanntmachung ist dem Wahlvorsteher zur Benutzung bei der Wahl auszuhändigen.

IV. Stimmabgabe.

§ 36. Die Wahlzeit dauert in der Zeit vom 1. April bis 30. September von 8 Uhr vormittags bis 5 Uhr nachmittags, sonst von 9 Uhr vormittags bis 6 Uhr nachmittags. In Stimmbezirken mit weniger als 1000 Einwohnern kann die zur Abgrenzung der Stimmbezirke zuständige Behörde die Wahlzeit abkürzen; die Wahlzeit darf jedoch nicht später als 10 Uhr vormittags beginnen und, unbeschadet der Bestimmung des § 44 Abs. 2, nicht vor 5 Uhr nachmittags schließen.

§ 37. Der Wahlvorstand besteht aus dem Wahlvorsteher, drei bis sechs Beisitzern und einem Schriftführer. Der Wahlvorsteher beruft unter Berücksichtigung der verschiedenen Parteien aus den Wählern seines Stimmbezirkes die Beisitzer und den Schriftführer und lädt sie ein, bei Beginn der Wahlhandlung zur Bildung des Wahlvorstandes im Wahlraum zu erscheinen. Erscheint nicht die genügende Anzahl, so ernennt der Wahlvorsteher aus den anwesenden Wählern die erforderliche Zahl von Mitgliedern des Wahlvorstandes.

Die Mitglieder des Wahlvorstandes erhalten keine Vergütung.

§ 38. Der Tisch, an dem der Wahlvorstand Platz nimmt, soll so aufgestellt werden, daß er von allen Seiten zugänglich ist.

An diesen Tisch wird ein verdecktes Gefäß (Wahlurne) zum Hineinlegen der Stimmzettel gestellt. Der Boden der Wahlurne soll viereckig sein. Im Innern gemessen muß ihre Höhe mindestens 90 Zentimeter und der Abstand jeder Wand von der gegenüberliegenden Wand mindestens 35 Zentimeter betragen. Im Deckel muß die Wahlurne einen Spalt haben, der nicht breiter als 2 Zentimeter sein darf und durch den die Umschläge mit den Stimmzetteln hindurchgesteckt werden müssen. Vor dem Beginne der Abstimmung hat sich der Wahlvorstand davon zu überzeugen, daß die Wahlurne leer ist. Von da ab bis zur Herausnahme der Umschläge mit den Stimmzetteln nach Schluß der Abstimmung darf die Wahlurne nicht wieder geöffnet werden.

Durch Bereitstellung eines oder mehrerer Nebenräume, die nur durch den Wahlraum betretbar oder unmittelbar mit ihm verbunden sind, oder durch Vorrichtungen an einem oder mehreren von dem Vorstandstische getrennten Nebentischen ist Vorsorge zu treffen, daß der Wähler seinen Stimmzettel unbeobachtet in den Umschlag zu legen vermag.

Je ein Abdruck des Gesetzes, betreffend die Wahlen zu den Provinziallandtagen und zu den Kreistagen, dieser Wahlordnung und der nach § 32 für den Wahlkreis erlassenen Bekanntmachung ist im Wahlraum auszulegen.

§ 39. Die Stimmzettel müssen von weißem oder weißlichem Papier und dürfen — abgesehen von dem Falle des § 9 Ziffer 5 des Gesetzes — mit keinem Kennzeichen versehen sein; die Verwendung von Zeitungspapier ist zulässig. Durchstreichungen auf Stimmzettel gelten nicht als Kennzeichen. Die Stimmzettel sollen 9 : 12 Zentimeter groß sein und sind von dem Wähler in einem mit amtlichem Stempel versehenen Umschlag, der kein unzulässiges Kennzeichen haben darf, abzugeben. Die Umschläge sollen 12 : 15 Zentimeter groß und aus undurchsichtigem Papier hergestellt sein; sie sind in der erforderlichen Zahl bereitzuhalten.

Im Wahlraum dürfen Stimmzettel weder aufgelegt noch verteilt werden. Der Wahlvorsteher hat die ihm zur Verwendung übergebenen Stimmzettel am Eingang zum Wahlraum oder davor so aufzulegen, daß sie von den zur Stimmabgabe erscheinenden Wählern entnommen werden können.

§ 40. Die Wahlhandlung wird damit eröffnet, daß der Wahlvorsteher den Schriftführer und die Beisitzer durch Handschlag verpflichtet und so den Wahlvorstand bildet.

Zu keiner Zeit der Wahlhandlung dürfen weniger als drei Mitglieder des Wahlvorstandes gegenwärtig sein. Der Wahlvorsteher und der Schriftführer dürfen sich während der Wahlhandlung nicht gleichzeitig entfernen; verläßt einer von ihnen vorübergehend den Wahlraum, so ist mit seiner Vertretung der Stellvertreter des Wahlvorstehers oder ein anderes Mitglied des Wahlvorstandes zu beauftragen.

§ 41. Zutritt zum Wahlraume hat jeder Wähler. Ansprachen darf niemand darin halten. Nur der Wahlvorstand darf über das Wahlgeschäft beraten und beschließen.

Der Wahlvorstand kann jeden aus dem Wahlraume verweisen, der die Ruhe und Ordnung der Wahlhandlung stört; ein Wähler des Stimmbezirkes, der hiervon betroffen wird, darf vorher seine Stimme abgeben.

§ 42. Der Wahlvorsteher leitet die Wahl.

Der Wähler, der seine Stimme abgeben will, nimmt einen abgestempelten Umschlag aus der Hand einer Person, die der Wahlvorstand in der Nähe des Zuganges zu dem Nebenraum oder Nebentische (§ 38 Abs. 3) aufgestellt hat. Er begibt sich sodann in den Nebenraum oder an den Nebentisch, steckt dort seinen Stimmzettel in den Umschlag, tritt an den Vorstandstisch, nennt seinen Namen und auf Erfordern seine Wohnung und übergibt, sobald der Schriftführer den Namen in der Wählerliste oder Wahlkartei aufgefunden hat, den Umschlag mit dem Stimmzettel dem Wahlvorsteher, der ihn sofort uneröffnet in die Wahlurne legt.

Wähler, die durch körperliche Gebrechen behindert sind, ihre Stimmzettel eigenhändig in den Umschlag zu legen und diese dem Wahlvorsteher zu übergeben, dürfen sich der Beihilfe einer Vertrauensperson bedienen.

Stimmzettel, die nicht in dem abgestempelten Umschlag oder die in einem mit einem unzulässigen Kennzeichen versehenen Umschlag abgegeben werden, hat der Wahlvorsteher zurückzuweisen, ebenso die Stimmzettel von Wählern, die sich nicht in den Nebenraum oder an den Nebentisch begeben haben.

Der Wahlvorsteher hat darauf zu halten, daß die Wähler in dem Nebenraum oder an dem Nebentische nur so lange verweilen, als unbedingt erforderlich ist, um den Stimmzettel in den Umschlag zu stecken.

§ 43. Der Schriftführer vermerkt die Stimmabgabe jedes Wählers neben dessen Namen in der Wählerliste oder Wahlkartei.

§ 44. Nach Schluß der Wahlzeit dürfen nur noch die Wähler zur Stimmabgabe zugelassen werden, die in diesem Zeitpunkt im Wahlraume schon anwesend waren. Hierauf erklärt der Wahlvorsteher die Abstimmung für geschlossen.

Haben alle in der Wählerliste oder der Wahlkartei eingetragenen Wähler abgestimmt, so kann der Wahlvorsteher auf einstimmigen Beschluß des Wahlvorstandes die Abstimmung schon vor dem Schlusse der allgemeinen oder der besonders angeordneten Wahlzeit (§ 36 Satz 2) für geschlossen erklären.

§ 45. Nach Schluß der Abstimmung werden die Umschläge aus der Wahlurne genommen und uneröffnet gezählt. Zugleich wird die Zahl der Abstimmungsvermerke in der Wählerliste oder Wahlkartei festgestellt (§ 43). Ergibt sich dabei auch nach wiederholter Zählung eine Verschiedenheit, so ist dies in der Wahlniederschrift anzugeben und, soweit möglich, zu erläutern.

V. Prüfung des Abstimmungsergebnisses im Stimmbezirke.

§ 46. Unmittelbar nach der Zählung der Umschläge und Abstimmungsvermerke ist die Ermittlung und Prüfung des Abstimmungsergebnisses in der Weise vorzunehmen, daß ein Beisitzer die Umschläge öffnet, die Stimmzettel herausnimmt und sie dem Wahlvorsteher übergibt, der sie laut vorliest und nebst den Umschlägen einem anderen Beisitzer zur Aufbewahrung bis zum Ende der Wahlhandlung übergibt.

§ 47. Ungültig sind Stimmzettel:

1. die nicht in einem amtlich abgestempelten Umschlag oder die in einem mit einem unzulässigen Kennzeichen versehenen Umschlag übergeben worden sind;
2. die nicht aus weißem oder weißlichem Papier bestehen;
3. die mit einem unzulässigen Kennzeichen versehen sind;
4. die keinen Namen oder keine Angabe, aus der die Person mindestens eines Bewerbers unzweifelhaft zu erkennen ist, auch keine oder keine erkennbare Bezeichnung eines Wahlvorschlags mit der Nummer aus der amtlichen Bekanntgabe und auch kein zulässiges Kennwort enthalten;
5. die eine Verwahrung oder einen Vorbehalt gegenüber allen Bewerbern enthalten;
6. die Namen aus verschiedenen Wahlvorschlägen oder Bezeichnungen verschiedener Wahlvorschläge enthalten, vorbehaltlich der Bestimmung in Abs. 2;
7. die ausschließlich auf andere als die in den öffentlich bekanntgegebenen Wahlvorschlägen aufgeführten Personen lauten;
8. denen ein Druck- oder Schriftstück beigefügt ist.

Bei Verbindung der Wahlen zum Provinziallandtage mit anderen Wahlen ader Abstimmungen kann der Minister des Innern die Verwendung eines gemeinsamen Stimmzettels für die Provinziallandtagswohl und die anderen Wahlen oder Abstimmungen zulassen. In diesem Falle darf der Stimmzettel die Bezeichnung je eines Wahlvorschlags und auch Namen aus je einem Wahlvorschlage für jede der gleichzeitig stattfindenden Wahlen enthalten, er muß aber erkennen lassen, auf welche Wahl sich der einzelne Wahlvorschlag (Name) bezieht. Jü die Verwendung des gleichen Umfchlags für die Provinziallandtagswahl und für andere Wahlen oder Abstimmungen angeordnet, so gilt ein solcher Stimmzettel als für jede dieser Wahlen oder Abstimmungen abgegeben, sofern er keine Aufschrift trägt oder seine Aufschrift nicht im Widerspruche zu dem Aufdruck des Umschlags steht. Insoweit ein solcher Widerspruch besteht, wird die Stimme nicht gezählt. Mehrere in §inem Umschlag enthaltene gleichlautende Stimmzettel gelten als eine Stimme; in einem Umschlag enthaltene, auf verschiedene Wahlvorschläge lautende Stimmzettel sind ungültig, soweit sich nicht aus ihrer Aufschrift ergibt, daß sie für verschiedene Wahlen abgegeben sind.

Die gültigen Stimmzettel sind ohne Rücksicht auf ihre Vollständigkeit und die Reihenfolge der Benennungen den einzelnen Wahlvorschlägen zuzurechnen.

§ 48. Der Schriftführer verzeichnet in der Zählliste jede dem einzelnen Wahlvorschlage zugefallene Stimme und zählt die Stimmen laut.

Einer der Beisitzer führt gleichzeitig eine Gegenliste. Das Muster für die Zähl- und Gegenliste ergibt sich aus dem Vordruck in Anlage 2.

Zählliste und Gegenliste sind von dem Wahlvorsteher und dem Mitgliede des Wahlvorstandes, das die Liste geführt hat, zu unterzeichnen und der Wahlniederschrift als Anlage beizufügen.

§ 49. Unmittelbar nach Ermittlung des Abstimmungsergebnisses hat der Wahlvorsteher das Ergebnis dem Wahlkommissar auf schnellstem Wege mitzuteilen. In dieser Mitteilung sind die Wahlvorschläge, auf welche Stimmen entfallen sind, einzeln mit der auf sie entfallenden Stimmenzahl anzugeben.

Der Wahlkommissar kann anordnen, daß die Ergebnisse aus sämtlichen Stimmbezirken einer größeren Gemeinde oder auch eines ganzen Verwaltungsbezirkes zunächst von der Gemeindebehörde oder der unteren Verwaltungsbehörde gesammelt, zusammengestellt und in einem Gesamtergebnisse dem Wahlkommissar gleichfalls auf schnellstem Wege mitgeteilt werden.

§ 50. Die Verwendung gemeinsamer Stimmzettel für die Wahlen zum Provinziallandtag und andere damit verbundene Wahlen oder Abstimmungen ist in der Niederschrift in der Weise zu vermerken, daß sowohl die Zahl der für eine Mehrheit von Wahlen, als auch die Zahl der für die Provinziallandtagswahl allein abgegebenen Stimmzettel ersichtlich ist.

Die Stimmzettel, über deren Gültigkeit oder Ungültigkeit der Wahlvorstand Beschluß fassen muß, sind mit fortlaufenden Nummern zu versehen und der Niederschrift beizufügen. In der Niederschrift sind die Gründe kurz anzugeben, aus denen die Stimmzettel für gültig oder ungültig erklärt worden sind.

Wenn ein Stimmzettel wegen der Beschaffenheit des Umschlags für ungültig erklärt worden ist, ist auch der Umschlag anzuschließen.

§ 51. Alle Stimmzettel, die nicht nach § 50 der Wahlniederschrift beizufügen sind, hat der Wahlvorsteher in Papier einzuschlagen, zu versiegeln und der Gemeindebehörde zu übergeben, die sie verwahrt, bis die Wahl für gültig erklärt worden ist oder Neuwahlen angeordnet sind.

§ 52. Die Wählerliste oder Wahlkartei wird der Gemeindebehörde zur Aufbewahrung unter Verschluß übergeben; sie darf außer in den gesetzlich zugelassenen Fällen anderweitig erst dann verwendet werden, wenn die Wahl für gültig erklärt oder eine Neuwahl angeordnet ist.

§ 53. Der Wahlvorsteher hat die Umschläge, soweit sie nicht der Wahlniederschrift beizufügen sind, der Gemeindebehörde zur weiteren Verfügung des Provinzialverbandes zurückzugeben.

§ 54. Über die Wahlhandlung ist eine Niederschrift (Wahlniederschrift) nach dem in der Anlage 3 beigefügten Vordruck aufzunehmen.

§ 55. Die Wahlniederschriften mit sämtlichen zugehörigen, als Anlagen fortlaufend zu numerierenden Schriftstücken sind von den Wahlvorstehern ungesäumt den im § 72 genannten Behörden einzureichen.

Diese haben die Vorlagen der Wahlvorsteher unverzüglich auf ihre Vollständigkeit zu prüfen, zu ergänzen, Unstimmigkeiten aufzuklären und die Vorlagen gesammelt so zeitig dem Wahlkommissar einzureichen, daß sie spätestens eine Woche nach dem Wahltag in dessen Hände gelangen.

VI. Feststellung des Wahlergebnisses.

§ 56. Zur Ermittlung des Abstimmungsergebnisses im Wahlkreise beruft der Wahlkommissar den Wahlausschuß, sobald der Eingang sämtlicher Wahlniederschriften aus den Stimmbezirken zu erwarten ist. Er bestimmt Zeit und Ort der Sitzung.

Die Verhandlungen des Wahlausschusses sind öffentlich.

§ 57. In der Sitzung des Wahlausschusses werden die Niederschriften über die Wahlen in den einzelnen Stimmbezirken durchgesehen und die Ergebnisse der Wahlen zusammengestellt.

Geben die Wahlen in einzelnen Stimmbezirken zu Bedenken Anlaß, so kann der Wahlkommissar die von den Gemeindebehörden aufbewahrten Stimmzettel und Wählerlisten oder Wahlkarteien einfordern und dem Wahlausschusse zur Einsicht vorlegen.

§ 58. Der Wahlausschuß ermittelt, wieviel gültige Stimmen im Wahlkreis abgegeben sind und wieviel davon auf jeden Wahlvorschlag entfallen. Das Ergebnis wird dem Provinzialwahlleiter unter Angabe des Kennworts der einzelnen Wahlvorschläge unverzüglich mitgeteilt.

§ 59. Über die Verhandlungen des Wahlausschusses ist eine Niederschrift nach dem in Anlage 4 beigefügten Vordruck aufzunehmen und von sämtlichen Mitgliedern des Wahlausschusses zu unterschreiben.

Der Wahlkommissar sendet die Niederschrift mit den zugehörigen Schriftstücken sowie den Wahlniederschriften sämtlicher Stimmbezirke samt ihren Anlagen dem Provinzialwahlleiter ein.

§ 60. Der Provinzialwahlleiter ermittelt das Wahlergebnis gemäß § 8 des Gesetzes, betreffend die Wahlen zu den Provinziallandtagen und zu den Kreistagen.

§ 61. Der Provinzialwahlleiter erklärt die erforderliche Anzahl von Provinziallandtagsabgeordneten für gewählt und stellt die Reihenfolge der Ersatzmänner fest.

Der Provinzialwahlleiter benachrichtigt die Gewählten von der auf sie gefallenen Wahl und fordert sie unter Hinweis auf Abs. 3 auf, sich binnen einer Woche nach Zustellung der Nachricht über die Annahme oder Ablehnung der Wahl zu erklären. Die Wahl gilt als angenommen, wenn innerhalb dieser Frist keine Erklärung eingeht. Annahme unter Vorbehalt gilt als Ablehnung.

Ist ein Bewerber für mehrere Wahlkreise gewählt, so hat er zu erklären, für welchen Wahlkreis er die Wahl annimmt.

Der Provinzialwahlleiter veröffentlicht die Namen der für gewählt Erklärten sowie die Zahlen der in den einzelnen Regierungsbezirken insgesamt und der für die einzelnen Wahlvorschläge in den Wahlkreisen abgegebenen gültigen Stimmen, die Zahl der auf die einzelnen Stadt- und Landkreise entfallenden Abgeordnetensitze und die Verteilungszahlen.

§ 62. Die Unterlagen für die Ermittelung des Wahlergebnisses sind durch den Provinzialwahlleiter dem Provinzialausschusse zur Vorlage an den Provinziallandtag zu übergeben.

VII. Ausscheiden von Provinziallandtagsabgeordneten.

§ 63. Wenn ein Provinziallandtagsabgeordneter die Wahl ablehnt oder während der Dauer seiner Wahlzeit ausscheidet, stellt der Provinzialausschuß fest, wer als Ersatzmann in den Provinziallandtag eintritt. § 61 Abs. 2, 3 findet sinngemäße Anwendung.

§ 64. Ist ein Bewerber nicht vorhanden, der an die Stelle des Ablehnenden oder Ausscheidenden zu treten hätte, so stellt der Provinzialausschuß dies durch Beschluß fest.

VIII. Nachwahl.

§ 65. Wird im Wahlprüfungsverfahren die Wahl eines Wahlkreises oder die ganze Wahl für ungültig erklärt, so findet die Nachwahl nach denselben Vorschriften statt wie die Hauptwahl.

Die Stimmbezirke, die Wahlräume, die Wahlvorsteher und ihre Stellvertreter bleiben unverändert, soweit nicht eine Änderung nach dem Ermessen der nach § 72 zuständigen Behörde geboten erscheint. Solche Änderungen sind gemäß § 35 öffentlich bekanntzumachen. Die Bescheinigung hierüber ist nicht der Wählerliste oder Wahlkartei beizugeben, sondern von den Gemeindevorständen den Wahlvorstehern noch vor dem Wahltage besonders einzureichen.

§ 66. Findet die Nachwahl binnen Jahresfrist nach dem Wahltage statt, so können ihr dieselben Wählerlisten oder Wahlkarteien zugrunde gelegt werden wie der Hauptwahl. Sie sind jedoch vorher zu berichtigen und neu auszulegen.

§ 67. Findet die Nachwahl später als ein Jahr nach dem Wahltage statt, so müssen die gesamten Wahlvorbereitungen erneuert werden. Wieweit Wählerlisten und Wahlkarteien der Hauptwahl nach Berichtigung und Ergänzung wieder verwendet werden können, bestimmt der Wahlkommissar.

§ 68. Für jede Nachwahl sind neue Wahlvorschläge einzureichen.

IX. Kosten.

§ 69. Soweit erforderlich, haben die Gemeinden zur Vornahme der Wahl und zur Feststellung des Wahlergebnisses Räume in gemeindlichen Anstalten und Gebäuden unentgeltlich zur Verfügung zu stellen.

Ferner sind laufende Aufwendungen für Gehälter und Bürobedürfnisse nicht zu den Kosten der Provinziallandtagswahl zu rechnen.

Der Erlaß weiterer Bestimmungen über die Kostenverteilung bleibt vorbehalten.

B. Kreistagswahlen.

§ 70. Auf die Wahlen zu den Kreistagen finden die Bestimmungen für die Wahlen zu den Provinziallandtagen, abgesehen von den sich auf den Provinzialwahlleiter beziehenden Vorschriften, sinngemäße Anwendung mit folgenden Maßgaben:

1. In den Bescheinigungen nach § 19 Ziffer 2 ist darzutun, daß der Bewerber im Kreise wohnt.

2. Für mehrere mit der Kreistagswahl gleichzeitig stattfindende Wahlen oder Abstimmungen abgegebene gemeinsame Stimmzettel, über deren Gültigkeit oder Ungültigkeit vom Wahlvorstande Beschluß zu fassen war (§ 50 Abs. 2), sind der Niederschrift über die Provinziallandtagswahl beizufügen. In der Niederschrift über die Kreistagswahl ist ein entsprechender Vermerk, der auch die Zahl dieser Stimmzettel angibt, zu machen.

3. Die Ermittlung des Wahlergebnisses erfolgt unter Beachtung nachstehender Bestimmungen:

a) Der Wahlausschuß ermittelt die Verteilungszahl und verteilt die Sitze im Kreistag gemäß § 20 des Gesetzes auf die Wahlvorschläge. Er stellt auf Grund der von ihm vorgenommenen Verteilung die Namen der Gewählten und die Reihenfolge der Ersatzmänner fest.

b) Der Wahlkommissar benachrichtigt die Gewählten von der auf sie gefallenen Wahl und fordert sie auf, sich binnen einer Woche nach Zustellung der Nachricht über die Annahme oder Ablehnung der Wahl zu erklären. Die Wahl gilt als angenommen, wenn innerhalb dieser Frist keine Erklärung eingeht. Annahme unter Vorbehalt gilt als Ablehnung.

c) Der Wahlkommissar veröffentlich die Namen der für gewählt Erklärten sowie die Zahlen der insgesamt und der für die einzelnen Wahlvorschläge abgegebenen gültigen Stimmen und die Verteilungszahl.

C. Gemeinsame und Schlußbestimmungen.

§ 71. Als Wähler im Sinne dieser Wahlordnung gelten auch die Wählerinnen. Sie können zu Wahlleitern, Wahlvorstehern, Schriftführern und Beisitzern ernannt und berufen werden.

§ 72. Zuständig für die Abgrenzung der Stimmbezirke, für die Entscheidung über Einsprüche gegen die Wählerlisten oder Wahlkarteien und für die Bestimmung des Wahlraums ist auf dem Lande der Landrat, in den Städten der Magistrat (in Städten mit Bürgermeistereiverfassung der Bürgermeister).

§ 73. Den Wahlvorständen und den Wahlausschüssen können für die Prüfung der Abstimmung und die Ermittlung des Wahlergebnisses und Herstellung der Niederschriften Beamte oder sonstige geeignete Personen als Hilfsarbeiter beigegeben werden.

Zuständig zur Bestellung der Hilfsarbeiter ist der Wahlkommissar. In dringenden Fällen kann die Bestellung von Hilfsarbeitern beim Wahlvorstande durch den Wahlvorsteher erfolgen.

Die Hilfsarbeiter nehmen an der Beschlußfassung nicht teil.

Berlin, den 31. Dezember 1920.

Der Minister des Innern.

Severing.

V.

Geschäftsordnung[1]) der Landesversammlung.

Vom 28. Februar 1920.

(Drucks. der verfassunggebenden Preuß. Landesversammlung 1919/20-Nr. 2052.)

Inhaltsübersicht.

[1]) Beschlossen in der 126. Sitzung am 28. Februar 1920 nach dem Antrage des Geschäftsordnungsausschusses Drucksachen Nr. 1900A, B und den Abänderungsanträgen Drucksachen Nr. 1973, 1998, 1999, 2019. — Die ferner gestellten Abänderungsanträge Drucksachen Nr. 1964 bis 1972, 1974, 1975, 1976 sind abgelehnt und zurückgezogen worden.

I. Die Mitglieder (Abgeordneten).

§ 1. (1) Jeder Abgeordnete darf an den Arbeiten der Landesversammlung teilnehmen, solange sein Wahlauftrag nicht für ungültig oder für erloschen erklärt oder sonst erledigt ist. An der Abstimmung über den eigenen Wahlauftrag darf sich kein Abgeordneter beteiligen.

(2) Wenn ein Wahlauftrag erledigt wird, zeigt es der Präsident unverzüglich dem Minister des Innern an.

§ 2. Urlaub bis zu einer Woche erteilt der Präsident, auf längere, jedoch nicht auf unbestimmte Zeit die Landesversammlung (das Haus).

II. Der Vorstand.

§ 3. (1) In der ersten Tagung nach der Neuwahl tritt die Landesversammlung unter dem Vorsitz des ältesten anwesenden Abgeordneten zusammen, der das Amt als Alterspräsident zu übernehmen bereit ist.

(2) Der Alterspräsident ernennt vier Abgeordnete zu Beisitzern und bildet mit ihnen den vorläufigen Vorstand, bis der Präsident den Alterspräsidenten ablöst.

§ 4. (1) Der Vorstand besteht aus dem Präsidenten, drei Vizepräsidenten und acht Beisitzern.

(2) Er wird zu Beginn jeder Tagung gebildet und setzt sein Amt fort, bis in der nächsten Tagung der neue Präsident oder der Alterspräsident in Tätigkeit tritt.

§ 5. In der Sitzung des Hauses bilden der diensttuende Präsident und die beiden diensttuenden Beisitzer den Sitzungsvorstand.

§ 6. Der Präsident und die Vizepräsidenten werden in der ersten Tagung nach der Neuwahl der Landesversammlung zunächst auf vier Wochen und dann endgültig gewählt. In den folgenden Tagungen ist die Wahl sofort endgültig.

§ 7. (1) Die Landesversammlung wählt mit Stimmzetteln in besonderen Wahlhandlungen den Präsidenten, den ersten, den zweiten und den dritten Vizepräsidenten.

(2) Gewählt ist, wer mehr als die Hälfte der abgegebenen gültigen Stimmen erhält. Ergibt sich keine solche Mehrheit, so kommen die beiden Anwärter mit den höchsten Stimmenzahlen in die engere Wahl. Bei Stimmengleichheit entscheidet das Los durch die Hand des Präsidenten.

(3) Wenn kein Abgeordneter widerspricht, wird durch Zuruf gewählt.

§ 8. (1) Die Beisitzer werden nach dem Verhältniswahlrecht auf die Fraktionen verteilt. Abtretung an Abgeordnete, die nicht zur Fraktion gehören, ist zulässig. Fraktionslose Abgeordnete können sich durch Listenverbindung beteiligen.

(2) Die Fraktionen benennen die Beisitzer schriftlich dem Präsidenten, der sie dem Hause bekannt macht.

(3) Der Präsident kann erforderlichenfalls einen Abgeordneten zum Vertreter eines verhinderten Beisitzers bestellen.

§ 9. (1) Der Präsident regelt die Geschäfte der Landesversammlung und leitet die Verhandlungen. An den Sitzungen der Ausschüsse kann er mit beratender Stimme teilnehmen.

(2) Der Präsident übt die Ordnung im Gebäude der Landesversammlung aus.

(3) Der Präsident hat innerhalb des gesetzlich festgestellten Haushaltes die gesamte Verwaltung der wirtschaftlichen Angelegenheiten der Landesversammlung. Insbesondere steht ihm zu, nach den gesetzlichen und allgemeinen Verwaltungsvorschriften die planmäßigen Beamten der Landesversammlung anzustellen, in den Ruhestand zu versetzen usw., sowie Lohnangestellte anzunehmen und zu entlassen. Bei der Aufstellung des Haushaltsplans sowie bei der Anstellung und Verabschiedung der planmäßigen Beamten soll sich der Präsident mit dem Vorstand ins Benehmen setzen.

§ 10. (1) Die Beisitzer unterstützen den Präsidenten. Insbesondere liegt ihnen ob, die Schriftstücke vorzulesen, die Rednerliste zu führen, die Namen aufzurufen, die Stimmen zu sammeln und zu zählen, die Berichtigung der Sitzungsberichte zu überwachen und für deren Druck zu sorgen.

(2) Der Präsident verteilt die Geschäfte unter die Beisitzer.

§ 11. (1) Der Präsident beruft

1. in der ersten Tagung nach der Neuwahl der Landesversammlung neun Abgeordnete als Beiräte für die Bücherei (Büchereiausschuß),
2. bei Beginn jeder Tagung zwei Abgeordnete als Beiräte für das Kassen- und Rechnungswesen.

(2) Die Mitglieder des Büchereiausschusses werden von den Fraktionen nach dem Verhältniswahlrecht vorgeschlagen.

III. Die Fraktionen.

§ 12. (1) Als Fraktion gilt eine Vereinigung von mindestens 15 Abgeordneten.

(2) Die Bildung einer Fraktion, die Namen ihrer Vorsitzenden und Mitglieder sowie die Parteigrundsätze werden dem Präsidenten schriftlich mitgeteilt.

(3) Jeder Abgeordnete kann nur einer Fraktion angehören.

(4) Ständige Gäste gelten den Mitgliedern gleich.

IV. Der Ältestenrat.

§ 13. (1) Unmittelbar nach Beginn jeder Tagung wird ein Ältestenrat von 21 Mitgliedern gebildet.

(2) Die Sitze werden nach dem Verhältniswahlrecht auf die Fraktionen verteilt. Fraktionslose Abgeordnete können sich durch Listenverbindung beteiligen. Die Fraktionen können Sitze an Abgeordnete abtreten, die ihnen nicht angehören. Sie benennen die Mitglieder schriftlich dem Präsidenten, der sie dem Hause bekannt macht.

(3) Der Präsident und die Vizepräsidenten führen den Vorsitz und haben beratende Stimme.

(4) Der Ältestenrat tritt auf Verlangen des Präsidenten oder mindestens dreier Mitglieder zusammen.

(5) Er berät und beschließt über gemeinsame Angelegenheiten, namentlich den Arbeitsplan der Landesversammlung, und ist beschlußfähig, wenn mindestens die Hälfte der Mitglieder anwesend ist.

V. Die Ausschüsse.

§ 14. (1) Bei Beginn der Tagung bestellt die Landesversammlung zur Vorbereitung der Verhandlungen folgende ständige Ausschüsse:

1. für den Staatshaushaltsplan (Hauptausschuß),
2. für die Bevölkerungspolitik,
3. für das Siedlungs- und Wohnungswesen,
4. für das Landwirtschaftswesen,
5. für Handel und Gewerbe,
6. für das Rechtswesen,
7. für das Gemeindewesen,
8. für das Unterrichtswesen,
9. für die Eingaben,
10. für die Wahlprüfungen,
11. für die Geschäftsordnung,
12. für die Prüfung der Rechnungen über den Staatshaushalt.

(2) Für einzelne Gegenstände kann das Haus Sonderausschüsse bestellen.

§ 15. Die Ausschüsse werden aus einer ungraden Zahl von Mitgliedern, in der Regel 21 oder 29, gebildet.

§ 16. (1) Der Ältestenrat verteilt beim Beginn jeder Tagung die Sitze in den Ausschüssen auf die Fraktionen nach dem Verhältniswahlrecht und zwar für jede Stärkegruppe (Einundzwanziger, Neunundzwanziger usw.) besonders. Fraktionslose Abgeordnete können sich durch Listenverbindung beteiligen und haben dies dem Präsidenten binnen drei Tagen nach Eröffnung der Tagung schriftlich mitzuteilen. Binnen derselben Frist sind Listenverbindungen von Fraktionen schriftlich anzuzeigen. Ändert sich die Stärke der Fraktionen, so hat der Ältestenrat auf Antrag eine neue Verteilung vorzunehmen.

(2) Nach denselben Grundsätzen wird, ohne Rücksicht auf die Stärke der Ausschüsse, bestimmt, in welcher Reihenfolge die Fraktionen die Ausschußvorsitzenden benennen. Fällt der Vorsitz auf eine Fraktion, die keinen Sitz im Ausschuß hat, so wird ihr der Anspruch gutgeschrieben.

(3) Für die Verteilung der stellvertretenden Vorsitzenden gelten die Regeln des Abs. 2; doch dürfen Vorsitz und Stellvertretung nicht derselben Fraktion zufallen.

(4) Für die Berechnungen (Abs. 1 bis 3) ist die Reihenfolge des § 14 maßgebend.

(5) Die Mitglieder, die Vorsitzenden und stellvertretenden Vorsitzenden werden von den Fraktionen dem Präsidenten schriftlich benannt und von

ihm der Landesversammlung bekannt gemacht. Alle diese Ämter kann die zuständige Fraktion an Abgeordnete abtreten, die ihr nicht angehören.

(6) Die Fraktionen haben den Ausschußvorsitzenden jede Veränderung in der Besetzung der Ausschüsse mitzuteilen.

§ 17. (1) Die Landesversammlung beschließt über die Mitgliederzahl der Untersuchungsausschüsse, die nach § 2 Abs. 2 des Gesetzes zur vorläufigen Ordnung der Staatsgewalt in Preußen vom 20. März 1919 (Gesetzsamml. S. 53) einzusetzen sind. Sie werden grundsätzlich nach § 16 gebildet.

(2) Steht nach dem Gesetz die Mitgliedschaft in einem solchen Ausschuß einer Fraktion oder einer fraktionslosen Partei zu, die nach § 16 nicht beteiligt ist, so kann sie ein Mitglied in den Ausschuß entsenden.

VI. Die Wahlprüfung.

§ 18. In einer Vorprüfung jeder Wahl stellt der Wahlprüfungsausschuß fest, ob Zweifel an ihrer Gültigkeit vorliegen und eine besondere Prüfung erfordern.

§ 19. (1) Einer besonderen Prüfung ist eine Wahl zu unterziehen:

1. wenn sie rechtzeitig angefochten ist,
2. wenn ein Abgeordneter rechtzeitig unter Angabe bestimmter Tatsachen Einspruch gegen sie erhebt,
3. wenn bei der Vorprüfung die Mehrheit des Wahlprüfungsausschusses die Gültigkeit beanstandet,
4. wenn bei der Vorprüfung ein anwesendes Ausschußmitglied den Wahlakten einen bestimmt bezeichneten Zweifel an der Gültigkeit entnimmt.

(2) Wahlanfechtungen müssen in deutscher Sprache abgefaßt sein.

(3) Wahlanfechtungen und Einsprüche müssen bei allgemeinen Wahlen binnen 14 Tagen nach Eröffnung der Landesversammlung, im übrigen binnen 14 Tagen nach der amtlichen Bekanntgabe des Namens des Abgeordneten angebracht werden.

§ 20. Wahlen, die keine besondere Prüfung erfordern, werden als gültig angesehen. Der Präsident macht sie dem Hause bekannt, jedoch frühestens nach Ablauf der Fristen des § 19 Abs. 3.

VII. Die Vorlagen.

Allgemeines.

§ 21. Alle Vorlagen (Regierungsvorlagen, Uranträge, Ausschußberichte und -Anträge) werden gedruckt und verteilt, auch den Ministerien übersandt.

§ 22. Die Landesversammlung kann jederzeit beschließen, die Beratung oder Weiterberatung eines Gegenstandes auf bestimmte Zeit bis zu vier Wochen zu verschieben. Der Beschluß kann nur gefaßt werden auf einen gedruckten Antrag hin, der auf die Tagesordnung gesetzt worden ist.

Zahl der Beratungen.

§ 23. Gesetzentwürfe, Verordnungen (§§ 9 und 10 des Gesetzes zur vorläufigen Ordnung der Staatsgewalt in Preußen vom 20. März 1919) und Staatsverträge werden in drei Beratungen, alle andern Vorlagen in einmaliger Beratung erledigt.

Einmalige Beratung.

§ 24. Die einmalige Beratung beginnt frühestens am dritten Tage nach der Verteilung der Vorlage.

Erste Beratung.

§ 25. Die erste Beratung beginnt frühestens am dritten Tage nach der Verteilung der Vorlage. Sie beschränkt sich auf eine allgemeine Erörterung über die Grundsätze der Vorlage (allgemeine Besprechung), kann aber auch getrennt nach Teilen der Vorlage durchgeführt werden.

Ausschußüberweisung.

§ 26. (1) Nach Schluß der ersten Beratung kann die Vorlage einem Ausschuß überwiesen werden.

(2) Auch im Laufe der einmaligen, der zweiten und der dritten Beratung kann das Haus die Vorlage ganz oder teilweise an einen Ausschuß verweisen oder zurückverweisen, solange nicht die letzte Einzelabstimmung erledigt ist. Mit der wiederholten Ausschußberatung kann auch ein andrer Ausschuß betraut werden. Der Ausschuß hat sich nur mit dem ihm überwiesenen Gegenstande zu beschäftigen. Auch schon erledigte Teile können überwiesen und zurückverwiesen werden.

(3) Regierungsvorlagen, die keiner Beschlußfassung bedürfen (Denkschriften, Nachweisungen usw.), kann der Präsident mit Zustimmung des Hauses einem Ausschuß überweisen, ohne daß sie auf der Tagesordnung stehen und besprochen werden.

Zweite Beratung.

§ 27. (1) Die zweite Beratung beginnt frühestens am zweiten Tage nach Schluß der ersten, nach voraufgegangener Ausschußberatung frühestens am dritten Tage, nachdem der Bericht oder — bei mündlichem Bericht — der Ausschußantrag verteilt worden ist.

(2) In der Regel findet keine allgemeine Besprechung statt. Ausnahmsweise kann sie das Haus zulassen:

bei § 1 (Art. 1) einer Vorlage über die Grundsätze der Vorlage,

beim ersten Paragraphen (Artikel) jedes Abschnittes einer Vorlage über diesen Abschnitt,

bei einzelnen Teilen eines Haushaltes über Fragen, die zu ihnen in unmittelbarer Beziehung stehen.

(3) Über jede selbständige Einzelbestimmung (Artikel, Paragraph, Titel, Nummer) und die Abschnittsüberschriften wird der Reihenfolge nach, zu-

letzt über Einleitung und Überschrift die Beratung eröffnet und geschlossen und hierauf abgestimmt. Das Haus kann beschließen, die Reihenfolge zu ändern, die Beratung über mehrere Einzelbestimmungen zu verbinden oder über Teile einer Einzelbestimmung und über verschiedene Änderungsanträge zu demselben Gegenstande zu trennen.

(4) Gemeinsame Abstimmung (Blockabstimmung) über mehrere oder alle Teile des Entwurfs ist zulässig, wenn kein Abgeordneter widerspricht. Sie erfolgt in einer der vorgeschriebenen Formen (§§ 75 bis 77).

(5) Über Verordnungen und Staatsverträge wird nur im ganzen abgestimmt. Eine besondere Schlußabstimmung (§ 30) findet nicht statt.

§ 28. (1) Nach Schluß der zweiten Beratung werden neben der Vorlage die von ihr abweichenden Beschlüsse zusammengestellt.

(2) Die Beschlüsse der zweiten Beratung bilden die Grundlage der dritten.

(3) Werden alle Teile des Entwurfs in zweiter Beratung abgelehnt, so unterbleibt jede weitere Beratung und Abstimmung.

Dritte Beratung.

§ 29. (1) Die dritte Beratung beginnt frühestens am dritten Tage, nachdem die zweite Beratung geschlossen und im Falle des § 28 Abs. 1 die Zusammenstellung verteilt worden ist.

(2) Zunächst wird eine allgemeine Besprechung (§ 25) vorgenommen, sodann eine Einzelbesprechung (§ 27).

(3) Bei der Beratung des Staatshaushalts werden die Einzelhaushalte grundsätzlich im ganzen besprochen und zur Abstimmung gebracht. Ausnahmen kann das Haus für die Besprechung beschließen. Über bestimmte Teile des Einzelhaushalts muß abgestimmt werden, wenn es 15 anwesende Abgeordnete verlangen.

(4) Sind die Beschlüsse der zweiten Beratung geändert, so müssen die Änderungsbeschlüsse gedruckt und verteilt werden. Dies kann unterbleiben, wenn es sich nur um geringe Änderungen handelt und niemand widerspricht. Ob eine geringe Änderung vorliegt, entscheidet das Haus.

Schlußabstimmung.

§ 30. (1) Über den unverändert gebliebenen Entwurf oder seine endgültige Fassung (Beschlüsse dritter Beratung) wird im ganzen abgestimmt (Schlußabstimmung).

(2) Die Schlußabstimmung wird sofort nach der Einzelabstimmung vorgenommen, wenn keine Änderungen an den Beschlüssen der zweiten Beratung erfolgt sind. Sind solche Änderungen vorgenommen, so wird sie ausgesetzt, bis der Präsident mit den Beisitzern die Beschlüsse zusammengestellt hat. Auf Antrag von 30 anwesenden Abgeordneten muß die Schlußabstimmung bis zur nächsten Sitzung vertagt werden; über eine weitergehende Vertagung beschließt das Haus.

(3) Vor der Schlußabstimmung dürfen kurze Bemerkungen über Fehler in dem Abdruck der Beschlüsse gemacht werden. Die Schlußabstimmung

muß in der Tagesordnung zurückgestellt oder auf eine spätere Sitzung verschoben werden, wenn die Fehler so erheblich sind, daß der Druck der Verbesserung geboten erscheint. Das Haus entscheidet, ob die Voraussetzung vorliegt, und wann die Schlußabstimmung vorgenommen werden soll.

Fristenkürzung.

§ 31. (1) Das Haus kann bei der Feststellung der Tagesordnung beschließen, die Frist zwischen der ersten und der zweiten Beratung zu kürzen oder aufzuheben. Bei den Fristen vor der einmaligen, der ersten und der dritten Beratung darf dies nicht geschehen, wenn 15 anwesende Abgeordnete widersprechen. Bei der einmaligen oder der ersten Beratung von Uranträgen muß außerdem der Antragsteller zustimmen.

(2) Alle drei Beratungen dürfen nur dann für denselben Tag auf die Tagesordnung gesetzt werden, wenn kein Abgeordneter widerspricht.

Uranträge.

§ 32. (1) Uranträge müssen von mindestens 15 Abgeordneten unterzeichnet sein. Die Unterzeichner eines Antrages gelten als Antragsteller, soweit sie nicht als Unterstützer gekennzeichnet sind.

(2) Vor Eintritt in die einmalige oder die erste Beratung erhält ein Antragsteller das Wort zur Begründung; nach Schluß der Besprechung steht ihm das Schlußwort zu.

(3) Ohne Besprechung kann das Haus einen Urantrag, der keinen Gesetzentwurf enthält, an einen Ausschuß überweisen, wenn der Antragsteller zustimmt und auf die mündliche Begründung verzichtet.

(4) Ohne daß er gedruckt vorliegt und auf der Tagesordnung steht, kann ein solcher Urantrag erledigt werden, wenn kein Abgeordneter widerspricht und der Antragsteller zustimmt.

(5) Einen zurückgezogenen Urantrag kann jeder Abgeordnete mit Unterstützung von 14 anwesenden Abgeordneten wieder aufnehmen.

(6) Im übrigen gelten für Uranträge sinngemäß die Vorschriften der §§ 22 bis 31.

Andere Anträge.

§ 33. (1) Änderungsanträge und Anträge auf Annahme von Entschließungen können bis zum Schlusse der Besprechung des Gegenstandes, auf den sie sich beziehen, gestellt werden; sie müssen schriftlich abgefaßt sein. Sind sie nicht verteilt worden, so müssen sie vorgelesen werden.

(2) Diese Anträge müssen von mindestens 15 Abgeordneten unterstützt sein, mit Ausnahme von Änderungsanträgen in der zweiten Beratung.

(3) Der Antragsteller hat keinen Anspruch auf das Begründungs- und Schlußwort.

(4) Zurückgezogene Anträge können wieder aufgenommen werden; Abs. 2 gilt entsprechend.

(5) Zur ersten Beratung von Gesetzentwürfen, zu Verordnungen und Staatsverträgen dürfen keine Änderungsanträge gestellt werden.

(6) Über Entschließungen zu Gesetzentwürfen, Verordnungen und Staatsverträgen wird in der Regel nach der dritten Beratung abgestimmt.

§ 34. (1) Wenn in der einmaligen oder in der dritten Beratung Änderungsanträge angenommen werden, ohne daß sie verteilt worden sind, so ist nach der Verteilung die Abstimmung ohne Besprechung zu wiederholen. Die Schlußabstimmung darf vorher nicht stattfinden.

(2) Bei der wiederholten Abstimmung darf die Frage nicht geteilt werden.

§ 35. (1) Der Antrag, der Staatsregierung oder einem Minister das Vertrauen der Landesversammlung zu entziehen, muß von mindestens 15 Abgeordneten unterzeichnet sein. Er kann als Urantrag oder zu jedem Gegenstande der Tagesordnung eingebracht werden.

(2) Wird er nicht als Urantrag eingebracht, so darf darüber erst nach der Verteilung und frühestens am Tage nach der Besprechung abgestimmt werden.

(3) Über den Antrag muß namentlich abgestimmt werden.

Finanzvorlagen.

§ 36. (1) Über Finanzvorlagen darf nur abgestimmt werden, wenn sie ein Ausschuß vorberaten und einen Antrag dazu gestellt hat.

(2) Finanzvorlagen sind Regierungsvorlagen, Ur- und Änderungsanträge, die in der Hauptsache bestimmt sind, für die Gegenwart oder die Zukunft auf die Finanzen des Staates einzuwirken, die also namentlich betreffen den Haushalt, die Einnahmen und Ausgaben, das Vermögen, die Schulden und Bürgschaften, die Steuern, Abgaben und Gebühren oder die Rechnungen und Berichte über alle diese Gegenstände. In Zweifelsfällen entscheidet der Präsident, ob es sich um eine Finanzvorlage handelt.

(3) Finanzvorlagen gehen an den Hauptausschuß, wenn das Haus nichts anderes beschließt.

VIII. Die Anfragen.

Kleine Anfragen.

§ 37. (1) Kleine Anfragen an die Staatsregierung sind dem Präsidenten schriftlich einzureichen. Sie dürfen nicht gegen die parlamentarische Ordnung verstoßen und müssen sich darauf beschränken, knapp und rein sachlich anzuführen, worüber Auskunft gewünscht wird. Ausführungen, die zum Verständnis der Frage nicht unbedingt erforderlich sind, dürfen sie nicht enthalten.

(2) Die Anfragen werden unter die Abgeordneten verteilt.

(3) Der Präsident teilt die Anfragen unverzüglich der Staatsregierung mit. Soweit sie mündlich zu beantworten sind, werden sie auf die Tagesordnung der nächsten Sitzung, die für Anfragen bestimmt ist, gesetzt, jedoch nicht früher als am zweiten Tage, nachdem sie der Staatsregierung mitgeteilt sind.

§ 38. (1) An zwei Tagen der Woche darf die erste Sitzungsstunde auf die Anfragen verwendet werden.

(2) Die Fragesteller werden aufgerufen nach der Reihenfolge, wie sie die Anfragen eingebracht haben, und lesen sie vor. Der Aufruf unterbleibt, wenn der Gegenstand der Anfrage bereits auf der Tagesordnung der Sitzung steht.

(3) Die Antwort der Staatsregierung wird nicht besprochen; sachliche Anträge sind unzulässig. Nur zur Ergänzung oder Berichtigung der Anfrage kann der Fragesteller das Wort verlangen. Ob eine Ergänzung oder Berichtigung vorliegt, entscheidet der Präsident.

(4) Anfragen, die an dem für sie bestimmten Tage nicht erledigt werden, kommen nach der Reihenfolge ihres Eingangs als erste auf die Tagesordnung der nächsten Sitzung, die zur Beantwortung kleiner Anfragen vorgesehen ist, wenn es der Fragesteller schriftlich verlangt.

§ 39. (1) Der Fragesteller kann jederzeit, auch im Falle des § 38 Abs. 4, erklären, daß er sich mit einer schriftlichen Antwort begnüge.

(2) Die schriftlichen Antworten werden unter die Abgeordneten verteilt.

(3) Antwortet die Staatsregierung nicht binnen einer Woche, so wird die Anfrage auf Verlangen des Fragestellers mit einem entsprechenden Vermerk zur Beantwortung auf die Tagesordnung gesetzt.

Große Anfragen.

§ 40. (1) Große Anfragen an die Staatsregierung sind dem Präsidenten schriftlich einzureichen und müssen von mindestens 15 Abgeordneten unterzeichnet sein. Die Bestimmung des § 32 Abs. 1 Satz 2 findet Anwendung. Die Anfragen werden unter die Abgeordneten verteilt.

(2) Der Präsident übersendet die Anfragen der Staatsregierung und fordert sie schriftlich zur Erklärung auf, ob und wann sie antworten will.

§ 41. (1) Sobald die Staatsregierung zur Beantwortung der Anfragen bereit ist, werden sie auf die Tagesordnung gesetzt. Einer der Fragesteller erhält vor der Antwort das Wort zur Begründung. An die Antwort schließt sich eine Besprechung, wenn es 30 anwesende Abgeordnete verlangen.

(2) Bei der Besprechung dürfen, unbeschadet der Bestimmung des § 35 Abs. 1, keine sachlichen Anträge gestellt werden.

(3) Wird die Besprechung verlangt, so kann das Haus auf Antrag eines Abgeordneten beschließen, den Gegenstand einem Ausschuß zu überweisen. In der Ausschußverhandlung und in der darauf folgenden Besprechung im Hause können sachliche Anträge gestellt werden.

§ 42. Antwortet die Staatsregierung auf die Aufforderung des Präsidenten nicht binnen einer Woche, oder lehnt sie die Beantwortung überhaupt oder für die nächsten 14 Tage ab, so setzt das Haus die Anfrage auf schriftliches Verlangen von mindestens 15 Abgeordneten zur Besprechung auf die Tagesordnung. Einer der Fragesteller erhält vor der Besprechung das Wort zur Begründung. Bei dieser Besprechung können sachliche Anträge gestellt werden.

§ 43. Auch große Anfragen können zurückgestellt werden (§ 22).

IX. Die Eingaben.

§ 44. (1) Der Präsident überweist jede Eingabe dem zuständigen Ausschuß. Er kann eine Eingabe nachträglich einem andern Ausschuß überweisen.

(2) Die Abgeordneten erhalten am 1. und 15. jedes Monats ein Verzeichnis der neuen Eingaben mit kurzer Inhaltsangabe.

§ 45. Abgeordnete, die eine Eingabe überreichen, sind auf ihr Verlangen zur Ausschußverhandlung mit beratender Stimme hinzuzuziehen.

§ 46. (1) Die Ausschüsse berichten in der Regel schriftlich. Die Berichte müssen mit einem Antrage schließen. Die Ausschußanträge lauten in der Regel:

a) die Eingabe der Staatsregierung zur Berücksichtigung, zur Erwägung oder als Material zu überweisen,

oder

b) sie zurückzuweisen,

oder

c) sie für ungeeignet zur Verhandlung in der Landesversammlung zu erklären,

oder

d) sie durch den Beschluß über einen andern Gegenstand als erledigt zu betrachten.

(2) Der Antrag, eine Eingabe für ungeeignet zur Verhandlung zu erklären, wird unter kurzer Angabe des Grundes gedruckt, verteilt und wie andere Ausschußanträge auf die Tagesordnung gesetzt. Wenn 15 Abgeordnete die Verhandlung verlangen, so geht die Eingabe nochmals zu Prüfung und Bericht an den Ausschuß, anderenfalls gilt der Ausschußantrag ohne Abstimmung als angenommen. Eine sachliche Erörterung ist in beiden Fällen unzulässig.

(3) Auch Eingaben können zurückgestellt werden (§ 22).

(4) Dem Einsender der Eingabe ist von der Art der Erledigung Mitteilung zu machen.

X. Auskünfte der Staatsregierung über die Ausführung der Beschlüsse der Landesversammlung.

§ 47. (1) Die Auskünfte der Staatsregierung über die Ausführung der Beschlüsse der Landesversammlung werden unter die Abgeordneten verteilt.

(2) Binnen 14 Tagen nach der Verteilung können schriftliche Bemerkungen gemacht werden des Inhalts, daß

a) bestimmt bezeichnete Beschlüsse nicht erledigt sind,

b) eine Auskunft unvollständig ist.

Die Bemerkungen müssen von mindestens 15 Abgeordneten unterzeichnet sein.

(3) Zu Beschlüssen, denen die Staatsregierung zugestimmt hat, dürfen keine Bemerkungen gemacht werden.

(4) Die Bemerkungen werden der Staatsregierung zu schriftlicher Beantwortung mitgeteilt. Die Antworten werden den Urhebern der Bemerkungen bekanntgegeben.

(5) Auf die Tagesordnung werden Bemerkungen gesetzt, wenn es 30 Abgeordnete binnen einer Woche, nachdem die Antwort bekanntgegeben ist, schriftlich verlangen.

(6) Antwortet die Staatsregierung nicht binnen vier Wochen, so können 30 Abgeordnete binnen einer weiteren Woche schriftlich verlangen, daß die Bemerkung zur Besprechung auf die Tagesordnung kommt. Nur bei dieser Besprechung dürfen sachliche Anträge gestellt werden.

XI. Die Sitzungen des Hauses.

Die Tagesordnung.

§ 48. (1) Zeit und Tagesordnung der nächsten Sitzung schlägt der Präsident vor Schluß jeder Sitzung vor. Bei Widerspruch eines Abgeordneten entscheidet das Haus.

(2) Selbständig setzt der Präsident Zeit und Tagesordnung der nächsten Sitzung fest, wenn das Haus ihn hierzu ermächtigt, oder wenn es wegen Beschlußunfähigkeit oder aus andern Gründen nicht entscheiden kann.

(3) Auch sonst kann der Präsident ausnahmsweise eine Sitzung anberaumen oder Nachträge zu einer Tagesordnung festsetzen. Er hat bei Eröffnung der Sitzung die Genehmigung des Hauses einzuholen.

(4) In den Fällen der Abs. 2 und 3 können Rechte, die nach §§ 31 und 51 verletzt sind, noch bei Eintritt in die Beratung des Gegenstandes geltend gemacht werden.

§ 49. (1) Die Tagesordnung wird unter die Abgeordneten verteilt und den Ministerien übersandt.

(2) Wird noch für denselben Tag eine neue Sitzung mit Fortsetzung der bisherigen Tagesordnung anberaumt, so genügt es, daß der Präsident dies mündlich verkündet.

(3) In diesem Falle kann der Präsident einen Gegenstand, über den ergebnislos abgestimmt worden ist, selbständig an eine andere Stelle der Tagesordnung setzen oder ganz weglassen.

§ 50. (1) Gegenstände, die nicht auf der Tagesordnung stehen, dürfen nur beraten werden, wenn kein Abgeordneter widerspricht oder die Geschäftsordnung eine Besprechung außerhalb der Tagesordnung ausdrücklich zuläßt.

(2) Gegenstände der Tagesordnung, zu denen niemand das Wort verlangt, kann der Präsident nach der ersten Sitzungsstunde außer der Reihe zur Beschlußfassung stellen, wenn es auf der Tagesordnung angekündigt worden ist. Im übrigen darf die Reihenfolge nicht geändert werden, wenn 15 anwesende Abgeordnete widersprechen.

(3) Das Haus kann einen Gegenstand von der Tagesordnung absetzen. Wird der von einem Ausschuß angekündigte mündliche Bericht nicht er-

stattet, so setzt der Präsident den Gegenstand in der Tagesordnung zurück oder ganz ab.

§ 51. (1) In der Regel soll in jeder Woche ein Tag in erster Linie zur Erledigung von großen Anfragen, Uranträgen und Ausschußberichten über Eingaben verwendet werden.

(2) Innerhalb jeder Gruppe richtet sich die Reihenfolge der Beratung möglichst nach dem Tage der Einbringung und bei Ausschußberichten nach dem Tage der Feststellung.

(3) Uranträge, die in den ersten 10 Tagen der Tagung eingehen, gelten als gleichzeitig eingebracht. Über die Reihenfolge der Beratung gleichzeitiger Anträge sucht sich der Präsident mit dem Ältestenrat zu verständigen. Gelingt dies nicht, so entscheidet das Los durch die Hand des Präsidenten.

(4) Anträge auf Entziehung des Vertrauens (§ 35), Anträge und Ausschußberichte über Geschäftsordnungsfragen, Wahlprüfungen, Erledigung von Wahlaufträgen und gerichtliche Verfolgung usw. von Abgeordneten gehen in dieser Reihenfolge anderen Gegenständen vor.

(5) Abweichungen von den Regeln in Abs. 2 bis 4 können nur bei der Feststellung der Tagesordnung beschlossen werden. Sie sind unzulässig, wenn 15 anwesende Abgeordnete widersprechen. Eine Vorwegnahme ist nur zulässig, wenn der Fragesteller oder Antragsteller zustimmt.

§ 52. Die gemeinsame Besprechung gleichartiger oder verwandter Gegenstände kann jederzeit beschlossen werden.

Die Leitung.

§ 53. (1) Der Präsident eröffnet, leitet und schließt die Sitzung. Eine Erörterung über Recht- und Zweckmäßigkeit seiner Anordnungen kann er auf die nächste Sitzung verschieben.

(2) Will der Präsident zur Sache sprechen, so muß er den Vorsitz abtreten.

(3) Vor Erledigung der Tagesordnung kann die Sitzung nur durch einen Beschluß des Hauses geschlossen werden, und zwar auf Vorschlag des Präsidenten oder auf Antrag von 15 anwesenden Abgeordneten (**Vertagung der Sitzung**).

Die Redeordnung.

§ 54. (1) Kein Abgeordneter darf sprechen, ohne daß ihm der Präsident das Wort erteilt hat.

(2) Abgeordnete, die zur Sache sprechen wollen, haben sich bei dem Beisitzer, der die Rednerliste führt, schriftlich zum Wort zu melden; andere Wortmeldungen können mündlich erfolgen.

(3) Der Präsident bestimmt die Reihenfolge der Redner. Hierbei soll maßgebend sein zunächst die Sorge für sachgemäße Erledigung der Geschäfte und für eine zweckmäßige Gestaltung der Besprechung, daneben besonders die Rücksicht auf die verschiedenen Parteirichtungen, die Möglichkeit der Verteidigung auf Angriffe sowie eine Einigung der Fraktionen untereinander. Der erste Redner in der Besprechung soll nicht der Partei des Antragstellers entnommen werden.

(4) Jeder Abgeordnete kann seinen Platz in der Rednerliste abtreten.

(5) Der Berichterstatter kann sowohl vor Beginn als nach Schluß der Besprechung das Wort verlangen.

(6) Die Berichterstatter haben die Ausschußanträge zu vertreten. Sie dürfen sich auch sonst an der Beratung beteiligen, jedoch nur außerhalb des Begründungs- und Schlußwortes und müssen dabei den ihnen vorbehaltenen Rednersitz verlassen.

§ 55. (1) Zur Geschäftsordnung muß das Wort jederzeit gegeben werden.

(2) Bemerkungen zur Geschäftsordnung dürfen sich nur auf den zur Verhandlung stehenden oder den unmittelbar vorher verhandelten Gegenstand oder auf den Geschäftsplan des Hauses beziehen und nicht länger als 5 Minuten dauern.

§ 56. Zu persönlichen Bemerkungen wird das Wort erst nach Schluß oder Vertagung der Besprechung erteilt. Sie dürfen nur persönliche Angriffe zurückweisen und eigene Ausführungen berichtigen.

§ 57. Außerhalb der Tagesordnung kann der Präsident das Wort zu einer tatsächlichen oder persönlichen Erklärung erteilen. Sie ist ihm vorher schriftlich mitzuteilen.

§ 58. (1) Die Redner sprechen von der Rednerbühne oder von ihrem Platz, die Berichterstatter vom Platz neben dem Präsidenten oder von der Rednerbühne.

(2) Reden vorzulesen ist nur gestattet, wenn der Redner der deutschen Sprache nicht mächtig ist. Sonstige Schriftstücke vorzulesen ist mit Erlaubnis des Präsidenten zulässig; er kann sie zurücknehmen.

Ordnungsbestimmungen.

§ 59. Wenn ein Abgeordneter die Ordnung verletzt, ruft ihn der Präsident mit Nennung des Namens „zur Ordnung". Der Abgeordnete kann hiergegen spätestens am folgenden Werktage schriftlich Einspruch erheben. Der Einspruch ist frühestens auf die Tagesordnung der nächsten Sitzung zu setzen. Das Haus entscheidet ohne Besprechung, ob der Ordnungsruf gerechtfertigt ist.

§ 60. Wenn im Hause störende Unruhe entsteht, kann der Präsident die Sitzung auf bestimmte Zeit aussetzen oder ganz aufheben. Kann er sich kein Gehör verschaffen, so bedeckt er sein Haupt. Hierdurch wird die Sitzung auf eine halbe Stunde unterbrochen.

§ 61. (1) Wer auf der Empore Beifall oder Mißbilligung äußert oder Ordnung und Anstand verletzt, kann sofort entfernt werden.

(2) Entsteht störende Unruhe auf einer Empore, so kann sie der Präsident räumen lassen.

§ 62. Der Präsident kann Redner, die vom Verhandlungsgegenstande abschweifen, mit Nennung des Namens „zur Sache" rufen.

§ 63. Ist ein Redner dreimal in derselben Rede „zur Ordnung" oder zur „Sache" gerufen worden, so kann das Haus auf Anfrage des Präsidenten beschließen, daß dem Redner das Wort entzogen werde. Nach dem zweiten Rufe „zur Ordnung" oder „zur Sache" muß der Präsident den Redner auf diese Folge hinweisen.

§ 64. Ist einem Redner das Wort entzogen worden, so darf er es bis zur Eröffnung der Abstimmung über den Gegenstand nicht wieder erhalten.

Redebauer.

§ 65. Das Haus kann für bestimmte Beratungen eine Längstdauer der Reden festsetzen, wenn es der Ältestenrat auf Grund eines mit Dreiviertelmehrheit gefaßten Beschlusses beantragt. Das Haus entscheidet darüber ohne Besprechung. Spricht ein Abgeordneter länger, so entzieht ihm der Präsident nach einmaliger Mahnung das Wort.

Die Minister und ihre Beauftragten.

§ 66. Jeder Abgeordnete kann die Herbeirufung eines Ministers jederzeit, auch außerhalb der Tagesordnung, beantragen. Das Haus entscheidet darüber. Auf Verlangen von 15 anwesenden Abgeordneten ist die Besprechung über den Antrag zu eröffnen.

§ 67. Die Minister und ihre Beauftragten unterstehen der Ordnungsgewalt des Präsidenten.

Eröffnung der Besprechung.

§ 68. (1) Der Präsident hat über jeden Gegenstand, der auf der Tagesordnung steht, die Besprechung zu eröffnen, wenn sie überhaupt zulässig oder an keine besonderen Bedingungen geknüpft ist.

(2) Ergreift ein Minister oder der Beauftragte eines Ministers das Wort außerhalb der Tagesordnung, so wird auf Verlangen von 15 anwesenden Abgeordneten die Besprechung eröffnet. Sachliche Anträge dürfen hierbei nicht gestellt werden.

Vertagung und Schluß der Besprechung.

§ 69. Der Präsident erklärt die Besprechung für geschlossen, wenn sich niemand zum Wort meldet oder die Rednerliste erschöpft ist.

§ 70. (1) Das Haus kann die Besprechung abbrechen und vertagen oder schließen.

(2) Der Antrag auf Vertagung oder Schluß der Besprechung bedarf der Unterstützung von 15 anwesenden Abgeordneten. Findet er sie, so wird die Rednerliste vorgelesen und dann abgestimmt. Dabei geht der Schlußantrag dem Vertagungsantrag vor.

(3) Ein Schlußantrag ist erst zulässig, nachdem mindestens ein Abgeordneter — abgesehen vom Antragsteller und Berichterstatter — das Wort erhalten hat.

(4) Auch in einer Besprechung zur Geschäftsordnung oder über die Feststellung der Tagesordnung ist ein Schlußantrag zulässig.

(5) Der Schlußantrag gilt als abgelehnt, wenn das Ergebnis der Abstimmung zweifelhaft ist.

§ 71. (1) Ergreift ein Minister oder der Beauftragte eines Ministers nach dem Schlusse der Besprechung noch das Wort zu dem Gegenstande, so hat der Präsident die Besprechung ausdrücklich wieder zu eröffnen.

(2) Auch hierbei gelten § 69, § 70 Abs. 3 und die Bestimmungen über das Schlußwort (§ 32 Abs. 2, § 54 Abs. 5).

Abstimmung.

§ 72. (1) Nach der Besprechung und etwaigen persönlichen Bemerkungen eröffnet der Präsident ausdrücklich die Abstimmung.

(2) Er stellt die Fragen so, daß sie sich mit „Ja" oder „Nein" beantworten lassen. Sie müssen stets in bejahendem Sinne gefaßt sein; die Fragestellung in verneinendem Sinn ist nur bei der Gegenprobe zulässig.

(3) Über die Fassung der Fragen kann das Wort zur Geschäftsordnung verlangt werden. Bei Widerspruch gegen die vorgeschlagene Fassung entscheidet das Haus.

§ 73. Jeder Abgeordnete kann die Teilung der Frage beantragen. Wenn über die Zulässigkeit der Teilung Zweifel entstehen, entscheidet bei Ur- und Änderungsanträgen der Antragsteller, sonst das Haus.

§ 74. Unmittelbar vor der Abstimmung ist auf Antrag die Frage vorzulesen.

§ 75. (1) Abgestimmt wird in der Regel durch Aufstehen oder Sitzenbleiben. Bei der Schlußabstimmung (§ 30) und auf Verlangen eines Abgeordneten muß so abgestimmt werden. Die Mehrheit der abgegebenen Stimmen entscheidet. Stimmengleichheit gilt als Verneinung der Frage.

(2) Ist der Sitzungsvorstand über das Ergebnis der Abstimmung nicht einig, so wird die Gegenprobe gemacht.

§ 76. (1) Bleibt der Sitzungsvorstand über das Ergebnis der Abstimmung auch nach der Gegenprobe uneinig, so werden die Stimmen gezählt.

(2) Die Abgeordneten verlassen auf die Aufforderung des Präsidenten den Saal. Die Türen werden geschlossen bis auf je eine rechts und links vom Vorstandstisch. An jeder Tür stellen sich zwei Beisitzer auf.

(3) Auf das Glockenzeichen des Präsidenten treten die Abgeordneten, die mit „Ja" stimmen, durch die Ja-Tür (rechts), die mit „Nein" stimmen, durch die Nein-Tür (links) in den Saal ein. An jeder Tür zählen beide Beisitzer laut die eintretenden Abgeordneten.

(4) Auf Meldung der Zähler gibt der Präsident ein Glockenzeichen und schließt die Zählung. Hierauf stimmen nur noch der Präsident und die Zähler.

§ 77. (1) Namentliche Abstimmung können 30 anwesende Abgeordnete bis zur Eröffnung der Abstimmung (§ 72) verlangen.

(2) Der Präsident fordert die Abgeordneten auf, ihre Plätze einzunehmen. Hierauf sammeln die Beisitzer in Urnen die verschiedenfarbigen Abstimmungskarten. Diese tragen den Namen des Abgeordneten und die Bezeichnung „Ja" oder „Nein" oder „Enthält sich". Nach beendigter Sammlung erklärt

der Präsident die Abstimmung für geschlossen. Die Beisitzer zählen die Stimmen.

(3) Namentliche Abstimmung ist unzulässig über
Stärke eines Ausschusses,
Abkürzung der Fristen,
das Vorliegen der Voraussetzungen in § 29 Abs. 4 und § 30 Abs. 3 und die Verschiebung der Schlußabstimmung,
Sitzungszeit und Tagesordnung,
Vertagung der Sitzung,
Vertagung oder Schluß der Besprechung,
Teilung der Frage.

§ 78. (1) Sogleich nach der Abstimmung wird ihr Ergebnis festgestellt und vom Präsidenten verkündet.

(2) Zwischen der Abstimmung und der Verkündung des Ergebnisses darf verhandelt, aber nicht beschlossen werden.

§ 79. (1) Bei allen Abstimmungen und Wahlen darf jeder Abgeordnete mündlich erklären, daß er sich der Abstimmung enthalte.

(2) Ferner darf jeder Abgeordnete spätestens am Tage nach der Abstimmung eine kurze schriftliche Begründung seiner Abstimmung einreichen, die nicht verlesen, aber in den Sitzungsbericht aufgenommen wird.

Beschlußfähigkeit.

§ 80. (1) Bei Wahlen und Abstimmungen zählen Stimmenthaltungen und ungültige Stimmen mit zur Feststellung der Beschlußfähigkeit, nicht aber zur Berechnung der Mehrheit.

(2) Vor einer Schlußabstimmung (§ 30) können 15 anwesende Abgeordnete die Feststellung der Beschlußfähigkeit verlangen. Diese geschieht in den Formen der namentlichen Abstimmung durch Abgabe der Ja-Karte. Die Feststellung unterbleibt, wenn der Sitzungsvorstand über die Beschlußfähigkeit oder Beschlußunfähigkeit einig ist.

(3) Bei Beschlußunfähigkeit hat der Präsident die Sitzung sofort aufzuheben und nur noch Zeit und Tagesordnung der nächsten Sitzung zu verkünden.

(4) Ergibt sich die Beschußunfähigkeit bei einer Abstimmung oder Wahl, so wird in einer der nächsten Sitzungen noch einmal abgestimmt oder gewählt. Ein für die ergebnislose Abstimmung gestellter Antrag auf namentliche Abstimmung bleibt in Kraft.

XII. Beurkundung der Verhandlungen und Beschlüsse.

§ 81. Der Präsident veranlaßt die Aufzeichnung und Ausfertigung der Beschlüsse.

§ 82. (1) Über jede Sitzung wird ein wörtlicher Bericht angefertigt. Er enthält:

1. eine Inhaltsübersicht,
2. die Wiedergabe alles Gesprochenen nach der kurzschriftlichen Aufnahme,

3. den Wortlaut der verhandelten Anträge und großen Anfragen,
4. den Verlauf und das Ergebnis der namentlichen Abstimmungen,
5. die geschäftlichen Mitteilungen,
6. die Erklärungen nach § 79 Abs. 2,
7. die Zeit des Beginns und des Schlusses der Sitzung.

(2) Die Sitzungsberichte werden unter die Abgeordneten verteilt.

§ 83. (1) Jeder Redner erhält eine Übertragung seiner Rede zur Berichtigung und muß sie bis zu der vom Präsidenten festgesetzten Stunde zurückgeben.

(2) Die Beisitzer haben darauf zu achten, daß durch die Berichtigung der Sinn des Gesprochenen nicht geändert ist. Beanstandet ein Beisitzer die Berichtigung, so teilt er es dem Redner mit und holt, wenn keine Verständigung erfolgt, die Entscheidung des Präsidenten ein.

(3) Die Rede darf vor ihrer Prüfung durch den Redner nur mit seiner Zustimmung einem andern als dem diensttuenden Präsidenten vorgelegt werden.

XIII. Geschäftsführung der Ausschüsse.

§ 84. (1) Die Ausschüsse wählen einen oder mehrere Schriftführer. Sind seit der Einsetzung eines Ausschusses 5 Tage verflossen, so kann ihn der Präsident zusammenberufen, auch ohne daß sämtliche Mitglieder benannt sind. Fehlen in diesem Falle der Vorsitzende und sein Stellvertreter, so wählt der Ausschuß einstweilen einen Verhandlungsleiter aus der Zahl der benannten Mitglieder.

(2) Die Ausschüsse regeln ihre Geschäftsführung selbst nach den Grundsätzen dieser Geschäftsordnung. Doch bleibt es ihnen überlassen, Zahl und Form der Beratungen zu bestimmen. Unterstützung bei Anträgen ist nicht nötig.

§ 85. Ein Ausschuß kann nur beschließen, wenn mehr als die Hälfte der Mitglieder anwesend ist.

§ 86. (1) Der Ausschuß wählt einen oder mehrere Berichterstatter.

(2) In den ständigen Ausschüssen ernennt der Vorsitzende die Berichterstatter, wenn die Vorlage vom Präsidenten unmittelbar überwiesen ist.

(3) Der Ausschuß kann ausnahmsweise auch mündlich berichten lassen. Das Haus kann schriftlichen Bericht verlangen und hierzu die Sache an den Ausschuß zurückverweisen.

§ 87. An der Beratung von Uranträgen und Anfragen nimmt, wenn keiner der Antrag- oder Fragesteller dem Ausschuß angehört, einer von ihnen mit beratender Stimme teil. Auch kann der Ausschuß in besonderen Fällen Abgeordnete mit beratender Stimme zuziehen.

§ 88. Die Minister und ihre Beauftragten haben das Recht, den Verhandlungen der Ausschüsse beizuwohnen und jederzeit das Wort zu ergreifen. Ort, Zeit und Tagesordnung sind den beteiligten Ministerien mitzuteilen.

§ 89. (1) Der Ausschuß kann für Teile seiner Verhandlungen oder für bestimmte Mitteilungen die Vertraulichkeit beschließen.

(2) An den Ausschußsitzungen können Abgeordnete, die dem Ausschusse nicht angehören, als Zuhörer teilnehmen.

XIV. Allgemeine Bestimmungen.

Verteilung der Drucksachen.

§ 90. Die Drucksachen gelten als verteilt, wenn sie den Abgeordneten in ihrer Berliner Wohnung zugestellt sind. Die Zustellung im Gebäude der Landesversammlung oder an einem anderen Ort ist nur mit Zustimmung des Abgeordneten oder in besonderen Fällen auf Anordnung des Präsidenten wirksam.

Fristenberechnung.

§ 91. (1) Bei einer dreitägigen Frist müssen zwischen dem Tage der Verteilung und dem der Beratung mindestens zwei Kalendertage liegen. Diese Vorschrift gilt sinngemäß für andere Fristen.

(2) Die Fristen gelten auch dann als gewahrt, wenn infolge von Verkehrshindernissen und dergleichen einzelne Abgeordnete eine Drucksache erst nach am Morgen der allgemeinen Verteilung erhalten.

Abbruch unerledigter Vorlagen bei Tagungsschluß.

§ 92. Alle Vorlagen, Anfragen und Eingaben gelten mit Ablauf der Tagung, in der sie eingebracht sind, als erledigt, wenn nicht endgültig über sie entschieden ist. Ausgenommen hiervon sind die Berichte und Anträge über Wahlprüfungen und Geschäftsordnungsfragen.

XV. Auslegung der Geschäftsordnung.

§ 93. (1) Zweifel über Auslegung der Geschäftsordnung entscheidet der Präsident; er kann aber auch einen Beschluß des Hauses herbeiführen.

(2) Eine grundsätzliche, über den Einzelfall hinausgehende Auslegung einer Vorschrift der Geschäftsordnung kann nur das Haus beschließen, und zwar nur auf einen Urantrag und nach Prüfung durch den Geschäftsordnungsausschuß.

(3) Der Geschäftsordnungsausschuß kann auch ohne besondern Auftrag Fragen, die sich auf die Geschäftsführung des Hauses und der Ausschüsse beziehen, erörtern und dem Haus oder dem Präsidenten darüber Vorschläge machen.

§ 94. Die Geschäftsordnung tritt am 15. März 1920 in Kraft.

Sachregister.

(Die Zahlen verweisen auf die Seiten.)

Z

FSC
www.fsc.org
MIX
Papier | Fördert gute Waldnutzung
FSC® C083411

Kolibri 360 GmbH
Ferdinand-Jühlke-Straße 7
99095 Erfurt, Deutschland
produktsicherheit@kolibri360.de